Kathy Reichs

LASST KNOCHEN SPRECHEN

Roman

Aus dem Amerikanischen
von Klaus Berr

Lizenzausgabe der Axel Springer AG, Berlin
1. Auflage Januar 2011

Genehmigte Lizenzausgabe für Axel Springer AG,
Axel Springer Straße 65, 10888 Berlin
Die Originalausgabe erschien unter dem Titel »Deadly Decisions«
bei Scribner, a division of Simon and Schuster Inc., New York
Copyright © der Originalausgabe 2000
by Temperance Brennan, L.P.
Copyright © der deutschsprachigen Ausgabe 2001
by Karl Blessing Verlag, München,
in der Verlagsgruppe Random House GmbH
Aus dem Amerikanischen von Klaus Berr

Konzeption und Gestaltung: Klaus Fuereder, Berlin
Projektkoordination: Stephan Pallmann, Alexandra Wesner,
Markus Hövelmans
Satz: CPI – Ebner & Spiegel, Ulm
Druck und Verarbeitung: CPI – Ebner & Spiegel, Ulm
Gedruckt in Deutschland

ISBN 978-3-942656-08-5

In Liebe dem
Carolina Beach Bunch
gewidmet.

Anmerkung der Autorin

Die Figuren und Ereignisse in diesem Buch sind fiktional und der Phantasie der Autorin entsprungen. Die Handlung findet in Montreal, North Carolina und an anderen Schauplätzen statt. Es werden gewisse reale Orte und Institutionen erwähnt, aber die dargestellten Figuren und Ereignisse sind rein fiktiv.

1

IHR NAME WAR EMILY ANNE. Sie war neun Jahre alt, hatte schwarze Locken, lange Wimpern und eine karamellfarbene Haut. Ihre Ohren waren von winzigen goldenen Ringen durchlöchert. Ihre Stirn war durchlöchert von zwei Kugeln aus einer Cobray 9-mm-Halbautomatik.

Es war Samstag, und ich arbeitete, weil mein Chef, Pierre LaManche, mich extra darum gebeten hatte. Seit vier Stunden stand ich im Labor und sortierte Gewebefetzen, als die Tür des großen Autopsiesaals aufging und Sergeant-Detective Luc Claudel hereinmarschiert kam.

Claudel und ich hatten schon öfter zusammengearbeitet, und obwohl er mich inzwischen tolerierte, ja vielleicht sogar schätzte, war das an seiner barschen Art nicht zu erkennen.

»Wo ist LaManche?«, fragte er, warf einen kurzen Blick auf den Untersuchungstisch vor mir und wandte sich dann schnell wieder ab.

Ich sagte nichts. Wenn Claudel schlechte Laune hatte, ignorierte ich ihn einfach.

»Ist Dr. LaManche schon angekommen?« Der Detective vermied es, meine schmierigen Handschuhe anzusehen.

»Heute ist Samstag, Monsieur Claudel. Er arbeitet ni–«

In diesem Augenblick streckte Michel Charbonneau den Kopf zur Tür herein. Durch den Spalt konnte ich das Surren und Scheppern der elektrischen Tür im hinteren Teil des Gebäudes hören.

»*Le cadavre est arrivé*«, sagte Charbonneau zu seinem Partner.

Cadavre? Was für eine Leiche? Was hatten zwei Detectives der Mordkommission an einem Samstagnachmittag im Leichenschauhaus zu suchen?

Charbonneau begrüßte mich auf Englisch. Er war ein großer Mann mit stacheligen Haaren, die ein bisschen an einen Igel erinnerten.

»Hey, Doc.«

»Was ist denn los?«, fragte ich, pulte die Handschuhe herunter und zog mir die Maske vom Gesicht.

Claudel antwortete mit angespanntem Gesicht und Augen, die im grellen Neonlicht freudlos wirkten.

»Dr. LaManche wird gleich hier sein. Er kann es Ihnen erklären.«

Schon jetzt glitzerte Schweiß auf seiner Stirn, und sein Mund war zu einer schmalen Linie zusammengekniffen. Claudel hasste Autopsien, und er mied das Leichenschauhaus, wann immer es ging. Ohne ein weiteres Wort zog er die Tür ganz auf und schob sich an seinem Partner vorbei. Charbonneau sah ihm nach und wandte sich dann wieder mir zu.

»Das ist schwer für ihn. Er hat Kinder.«

»Kinder?« Ich spürte etwas Kaltes in meiner Brust.

»Die Heathens haben heute Morgen zugeschlagen. Schon mal was von Richard Marcotte gehört?«

Der Name kam mir irgendwie bekannt vor.

»Vielleicht kennen Sie ihn als *Araignée*. Spinne.« Er bewegte die Finger wie Spinnenbeine. »Klasse Kerl. Und ein gewählter Offizieller der Outlaw Biker, der kriminellen Motorradbanden. Die Spinne ist der Spieß der Vipers, aber heute hatte er einen wirklich schlechten Tag. Als er am Morgen auf dem Weg zum Fitness-Center war, haben die Heathens aus einem fahrenden Auto heraus auf ihn geschossen. Seine werte Begleiterin konnte sich mit einem Sprung in einen Fliederbusch gerade noch retten.«

Charbonneau fuhr sich durch die Haare und schluckte.

Ich wartete.

»Dabei wurde allerdings ein Kind getötet.«

»O Gott.« Meine Finger umklammerten die Handschuhe.

»Ein kleines Mädchen. Man brachte die Kleine ins Kinderkrankenhaus von Montreal, aber sie kam nicht durch. Sie ist jetzt unter-

wegs hierher. Marcotte war bereits tot, als er im Krankenhaus eintraf. Er liegt da draußen.«
»LaManche kommt?«
Charbonneau nickte.
Die fünf Pathologen im Labor wechseln sich mit der Rufbereitschaft ab. Es kommt zwar selten vor, wenn aber einmal eine Autopsie außerhalb der regulären Dienststunden für notwendig erachtet wird, dann ist immer jemand verfügbar. An diesem Tag war LaManche an der Reihe.
Ein Kind. Ich spürte ein vertrautes Gefühl in mir aufsteigen und musste hier raus.
Auf meiner Uhr war es zwölf Uhr vierzig. Ich riss mir die Plastikschürze herunter, knüllte sie mit der Maske und den Handschuhen zusammen und warf alles in den Behälter für biologischen Abfall. Dann wusch ich mir die Hände und fuhr mit dem Aufzug in den zwölften Stock.
Ich weiß nicht, wie lange ich in meinem Büro saß, auf den St. Lawrence hinunterstarrte und meinen Becher mit Joghurt unberührt ließ. Irgendwann glaubte ich, LaManches Tür zu hören und dann das Zischen der gläsernen Sicherheitstüren, die unseren Flügel unterteilen.
Als forensische Anthropologin habe ich eine gewisse Immunität gegenüber gewaltsamen Toden entwickelt. Da der ärztliche Leichenbeschauer sich an mich wendet, wenn er Informationen über die Knochen der Verstümmelten, Verbrannten und Verwesten braucht, habe ich das Schlimmstmögliche gesehen. Meine Arbeitsplätze sind das Leichenschauhaus und der Autopsiesaal, und deshalb weiß ich, wie eine Leiche aussieht und riecht, wie es sich anfühlt, wenn man sie betastet oder mit einem Skalpell aufschneidet. Ich bin gewöhnt an blutige Kleidung, die auf Ständern trocknet, an das Geräusch einer Stryker-Säge, die durch Knochen schneidet, an den Anblick von Organen, die in nummerierten Glasbehältern schwimmen.
Aber der Anblick toter Kinder bringt mich immer noch aus der Fassung. Der zu Tode geschüttelte Säugling, das erschlagene Klein-

kind, das kaum zehnjährige Opfer eines gewalttätigen Pädophilen. Gewaltverbrechen an jungen, unschuldigen Opfern erzürnen und bestürzen mich noch immer.

Vor noch nicht allzu langer Zeit arbeitete ich an einem Fall, in dem es um Kleinkinder ging, Zwillingsjungen, die getötet und verstümmelt worden waren. Es war eine der schwierigsten Erfahrungen in meiner Karriere gewesen, und auf dieses Karussell der Gefühle wollte ich nicht noch einmal aufsteigen.

Andererseits war dieser Fall aber auch eine Quelle der Befriedigung gewesen. Nachdem der fanatische Täter eingesperrt war und keine Hinrichtungen mehr befehlen konnte, hatte ich wirklich das Gefühl, etwas Gutes vollbracht zu haben.

Ich riss den Deckel vom Becher ab und rührte den Joghurt um.

Bilder dieser Kinder gingen mir durch den Kopf. Ich erinnerte mich an meine Gefühle an diesem Tag im Leichenschauhaus, an die plötzlich aufblitzenden Erinnerungen an meine Tochter als Kleinkind.

Mein Gott, warum ein solcher Wahnsinn? Die verstümmelten Männer, die ich unten zurückgelassen hatte, waren ebenfalls Opfer des gegenwärtigen Biker-Kriegs.

Nicht verzweifeln, Brennan. Du musst wütend werden. Wütend auf eine kalte, entschlossene Art. Und dann benutze dein Wissen und deine Fähigkeiten, um diese Schweinehunde hinter Gitter zu bringen.

»Ja«, stimmte ich mir laut zu.

Ich aß meinen Joghurt, trank meinen Kaffee aus und fuhr nach unten.

Charbonneau war im Vorzimmer von einem der kleineren Autopsieräume und blätterte in seinem Spiralblock. Der Plastikstuhl, auf dem er saß, wirkte viel zu klein für seinen großen Körper. Claudel war nirgendwo zu sehen.

»Wie heißt sie?«
»Emily Anne Toussaint. Sie war unterwegs zur Ballettstunde.«
»Wo?«

»Auf der Verdun.« Er nickte in Richtung des angrenzenden Raums. »LaManche hat mit der Autopsie schon angefangen.«

Ich ging an dem Detective vorbei in den Autopsieraum.

Ein Fotograf machte eben Bilder, während der Pathologe sich Notizen machte und zur Sicherheit Polaroids schoss.

Ich sah zu, wie LaManche eine Kamera bei den Seitengriffen fasste und sie über die Leiche hob und senkte, um sie zu fokussieren. Nachdem er die Linse über einer der Wunden in der Stirn des Kindes scharf gestellt hatte, drückte er auf den Auslöser. Ein weißes Rechteck glitt heraus, LaManche zog es ganz aus dem Apparat und legte es zu den anderen auf einen Beistelltisch.

Emily Annes Leiche zeigte Spuren der intensiven Bemühungen, ihr Leben zu retten. Ihr Kopf war zum Teil bandagiert, aber ich konnte einen transparenten Schlauch sehen, der aus ihrem Schädel herausragte und den man ihr eingesetzt hatte, um den Druck im Schädelinneren zu kontrollieren. Außerdem hatten ihr die Ärzte einen Trachealtubus über den Mund tief in die Luftröhre eingeführt, um die Lunge mit Sauerstoff zu versorgen und Erbrechen und die Aspiration des Mageninhalts zu verhindern. Kanülen für intravenöse Infusionen steckten noch in ihren Hals-, Leisten- und Oberschenkelgefäßen. Auf ihrer Brust klebten die weißen Ringe für die EKG-Elektroden.

So eine hektische Intervention, fast wie ein Überfall. Ich schloss die Augen und spürte Tränen auf der Innenseite meiner Lider brennen.

Dann zwang ich mich, die kleine Leiche wieder anzusehen. Emily Anne trug nichts als ein Identifikationsarmband aus Plastik. Neben ihr lagen ein hellgrüner Krankenhauskittel, ein Bündel Kleider, ein pinkfarbener Rucksack und knöchelhohe rote Turnschuhe.

Das grelle Neonlicht. Polierter Stahl und glänzende Fliesen. Die kalten, sterilen chirurgischen Instrumente. Ein kleines Mädchen gehörte nicht hierher.

Als ich hochsah, traf LaManches trauriger Blick den meinen. Obwohl keiner von uns etwas zu dem sagte, was da auf dem rostfreien Stahl lag, wusste ich, was er dachte. Noch ein Kind. Noch eine Autopsie in diesem Raum.

Ich kämpfte meine Gefühle nieder und berichtete kurz über die Fortschritte, die ich bei meinen eigenen Fällen machte; zwei Motorradfahrer, die sich aus eigener Torheit selbst in die Luft gejagt hatten und deren Leichen ich nun wieder zusammenzusetzen versuchte. Dann fragte ich LaManche, wann die prämortalen medizinischen Unterlagen der beiden verfügbar seien, und er antwortete, die Akten seien bereits angefordert und sollten am Montag eintreffen.

Ich dankte ihm und kehrte zurück zu meiner eigenen grausigen Arbeit. Während ich Gewebe sortierte, dachte ich an das Gespräch mit LaManche vom Tag zuvor und wünschte mir, ich wäre noch in den Wäldern von Virginia. Hatte LaManche mich wirklich erst gestern angerufen? Zu dem Zeitpunkt war Emily Anne noch am Leben.

So viel kann sich in vierundzwanzig Stunden ändern.

2

AM TAG ZUVOR hatte ich einen Leichenbergungs-Workshop an der FBI-Academy in Quantico abgehalten. Mein Team aus Spurensicherungstechnikern grub eben sein Skelett aus und kartografierte es, als ich einen Special Agent durch die Bäume auf uns zukommen sah. Er berichtete, dass ein Dr. LaManche mich dringend zu sprechen wünsche. Mit einer komischen Vorahnung verließ ich mein Team.

Während ich mir einen Weg aus dem Wald heraus und zur Straße suchte, dachte ich an LaManche und daran, was dieser Anruf wohl zu bedeuten hatte. Ich arbeitete als Gutachterin für das *Laboratoire de Sciences Judiciaires et de Médecine Légale*, LSJML, dem Institut für Forensik und Gerichtsmedizin, seit ich Anfang der Neunzigerjahre im Rahmen eines Fakultätsaustausches zwischen der McGill und meiner Heimatuniversität in Charlotte nach Montreal gekommen war. Da LaManche wusste, dass ich in den Staaten als amtlich zugelassene forensische Anthropologin arbeitete, war er natürlich neugierig gewesen, ob ich auch ihm von Nutzen sein konnte.

Die Provinz Quebec hatte ein zentralisiertes *Coroner*-System mit bestens ausgestatteten Forensik- und Gerichtsmedizinlaboren, aber keinen amtlich zugelassenen forensischen Anthropologen. Damals fungierte ich, wie auch jetzt noch, als Beraterin für das Büro des Obersten Leichenbeschauers von North Carolina, und LaManche wollte mich für das LSJML. Das Ministerium finanzierte ein Anthropologielabor, und ich schrieb mich für einen Intensivkurs in Französisch ein. Seit einem Jahrzehnt bringt man mir die skelettierten, verwesten, mumifizierten, verbrannten und verstümmelten Leichen Quebecs, damit ich sie untersuche und identifiziere. Wenn eine konventionelle Autopsie keine Ergebnisse bringt, versuche ich, den Knochen zu entlocken, was ich kann.

Nur sehr selten hatte LaManche mir eine Nachricht mit dem Vermerk »Dringend« hinterlassen. Und wenn er es getan hatte, war es nie etwas Gutes gewesen.

Nach wenigen Minuten erreichte ich einen Transporter, der am Rand eines Kieswegs geparkt stand. Ich löste die Haarspange und fuhr mir mit den Fingern über die Kopfhaut.

Keine Zecken.

Nachdem ich die Haare wieder zusammengefasst hatte, holte ich meinen Rucksack aus dem Laderaum des Transporters und fischte mein Handy aus der Seitentasche. Der winzige Monitor zeigte mir, dass ich drei Anrufe verpasst hatte. Ich rief die Nummernliste auf. Alle drei waren aus dem Institut gekommen.

Ich versuchte zu wählen, aber die Verbindung brach immer wieder ab. Deshalb hatte ich das Handy im Auto gelassen. In den letzten zehn Jahren war mein Französisch ziemlich flüssig geworden, aber Hintergrundgeräusche und schlechte Verbindungen bereiteten mir oft Schwierigkeiten. Und da jetzt ein schwacher Empfang und die Fremdsprache zusammenkamen, war eine erfolgreiche Verständigung über diesen Apparat so gut wie unmöglich. Ich musste also zum Hauptquartier marschieren.

Ich zog meinen Tyveck-Overall aus und warf ihn in eine Kiste im Transporter. Dann schulterte ich meinen Rucksack und machte mich auf den Weg den Hügel hinunter.

Hoch über den Bäumen kreiste ein Falke. Der Himmel war strahlend blau, nur hier und dort trieben einige Wolken wie Wattebäusche dahin. Normalerweise wird dieser Kurs im Mai abgehalten, und wir hatten befürchtet, dass der diesjährige Apriltermin Regen und niedrige Temperaturen bedeuten könnte. Aber kein Problem. Das Thermometer zeigte über fünfundzwanzig Grad.

Im Gehen achtete ich auf die Geräusche um mich herum. Der Kies, der unter meinen Stiefeln knirschte. Vogelgezwitscher. Das Rotorknattern von Hubschraubern im Tiefflug. Das Knallen entfernter Schüsse. Das FBI teilt sich Quantico mit anderen nationalen Polizeibehörden und mit dem Marine Corps, und so herrscht hier beständig ein sehr reges und ernsthaftes Treiben.

Der Kiesweg mündete bei Hogan's Alley in eine Teerstraße, knapp unterhalb des simulierten Stadtzentrums, das von FBI, DEA, ATF und anderen genutzt wird. Ich wich weit nach links aus, um nicht mitten in eine Übung zur Befreiung von Geiseln zu geraten, und ging dann rechts auf der Hoover Road weiter hügelabwärts bis zum ersten Gebäude eines grauen und hellbraunen Betonkomplexes, von dessen höchsten Dächern Antennen aufragten wie neue Triebe an einer alten Hecke. Nachdem ich einen kleinen Parkplatz überquert hatte, klingelte ich schließlich an der Laderampe des *Forensic Science Research and Training Center*, dem Zentrum für forensische Forschung und Ausbildung.

Eine Seitentür ging auf, und in dem Spalt zeigte sich ein Männergesicht. Obwohl noch jung, war der Mann völlig kahl, und es sah so aus, als wäre er das schon eine ganze Zeit.

»Früher Feierabend?«

»Nein, ich muss mein Institut anrufen.«

»Sie können mein Büro benutzen.«

»Danke, Craig. Es dauert nicht lange.« Hoffte ich zumindest.

»Ich überprüfe gerade Geräte. Sie können sich also ruhig Zeit lassen.«

Die Akademie wird wegen des Labyrinths von Tunneln und Korridoren, die die verschiedenen Gebäude verbinden, oft mit einem Hamsterkäfig verglichen. Aber die oberirdischen Etagen sind nichts im Vergleich zu dem Gewirr unter der Erde.

Wir bahnten uns einen Weg durch eine Lagerhalle voller Kisten und Kartons, alter Computermonitore und Gerätekoffer aus Metall, gingen dann einen Gang entlang und noch zwei andere bis zu einem Büro, das kaum groß genug war für einen Schreibtisch, einen Stuhl, einen Aktenschrank und ein Bücherregal. Craig Beacham arbeitete für das *National Center for the Analysis of Violent Crime*, NCAVC, dem Nationalen Zentrum für die Analyse von Gewaltverbrechen, einer der wichtigsten Unterabteilungen der CIRG, der *Critical Incident Response Group* des FBI, einer Art speziellen Eingreiftruppe bei Schwerverbrechen. Eine Zeit lang hieß diese Einheit *Child Abduction and Serial Killer Unit*, CASKU, Abteilung für Kindesentführungen und Serienmörder, doch seit kurzem trug sie wieder den ursprünglichen Namen. Da die Ausbildung von Spurensicherungstechnikern, *Evidence Recovery Technicians* oder ERTs, zu den Aufgaben des NCAVC gehört, organisiert diese Einheit den alljährlichen Kurs.

Wer mit dem FBI zu tun hat, muss ein Abkürzungsfex sein.

Craig nahm Akten von seinem Schreibtisch und stapelte sie auf dem Schränkchen.

»So haben Sie wenigstens Platz, sich was zu notieren. Soll ich die Tür schließen?«

»Nein, danke. Ist schon okay so.«

Mein Gastgeber nickte und ging davon.

Ich atmete tief durch, schaltete im Geist aufs Französische um und wählte.

»*Bonjour, Temperance.*« Nur LaManche und der Priester, der mich getauft hatte, haben je diese offizielle Version benutzt. Der Rest der Welt nennt mich Tempe. »*Comment ça va?*«

Ich sagte ihm, dass es mir gut gehe.

»Danke, dass Sie zurückgerufen haben. Ich fürchte, wir haben hier eine ziemlich grausige Sache, und ich brauche Ihre Hilfe.«

»*Oui?*« Grausig? LaManche neigte nicht gerade zu Übertreibungen.

»*Les motards.* Noch zwei sind tot.«

Les motards. Biker. Seit über einem Jahrzehnt kämpften rivalisierende Outlaw-Motorradbanden um die Kontrolle des Drogenhandels in Quebec. Ich hatte bei mehreren *motards*-Fällen mitgearbeitet, Erschossene, die darüber hinaus bis zur Unkenntlichkeit verbrannt waren.

»*Oui?*«

»Folgendes hat die Polizei bis jetzt rekonstruieren können. In der letzten Nacht fuhren drei Mitglieder der Heathens mit einer starken selbst gebastelten Bombe zum Clubhaus der Vipers. Der Viper, der die Überwachungskameras kontrollierte, sah zwei Männer, die mit einem großen Paket auf das Haus zukamen. Er schoss auf sie, und die Bombe explodierte.« LaManche hielt inne. »Der Fahrer liegt in kritischem Zustand im Krankenhaus. Was die beiden anderen angeht: Das größte geborgene Gewebestück wiegt knapp neun Pfund.«

Autsch.

»Temperance, ich habe versucht, mit Constable Martin Quickwater Kontakt aufzunehmen. Er ist unten bei Ihnen in Quantico, aber er war den ganzen Tag in einer Konferenz.«

»Quickwater?« Nicht gerade ein typisch Quebecer Name.

»Er ist ein Eingeborener. Cree, glaube ich.«

»Gehört er zur Carcajou?«

Die *Opération Carcajou* war eine ressortübergreifende Sondereinheit zur Untersuchung krimineller Aktivitäten der Outlaw-Motorradbanden in der Provinz.

»*Oui.*«

»Was soll ich für Sie tun?«

»Bitte sagen Sie Constable Quickwater, was ich Ihnen eben gesagt habe, und bitten Sie ihn, mich anzurufen. Dann möchte ich, dass Sie so schnell wie möglich herkommen. Wir dürften Schwierigkeiten mit der Identifikation bekommen.«

»Wurden intakte Fingerkuppen oder Gebissfragmente geborgen?«

»Nein. Und das ist auch nicht wahrscheinlich.«

»DNS?«

»Auch dabei dürfte es Schwierigkeiten geben. Die Situation ist ziemlich kompliziert, und ich möchte am Telefon lieber nicht darüber sprechen. Ist es Ihnen möglich, früher zu kommen, als Sie geplant hatten?«

Wie jedes Jahr hatte ich das Frühjahrssemester an der Universität in Charlotte so rechtzeitig abgeschlossen, dass ich den FBI-Kurs abhalten konnte. Jetzt musste ich nur noch die Examensarbeiten lesen. Ich hatte mich schon auf einen kurzen Besuch bei Freunden in Columbia gefreut, bevor ich für den Sommer nach Montreal zurückflog. Aber dieser Besuch würde jetzt warten müssen.

»Ich bin morgen bei Ihnen.«

»*Merci.*«

Dann fuhr er in seinem präzisen Französisch fort, und entweder Traurigkeit oder Müdigkeit ließen seine volle Bass-Stimme noch tiefer klingen.

»Es sieht nicht gut aus, Temperance. Die Heathens werden zweifellos zurückschlagen. Und dann werden die Vipers noch mehr Blut vergießen.« Ich hörte, wie er tief ein- und langsam wieder ausatmete. »Ich fürchte, die Lage eskaliert zu einem umfassenden Krieg, in dem auch Unschuldige umkommen können.«

Nach dem Gespräch rief ich bei US Airways an, um für den nächsten Morgen einen Flug zu buchen. Ich legte eben den Hörer auf, als Craig Beacham in der Tür erschien. Ich erklärte ihm die Sache mit Quickwater.

»Constable?«

»Er ist bei der RCMP. Der *Royal Canadian Mounted Police.* Oder GRC, falls Sie das Französische vorziehen. *Gendarmerie royale du Canada.*«

»Ähm. Aha.«

Craig wählte eine Nummer und fragte nach, wo sich der Constable aufhielt. Nach einer kurzen Pause notierte er sich etwas und legte auf.

»Ihr Mann ist in einer wichtigen Strategiebesprechung in einem der Konferenzräume da unten.« Er gab mir die Nummer, die er sich notiert hatte, und beschrieb mir den Weg. »Gehen Sie einfach rein und setzen Sie sich dazu. So gegen drei dürften sie eine Pause machen.«

Ich dankte ihm und irrte durch die Gänge, bis ich den Raum gefunden hatte. Durch die geschlossene Tür waren gedämpfte Stimmen zu hören.

Meine Uhr zeigte zwei Uhr zwanzig. Ich drehte den Knauf und schlüpfte hinein.

Der Raum war dunkel bis auf den Strahl eines Projektors und das aprikosenfarbene Leuchten eines auf eine Leinwand geworfenen Dias. Ich erkannte ein halbes Dutzend Gestalten, die um einen runden Tisch saßen. Einige drehten die Köpfe in meine Richtung, als ich mich auf einen Stuhl an der Seitenwand setzte. Doch die meisten Blicke blieben auf das Dia gerichtet.

In den nächsten dreißig Minuten sah ich, wie LaManches Vorahnung in grausigen Details zum Leben erwachte. Ein ausgebombter Bungalow, Gewebefetzen an den Wänden, Körperteile auf dem Rasen. Ein weiblicher Torso, das Gesicht nur noch eine rote Masse, der Schädelknochen von einer Schrotladung durchlöchert. Das geschwärzte Chassis eines Geländewagens, eine verkohlte Hand, die aus einem hinteren Seitenfenster baumelte.

Ein Mann, der rechts vom Projektor saß, berichtete von Motorradbandenkriegen in Chicago, während er die Dias durchlaufen ließ. Die Stimme kam mir irgendwie bekannt vor, doch ich konnte sein Gesicht nicht erkennen.

Noch mehr Schießereien. Explosionen. Messerstechereien. Zwischendurch ließ ich den Blick über die Silhouetten am Tisch schweifen. Nur eine hatte Haare, die nicht zu Stoppeln gestutzt waren.

Schließlich blieb die Leinwand weiß. Der Projektor summte, Staub flirrte in seinem Strahl. Stühle quietschten, als die Männer sich streckten und sich wieder einander zuwandten.

Der Sprecher stand auf und ging zur Wand. Als die Deckenbeleuchtung anging, erkannte ich ihn als Special Agent Frank Tulio, Absolvent eines schon viele Jahre zurückliegenden Bergungskurses. Er bemerkte mich, und ein Lächeln breitete sich auf seinem Gesicht aus.

»Tempe. Wie geht's?«

Alles an Frank war korrekt, von seinen mit dem Messer geschnittenen grauen Haaren über seinen straffen Körper bis hin zu seinen makellosen italienischen Schuhen. Im Gegensatz zum Rest unserer Truppe hatte Frank auch bei den Käfer- und Leichenübungen durch erstaunliche Gepflegtheit geglänzt.

»Kann mich nicht beklagen. Sind Sie noch im Chicagoer Büro?«

»Bis letztes Jahr. Jetzt bin ich hier, wurde der CIRG zugewiesen.«

Alle Augen waren auf uns gerichtet, und mir wurde plötzlich der Zustand meiner Kleidung und meiner Frisur bewusst. Frank wandte sich an seine Kollegen.

»Kennen Sie alle die große Knochendoktorin?«

Frank stellte uns einander vor, und die am Tisch Sitzenden lächelten und nickten. Einige kannte ich, andere nicht. Ein paar machten Witze über Episoden, in denen ich eine Rolle gespielt hatte.

Zwei der Anwesenden gehörten nicht zur Akademie. Die volleren Haare, die ich bemerkt hatte, gehörten Kate Brophy, der Leiterin des *Intelligence Unit*, der nachrichtendienstlichen Abteilung des *State Bureau of Investigation* von North Carolina. Kate war die Expertin des SBI für Outlaw-Motorradbanden, solange ich zurückdenken konnte. Wir hatten uns Anfang der Achtziger kennen gelernt, als die Outlaws und die Hells Angels in den Carolinas Krieg führten. Ich hatte damals zwei der Opfer identifiziert.

Am anderen Ende des Tisches tippte eine junge Frau auf einem Gerät, das aussah wie eine Stenografiermaschine. Neben ihr saß Martin Quickwater hinter einem Laptop. Er hatte ein breites Gesicht mit hohen Wangenknochen und Brauen, die sich an den Enden nach oben bogen. Seine Haut hatte die Farbe gebrannten Tons.

»Ich bin mir sicher, dass ihr zwei Ausländer euch kennt.«

»Nein, wir kennen uns nicht«, sagte ich. »Aber das ist der Grund, warum ich hier bin. Ich muss mit Constable Quickwater sprechen.«

Quickwater gewährte mir ungefähr fünf Sekunden Aufmerksamkeit, dann wandte er den Blick wieder dem Computermonitor zu.

»Gutes Timing. Wir wollten gerade eine Pause machen.« Frank sah auf die Uhr und ging dann zum Projektor, um ihn auszuschalten. »Besorgen wir uns eine Dosis Koffein. Um halb vier treffen wir uns wieder.«

Während die Beamten an mir vorbeigingen, legte einer der NCAVC-Männer mit übertriebener Geste die Finger zu einem Rechteck zusammen und spähte hindurch, als würde er mich durch einen Sucher fixieren. Wir waren seit einem Jahrzehnt Freunde, und ich wusste, was jetzt kommen würde.

»Tolle Frisur, Brennan. Ein Sonderangebot von deinem Gärtner? Hecke und Haare schneiden für einen Preis?«

»Einige von uns machen eben richtige Arbeit.«

Er ging lachend davon.

Als nur noch Quickwater und ich übrig waren, setzte ich an zu einer ausführlicheren Vorstellung.

»Ich weiß, wer Sie sind«, sagte Quickwater auf Englisch mit weichem Akzent.

Seine Schroffheit überraschte mich, und ich musste mich zurückhalten, um nicht ebenso barsch zu antworten. Vielleicht reagierte ich einfach nur empfindlich, weil ich verschwitzt und ungekämmt war.

Als ich erklärte, dass LaManche versucht hatte, ihn zu erreichen, zog Quickwater seinen Piepser vom Gürtel, sah auf den Monitor und schlug das Gerät dann gegen seine flache Hand. Seufzend und kopfschüttelnd klemmte er es sich wieder an den Gürtel.

»Die Batterien«, sagte er.

Der Constable sah mich eindringlich an, während ich wiederholte, was LaManche mir gesagt hatte. Seine Augen waren so tief braun, dass die Grenze zwischen Pupille und Iris nicht zu erkennen war. Als ich geendet hatte, nickte er, drehte sich um und verließ den Raum.

Ich stand noch einen Augenblick da und wunderte mich über das merkwürdige Verhalten des Mannes. Wunderbar. Ich hatte nicht nur zwei atomisierte Biker, die ich wieder zusammensetzen musste, jetzt hatte ich auch noch Constable Charme als Partner.

Ich nahm meinen Rucksack und kehrte in den Wald zurück.

Kein Problem, Mr. Quickwater. Ich habe schon härtere Nüsse geknackt als Sie.

3

DER FLUG NACH MONTREAL war ereignislos bis auf die Tatsache, dass Martin Quickwater mich ostentativ schnitt. Obwohl wir in derselben Maschine saßen, redete er nicht mit mir und setzte sich auch nicht auf einen der leeren Plätze in meiner Reihe. Wir nickten uns in Washington-Reagan zu und dann noch einmal, als wir in Montreal-Dorval in der Schlange vor der Zollabfertigung standen. Seine kühle Art war mir recht angenehm. Ich wollte mit dem Mann eigentlich nichts zu tun haben.

Ich fuhr mit dem Taxi zu meiner Eigentumswohnung im Stadtzentrum, stellte mein Gepäck ab und wärmte mir in der Mikrowelle einen tiefgefrorenen Burrito auf. Mein alter Mazda sprang beim dritten Versuch an, und ich fuhr in den Osten der Stadt.

Jahrelang hatte sich das Forensiklabor im fünften Stock eines Hauses befunden, das als SQ-Gebäude bekannt ist. Die Provinzpolizei, die *Sûreté du Québec*, besetzte den Rest der Etagen, bis auf eine Reihe von Arrestzellen im zwölften und im dreizehnten Stock.

Kürzlich hatte die Regierung von Quebec jedoch Millionen für die Renovierung des Gebäudes ausgegeben. Der Arrestbereich kam in andere Stockwerke, und die gerichtsmedizinischen und kriminaltechnischen Labore sind nun in den obersten beiden Etagen untergebracht. Seit dem Umzug waren Monate vergangen, aber ich konnte die Veränderung noch immer nicht so recht glauben. Von meinem neuen Büro aus hatte ich einen spektakulären Blick auf den St. Lawrence, und mein Labor war Spitzenklasse.

Um halb vier am Freitagnachmittag ließ die gewohnte Hektik und Geschäftigkeit der Arbeitswoche bereits deutlich nach. Die Türen schlossen sich eine nach der anderen, und die Armee der weiß bekittelten Wissenschaftler und Techniker dünnte sich aus.

Ich schloss die Tür zu meinem Büro auf und hängte meine Jacke an den hölzernen Garderobenständer. Drei weiße Formulare lagen auf meinem Schreibtisch. Ich nahm das mit LaManches Unterschrift zur Hand.

Die »*Demande d'Expertise en Anthropologie*«, die Bitte um ein anthropologisches Gutachten, stellt oft meinen ersten Kontakt mit einem Fall dar. Sie wird vom bearbeitenden Pathologen ausgefüllt und liefert mir die wesentlichen Daten zum Auffinden der Akte.

Mein Blick wanderte die rechte Spalte entlang. Labornummer. Leichenhallennummer. Polizeiberichtnummer. Klinisch und effizient. Die Leiche wird etikettiert und archiviert, bis die Räder der Gerechtigkeit in Gang kommen.

Ich wechselte zur linken Spalte. Pathologe. Coroner. Ermittelnder Beamter. Ein gewaltsamer Tod ist die terminale Verletzung der Intimsphäre, und diejenigen, die ihn untersuchen, sind die ultimativen Voyeure. Obwohl ich ein Teil davon bin, fühle ich mich nie wohl bei der Gleichgültigkeit, mit der das System an die Toten und die Todesermittlung herangeht. Auch wenn ein gewisses Maß an Distanz unabdingbar ist, um sich das eigene emotionale Gleichgewicht zu bewahren, habe ich doch immer das Gefühl, dass das Opfer etwas mehr persönliche Anteilnahme verdient hat.

Ich überflog die Zusammenfassung der bekannten Fakten. Nur in einem Punkt wich sie von LaManches telefonischem Bericht ab. Bis dato waren insgesamt zweihundertundfünfzehn Fragmente geborgen worden. Das größte Stück wog zehn Pfund.

Ohne mich um die anderen Formulare und den Stapel Telefonnachrichten zu kümmern, machte ich mich sofort auf die Suche nach dem Direktor.

Ich hatte LaManche selten in etwas anderem gesehen als in Labormantel-Weiß oder chirurgischem Grün. Ich konnte mir nicht vorstellen, dass er lachte oder Holzfällerhemden trug. Er war ernst und freundlich und auf Tweed beschränkt. Und er war der beste Pathologe, den ich kannte.

Ich sah ihn durch das Glasrechteck neben seiner Bürotür. Seine schlaksige Gestalt saß über einen Schreibtisch gebeugt, auf dem sich Papiere, Zeitschriften und ein Stapel Akten in allen Primärfarben türmten. Als ich klopfte, hob er den Kopf und winkte mich herein.

Das Büro roch wie sein Benutzer schwach nach Pfeifentabak. LaManche hatte die Angewohnheit, sich sehr leise zu bewegen, und manchmal war dieser Geruch der erste Hinweis auf seine Anwesenheit.

»Temperance.« Er betonte die letzte Silbe, sodass der Name sich auf *France* reimte. »Vielen Dank, dass Sie so früh zurückgekommen sind. Bitte setzen Sie sich.«

Immer makelloses Französisch, ohne Verschleifungen oder umgangssprachliche Ausdrücke.

Wir setzten uns an einen kleinen Tisch vor seinem Schreibtisch. Eine Anzahl brauner Umschläge lag darauf.

»Ich weiß, dass es zu spät ist, um jetzt noch mit der Analyse zu beginnen, aber könnten Sie vielleicht morgen hereinkommen?«

Er hatte ein langes, hager-kantiges Gesicht mit tiefen Längsfalten. Als er fragend die Augenbrauen hob, verlängerten sich die Furchen über seinen Augen zur Mitte hin.

»Ja. Natürlich.«

»Vielleicht wollen Sie mit den Röntgenaufnahmen anfangen.«

Er deutete auf die Umschläge und drehte sich dann zu seinem Schreibtisch um.

»Und hier sind die Tatort- und Autopsiefotos.« Er gab mir einen Stapel kleinerer brauner Umschläge und eine Videokassette.

»Die beiden Biker, die die Bombe zum Clubhaus der Vipers

schleppten, wurden zerfetzt und ihre Überreste über ein großes Gebiet verstreut. Viel von dem, was die Spurensicherung findet, klebt an Mauern oder hängt in Büschen und an Bäumen. Das größte bis jetzt geborgene Fragment kam erstaunlicherweise vom Dach des Clubhauses. Ein Thoraxfragment zeigt einen Teil einer Tätowierung, der bei der Identifikation von Nutzen sein dürfte.«
»Was ist mit dem Fahrer?«
»Starb heute Morgen im Krankenhaus.«
»Der Schütze?«
»Er ist in Untersuchungshaft, aber diese Leute sind nie sehr kooperativ. Er geht lieber ins Gefängnis, als der Polizei etwas zu verraten.«
»Nicht einmal Informationen über eine rivalisierende Bande?«
»Wenn er redet, ist er höchstwahrscheinlich ein toter Mann.«
»Und noch immer keine Gebissfragmente oder Fingerabdrücke?«
»Nichts.«
LaManche fuhr sich mit der Hand übers Gesicht, hob und senkte die Schultern und faltete dann die Hände im Schoß.
»Ich fürchte, wir schaffen es nie, alle Gewebeteile zuzuordnen.«
»Was ist mit einer DNS-Analyse?«
»Haben Sie die Namen Ronald und Donald Vaillancourt schon mal gehört?«
Ich schüttelte den Kopf.
»Die Vaillancourt-Brüder, ›Le Clic‹ und ›Le Clac‹. Beide sind Vollmitglieder der Heathens. Einer von ihnen war vor ein paar Jahren in die Hinrichtung von Clauce ›Le Couteau‹ Dubé, ›Das Messer‹, verwickelt. Ich weiß nicht mehr welcher.«
»Die Polizei hält die Vaillancourts für die Opfer?«
»Ja.«
Die melancholischen Augen schauten in meine.
»Clic und Clac sind eineiige Zwillinge.«

Bis sieben Uhr an diesem Abend hatte ich alles untersucht bis auf das Video. Mit dem Vergrößerungsglas hatte ich mir unzählige Fotos angeschaut, die hunderte von Knochenfragmenten und blutigen

Klumpen in unterschiedlichen Formen und Größen zeigten. Auf allen Bildern wiesen Pfeile auf gelbe und rote Klumpen, die im Gras lagen, an Ästen hingen und an Schlackesteinen, Glasscherben, Teerpappe oder Wellblech klebten.

Die Überreste waren in großen schwarzen Plastiksäcken in der Leichenhalle angekommen, von denen jeder eine Reihe von durchsichtigen Ziploc-Beuteln enthielt. Jeder dieser Beutel war nummeriert und enthielt Körperfragmente, Erde, Gewebe, Metall und nicht identifizierbaren Abfall. Die Autopsiefotos zeigten zunächst die ungeöffneten Säcke, dann die kleinen Plastikbeutel auf Autopsietischen und schließlich den nach Kategorien sortierten Inhalt.

Auf dem letzten Foto lag das Fleisch in Reihen ausgebreitet, wie auf der Verkaufstheke eines Metzgers. Ich erkannte Schädelstücke, das Fragment eines Schienbeins, einen Femurkopf und ein Stück Kopfschwarte mit einem intakten rechten Ohr. Einige Nahaufnahmen zeigten die gezackten Enden zersplitterter Knochen, andere Haare, Fasern und Stoffreste, die an Fleisch klebten. Die Tätowierung, die LaManche erwähnt hatte, war auf einem Hautstück deutlich zu erkennen. Sie zeigte drei Schädel und Knochenhände, die Augen, Ohren und Mund bedeckten. Die Ironie war nicht zu übertreffen. Dieser Kerl würde wirklich nichts mehr sehen, hören und sagen.

Nachdem ich mir die Fotos und Röntgenaufnahmen angesehen hatte, musste ich LaManche zustimmen. Auf den Fotos konnte ich Knochen erkennen, und die Röntgenbilder zeigten weitere. Damit konnte ich die anatomische Herkunft der Gewebeteile bestimmen. Aber den gesamten Fleischhaufen in zwei Brüder aufzuteilen würde sehr schwer werden. Vermischte Leichen zu trennen ist immer schwierig, vor allem wenn die Überreste stark beschädigt oder unvollständig sind. Und noch viel problematischer wird es, wenn die Toten von gleichem Geschlecht, gleichem Alter oder gleicher Rasse sind. Ich hatte einmal Wochen damit zugebracht, die Knochen und das verwesende Fleisch von sieben männlichen Prostituierten zu untersuchen, die man in einem Verschlag unter dem Haus ihres Mörders gefunden hatte. Alle waren weiß und alle unter zwanzig.

Bei der Identifikation war die DNS-Sequenzierung von unschätzbarem Wert gewesen.

In diesem Fall konnte es jedoch sein, dass mich diese Technik nicht weiterbrachte. Wenn die Opfer wirklich eineiige Zwillinge gewesen waren, dann war ihre DNS identisch.

LaManche hatte Recht. Es war sehr unwahrscheinlich, dass ich die Fragmente zwei unterschiedlichen Leichen würde zuordnen und jede mit einem Namen versehen können.

Mein Magen knurrte und erinnerte mich daran, dass es Zeit war aufzuhören. Ich schnappte mir meine Handtasche, zog den Reißverschluss meiner Jacke zu und ging nach draußen.

Zu Hause zeigte mir das blinkende Licht am Anrufbeantworter, dass ich eine Nachricht hatte. Ich breitete mein mitgebrachtes Sushi auf dem Tisch aus, riss eine Dose Diet Coke auf und drückte auf den Knopf.

Mein Neffe Kit fuhr zusammen mit seinem Vater von Texas nach Vermont. Sie wollten unbedingt wieder einmal etwas gemeinsam unternehmen und kamen deshalb in den Norden, um zu fischen, was man in den Binnengewässern im Frühling eben an den Haken bekommt. Da mein Kater den Platz und die Bequemlichkeit eines Wohnmobils der Effizienz des Fliegens vorzieht, hatten Kit und Howie versprochen, ihn bei mir zu Hause in Charlotte abzuholen und nach Montreal zu bringen. Die Nachricht lautete, dass sie mit Birdie am nächsten Tag ankommen würden.

Ich tauchte ein Maki-Röllchen in die Soße und steckte es mir in den Mund. Eben griff ich nach einem zweiten, als es an der Tür klingelte. Verwirrt ging ich zum Überwachungsmonitor.

Der Bildschirm zeigte Andrew Ryan, der in der Eingangshalle an der Wand lehnte. Er trug ausgewaschene Blue Jeans, Laufschuhe und eine Bomberjacke über einem schwarzen T-Shirt. Mit seinen eins fünfundachtzig, den blauen Augen und dem kantigen Gesicht sah er aus wie eine Kreuzung aus Cal Ripkin und Indiana Jones.

Ich sah aus wie Phyllis Diller vor ihrer Totalrenovierung.

Toll.

Mit einem Seufzen öffnete ich die Tür.

»Hey, Ryan. Was gibt's?«

»Ich habe bei dir Licht gesehen und mir gedacht, dass du anscheinend schon zurück bist.«

Er musterte mich.

»Harten Tag gehabt?«

»Ich habe heute nichts anderes getan als Fliegen und Fleisch sortieren«, sagte ich entschuldigend und steckte mir dann die Haare hinter die Ohren. »Kommst du rein?«

»Kann nicht bleiben.« Ich sah, dass er seinen Piepser und seine Waffe trug. »Wollte nur mal fragen, ob du morgen zum Abendessen schon was geplant hast.«

»Ich muss morgen den ganzen Tag Bombenopfer sortieren, es kann also sein, dass ich am Abend ein bisschen geschafft bin.«

»Aber essen musst du trotzdem.«

»Essen muss ich trotzdem.«

Er legte mir eine Hand auf die Schulter und zwirbelte mit der anderen eine Strähne meiner Haare.

»Wenn du müde bist, können wir das Essen ausfallen lassen und uns einfach nur entspannen«, sagte er mit leiser Stimme.

»Hmm.«

»Unseren Horizont erweitern?«

Er strich mir die Haare zurück und fuhr mir mit den Lippen übers Ohr.

O ja.

»Klar doch, Ryan. Ich ziehe meine Reizwäsche an.«

»Da habe ich nie was dagegen.«

Ich bedachte ihn mit meinem »Schon gut«-Blick.

»Lädst du mich zum Chinesen ein?«

»Chinese ist gut«, sagte er, hob meine Haare an und verdrehte sie oben auf dem Kopf zu einem Knoten. Dann ließ er sie wieder fallen und legte die Arme um mich. Bevor ich etwas sagen konnte, zog er mich an sich und küsste mich. Seine Zunge umspielte die Ränder meiner Lippen und erkundete dann sanft meinen Mund.

Seine Lippen waren weich, seine Brust drückte sich hart gegen meine. Ich fing an, ihn wegzuschieben, merkte aber, dass ich das eigentlich gar nicht wollte. Mit einem Seufzen entspannte ich mich und schmiegte meinen Körper an seinen. Das Grauen des Tages verschwand, und in diesem Augenblick war ich sicher vor dem Wahnsinn der Bomben und der ermordeten Kinder.

Nach einer Weile brauchten wir beide Luft.

»Willst du nicht doch reinkommen?«, fragte ich, trat einen Schritt zurück und hielt die Tür auf. Meine Knie waren weich wie Wackelpudding.

Ryan sah auf die Uhr.

»Eine halbe Stunde wird schon nichts ausmachen.«

In diesem Augenblick ertönte sein Piepser. Er kontrollierte die Nummer auf dem Monitor.

»Scheiße.«

Scheiße.

Er hakte sich den Piepser wieder an den Gürtel.

»Tut mir leid«, sagte er mit einem verlegenen Grinsen. »Du weißt, dass ich viel lieber –«

»Geh schon.« Mit einem Lächeln legte ich ihm die Hände auf die Brust und schob ihn sanft hinaus. »Bis morgen Abend. Halb acht.«

»Denk an mich«, sagte er, als er sich umdrehte und den Korridor hinunterging.

Als er verschwunden war, kehrte ich zu meinem Sushi zurück und dachte an nichts anderes als an Andrew Ryan.

Ryan gehört zur SQ, er ist Detective im Morddezernat, und gelegentlich arbeiten wir gemeinsam an Fällen. Obwohl er mir seit Jahren den Hof machte, hatte ich erst in jüngster Zeit angefangen, ihn auch privat zu treffen. Obwohl einige Selbstüberredung dazu nötig gewesen war, hatte ich mich schließlich seiner Betrachtungsweise angeschlossen. Streng genommen arbeiteten wir nicht zusammen, also traf meine Regel »Keine Affären im Büro« nicht zu, es sei denn, ich wollte es so.

Trotzdem machte dieses Arrangement mich nervös. Nach zwanzig Jahren Ehe und einigen nicht so erfreulichen als Single waren neue Beziehungen nicht mehr ganz einfach für mich. Aber ich genoss Ryans Gesellschaft, und so hatte ich beschlossen, einen Versuch zu wagen. »Mit ihm zu gehen«, wie meine Schwester sagen würde.

O Gott. Mit jemandem gehen.

Ich musste zugeben, dass ich Ryan verdammt sexy fand. Wie die meisten Frauen. Wohin wir auch gingen, immer merkte ich, dass die Frauen ihm nachsahen. Und sich mit Sicherheit ihre Gedanken machten.

Auch ich machte mir Gedanken. Aber in diesem Augenblick war das Schiff noch im Hafen, die Maschinen unter Dampf und fahrbereit. Meine Wackelpuddingknie bestätigten das. Essen in einem Restaurant war eindeutig die bessere Idee.

Das Telefon klingelte, als ich den Tisch abräumte.

»*Mon Dieu*, du bist wieder da.« Tiefes, kehliges Englisch mit starkem französischem Akzent.

»Hi, Isabelle. Was gibt's?«

Obwohl ich Isabelle erst seit zwei Jahren kannte, standen wir beide uns ziemlich nahe. Ich hatte sie in einer schwierigen Lebensphase kennen gelernt. Im Verlauf eines tristen Sommers hatte ein gewalttätiger Psychopath es auf mich abgesehen, meine beste Freundin wurde ermordet, und ich war gezwungen, mir einzugestehen, dass meine Ehe gescheitert war. In einem Anfall von Selbstmitleid hatte ich ein Einzelzimmer in einem Club Med gebucht und war davongeflogen, um Tennis zu spielen und mich zu überfressen.

Isabelle lernte ich bereits auf dem Flug nach Nassau kennen, und später spielten wir Doppel zusammen. Wir gewannen, entdeckten, dass wir aus ähnlichen Gründen dort waren, und verbrachten eine vergnügliche Woche miteinander. Seitdem sind wir Freundinnen.

»Ich habe dich erst nächste Woche zurückerwartet. Ich wollte dir nur eine Nachricht hinterlassen, dass wir uns wieder mal treffen sollten, aber da du jetzt schon zu Hause bist, wie wär's morgen mit Abendessen?«

Ich erzählte ihr von Ryan.

»Den solltest du dir warmhalten, Tempe. Und falls du diesen *chevalier* je überhast, schick ihn zu mir, und ich gebe ihm was zum Nachdenken. Warum bist du so früh zurückgekommen?«

Ich berichtete ihr von dem Bombenattentat.

»*Ah, oui,* ich habe davon in *La Presse* gelesen. Ist es wirklich so grausig?«

»Die Opfer sind in keinem guten Zustand«, sagte ich.

»*Les motards.* Wenn du mich fragst, diese Motorradgangster kriegen nur, was sie verdienen.«

Isabelle hatte immer sehr feste Überzeugungen und zögerte nie, sie auch zu äußern.

»Die Polizei sollte diese Gangster sich einfach gegenseitig in die Luft jagen lassen. Dann müssten wir uns ihre dreckigen Körper mit ihren schmuddeligen Tattoos nicht mehr anschauen.«

»Hm.«

»Ich meine, es ist ja nicht so, dass sie kleine Kinder umbringen.«

»Nein«, entgegnete ich. »So ist es nicht.«

Am nächsten Morgen starb Emily Anne Toussaint auf ihrem Weg zur Ballettstunde.

4

HOWARD UND KIT waren um sieben angekommen, hatten Birdie abgeliefert und waren gleich weitergefahren. Birdie ignorierte mich und suchte die Wohnung nach hündischen Eindringlingen ab, als ich um acht das Haus verließ, um mich weiter mit den Bombenopfern zu beschäftigen.

Emily Anne traf kurz nach Mittag ein. Da ich Platz brauchte, hatte ich mich für den großen Autopsiesaal entschieden. Ich rollte die Bahren mit den Überresten der Bombenopfer in die Mitte des Saals und versuchte, auf zwei Tischen die Leichen zu rekonstruieren. Da es Samstag war, hatte ich den Saal für mich allein.

Alle sichtbaren Knochenfragmente hatte ich bereits identifiziert und sortiert. Dann hatte ich mir mit Hilfe der Röntgenaufnahmen die Fragmente vorgenommen, die Knochen enthielten, und das

Gewebe seziert, um anatomische Merkpunkte zu finden. Sooft ich Duplikate fand, verteilte ich sie auf die beiden Tische. Zwei linke Schambeinhöcker oder Warzenfortsätze des Schläfenbeins oder Femurköpfe bedeuteten zwei verschiedene Individuen.

Außerdem hatte ich bei einigen Fragmenten von langen Knochen Hinweise auf eine Wachstumsstörung in der Kindheit bemerkt. Wenn die Gesundheit beeinträchtigt ist, hört das Kind auf zu wachsen, und die Skelettentwicklung kommt zum Stillstand. Solche Unterbrechungen werden normalerweise von einer Krankheit oder von Zeiten ungenügender Ernährung verursacht. Wenn sich der Zustand wieder bessert, geht das Wachstum weiter, aber die Unterbrechung hinterlässt dauerhafte Spuren.

Die Röntgenbilder zeigten opake Linien auf zahlreichen Splittern von Arm- und Beinknochen. Die schmalen Bänder verliefen quer über die Schäfte und deuteten auf Zeiten unterbrochenen Wachstums hin. Ich legte das Gewebe mit derartigen Knochenfragmenten auf einen Tisch und Gewebe mit normalen Knochen auf den anderen.

Einer der Fleischklumpen enthielt mehrere Handknochen. Als ich sie herauslöste, entdeckte ich zwei Mittelhandknochen mit unregelmäßigen Schäften. Diese klumpigen Bereiche zeigten auf dem Röntgenbild erhöhte Dichte, was darauf hindeutete, dass sich eins der Opfer diese Finger irgendwann einmal gebrochen hatte. Ich legte das Gewebe beiseite.

Gewebe ohne Knochen verlangten eine andere Vorgehensweise. Bei diesem untersuchte ich die anhaftenden Stoffreste und arbeitete vom bereits sortierten Gewebe rückwärts, indem ich Fäden und Fasern von dem einen oder dem anderen Tisch mit Stücken von Gewebe verglich, die noch auf den Rollbahnen lagen. Ich glaubte, einen gewebten Wollstoff, Khaki von der Art, wie es in Arbeitshosen verwendet wird, Köper und weiße Baumwolle identifizieren zu können. Später würden die Experten von der Abteilung Haare und Fasern eine komplette Analyse durchführen, um festzustellen, ob sich meine Ergebnisse bestätigten.

Nach dem Mittagessen und meinem Gespräch mit LaManche

kehrte ich zu den Bombenopfern zurück. Um viertel nach fünf hatte ich ungefähr zwei Drittel des Gewebes sortiert. Ohne DNS-Analyse sah ich keine Chance, die übrigen Fragmente einem spezifischen Individuum zuzuordnen. Ich hatte getan, was ich konnte.

Und ich hatte mir auch selbst ein Ziel gesetzt.

Während ich in den Leichenteilen der Vaillancourts wühlte, fiel es mir schwer, Mitleid für die Personen aufzubringen, die ich rekonstruierte. Eigentlich ärgerte es mich eher, dass ich es tun musste. Diese Männer hatten sich bei dem Versuch, andere in die Luft zu jagen, selbst in Stücke gesprengt. Hier hatte eine rohe Gerechtigkeit gewaltet, und ich empfand mehr Verwirrung als Bedauern.

Nicht so bei Emily Anne. Sie lag auf LaManches Autopsietisch, weil sie zu ihrer Ballettstunde gegangen war. So etwas war unannehmbar. Der Tod eines unschuldigen Kindes konnte nicht als Kollateralschaden eines wahnsinnigen Krieges hingenommen werden. Vipers konnten Heathens umbringen, und Outlaws konnten Bandidos ermorden. Oder Hells Angels. Aber sie durften keine Unschuldigen töten. Ich schwor mir, dass ich alle meine forensischen Fähigkeiten einsetzen und so viel Zeit aufwenden würde, wie ich nur konnte, um Indizien zu finden, die zu einer Identifikation und Verurteilung dieser mörderischen Soziopathen führen würden. Kinder hatten das Recht, eine Straße entlangzugehen, ohne von Kugeln niedergestreckt zu werden.

Ich legte die sortierten Überreste wieder auf die Bahren und rollte sie in die Kühlkammern, wusch mich und zog Straßenkleidung an. Dann fuhr ich mit dem Aufzug zu meinem Chef.

»Ich will diesen Fall bearbeiten«, sagte ich mit ruhiger, gelassener Stimme. »Ich will diese verdammten Kindermörder zur Strecke bringen.«

Die müden, alten Augen sahen mich, so kam es mir vor, sehr lange an. Wir hatten über Emily Anne Toussaint gesprochen. Und über ein anderes Kind. Einen Jungen.

Olivier Fontaine war auf dem Weg zum Eishockeytraining, als er mit seinem Fahrrad zu dicht an einem Jeep Cherokee vorbeifuhr, dessen Fahrer eben den Zündschlüssel umdrehte. Die Bombe explodierte mit solcher Gewalt, dass Metallsplitter den Jungen trafen und ihn sofort töteten. Olivier war zwölf Jahre alt gewesen.

Der Fontaine-Mord fiel mir erst wieder ein, als ich Emily Anne sah. Der Vorfall hatte sich im Dezember 1995 auf dem West Island ereignet, die Hells Angels und die Rock Machine waren die Beteiligten gewesen. Oliviers Tod hatte einen Aufschrei öffentlicher Entrüstung provoziert, der wiederum zur Gründung der *Opération Carcajou* geführt hatte, der ressortübergreifenden Sondereinheit zur Untersuchung von Biker-Verbrechen.

»Temperance, ich kann nicht −«

»Ich werde alles tun, was nötig ist. In meiner Freizeit arbeiten, zwischen den anderen Fällen. Wenn's bei der Carcajou so aussieht wie überall, dann haben sie wahrscheinlich zu wenig Personal. Ich könnte Dateneinträge machen oder historische Fälle recherchieren. Ich könnte als Verbindung zwischen den einzelnen Behörden fungieren, vielleicht Kontakte zu den nachrichtendienstlichen Abteilungen in den USA herstellen. Ich könnte −«

»Jetzt mal langsam, Temperance.« Er hob die Hand. »Ich bin nicht in der Position, dies zu entscheiden. Ich werde mit Monsieur Patineau sprechen.«

Stéphane Patineau war der Direktor des LSJML. Er traf, was die kriminaltechnischen und gerichtsmedizinischen Labore anging, die letzten Entscheidungen.

»Ich werde dafür sorgen, dass mein Engagement bei der Carcajou die Erfüllung meiner normalen Pflichten nicht beeinträchtigt.«

»Das weiß ich. Ich werde gleich am Montagmorgen mit dem Direktor sprechen. Aber jetzt gehen Sie nach Hause. *Bone fin de semaine.*«

Auch ich wünschte ihm ein schönes Wochenende.

Der Winter in Quebec endet ganz anders als der im Carolina Piedmont. Zu Hause gleitet der Frühling sanft heran, Ende März oder

Anfang April fangen die Blumen an zu blühen, und die Luft ist weich von der Wärme des beginnenden Sommers.

Die Quebecer müssen sechs Wochen länger warten, bis sie ihre Gärten und Blumenkästen bepflanzen können. Der Großteil des Aprils ist kalt und grau, auf den Straßen glitzert das Schmelzwasser von Schnee und Eis. Aber wenn der Frühling kommt, tut er das mit einem Paukenschlag. Die Jahreszeit explodiert, und die Bevölkerung reagiert mit einer Begeisterung, die auf diesem Planeten ihresgleichen sucht.

An diesem Tag war das Frühlingserwachen noch Wochen entfernt. Es war dunkel, und es regnete leicht. Ich zog den Reißverschluss meiner Jacke hoch, senkte den Kopf und sprintete zu meinem Auto. Als ich in den Ville-Marie-Tunnel einfuhr, fingen eben die Nachrichten an, und der Toussaint-Mord war der Aufmacher. An diesem Abend hätte Emily Anne einen Preis in einem Aufsatzwettbewerb ihres Jahrgangs erhalten sollen. Ihr Siegeraufsatz hatte den Titel: »Lasst die Kinder leben.«

Ich schaltete das Radio ab.

Ich dachte an meine Pläne für den Abend und war froh, jemanden zu haben, der mich etwas aufmuntern konnte. Und ich schwor mir, mit Ryan nicht über die Arbeit zu reden.

Als ich zwanzig Minuten später die Tür zu meiner Wohnung aufschloss, klingelte das Telefon. Ich sah auf die Uhr. Zehn vor sieben. Ryan würde in vierzig Minuten hier sein, und ich wollte mich noch duschen.

Ich ging ins Wohnzimmer und warf meine Jacke auf die Couch. Der Anrufbeantworter sprang an, und ich hörte meine Stimme, die um eine kurze Nachricht bat. Birdie tauchte genau in dem Augenblick auf, als Isabelle sich meldete.

»Tempe, wenn du da bist, nimm ab. *C'est important.*« Pause. »*Merde.*«

Eigentlich wollte ich gar nicht reden, aber etwas in ihrer Stimme brachte mich dazu, nach dem Hörer zu greifen.

»Hallo, Isa–«

»Schalt den Fernseher an. CBC.« »Ich weiß über das Toussaint-Mädchen Bescheid. Ich war im Institut –«

»*Schnell!*«

Ich griff zur Fernbedienung und schaltete den Apparat ein. Und dann hörte ich entsetzt zu.

5

»... GEGEN LIEUTENANT-DETECTIVE RYAN *wird schon seit Monaten ermittelt. Man wirft ihm den Besitz gestohlener Güter sowie den Besitz und Handel mit illegalen Substanzen vor. Ryan ergab sich ohne Gegenwehr den Beamten des CUM, als diese ihn heute Nachmittag vor seinem Haus im alten Hafen verhafteten. Er wurde ohne Gehalt vom Dienst suspendiert, die Polizei hat umfangreiche Ermittlungen aufgenommen.*

Und nun weitere Meldungen. Finanzen: Die vorgeschlagene Fusion von ...«

»Tempe!«

Isabelles Stimme riss mich in die Gegenwart zurück. Ich hob den Hörer ans Ohr.

»*C'est lui, n'est-ce pas? Andrew Ryan, Crimes contre la Personne, Sûreté du Québec?*«

»Das muss ein Missverständnis sein.«

Während ich das sagte, zuckte mein Blick zum Kontrolllämpchen des Anrufbeantworters. Ryan hatte nicht angerufen.

»Ich muss jetzt auflegen. Er wird bald hier sein.«

»Tempe. Er ist im Gefängnis.«

»Ich muss machen. Ich rufe dich morgen an.«

Ich legte auf und wählte Ryans Privatnummer. Keine Antwort. Ich rief seinen Piepser an und gab meine Nummer ein. Keine Reaktion. Ich sah Birdie an. Er hatte keine Erklärung.

Um neun wusste ich, dass er nicht mehr kommen würde. Siebenmal hatte ich bei ihm zu Hause angerufen. Ich hatte seinen

Partner angerufen, mit dem gleichen Ergebnis. Keine Antwort. Keine Reaktion.

Ich versuchte, die Abschlussarbeiten zu benoten, die ich von der UNC-Charlotte mitgebracht hatte, konnte mich aber nicht konzentrieren. Meine Gedanken kehrten immer wieder zu Ryan zurück. Die Zeit verging, und ich merkte, dass ich immer noch denselben Aufsatz im selben blauen Heft anstarrte, mein Hirn aber nichts von dem aufnahm, was der Student geschrieben hatte. Birdie kuschelte sich in meine Kniekehle, aber das war nur ein schwacher Trost.

Es konnte nicht wahr sein. Ich konnte es nicht glauben. *Wollte es nicht glauben.*

Um zehn nahm ich ein langes Schaumbad, wärmte mir Tiefkühl-Spaghetti in der Mikrowelle auf und ging mit dem Teller ins Wohnzimmer. Ich wählte ein paar CDs aus, von denen ich hoffte, dass sie mich aufmuntern würden, und legte sie in den Player. Dann versuchte ich zu lesen. Birdie kam wieder zu mir.

Es half nichts. Meine Gedanken drehten sich immer noch im Kreis. Pat Conroy hätte ebenso gut auf Nahuatl gedruckt sein können.

Ich hatte Ryan im Fernsehen gesehen, die Hände mit Handschellen auf den Rücken gefesselt, flankiert von zwei uniformierten Beamten. Ich hatte gesehen, wie sie ihm den Kopf nach unten drückten, als er sich bückte, um in den Fond des Streifenwagens zu steigen. Trotzdem wollte mein Verstand es noch nicht glauben.

Andrew Ryan verkaufte Drogen?

Wie hatte ich mich in ihm so täuschen können? Hatte Ryan schon die ganze Zeit, die ich ihn kannte, gedealt? Gab es bei diesem Mann eine Seite, die ich noch nie gesehen hatte? Oder war das alles ein schreckliches Missverständnis?

Es musste einfach ein Missverständnis sein.

Die Spaghetti wurden auf dem Tisch kalt. Der Appetit war mir vergangen. Und die Lust auf Musik ebenfalls. *Big Bad Voodoo Daddy and The Johnny Favourite Band* spielten Swing, der einen Gulag zum Tanzen gebracht hätte, aber mich konnte er nicht aufheitern.

Der Regen war stärker geworden, er trommelte in leisem, regelmäßigem Rhythmus gegen die Fenster. Mein Frühling in Carolina schien in weiter Ferne zu liegen.

Ich wickelte mir ein paar Spaghetti auf die Gabel, aber bei dem Geruch drehte sich mir der Magen um.

Andrew Ryan war ein Krimineller.

Emily Anne Toussaint war tot.

Meine Tochter war irgendwo auf dem Indischen Ozean.

Ich rufe Katy oft an, wenn ich niedergeschlagen bin, aber in den letzten Monaten war das schwierig. Sie verbrachte im Rahmen des *Semester at Sea*-Programms den Frühling auf See und bereiste an Bord des *S. S. Universe Explorer* die Weltmeere. Das Schiff sollte erst in fünf Wochen zurückkehren.

Ich ging mit einem Glas Milch ins Schlafzimmer, öffnete das Fenster und starrte hinaus. In meinem Kopf herrschte Chaos.

Durch den dunkel glänzenden Regenschleier sahen die Bäume und Büsche aus wie schwarze Schatten. Dahinter sah ich Scheinwerfer und die leuchtende Neonreklame des *dépanneur* an der Ecke. Hin und wieder rauschten Autos vorbei, oder Fußgänger eilten mit klappernden Absätzen den Bürgersteig entlang.

Alles Routine. Alles ganz normal. Nur ein gewöhnlicher verregneter Abend im April.

Ich ließ den Vorhang wieder vors Fenster fallen. Als ich ins Bett ging, hatte ich starke Zweifel, dass meine Welt so schnell wieder zur Normalität zurückkehren würde.

Den nächsten Tag verbrachte ich mit Geschäftigkeit. Auspacken. Putzen. Lebensmittel einkaufen. Ich mied Radio und Fernsehen, warf nur einen kurzen Blick in die Zeitung.

Die *Gazette* brachte den Toussaint-Mord als Titelgeschichte. SCHÜLERIN IN BLUTIGER SCHIESSEREI GETÖTET. Neben der Schlagzeile war eine Vergrößerung von Emily Annes Foto aus der vierten Klasse. Ihre Haare waren zu Zöpfen geflochten, die an den Enden von großen rosa Schleifen zusammengehalten wurden. Ihr Lächeln zeigte Lücken, die ein Erwachsenengebiss nie würde füllen können.

Das Foto von Emily Annes Mutter war ähnlich herzzerreißend. Die Kamera hatte eine schlanke schwarze Frau mit zurückgeworfenem Kopf und weit offenem, zu einem Schmerzensschrei verzerrtem Mund eingefangen. Mrs. Toussaint hatte die Hände unter dem Kinn gefaltet, die Knie hatten ihr nachgegeben, und sie wurde rechts und links von zwei großen schwarzen Frauen gestützt. Unaussprechlicher Kummer schrie aus diesem grobkörnigen Foto.

Der Artikel brachte nur wenige Details. Emily Anne hatte zwei jüngere Schwestern, Cynthia Louise, sechs Jahre, und Hannah Rose, vier. Mrs. Toussaint arbeitete in einer Bäckerei. Mr. Toussaint war vor drei Jahren bei einem Betriebsunfall ums Leben gekommen. Aus Barbados stammend, war das Paar nach Montreal emigriert, um seinen Töchtern ein besseres Leben bieten zu können.

Der Trauergottesdienst sollte am Donnerstag um acht Uhr in der katholischen Kirche *Our Lady of the Angels* stattfinden, das Begräbnis anschließend auf dem Friedhof *Notre-Dame-des-Neiges*.

Berichte über Ryan wollte ich weder lesen noch hören. Ich wollte mit ihm persönlich reden. Den ganzen Morgen über hatte ich ihm Nachrichten aufs Band gesprochen, aber nie eine Antwort erhalten. Ryans Partner, Jean Bertrand, war ebenfalls nicht zu erreichen. Ich war mir sicher, dass bei der CUM oder der SQ niemand über die Sache reden würde, und Ryans Familie oder Freunde kannte ich nicht.

Nach einem Abstecher ins Fitness-Studio kochte ich mir Hühnerbrust mit Pflaumensoße, glasierte Karotten mit Pilzen und Safranreis. Mein Kater hätte sicher Fisch vorgezogen.

Am Montagmorgen fuhr ich früh ins Labor und ging direkt zu LaManche. Er war in einer Besprechung mit drei Detectives, sagte mir aber, ich solle so bald wie möglich mit Stéphane Patineau sprechen.

Um keine Zeit zu verschwenden, ging ich sofort den Korridor entlang, in dem sich die Büros des gerichtsmedizinischen Personals und die Anthropologie-, Odontologie-, Histologie- und Pathologielabore befanden. Nach der *Section de Documents* auf der linken und der *Section d'Imagerie* auf der rechten Seite kam ich zur Rezeption und ging von dort nach links in den Flügel, in dem die Verwaltung des LSJML untergebracht war. Das Büro des Direktors befand sich ganz hinten.

Patineau telefonierte. Er winkte mich herein, und ich setzte mich auf einen Stuhl vor seinem Schreibtisch.

Nachdem er aufgelegt hatte, lehnte er sich zurück und sah mich direkt an. Seine Augen waren dunkelbraun, überwölbt von kräftigen Wülsten und dichten Brauen. Stéphane Patineau war ein Mann, der sich nie über Haarausfall würde Gedanken machen müssen.

»Dr. LaManche sagte mir, dass Sie sich an den Toussaint-Ermittlungen beteiligen wollen.«

»Ich glaube, ich könnte der Carcajou von Nutzen sein. Ich habe schon mehrere Biker-Fälle bearbeitet. Im Augenblick sortiere ich die Opfer der Bombenexplosion vor dem Clubhaus der Vipers. Die ganze Materie ist mir nicht neu. Ich könnte –«

Er winkte ab.

»Der Leiter der *Opération Carcajou* hat mich gefragt, ob ich jemand von meinen Leuten als Verbindungsmann zu seiner Einheit abstellen könnte. Jetzt, da dieser Krieg so richtig auf Touren kommt, möchte er, dass das kriminaltechnische Labor, die Gerichtsmedizin und seine Ermittler immer auf dem neuesten Stand sind.«

Mehr wollte ich gar nicht mehr hören.

»Das kann ich übernehmen.«

»Es ist Frühling. Sobald der Fluss auftaut und die Wanderer und Camper durch die Wälder ziehen, bekommen Sie wieder viel zu tun.«

Das stimmte. Die Anzahl der Wasserleichen und der Verwesten stieg immer deutlich an, wenn das Wetter wärmer wurde und die Toten des Winters ans Licht kamen.

»Ich mache Überstunden.«

»Ich wollte eigentlich Réal Marchand dafür abstellen, aber Sie können es gerne versuchen. Es ist kein Vollzeit-Job.«

Er nahm ein Papier von seinem Schreibtisch und gab es mir.

»Heute Nachmittag um drei findet eine Besprechung statt. Ich sage ihnen Bescheid, dass Sie kommen.«

»Vielen Dank. Sie werden es nicht bereuen.«

Er stand auf und brachte mich zur Tür.

»Gibt es schon eine eindeutige Identifikation der Vaillancourt-Brüder?«

»Das wissen wir erst, wenn wir die medizinischen Unterlagen haben. Hoffentlich noch heute.«

Er reckte beide Daumen in die Höhe.

»Schnappen Sie sich die Mistkerle«, sagte er auf Englisch.

Ich erwiderte die Geste, und er zuckte die Achseln und kehrte in sein Büro zurück.

Patineau war nicht nur ein hervorragender Direktor, er füllte sein Hemd auch eindrucksvoller aus als die meisten Bodybuilder.

Montag ist immer ein hektischer Tag für Coroner und Leichenbeschauer, und dieser war keine Ausnahme. Während LaManche die Fälle durchging, kam es mir vor, als würde diese Besprechung nie zu Ende gehen.

Ein kleines Mädchen war im Krankenhaus gestorben, und die Mutter hatte angegeben, sie habe es nur geschüttelt. Aber mit drei Jahren ist ein Kind zu alt, um zu Tode geschüttelt zu werden, und eine Quetschung deutete darauf hin, dass man den Kopf des Kindes gegen eine harte Oberfläche geschlagen hatte.

Ein zweiunddreißigjähriger paranoider Schizophrener war mit aufgeschlitztem Bauch und herausquellendem Gedärm auf dem Teppichboden seines Schlafzimmers gefunden worden. Die Familie behauptete, er habe sich die Verletzungen selbst zugefügt.

Außerhalb von St. Hyacinthe waren zwei Lastwagen zusammengestoßen. Die Fahrer waren bis zur Unkenntlichkeit verbrannt.

Ein siebenundzwanzigjähriger russischer Seemann war leblos in seiner Kabine aufgefunden worden. Der Kapitän hatte ihn für tot erklärt, und der Leichnam wurde aufbewahrt und an Land gebracht. Da dieser Tod sich in kanadischen Gewässern ereignet hatte, war eine Autopsie nötig.

Eine vierundvierzigjährige Frau war in ihrer Wohnung erschlagen worden. Nach dem von ihr getrennt lebenden Gatten wurde gefahndet.

Die medizinischen Unterlagen für Donald und Ronald Vaillancourt waren eingetroffen, ebenso ein Umschlag mit Fotos.

Als die Fotos herumgegangen waren, wussten wir, dass zumindest einer der Zwillinge in kleinen Stücken unten in der Leichenhalle lag. In einer prächtig bunten Momentaufnahme stand Ronald Vaillancourt mit nacktem Oberkörper in Muskelmann-Pose da. Die Schädel, die nichts sahen, hörten und sagten, zierten seine rechte Brust.

LaManche wies jedem der Pathologen eine Autopsie zu und gab mir die Vaillancourt-Unterlagen.

Um zehn Uhr fünfundvierzig wusste ich, welcher der Zwillinge sich die Finger gebrochen hatte. Ronald »Le Clic« Vaillancourt hatte bei einer Kneipenschlägerei 1993 Frakturen am zweiten und dritten Finger der linken Hand erlitten. Die Röntgenaufnahmen des Krankenhauses zeigten die Verletzungen an denselben Stellen wie die Unregelmäßigkeiten, die ich auf den Mittelhandknochen entdeckt hatte. Darüber hinaus zeigten sie, dass Le Clics Armknochen keine Spuren einer Wachstumsstörung zeigten.

Ein Motorradunfall schickte Le Clic zwei Monate später erneut in die Notaufnahme, diesmal mit Verletzungen an der Hüfte und den Beinen. Die Röntgenaufnahme zeigte analoge Befunde. Ronalds Beine waren normal. Seine Krankengeschichte verzeichnete außerdem, dass er 1995 aus einem fahrenden Auto geworfen, ein Jahr später bei einem Straßenkampf mit Messern traktiert und '97 von einer rivalisierenden Bande verprügelt worden war. Seine Röntgenakte war fünf Zentimeter dick.

Ich wusste nun auch, wer kein gesundes Kind gewesen war. Donald »Le Clac« Vaillancourt war während seiner Kindheit mehrfach im Krankenhaus gewesen. Als Kleinkind hatte er über längere Zeiträume hinweg an Übelkeit und Erbrechen gelitten, deren Ursachen jedoch nie festgestellt werden konnten. Mit sechs Jahren wäre er beinahe an Scharlach gestorben. Mit elf war es ein Magen-Darm-Katarrh.

Auch Le Clac hatte seinen Teil an Gewalt abbekommen. Seine Krankengeschichte enthielt wie die seines Bruders ein dickes Paket mit Röntgenaufnahmen, Resultate häufiger Besuche in der Notaufnahme. Frakturen von Nase und Wangenknochen. Eine Stichwunde in der Brust. Ein Schlag auf den Kopf mit einer Flasche.

Als ich die Akte schloss, musste ich über die Ironie lächeln. Das turbulente Leben der beiden Brüder lieferte mir einen Leitfaden für das Sortieren ihrer Leichen. Ihre vielen Missgeschicke hatten eine skelettale Landkarte hinterlassen.

Bewaffnet mit den medizinischen Unterlagen, fuhr ich hinunter in den Autopsiebereich und machte mich an die Identifikation der Leichenteile. Ich fing an mit dem tätowierten Thoraxteil und den Fragmenten, die ich ihm zugeordnet hatte. Das war Ronald. Ihm gehörten auch die gebrochene Hand und alles Gewebe mit normalen langen Knochen.

Arm- und Beinknochen mit Spuren der Wachstumsstörungen kamen auf Donalds Tisch, solche ohne diese Linien auf den seines Bruders.

Anschließend zeigte ich Lisa, einer der Autopsie-Technikerinnen, wie sie die verbleibenden Fragmente so röntgen sollte, dass die darin enthaltenen Knochen die gleiche Position hatten wie auf den prämortalen Krankenhausbildern. Das würde mir einen Vergleich von Form und innerer Struktur erlauben.

Da die Röntgenabteilung sehr begehrt war, arbeiteten wir die Mittagspause durch und brachen erst um halb zwei ab, als die anderen Techniker und Pathologen zurückkehrten. Lisa versprach mir, die Arbeit abzuschließen, sobald die Maschine wieder verfügbar sei, und ich eilte nach oben, um mich umzuziehen.

Das Hauptquartier der *Opération Carcajou* befand sich in einem modernen dreistöckigen Haus am Ufer des St. Lawrence, der Altstadt von Montreal direkt gegenüber. Der Rest des Gebäudes wurde von der Hafenpolizei und der Hafenverwaltung genutzt.

Ich parkte direkt am Fluss. Links konnte ich die Jacques-Cartier-Brücke erkennen, die am Nordende der Île-Notre-Dame den Fluss überspannte, rechts die kleinere Victoria-Brücke. Riesige Eisschollen trieben auf dem dunkelgrauen Wasser.

Ein Stückchen weiter oben am Ufer sah ich Habitat 67, einen streng geometrischen Wohnblock, der ursprünglich für die Weltausstellung erbaut und später in Eigentumswohnungen umgewandelt worden war. Der Anblick dieses Gebäudes gab mir einen Stich ins Herz. Ryan lebte in einer dieser Wohnwaben.

Ich verdrängte den Gedanken, schnappte mir meine Jacke und lief auf das Gebäude zu. Die Wolkendecke brach auf, aber der Tag war noch immer kühl und feucht. Ein auflandiger Wind, der den Geruch von Öl und Eiswasser mit sich brachte, zerrte an meinen Kleidern.

Eine breite Treppe führte zur Carcajou-Zentrale im dritten Stock. Hinter der Glastür stand ein ausgestopfter Vielfraß, das Maskottchen, von dem die Einheit ihren Namen hatte. Männer und Frauen saßen an Schreibtischen in einem zentralen Großraumbüro, die Durchwahlnummern ihrer Anschlüsse standen in großen Ziffern auf Schildern über ihren Köpfen. Gerahmte Zeitungsausschnitte zierten jede Wand – Artikel über Carcajou-Jäger und ihre Beute.

Einige hoben die Köpfe, die meisten blickten jedoch nicht auf, als ich zum Tisch der Sekretärin ging, einer Frau mittleren Alters mit zu stark getönten Haaren und einem Muttermal von der Größe eines Junikäfers auf der Wange. Sie hob den Blick gerade lange genug von ihren Papieren, um mir den Weg zu einem Konferenzraum zu beschreiben.

Als ich eintrat, sah ich ein Dutzend Männer an einem langen, rechteckigen Tisch sitzen, einige andere lehnten an den Wänden. Der Leiter der Einheit, Jacques Roy, stand auf, als er mich sah. Er war klein und muskulös, sein Gesicht hatte eine gesunde Farbe, und seine grau melierten Haare trug er in der Mitte gescheitelt, sodass er aussah wie die Männer auf den Daguerreotypien der 1890er Jahre.

»Dr. Brennan, wir sind ja so froh, dass Sie das für uns tun. Es wird sowohl für meine Ermittler als auch für die Leute in Ihrem Institut eine große Hilfe sein. Bitte.« Er deutete auf einen leeren Stuhl am Tisch.

Ich hängte meine Jacke über die Stuhllehne und setzte mich. Während noch andere hereinkamen, erklärte Roy den Grund dieser Besprechung. Einige der Anwesenden waren erst kürzlich zur Carcajou versetzt worden. Andere waren bereits alte Hasen, hatten aber um eine Auffrischungssitzung gebeten. Roy würde einen schnellen Überblick über die Biker-Szene in Quebec geben. Und wenn Constable Quickwater eintraf, würde er von der FBI-Konferenz berichten, an der er in Quantico teilgenommen hatte.

Ich kam mir vor wie in einer Zeitschleife. Es war genauso wie vor ein paar Tagen in Quantico, nur dass hier Französisch gesprochen wurde und das beschriebene Gemetzel an einem Ort stattgefunden hatte, den ich kannte und mochte.

Die nächsten zwei Stunden gewährten mir einen Einblick in eine Welt, die nur wenige je kennen lernen. Und was ich erfuhr, jagte mir einen Schauer über den Rücken und blies mir einen Eishauch in die Seele.

6

»ZUNÄCHST EINMAL EIN PAAR HINTERGRUNDINFORMATIONEN.«

Roy sprach vom Podium aus. Er hatte Notizen vor sich liegen, benutzte sie aber nicht.

»Die ersten Outlaw-Motorradclubs entstanden kurz nach dem Zweiten Weltkrieg an der Westküste der USA. Einige der zurückkehrenden Veteranen kamen mit den sozialen Anforderungen des Friedens nicht zurecht und zogen es vor, auf Harley-Davidsons durchs Land zu brausen, die normalen Bürger zu belästigen und sich allgemein unbeliebt zu machen. Sie bildeten lose Gruppen mit

Namen wie ›Booze Fighters‹, ›Galloping Gooses‹, ›Satan's Sinners‹, ›Winos‹. Von Anfang an waren diese Typen nicht gerade Kandidaten fürs Kardinalkollegium.«

Gelächter und leise Kommentare.

»Die Gruppe, von der die größte Wirkung ausgehen sollte, war eine Ansammlung von gesellschaftlichen Außenseitern, die sich selbst die ›Pissed Off Bastards of Bloomington‹ nannten. Aus diesen P. O. B. O. B. wurden schließlich die Hells Angels, die ihren Namen und ihr Symbol, den Totenkopf mit Helm, von einer Bomberstaffel des Zweiten Weltkriegs übernahmen. Ausgehend von dieser Gründungsortsgruppe in San Bernardino, Kalifornien –«

»Die Höllenengel aus dem Heiligenstädtchen.« Ein Kommentar von hinten.

»Genau.«

»Von dieser Ortsgruppe aus verbreiteten sich die Hells Angels über ganz Nordamerika. Schließlich breiteten sich auch andere Gruppen zuerst national und dann international aus. Heute sind die großen vier die Hells Angels, die Outlaws, die Bandidos und die Pagans. Alle bis auf die Pagans haben Ortsgruppen auch außerhalb der Staaten, wenn auch nicht in einem solchen Umfang wie die Angels.«

Ein Mann, der mir gegenübersaß, hob die Hand. Er hatte einen Schmerbauch und eine Stirnglatze und sah Andy Sipowicz aus *NYPD Blue* verblüffend ähnlich.

»Von welchen Größenordnungen reden wir hier?«

»Die Zahlen schwanken je nach Quelle, aber die beste Schätzung dürfte die sein, dass die Hells Angels über sechzehnhundert Mitglieder in Europa, Australien und Neuseeland haben. Die meisten gibt es natürlich in den USA und Kanada, aber gegenwärtig haben sie einhundertdreiunddreißig Ortsgruppen weltweit.

Der 1998er Jahresbericht des *Criminal Intelligence Service of Canada* schätzte, dass die Bandidos siebenundsechzig Ortsgruppen und etwa sechshundert Mitglieder weltweit haben. Andere Schätzungen sprechen von achthundert.«

»*Sacrement!*«

»Wie definiert sich ein Outlaw-Motorradclub?«

»Theoretisch sind OMCs all jene Clubs, die nicht bei der *American Motorcycle Association* oder der *Canadian Motorcycle Association*, den nordamerikanischen Zweigen der *Fédération Internationale de Motocyclisme*, die jetzt ihren Sitz in der Schweiz hat, registriert sind. Nach Angaben der AMA machen diese nicht registrierten Clubs nur ein Prozent der Biker aus, aber gerade diese abweichende Randgruppe ist es, die die Motorradfahrer insgesamt in Verruf bringt. Die Jungs selber hängen sich dieses Etikett übrigens sehr gerne um. Ich habe das Ein-Prozent-Logo schon auf einigen der hässlichsten Schultern in der Provinz tätowiert gesehen.«

»Ja. Das kleine Dreieck ist das Erkennungszeichen des echten Bikers.« Der Ermittler neben mir trug einen Pferdeschwanz und einen silbernen Knopf im Ohr.

»Des echten Ekelpakets, soll das wohl heißen.« Sipowicz. Sein Französisch klang genau so, wie ich erwarten würde, wenn *NYPD Blue* in Trois Rivières spielte.

Wieder Gelächter.

Roy deutete auf einen Stapel Broschüren in der Mitte des Tisches. »Das sind Informationen über die Struktur der OMCs. Lesen Sie sie, und wir reden später darüber. Jetzt möchte ich mich ein wenig mit der örtlichen Szene beschäftigen.«

Er schaltete den Projektor ein. Auf der Leinwand erschien eine Faust mit eintätowiertem Hakenkreuz auf dem Handgelenk und den Buchstaben F. T. W. in Rot und Schwarz auf den Fingerknöcheln.

»Die Philosophie der Outlaw Biker kann man in einem Satz zusammenfassen.«

»*Fuck The World.*« Ein einstimmiger Ruf. Die Welt kann mich am Arsch lecken.

»*F. T. W. Fuck The World*«, wiederholte Roy zustimmend. »Der Club und die Brüder kommen an erster Stelle und verlangen absolute Loyalität. Nichtweiße brauchen sich gar nicht erst zu bewerben.«

Roy schaltete aufs nächste Dia um. Die Leinwand zeigte ein Schwarzweißfoto von sechzehn Männern in drei unregelmäßigen Reihen. Alle waren unrasiert und trugen ärmellose Lederwesten mit Ansteckern und Aufklebern. Ihre Tätowierungen hätten einen Maori-Krieger beeindruckt. Und ihre finsteren Mienen ebenfalls.

»Gegen Ende der Siebziger machten sich sowohl die Outlaws als auch die Hells Angels an gewisse Quebecer Banden heran, die sie übernehmen wollten. 1977 wurden die Popeyes zur Aufnahmeprüfung eingeladen und wurden zur ersten Ortsgruppe der Hells Angels in unserer Provinz. Zu der Zeit waren die Popeyes der zweitgrößte OMC in Kanada mit zweihundertfünfzig bis dreihundertfünfzig Mitgliedern. Leider hatten nur fünfundzwanzig bis dreißig Prozent der Jungs die Angels so beeindruckt, dass sie ihre Farben tragen durften, die anderen wurden zum Teufel gejagt. Hier auf dem Foto sind einige der Abgewiesenen zu sehen. Das ist die berüchtigte Ortsgruppe Nord. Fünf von diesen Jungs wurden von ihren Angel-Brüdern liquidiert, und die Ortsgruppe wurde ausgelöscht.«

»Warum?«

»Jeder Club hat einen Verhaltenskodex, dem sich jedes Mitglied unterwerfen muss. Seit Gründung der Hells Angels in den Vierzigern verbieten deren Regeln Heroin und den Gebrauch von Nadeln. Und das hat in der heutigen Geschäftsatmosphäre noch viel größere Bedeutung gewonnen. Sie dürfen nicht vergessen, dass wir hier nicht von den Bikern der alten Schule sprechen. Das ist nicht mehr die soziale Rebellion der Fünfziger oder die Subkultur aus Drogen und Revolution der Sechziger. Die heutigen Biker beschäftigen sich mit hoch komplexem organisiertem Verbrechen. Zu allererst sind diese Kerle Geschäftsleute. Junkies können Probleme verursachen und kosten den Club Geld, und das wird nicht toleriert.«

Roy deutete auf die Leinwand.

»Doch nun wieder zu diesem Knabenchor hier: 1982 erließ die Montrealer Ortsgruppe ein Drogengesetz und verlangte den Tod oder die Verstoßung jedes Angels, der sich darüber hinwegsetzte. Aber die Mitglieder der Ortsgruppe Nord waren ihrem Koks zu sehr zugetan und beschlossen deshalb, ihren eigenen Weg zu gehen. Doch anscheinend hatte der Schnee ihre Rechenkünste beeinträchtigt, denn sie merkten nicht, dass sie bei dieser Frage deutlich in der Unterzahl waren.«

Mit seinem Stift deutete Roy auf fünf der Männer auf dem Foto.

»Im Juni 1985 wurden diese Männer mit Betonstiefeln im St. Lawrence Seaway gefunden. Einer der Schlafsäcke war an die Oberfläche gestiegen, die anderen mussten vom Grund heraufgeholt werden.«

»So löst man Probleme.« Pferdeschwanz.

»Und zwar für immer. Sie wurden im Clubhaus der Hells Angels in Lennoxville getötet. Anscheinend verlief die Party, wegen der sie dorthin gefahren waren, nicht ganz so, wie sie es erwartet hatten.«

»Ein ziemlicher Widerspruch zur alten rechtschaffenen Bruderschaftsdoktrin der Outlaws.« Pferdeschwanz schüttelte den Kopf.

»War das der Auslöser für den gegenwärtigen Krieg?«, fragte ich.

»Eigentlich nicht. Ein Jahr nachdem die Hells Angels die Popeyes adoptiert hatten, wurde eine Montrealer Bande mit dem Namen ›Satan's Choice‹ die erste Ortsgruppe der Outlaws in Quebec. Und seitdem bringen die sich gegenseitig um.«

Roy deutete auf einen hageren Mann, der auf dem Foto in der ersten Reihe kauerte.

»Der Krieg wurde erklärt, als dieser Hells Angel einen Outlaw aus einem fahrenden Auto heraus erschoss. Danach herrschte einige Jahre lang Jagdsaison.«

»›Gott verzeiht, die Outlaws nicht!‹ Das ist ihr Slogan.« Sipowicz schrieb seinen Namen »Kuricek« auf eins der Hefte, während er das sagte. Ich fragte mich, wie viele Leute ihn fälschlich Sipowicz nannten.

»Stimmt. Aber mit den Quebecer Outlaws ging es seitdem nur noch bergab. Fünf oder sechs sitzen jetzt im Gefängnis, ihr Clubhaus wurde vor ein paar Jahren niedergebrannt. Der gegenwärtige Krieg betrifft im Wesentlichen die Angels und eine kanadische Gruppe mit dem Namen ›Rock Machine‹ sowie deren Handlanger.«

»Pfundskerle«, bemerkte Sipowicz/Kuricek.

»Aber die Rock Machine musste auch eine ziemlich schlimme Zeit durchmachen«, fuhr Roy fort. »Bis vor kurzem.«

Er schaltete zu einem Dia, auf dem ein Mann mit Barett einen Kameraden in Lederjacke umarmte. Auf dem Rücken des Umarmten war die Karikatur eines mexikanischen Banditen mit einem Messer in der einen und einer Pistole in der anderen Hand zu sehen. Rote und gelbe halbmondförmige Banner über und unter der Figur identifizierten den Träger als den nationalen Vizepräsidenten des Bandidos-Motorradclubs.

»Die Machine pfiff schon aus dem letzten Loch, scheint aber jetzt eine deutliche Wiederbelebung zu erfahren, da ihre Mitglieder in letzter Zeit mit Abzeichen herumlaufen, die sie als Bandidos auf Probe kennzeichnen.«

»Auf Probe?«

»Die Machine darf sich im Dunstkreis der Bande aufhalten, während die Bandidos entscheiden, ob sie der Aufnahme wert sind.«

»Ich kann den Vorteil für die Rock Machine erkennen, aber was springt für die Bandidos dabei heraus?«, fragte ich.

»Jahrelang haben sich die Bandidos mit dem lokalen Methedrin- und Narkotikahandel und ein paar Dollars aus der Prostitution zufrieden gegeben. Die nationale Organisation hat die Zügel ziemlich schleifen lassen. Jetzt hat es eine Machtverschiebung gegeben, und die neue Führung erkennt die Vorteile von Expansion und strafferer Kontrolle der einzelnen Ortsgruppen. Beachten Sie dieses Logo hier.« Roy deutete auf das untere Banner auf einer Jacke im Hintergrund. »Aus Quebec wurde Kanada. Das zeigt ziemlich deutlich, was die Bandidos vorhaben.«

Neues Dia. Eine Formation von Bikern auf einer Landstraße.

»Das wurde vor ein paar Wochen in Albuquerque, New Mexico aufgenommen. Die Bandidos waren unterwegs zu einer Rallye, die von der Ortsgruppe Oklahoma organisiert wurde. Als die Polizei einige der Jungs wegen Verkehrsdelikten verhaftete, war auch der internationale Präsident des Clubs darunter, und unsere Ermittler nutzten die Gelegenheit, ihn wegen all der neuen Gesichter zu befragen. Er gab zu, dass die Bandidos weltweit Clubs unter die Lupe nähmen, die Mitglieder werden möchten, verweigerte aber die Antwort, als er nach der Rock Machine gefragt wurde.

Allem Anschein nach ist das Arrangement noch nicht unter Dach und Fach. Der Präsident kam eben von einem Treffen der *National Coalition of Motorcyclists*, wo die Bandidos und die Hells Angels eine Übereinkunft in Bezug auf die Machine schmieden wollten. Die Angels sind nicht gerade begeistert von den Expansionsbestrebungen der Bandidos und boten an, eine im Aufbau begriffene Ortsgruppe in New Mexico wieder aufzulösen, wenn die Bandidos ihre Verhandlungen mit dem Quebecer Club abbrechen.«

»Die Machine ist also so was wie das Zünglein an der Waage?« Pferdeschwanz.

»Ja. Wenn die Bandidos die Machine übernehmen, wären sie auch bei uns präsent, und das könnte die Kräfteverhältnisse hier verschieben.« Roys Stimme klang düster.

»Die Rock Machine ist relativ neu in der Szene, *n'est-ce pas?*«, fragte der jung aussehende Ermittler.

»Es gibt sie seit 1977«, sagte Roy. »Aber erst '97 haben sie MC an ihren Namen angehängt. Davor betrachteten sie sich nicht als etwas so Konventionelles wie einen Motorradclub. Es war eine kleine Überraschung auf ihren Weihnachtskarten in diesem Jahr.«

»Weihnachtskarten?« Ich dachte, er hätte einen Witz gemacht.

»Ja. Tradition bedeutet diesen Jungs sehr viel. Es war das Gesprächsthema im Gemeinschaftsraum des Gefängnisses.« Kuricek.

Gelächter.

»Die Karten erlauben den Mitgliedern, sich gegenseitig auf dem Laufenden zu halten«, erklärte Roy. »Die Kehrseite davon ist, dass dadurch auch die rivalisierenden Banden an die entsprechenden Informationen kommen.«

Roy warf einen Stadtplan von Montreal auf die Leinwand.

»Im Augenblick kämpft die Rock Machine mit den Hells Angels um die Kontrolle des Drogenhandels in der Provinz. Und hier geht's um das große Geld. Nach Angaben des Generalstaatsanwalts setzt das organisierte Verbrechen auf dem kanadischen Drogenmarkt pro Jahr sieben bis zehn Millionen Dollar um. Und Quebec ist ein großer Teil des Kuchens.«

Er deutete auf zwei Gegenden der Stadt.

»Umkämpfte Gebiete sind vor allem die Nord- und die Ostseite Montreals und Teile von Quebec City. Seit 1994 gab es dort hunderte von Bombenattentaten und Brandstiftungen und nicht weniger als einhundertvierzehn Morde.«

»Marcotte, die Vaillancourt-Zwillinge und das Toussaint-Mädchen mit eingerechnet?«, fragte ich.

»Gute Frage. Einhundertachtzehn Morde. Und mindestens zwanzig werden vermisst und sind wahrscheinlich tot.«

»Und wie viele von diesen Kriegerarschlöchern hocken da draußen in den Schützengräben?« Wieder Kuricek.

»Die Angels haben ungefähr zweihundertfünfundsechzig Mann an der Front, die Rock Machine fünfzig.«

»Das ist alles?« Es wunderte mich, dass so wenige ein solches Chaos anrichten konnten.

»Sie dürfen die zweite Garde nicht vergessen.« Kuricek lehnte sich zurück, und sein Stuhl knirschte leise.

»Beide Seiten haben Handlangerclubs, die sich ihnen anschließen. Und diese Verlierer sind es, die die Drecksarbeit für die Organisationen erledigen.« Roy.

»Drecksarbeit?« Für mich klang das alles dreckig.

»Verteilung und Verkauf von Drogen, Schulden eintreiben, Beschaffung von Waffen und Sprengstoffen, Einschüchterungen, Mord. Diese Handlangerclubs sind der Abschaum der Biker-Gesellschaft, und sie tun alles, um den Bossen zu beweisen, dass sie Mumm haben. Deshalb ist es schwer, den Funktionären der großen Clubs was anzuhängen. Diese Mistkerle sind aalglatt und machen sich selten die Finger schmutzig.«

»Und wenn man sie einlocht, sind sie am nächsten Tag auf Kaution wieder frei und benutzen dann ihre Gorillas, um die Belastungszeugen einzuschüchtern oder umzubringen.« Kuricek.

Im Geiste sah ich die Fleischfetzen vor mir, die einmal die Vaillancourt-Brüder gewesen waren.

»Die Heathens haben sich der Rock Machine angeschlossen?«
»*C'est ça.*«
»Wer sind die anderen?«
»Mal sehen. Die Rowdy Crew. Die Jokers, die Rockers, die Evil Ones, die Death Riders ...«

In diesem Augenblick erschien Martin Quickwater in der Tür. Er trug einen marineblauen Anzug und ein frisch gebügeltes weißes Hemd und sah eher aus wie ein Steueranwalt als wie ein Ermittler der Abteilung Organisiertes Verbrechen. Er nickte Roy zu und ließ den Blick dann durch den Raum schweifen. Als er mich sah, kniff er die Augen zusammen, sagte aber nichts.

»*Ah, bon.* Monsieur Quickwater kann uns berichten, wie das FBI die Lage sieht.«

Aber dazu sollte es nicht kommen. Quickwater hatte Wichtigeres zu berichten. Die Zahl der Opfer schnellte in die Höhe.

7

BEI SONNENAUFGANG am nächsten Tag war ich beim Clubhaus der Vipers in St.-Basile-le-Grand. Das Gebäude stand alleine auf einem halben Hektar Land, das von einem Elektrozaun umgeben war. Überwachungskameras waren oben auf dem Zaun montiert, und starke Scheinwerfer erhellten die Grundstücksgrenze.

Das Tor am Straßenende der Zufahrt wurde vom Haus aus elektrisch gesteuert und überwacht. Als wir ankamen, stand es offen, und niemand befragte uns über die Gegensprechanlage. Obwohl ich sah, dass eine Kamera auf uns gerichtet war, wusste ich, dass wir nicht beobachtet wurden. Der Durchsuchungsbefehl war bereits vorgelegt worden, und am Rand der Auffahrt standen Zivilfahrzeuge, Streifenwagen, die Transporter des Coroners und der Spurensicherung.

Quickwater fuhr durch das Tor und parkte am Ende der

Schlange. Als er den Motor ausschaltete, warf er mir einen schnellen Seitenblick zu, sagte aber nichts. Ich erwiderte die Freundlichkeit, nahm meinen Rucksack und stieg aus.

Das Gelände hinter dem Haus war bewaldet, davor erstreckte sich eine Wiese bis zur Straße. Der Kiesweg, den wir hochgekommen waren, führte mitten durch diese Wiese und endete an einem Asphaltring, der das Gebäude umgab. Hüfthohe Betonpylonen am äußeren Rand des Asphaltbands sollten verhindern, dass jemand näher als fünf Meter am Haus parkte. Diese Vorsichtsmaßnahme erinnerte mich an Nordirland in den frühen Siebzigern. Wie die Einwohner von Belfast nahmen auch die Biker von Quebec die Bedrohung durch Autobomben sehr ernst. Ein schwarzer Ford Explorer parkte am Rand des Asphalts.

Sonnenlicht sprenkelte den Horizont, Gelb und Rosa sickerten in das fahle Purpur der frühen Morgendämmerung. Als Quickwater mich vor einer Stunde abgeholt hatte, war der Himmel noch so schwarz wie meine Laune gewesen. Ich wollte nicht hierher kommen. Ich wollte mich nicht mit ihm herumschlagen müssen. Und vor allem wollte ich nicht noch mehr tote Biker ausgraben.

Was Quickwater uns gestern berichtet hatte, hatte sich wie eine schwere Last auf mich gelegt. Während ich ihm zugehört hatte, war mir klar geworden, dass das, woran ich mich lediglich am Rande beteiligen wollte und nur, um Emily Annes Fall bearbeiten zu können, jetzt für mich zu einer Hauptaufgabe wurde, und der Gedanke, was ich alles würde tun müssen, bedrückte mich. Ich rief mir wieder ins Gedächtnis, dass in der Leichenhalle ein neunjähriges Mädchen lag, deren erschütterte Familie nie wieder so sein würde wie zuvor. Ihretwegen tat ich das alles.

Der Schütze der Vipers, der die Vaillancourt-Brüder beseitigt hatte, war bereit zu einem Handel. Da er bereits zweimal vorbestraft war und sich nun einer Anklage wegen heimtückischen Mordes gegenübersah, hatte er das Versteck von zwei Leichen preisgegeben. Der Staatsanwalt hatte sich im Gegenzug auf eine Anklage wegen Totschlags eingelassen. *Voilà.* Tagesanbruch in St. Basile.

Während wir die Auffahrt hochgingen, wich die Dämmerung

dem Morgenlicht. Obwohl ich meinen Atem sehen konnte, wusste ich, dass der Tag warm und sonnig werden würde.

Kies knirschte unter unseren Sohlen, und hin und wieder spritzte ein Steinchen davon, kullerte über den holprigen Weg und rollte in den Graben. Vögel zwitscherten und taten lautstark ihr Missfallen über unsere Anwesenheit kund.

Ihr könnt mich mal, dachte ich. Ich bin schon länger auf als ihr.

Sei nicht so kindisch, Brennan. Du bist nur sauer, weil Quickwater ein Trottel ist. Ignoriere ihn und mach deine Arbeit.

In diesem Augenblick sagte er etwas.

»Ich muss meinen neuen Partner finden. Er wurde eben erst an die Carcajou ausgeliehen.«

Obwohl Quickwater keinen Namen nannte, tat mir der arme Beamte leid. Ich atmete tief durch, setzte meinen Rucksack auf und sah mich um, während ich ihm folgte.

Eines war klar. Die Vipers würden nie einen Preis für einen schön gepflegten Garten bekommen. Die Vorderseite des Grundstücks war ein gutes Beispiel für jene Wildnis, deren Erhaltung die Naturschützer im amerikanischen Kongress erreichen wollten. Das Schwemmland, das sich vom Haus zur Straße erstreckte, war ein Meer aus toter Vegetation auf rötlich braunem Frühlingsschlamm. Die Gestaltung des gestrüppreichen Waldstücks hinter dem Haus war allein seinen vierbeinigen Bewohnern überlassen worden.

Als wir das Asphaltband überquerten und den Hof betraten, wurde ein Gestaltungsplan jedoch sofort offensichtlich. Inspiriert von den besseren Gefängnissen Amerikas, hatte die Anlage alles, was man in einer solchen Institution erwarten würde, darunter eine vier Meter hohe Ziegelmauer mit Überwachungskameras, Bewegungsmeldern und Scheinwerfern auf der Krone. Der Boden war durchgängig betoniert, Basketballkörbe waren zu sehen, ein Gasgrill und eine Hundehütte mit einem Zwinger aus Maschendraht. Stahltüren waren an die Stelle des ursprünglichen Hoftors getreten, und das Garagentor war mit Stahlstreben verstärkt und zugeschweißt.

Auf der Fahrt hierher hatte Quickwater nur ein einziges Mal den Mund aufgemacht, um mir die Geschichte des Anwesens zu erzählen. Erbaut hatte es ein New Yorker, der sein Vermögen mit Alkoholhandel während der Prohibition gemacht hatte. Mitte der Achtziger hatten die Vipers es von den Erben des Schmugglers gekauft, es für vierhunderttausend Dollar renoviert und ihr Vereinsemblem aufgehängt. Zusätzlich zu dem Sicherheitssystem auf den Umfriedungsmauern hatten die Jungs kugelsicheres Glas in allen Erdgeschossfenstern installiert und jede Tür mit Stahlplatten verstärkt.

Doch das alles war an diesem Morgen ohne Bedeutung. Wie das Tor stand auch die Tür des Clubhauses weit offen. Quickwater trat ein, und ich folgte.

Meine erste Reaktion war Überraschung angesichts der luxuriösen Ausstattung. Wenn diese Jungs Kaution stellen oder einen Anwalt engagieren mussten, brauchten sie nur eine Versteigerung abzuhalten. Die elektronische Ausrüstung allein hätte für F. Lee Baileys Honorar gereicht.

Das Haus bestand aus mehreren Ebenen, im Zentrum führte eine metallene Wendeltreppe nach oben. Wir durchquerten eine schwarzweiß gefliese Eingangshalle und stiegen die Treppe hoch. Links erhaschte ich einen kurzen Blick auf ein Spielzimmer mit Billard- und Kickertischen und einer Bar, die sich über die gesamte Länge der Rückwand erstreckte. Von der Wand über dem Schnapsregal grinste eine zusammengerollte Schlange mit fleischlosem Schädel, Giftzähnen und hervorquellenden Augäpfeln in orangem Neon auf uns herab. Am anderen Ende der Bar zeigte eine Reihe kleiner Schwarzweißmonitore verschiedene Ansichten des Grundstücks. Daneben gab es einen großen Fernseher und eine Musikanlage, die aussah wie eine Kontrollkonsole der NASA. Ein Beamter der Ortspolizei von St. Basile nickte uns zu, als wir vorübergingen.

Auf der zweiten Etage sah ich einen Fitness-Raum mit mindestens einem halben Dutzend Nautilus-Geräten. Links standen vor einer verspiegelten Wand zwei gepolsterte Liegebänke und eine Sammlung verschiedener Hanteln. Die Vipers wollten sehen, wie sie ihre Muskeln stählten.

Auf der dritten Etage durchquerten wir ein Wohnzimmer im Biker-Kitsch der Jahrtausendwende. Der Boden war mit tiefem, rotem Plüschteppich ausgelegt, der sich mit dem Gold an den Wänden und dem Blau der überdimensionierten Sofas und Zweisitzer biss. Die Tische bestanden aus Messing und Rauchglas und präsentierten eine Sammlung von Schlangenskulpturen. Schlangen aus Holz, Keramik, Stein und Metall säumten darüber hinaus die Fenstersimse und fauchten vom größten Fernseher, den ich je gesehen hatte.

Die Wände waren mit Postern geschmückt, Vergrößerungen von Schnappschüssen, die man bei Clubabenden und Rallyes aufgenommen hatte. Auf jedem dieser Fotos zeigten Clubmitglieder schweißfeuchte Muskeln, saßen auf Motorrädern oder streckten Flaschen oder Dosen mit Bier in die Höhe. Die meisten sahen aus, als hätten sie einen knapp zweistelligen Intelligenzquotienten.

Wir gingen vorbei an fünf Schlafzimmern, einem schwarzen Marmorbad mit eingelassenem Jacuzzi und einer glasverkleideten Dusche von der Größe eines Squash-Courts und kamen schließlich in die Küche. An der rechten Wand hing ein Telefon und daneben eine Notiztafel mit Telefonnummern in unverständlichem Buchstabencode und dem Namen eines örtlichen Anwalts.

Links bemerkte ich eine weitere Treppe.

»Was ist da oben?«, fragte ich Quickwater.

Keine Antwort.

Ein zweiter Uniformierter aus St. Basile stand am anderen Ende der Küche. »Ein zweiter Fitness-Raum«, sagte er auf Englisch. »Mit einer Dachterrasse und einem Whirlpool für zehn Personen.«

An einem Holztisch vor einem kleinen Erkerfenster saßen zwei Männer, der eine schmuddelig, der andere gepflegt und makellos gekleidet.

Ich sah Quickwater an, der nur nickte. Meine Stimmung verdüsterte sich noch mehr.

Luc Claudel war der namenlose Unglücksrabe, der mit Quickwater ein Team bilden musste. Toll. Jetzt musste ich mit Beavis *und* Butthead arbeiten.

Claudel redete und klopfte hin und wieder auf ein Dokument, von dem ich annahm, dass es der Durchsuchungsbefehl war.

Der Mann ihm gegenüber sah nicht so aus, als würde er sich über diesen Morgen freuen. Er hatte grimmige schwarze Augen, eine Hakennase mit einer scharfen Krümmung nach links direkt unter dem Höcker und mehr Haare auf seiner Oberlippe als ein Walrossbulle. Er blickte finster auf seine nackten Füße hinunter und ballte und öffnete die Fäuste, die zwischen seinen Knien baumelten.

Quickwater nickte in Richtung Walross.

»Der Neandertaler ist Sylvain Bilodeau. Luc erklärt ihm eben, dass wir hier sind, um den Garten ein wenig umzugraben.«

Bilodeau warf zuerst Quickwater, dann mir einen Blick aus seinen harten, freudlosen Augen zu und konzentrierte sich dann wieder auf seine Fäuste. Eine dreifarbige Schlange wand sich an seinem Arm entlang und schien sich mit dem Spiel seiner Muskeln zu bewegen. Ich befürchtete, dass Quickwater mit seinem Vergleich unseren paläolithischen Cousins Unrecht getan hatte.

Nach einigen weiteren Worten hörte Claudel auf zu reden, und Bilodeau sprang auf. Obwohl er höchstens eins fünfundsechzig groß war, sah er aus wie eine wandelnde Steroidwerbung. Zuerst sagte er gar nichts, und dann: »Das ist Scheiße, Mann. Sie können doch nicht einfach hier hereinplatzen und das Grundstück umgraben.« Sein Französisch klang so sehr nach tiefstem Hinterland, dass ich viele seiner Worte nicht verstand. Aber ich begriff, was er meinte.

Claudel stand auf und schaute Bilodeau in die Augen.

»Aber dieses kleine Papier hier sagt, dass wir genau das tun können. Und wie ich schon erklärt habe, du hast zwei Möglichkeiten. Du kannst Klasse zeigen und einfach hier sitzen bleiben wie ein braver kleiner Junge, oder wir können dich in Handschellen von hier wegschaffen und dir für unbegrenzte Zeit freie Unterkunft spendieren. Du hast die Wahl, Nase.«

Claudel sprach den Spitznamen mit spöttischem Unterton aus. Gut gemacht, dachte ich.

»Und was soll ich jetzt verdammt noch mal tun?«

»Du wirst deine Freunde davon überzeugen, dass sie heute besser nicht hierher kommen, wenn sie sich weiterhin guter Gesundheit erfreuen wollen. Abgesehen davon wird dein Tag ziemlich entspannt verlaufen. Du wirst nämlich rein gar nichts tun. Und Corporal Berringer wird hier bleiben, um dir dabei zuzusehen.«

»Ich mache doch nur meinen Job. Warum müssen Sie gerade heute Morgen hier aufkreuzen?«

Claudel gab Nase einen Klaps auf die Schulter. »Das Leben ist Timing, Nase.«

Bilodeau riss sich los und ging zum Fenster.

»Verdammter Hurensohn.«

Claudel hob die Hände, als wollte er sagen: Was soll ich machen? »Vielleicht hast du größere Probleme als wir, Nase. Schätze, die Brüder werden nicht gerade begeistert davon sein, dass du auf deiner Wache schläfst.«

Bilodeau lief in der Küche auf und ab. Dann blieb er vor der Anrichte stehen und schlug mit beiden Fäusten darauf.

»Scheiße.« Vor Zorn traten seine Halsmuskeln hervor, und mitten auf seiner Stirn pulsierte eine Ader wie ein kleiner Bach.

Kurz darauf drehte er sich um, schaute von einem zum anderen und fixierte dann mich mit einem Blick, der Charles Manson zur Ehre gereicht hätte. Er öffnete eine Faust und deutete mit zitterndem Finger in meine Richtung.

»Der verdammte Überläuferarsch, den ihr da habt, sollte es besser gleich beim ersten Mal richtig machen.« Seine Stimme zitterte vor Zorn. »Weil er nämlich eine Leiche auf Urlaub ist.«

Der fragliche Überläuferarsch wartete hundert Meter entfernt auf dem Rücksitz eines zivilen Jeeps. Als Teil des Handels mit der Staatsanwaltschaft hatte er versprochen, uns zu den Gräbern zu führen. Doch nichts konnte ihn dazu bringen, in Sichtweite des Hauses aus dem Auto zu steigen. Entweder er wurde gefahren, oder er ließ die Abmachung platzen.

Wir verließen das Haus und gingen direkt zu dem Jeep. Ich setzte mich auf den Beifahrersitz, und Claudel stieg hinten ein, während Quickwater weiterging, um mit dem Bergungsteam zu sprechen. Der Zigarettenqualm im Auto war so dick, dass ich kaum atmen konnte.

Unser Informant war ein Mann mittleren Alters mit selleriegrünen Augen und stumpfroten Haaren, die am Hinterkopf zu einem Pferdeschwanz zusammengefasst waren. Mit seiner weißen Haut, den glatten Haaren und den hellen Reptilienaugen sah er aus wie etwas, das sich im Wasser einer unterirdischen Höhle entwickelt hatte. Die Vipers waren der angemessene Verein für ihn. Wie Bilodeau war er klein. Aber im Gegensatz zu Bilodeau hatte er kein Interesse an einem längeren Aufenthalt auf dem Clubgelände.

Claudel sprach als Erster.

»Das sollte ein Volltreffer werden, Rinaldi, sonst können deine Leute gleich anfangen, ein Begräbnis zu planen. Wie's aussieht, bist du auf der Beliebtheitsskala bei deinen Brüdern ziemlich weit nach unten gerutscht.«

Rinaldi saugte Rauch in die Lunge, hielt ihn einen Augenblick dort und blies ihn dann durch die Nase wieder aus. »Wer ist die Schlampe?« Seine Stimme klang merkwürdig, als würde sie zerhackt, um seine wahre Identität geheim zu halten.

»Dr. Brennan wird deinen Schatz ausgraben, Frosch. Und du wirst ihr dabei in jeder Weise behilflich sein, okay?«

»Pfff.« Rinaldi blies Luft durch die Lippen.

»Und du wirst so brav sein wie ein Toter in der Leichenhalle, okay?«

»Scheiße, ich will es endlich hinter mich bringen.«

»Das mit der Leichenhalle war nicht nur so dahergeredet, Frosch. Wenn du uns ein Märchen aufgetischt hast, kriegt der Vergleich Bedeutung für dich.«

»Das ist kein Märchen. Da drüben liegen wirklich zwei Typen, die sich die Radieschen von unten anschauen. Aber jetzt sollten wir die Scheiße endlich angehen.«

»Gehen wir's an«, stimmte Claudel ihm zu.

Rinaldi streckte einen knochigen Finger aus, und dabei klapperten die Handschellen an seinen Gelenken.

»Fahren Sie ums Haus herum und halten Sie nach einem Feldweg Ausschau, der rechts weggeht.«

»Das klingt nach einem ernsthaften Start, Frosch.«

Frosch. Noch ein passender Spitzname, dachte ich, als ich Rinaldis komische, quäkende Stimme hörte.

Claudel stieg aus und zeigte Quickwater, der zehn Meter entfernt beim Transporter der Spurensicherung stand, den hoch gereckten Daumen. Als ich mich umdrehte, sah ich, dass Rinaldi mich anstarrte, als wollte er meinen genetischen Code entziffern. Als unsere Blicke sich begegneten, schaute er nicht weg. Und ich ebenfalls nicht.

»Haben Sie ein Problem mit mir, Mr. Rinaldi?«, fragte ich.

»Komischer Beruf für 'ne Tussi«, entgegnete er, ohne meinem Blick auszuweichen.

»Ich bin eine komische Tussi. Ich habe mal in Sonny Bargers Pool gepinkelt.« Ich wusste nicht einmal, ob der frühere Anführer der Hells Angels überhaupt einen Pool hatte, aber es klang gut. Außerdem schien der Frosch sowieso nicht zu begreifen, was ich meinte.

Mehrere Sekunden vergingen, dann grinste Frosch, schüttelte leicht den Kopf und bückte sich, um seine Zigarette in dem winzigen Aschenbecher zwischen den Vordersitzen auszudrücken. Als ihm die Handschellen nach vorne rutschten, sah ich auf seinem Unterarm zwei tätowierte Blitze und darüber die Worte »Filthy Few«, dreckiger Haufen.

Claudel stieg wieder ein, und Quickwater setzte sich, ohne ein Wort zu sagen, ans Steuer. Während wir um das Haus herum- und dann in den Wald hineinfuhren, starrte Rinaldi stumm zum Fenster hinaus, zweifellos mit seinen eigenen schrecklichen Dämonen beschäftigt.

Rinaldis Feldweg war kaum mehr als zwei Reifenspuren, und die Autos und der Spurensicherungstransporter bewegten sich schwerfällig durch Schlamm und feuchte Vegetation. An einer Stelle mussten Claudel und Quickwater aussteigen, um einen Baum wegzuräumen, der über den Pfad gefallen war. Als sie ihn an den verfaulten Ästen zur Seite schleiften, schreckten sie zwei Eichhörnchen auf, die sofort davonsausten.

Quickwater kam verschwitzt und bis zu den Knien schlammbespritzt zurück. Claudel sah noch immer makellos aus und hielt sich, als würde er einen Smoking tragen. Ich vermutete, dass Claudel sogar in Unterwäsche noch adrett und ordentlich aussah, aber ich bezweifelte, dass er je so herumlaufen würde.

Claudel lockerte seine Krawatte um einen ganzen Millimeter und klopfte an Rinaldis Scheibe. Ich öffnete meine Tür, aber Frosch war eben mit einer neuen Zigarette beschäftigt.

Claudel klopfte noch einmal, und Frosch zog am Handgriff. Die Tür ging auf, und Rauch wehte heraus.

»Mach das Ding aus, bevor wir alle Atemgeräte brauchen. Arbeiten deine Gedächtniszellen noch, Frosch? Erkennst du das Terrain wieder?« Claudel.

»Sie sind hier. Können Sie jetzt vielleicht mal den Mund halten, damit ich mich orientieren kann?«

Rinaldi stieg aus und sah sich um. Quickwater bedachte mich wieder mit einem seiner versteinerten Blicke, während unser Informant das Gelände mit den Augen absuchte. Ich ignorierte ihn und schaute mich ebenfalls um.

Die Stelle war früher als Müllabladeplatz genutzt worden. Ich sah Dosen und Plastikbehälter, Bier- und Weinflaschen, eine alte Matratze mit einem Satz verrosteter Sprungfedern. Der Boden war übersät mit den zarten Spuren von Rehen, die den Platz umkreisten, sich kreuzten und wieder im Wald verschwanden.

»Ich werde langsam ungeduldig, Frosch«, sagte Claudel. »Ich würde ja bis drei zählen, wie ich es mit Kindern tue, aber ich fürchte, dass dir die Mathematik zu hoch ist.«

»Können Sie nicht einfach Ihr beschissenes Maul –«

»Vorsicht«, warnte ihn Claudel.

»Ich war seit Jahren nicht mehr hier draußen. Da war eine Hütte, Mann. Wenn ich die verdammte Hütte finde, kann ich Sie zu ihnen führen.«

Frosch fing jetzt an, Abstecher in den Wald zu machen, er suchte wie ein Jagdhund, der Witterung aufgenommen hatte. Doch von Minute zu Minute sah er weniger zuversichtlich aus, und ich begann, seine Zweifel zu teilen.

Ich habe schon viele von Informanten geführte Expeditionen mitgemacht, und in den meisten Fällen war es reine Zeitverschwendung; Tipps aus dem Gefängnis sind notorisch unzuverlässig, entweder, weil der Informant lügt, oder einfach, weil sein Gedächtnis ihn im Stich gelassen hat. LaManche und ich machten uns zweimal auf die Suche nach einem Faultank, der angeblich das Grab eines Mordopfers sein sollte. Zwei Safaris, aber kein Tank. Der Tippgeber wanderte wieder ins Gefängnis, und die Rechnung zahlte der Steuerzahler.

Schließlich kam Rinaldi zum Jeep zurück.

»Es ist weiter oben.«

»Wie weit?«

»Bin ich vielleicht ein beschissener Geograf? Hören Sie, ich erkenne die Stelle, wenn ich sie sehe. Da war ein Holzschuppen.«

»Du wiederholst dich, Frosch.« Claudel sah ostentativ auf seine Uhr.

»*Sacré bleu!* Wenn Sie endlich aufhören, mich anzumachen, und ein Stückchen weiter fahren, dann kriegen Sie Ihre Leichen schon.«

»Hoffentlich hast du Recht, Frosch. Wenn nicht, kannst du dich auf die Abreibung des Jahrtausends gefasst machen.«

Die Männer stiegen wieder in den Jeep, und die Kolonne kroch vorwärts. Nach zwanzig Metern hob Rinaldi die Hände. Dann packte er meine Sitzlehne und beugte sich vor, um durch die Windschutzscheibe sehen zu können.

»Anhalten.«

Quickwater bremste.

»Dort. Da ist es.«

Rinaldi deutete zu den dachlosen Wänden eines kleinen hölzernen Gebäudes. Der Großteil des Schuppens war eingestürzt, Dachteile und verfaulte Balken lagen auf der Erde herum.

Alle stiegen aus. Rinaldi drehte sich einmal im Kreis, zögerte kurz und ging dann in einem Winkel von vierzig Grad von der Hütte in den Wald.

Claudel und ich folgten, stapften durch Ranken und Gestrüpp des letzten Jahres und bogen Äste zurück, die noch Wochen vor der Knospung waren. Die Sonne stand bereits über dem Horizont, und die Bäume warfen lange Schatten auf den feuchten Boden.

Als wir Rinaldi einholten, stand er am Rand einer Lichtung, die gefesselten Hände vor dem Bauch, die Schultern gerundet wie ein Schimpanse. Seine Miene war nicht gerade beruhigend.

»Der Platz hat sich vielleicht verändert, Mann. An so viele Bäume kann ich mich gar nicht erinnern. Wir sind immer hierher gekommen, um ein Lagerfeuer zu machen und uns zu besaufen.«

»Es ist mir ziemlich gleichgültig, wie ihr eure Sommer verbracht habt, Frosch. Dir wird langsam die Zeit knapp. Auf dich warten fünfundzwanzig harte Jahre Knast, und wir lesen dann irgendwann in der Zeitung, dass man dich mit einem Rohr im Arsch auf dem Boden des Duschraums gefunden hat.«

Ich hatte noch nie gehört, dass Claudel eine so deftige Sprache benutzte.

Rinaldis Kiefermuskeln zuckten, aber er sagte nichts. Obwohl es an diesem Morgen Frost gegeben hatte, trug er nur ein schwarzes T-Shirt und Jeans. Eine Gänsehaut überzog seine dünnen, sehnigen, blassen Arme.

Er drehte sich um und ging zur Mitte der Lichtung. Rechts fiel das Gelände sanft zu einem kleinen Bach hin ab. Rinaldi durchquerte eine Sumpfkieferngruppe, schaute in beide Richtungen und ging dann bachaufwärts. Quickwater, Claudel und ich folgten. Nach zwanzig Metern blieb Rinaldi stehen und deutete mit seinen dürren Armen auf eine weite Fläche nackter Erde. Sie lag zwischen dem Bach und einem Steinhaufen und war übersät mit Ästen, Plastikbehältern und Dosen und dem üblichen Schutt, den der Bach bei Hochwasser ablagerte.

»Da sind Ihre beschissenen Gräber.«

Ich musterte sein Gesicht. Er wirkte jetzt wieder gelassen, die Unsicherheit hatte frecher Überheblichkeit Platz gemacht.

»Wenn das alles ist, was du zu bieten hast, Frosch, dann steht auf dem Rohr schon dein Name.«

»Scheiße, Sie können mich mal, Mann. Es ist zehn Jahre her. Wenn die Schlampe was kann, dann findet sie die Leichen.«

Während ich das Areal musterte, wurde die Last auf meinen Schultern noch schwerer. Zehn Jahre lang Überschwemmungen. Da würde kein einziger Indikator mehr zu finden sein. Keine Absenkung. Keine Insektenaktivität. Keine veränderte Vegetation. Keine Schichtung. Nichts, was auf ein Versteck in der Erde hindeutete.

Claudel sah mich fragend an. Hinter ihm plätscherte leise der Bach. Über unseren Köpfen krächzte eine Krähe, und eine andere antwortete.

»Wenn sie hier sind, finde ich sie«, sagte ich, zuversichtlicher als ich mich fühlte.

Das Krächzen klang wie Gelächter.

8

BIS MITTAG HATTEN WIR, ausgehend von Rinaldis verschwommenen Erinnerungen an die genaue Lage der Gräber, eine Fläche von fünfundvierzig mal fünfundvierzig Metern von Vegetation und Unrat freigeräumt. Es zeigte sich, dass er die Leichen selbst nie gesehen hatte, sondern nur »glaubwürdige Informationen« weitergab. Nach der Überlieferung der Bande hatte man die Opfer zu einer Gartenparty eingeladen, sie dann in den Wald gebracht und ihnen in den Kopf geschossen. Großartig.

Ich hatte ein Gitternetz abgesteckt und den Rand mit orangen Pflöcken im Abstand von eineinhalb Metern markiert. Da Leichen selten tiefer als eins achtzig vergraben werden, hatte ich ein Georadar, ein Bodendurchdringungsradar also, mit einer 500-Megahertz-Antenne angefordert, eine Frequenz, die in dieser Tiefe sehr effektiv ist. Das Gerät war binnen einer Stunde eingetroffen.

In Abstimmung mit dem Radartechniker hatte ich außerhalb des abgesteckten Suchgebiets eine Testgrabung durchgeführt, um Informationen über Dichte, Feuchtigkeitsgehalt, Schichtungen und andere Bodencharakteristika zu erhalten. Nachdem wir eine Metallstange in die Grube gelegt hatten, füllten wir sie wieder auf. Anschließend tastete der Techniker die Grube mit seinem Gerät ab, um Kontrolldaten zu erhalten.

Er war eben mit den Schlusseinstellungen des Geräts beschäftigt, als Frosch aus dem Jeep stieg und, dicht gefolgt von seinem Bewacher, zu mir geschlendert kam. Es war mittlerweile einer von mehreren Ausflügen aus dem Schutz des Wageninneren, denn der bis jetzt von Heckenschützen freie Vormittag hatte seine Angst etwas gelindert.

»Was ist denn das für eine Scheiße?«, fragte er und deutete auf eine Vorrichtung, die aussah wie ein Requisit aus *Zurück in die Zukunft*. In diesem Augenblick stieß Claudel zu uns.

»Frosch, es würde dir gut tun, wenn du deinen Wortschatz etwas erweitern würdest. Vielleicht solltest du dir so einen Kalender zulegen, der jeden Tag ein anderes Wort erklärt.«

»Fuck you – ich scheiß drauf.«

In gewisser Weise genoss ich die englischen Schimpfwörter. Sie waren wie Grüße von zu Hause in einem fremden Land.

Ich musterte Frosch, um zu sehen, ob er nur Sprüche klopfte, aber seine hellgrünen Augen zeigten echtes Interesse. Wo er hinging, würde er kaum Chancen haben, seinen wissenschaftlichen Horizont zu erweitern.

»Das ist ein GPR-System.«

Er sah mich verständnislos an.

»*Ground-penetrating radar* oder Georadar. Ein Gerät, mit dem man den Boden abtasten kann.«

Ich deutete auf ein Terminal, das an den Zigarettenanzünder eines vierradgetriebenen Fahrzeugs angeschlossen war.

»Das ist die GPR-Maschine. Sie bewertet Signale, die von einer Antenne kommen, und produziert auf diesem Bildschirm eine Grafik.«

Ich deutete auf ein schlittenähnliches Gerät mit einem nach oben ragenden Handgriff und einem dicken Kabel, das es mit der GPR-Maschine verband. »Das ist die Antenne.«

»Sieht aus wie ein Rasenmäher.«

»Ja.« Ich fragte mich, was Frosch über Rasenpflege wusste. »Wenn ein Techniker die Antenne über die Erde zieht, sendet sie ein bodendurchdringendes Signal aus und schickt dann die Daten an die GPR-Maschine. Das Radargerät bewertet die Stärke und die Reflexionszeit des Signals.«

Er sah mich an, als würde er verstehen. Claudel tat zwar so, als interessierte ihn das nicht, hörte aber dennoch zu.

»Wenn in der Erde etwas ist, wird das Signal verzerrt. Seine Stärke wird beeinflusst von der Größe der unterirdischen Störung und von den elektrischen Eigenschaften, die am oberen und unteren Rand herrschen. Die Tiefe des Gegenstands bestimmt, wie lange das Signal hin und zurück braucht.«

»Dann kann Ihnen dieses Ding also verraten, wo eine Leiche liegt?«

»Nicht, ob es eine Leiche ist. Aber es kann zeigen, ob eine unterirdische Störung vorhanden ist, und es kann Informationen über Größe und Lage liefern.«

Frosch machte ein verständnisloses Gesicht.

»Wenn man ein Loch gräbt und etwas hineinlegt, ist diese Stelle nicht mehr so wie zuvor. Die wieder eingefüllte Erde kann eine geringere Dichte, eine andere Zusammensetzung oder andere elektrische Eigenschaften haben als die Umgebung.«

Das stimmte zwar, aber ich bezweifelte, dass es hier der Fall sein würde. Wasser, das über zehn Jahre ins Erdreich eindringt, kann alle Unterschiede verwischen.

»Und das Ding, das vergraben wurde – egal ob es ein Kabel ist, ein Blindgänger oder eine menschliche Leiche –, schickt nicht dasselbe Signal aus wie die es umgebende Erde.«

»Asche zu Asche. Was ist, wenn die Leiche sich schon im Trinkwasser von morgen aufgelöst hat?«

Gute Frage, Frosch.

»Die Verwesung von Fleisch kann die chemische Zusammensetzung und die elektrischen Eigenschaften von Erdreich verändern, man kann also möglicherweise sogar Knochen und verweste Körper nachweisen.«

Möglicherweise.

In diesem Augenblick gab mir der Radartechniker ein Zeichen, dass er bereit war.

»Quickwater, wollen Sie den Schlitten ziehen?«

»Ich mach das«, bot Claudel an.

»Okay. Einer der Männer von der Spurensicherung soll Ihnen folgen und das Kabel kontrollieren. Es ist nicht kompliziert. Fangen Sie dort an, wo der Techniker die Antenne aufgestellt hat, knapp außerhalb der abgesteckten Fläche. Wenn Sie die nördliche Pflockreihe erreicht haben, drücken Sie zweimal auf den Fernbedienungsknopf. Der befindet sich am Handgriff. Das Signal setzt dann den Anfangspunkt für diesen Durchgang. Ziehen Sie den Schlitten mit ungefähr zwei Dritteln normaler Gehgeschwindigkeit. Bei jedem Pflockpaar, das eine ost-westliche Linie bildet, drücken Sie einmal auf den Knopf. Wenn Sie das andere Ende erreicht haben, drücken Sie wieder zweimal, um das Ende des Durchgangs zu markieren. Dann ziehen wir den Schlitten zurück und starten einen zweiten Durchgang.«

»Warum können wir nicht einfach auf und ab gehen?«

»Weil die Daten von zwei Durchgängen nicht vergleichbar sind, wenn die Gehrichtung gegenläufig ist. Zuerst tasten wir das gesamte Suchgebiet von Norden nach Süden ab, das sind dreißig Durchgänge, und dann wiederholen wir die Prozedur von Osten nach Westen.«

Er nickte.

»Ich bleibe beim Techniker und beobachte den Bildschirm. Wenn wir eine Störung entdecken, schreie ich, und Ihr Partner kann dann die Stelle mit einem Pflock markieren.«

Eine Stunde später war die Suche abgeschlossen, und alle drängten sich um den Transporter und wickelten Sandwiches aus und öffneten Getränkedosen. Zwölf blaue Pflöcke markierten drei Rechtecke innerhalb des Gitternetzes.

Die Ergebnisse waren besser, als ich mir erhofft hatte. Die Daten des dritten und des dreizehnten nord-südlichen Durchgangs zeigten Störungen von ungefähr derselben Länge und Breite. Aber es war das Profil des elften Durchgangs, das mich besonders interessierte. Ich bat um einen Ausdruck, den ich mir anschaute, während ich mein Mortadella-Käse-Sandwich aß.

Der Ausdruck zeigte ein Gitternetz. Die horizontalen Linien zeigten, ausgehend von unserer Kalibrierung anhand der Kontrollgrube, die Tiefe an, wobei der obere Rand des Gitters die Erdoberfläche darstellte. Die vertikalen Linien waren gepunktet und entsprachen den Signalen, die Claudel bei jeder ost-westlichen Gitterlinie ausgesandt hatte.

Das Muster knapp unterhalb der Oberfläche war eine leicht wellige, im Wesentlichen aber flache Linie. Aber bei Gitterlinie 11 Nord zeigte sich eine Reihe glockenförmiger Kurven, eine in der anderen, wie die Rippen eines Skeletts. Das Profil deutete auf eine Störung am Schnittpunkt der Nord-Süd-Linie 11 mit der Ost-West-Linie 4 hin. Sie lag in einer Tiefe von etwa einem Meter fünfzig.

Ich schaltete zu den Profilen, die bei den ost-westlichen Durchgängen aufgenommen worden waren. Der Vergleich einander kreuzender Durchgänge erlaubte mir eine Schätzung von Größe und Form der Störung. Was ich sah, ließ mein Herz schneller schlagen.

Die Anomalie war eins achtzig lang und neunzig Zentimeter breit. Die Größe eines Grabs.

In der typischen Tiefe eines Grabs.

»Und, funktioniert es?« Ich hatte Claudel nicht kommen gehört.

»Wir können anfangen zu buddeln.«

»Jetzt gleich?«

»Ja.«

Ich trank mein Diet Coke aus und stieg in den Jeep. Der Transporter zockelte hinter uns her, während Quickwater zu den Koordinaten 11 Nord/4 Ost fuhr. Wir hatten beschlossen, dass ich an dieser Stelle graben würde, während Claudel und Quickwater sich die beiden anderen Störungen vornehmen sollten. Nachdem ich jede Stelle mit einem einfachen Gitternetz versehen hatte, würden sie die Erde in dünnen Schichten abnehmen und jede Schaufel voll durchsieben.

Ich hatte die Carcajou-Ermittler angewiesen, auf Unterschiede in Farbe und Beschaffenheit der Erde zu achten. Falls sie irgendwelche Veränderungen entdeckten, sollten sie rufen. Jeder von uns würde von Beamten der *Section d'Identité Judiciaire*, kurz SIJ, der Spurensicherung also, unterstützt werden, und Fotografen dieser Abteilung würden den gesamten Arbeitsablauf filmen und fotografieren.

Und genau so lief es auch ab.

Claudel bearbeitete mit seinem Team die Störung bei 13 Nord/ 5 Ost, gute drei Meter von der meinen entfernt. Wenn ich hin und wieder zu ihm hinüberschaute, stand er über seinem Team, gab mit Gesten Anweisungen oder stellte Fragen nach etwas, das er im Erdreich entdeckt hatte. Sein Sakko musste er erst noch ausziehen.

Nach dreißig Minuten klirrte in Claudels Grube laut eine Schaufel. Ich riss den Kopf hoch, mein Magen verkrampfte sich. Das Schaufelblatt war auf etwas Hartes und Unnachgiebiges getroffen.

Claudel beobachtete, wie die Techniker und ich den Umriss freilegten. Der Gegenstand war verrostet und dreckverkrustet, aber die Form war unverkennbar. Claudels SIJ-Mann nannte das Ding gleich beim Namen.

»*Tabernac! C'est un Weber.*«

»Äh, Monsieur Claudel, wollen Sie ein Grillfest veranstalten? Hamburger auf den Rost legen, die Gartenstühle rausholen, vielleicht ein paar Mädchen einladen?«

»Jean-Guy, sag Monsieur Claudel, dass das auch einfacher geht. Diese Dinger gibt's im Wal-Mart zu kaufen.«

»Ja.« Claudel ließ sich zu einem kleinen Lächeln herab. »Ihr seid so lustig, dass wir vielleicht einen Leichensack brauchen, weil ich umkomme vor Lachen. Aber jetzt grabt weiter. Wir müssen das

Ding trotzdem rausholen, um sicherzugehen, dass sich darunter keine Überraschung versteckt.«

Claudel überließ den Grill seinem Team und ging mit mir zu 11 Nord/4 Ost. Ich arbeitete mit meiner Kelle weiter am Nordrand, während Claudel über meinem SIJ-Assistenten am Südrand stand. Um zwei Uhr waren wir ungefähr neunzig Zentimeter tief, und bis jetzt hatte ich weder in der Grube noch im Sieb etwas entdeckt, das auf eine Leiche hindeutete.

Dann sah ich den Stiefel.

Er lag auf der Seite, der Absatz ragte leicht nach oben. Mit meiner Kelle kratzte ich die Erde in seiner Umgebung weg. Mein Helfer sah mir kurz zu, arbeitete dann aber an seinem Ende weiter. Claudel beobachtete mich kommentarlos.

Wenige Minuten später hatte ich das Gegenstück gefunden. Mühsam schabte ich Hand voll um Hand voll Erde weg, bis das Paar ganz freigelegt war. Das Leder war feucht und stark verfärbt, die Ösen verbogen und verrostet, aber beide Stiefel waren noch einigermaßen intakt.

Nach der Freilegung notierte ich mir Lagetiefe und Position, und der Fotograf hielt meinen Fund auf Film fest. Während ich jeden Stiefel behutsam heraushob und auf eine Plastikfolie legte, zeigte sich, dass keiner von beiden Fuß- oder Beinknochen enthielt.

Kein gutes Zeichen.

Der Himmel hatte ein Delfter Blau, die Sonne brannte heiß. Hin und wieder raschelte eine Brise in den Ästen über unseren Köpfen und ließ sie leicht gegeneinander schlagen. Rechts von mir plätscherte der Bach über Steine, die vor Urzeiten ein Gletscher hier abgeladen hatte.

Ein Schweißtropfen löste sich aus meinem Haaransatz und lief mir den Nacken hinunter. Ich zog mein Sweatshirt aus und warf es auf die Kiefernnadeln neben unserer Grube. Ich wusste nicht so recht, ob meine Schweißdrüsen auf die frühlingshafte Wärme reagierten oder auf den Stress, unter dem ich litt.

Bei Exhumierungen ging es mir immer so. Die Neugier. Die gespannte Erwartung. Die Angst vor einem Fehlschlag. Was liegt unter der nächsten Schicht? Was, wenn da nichts ist? Was, wenn da etwas ist, ich es aber nicht unbeschädigt herausbekomme?

Am liebsten hätte ich mir einen Spaten geschnappt und einfach drauflosgebuddelt. Aber rücksichtsloser Tagebau war nicht die Lösung. So mühsam der Prozess auch war, wusste ich doch, dass die richtige Grabungstechnik hier entscheidend war. In einem Fall wie diesem war es wichtig, so viel an Knochen, Artefakten und kontextuellen Details wie möglich zu bergen, und deshalb mühte ich mich weiter ab, löste behutsam Erde und warf sie in Eimer, damit sie durchgesiebt werden konnte. Aus den Augenwinkeln heraus sah ich, dass der SIJ-Techniker dieselben Bewegungen machte, während Claudel immer noch stumm über ihm stand. Irgendwann hatte er sein Sakko ausgezogen.

Die weißen Partikel entdeckten wir gleichzeitig. Claudel wollte eben etwas sagen, als ich schon »Hallo« rief.

»Sieht aus wie Kalk. Das bedeutet für gewöhnlich, dass jemand zu Hause ist.«

Die vereinzelten Partikel im Erdreich machten einer Schicht weißem Schlick Platz, und dann fanden wir den ersten Schädel. Er lag mit dem Gesicht nach oben, als hätten die jetzt erdgefüllten Augenhöhlen noch einen letzten Blick auf den Himmel werfen wollen. Der Fotograf verkündete die Nachricht, und die anderen hielten in ihrer Arbeit inne und drängten sich um unsere Grube.

Während die Sonne langsam zum Horizont wanderte, tauchten zwei Skelette auf. Sie lagen auf der Seite, das eine in Embryonalhaltung, das andere mit stark nach hinten gebogenen Armen und Beinen. Die Schädel sowie die Bein- und Beckenknochen waren völlig fleischlos und von derselben teebraunen Farbe wie die sie umgebende Erde.

Die Fußknochen und -knöchel steckten in verrotteten Socken, die Torsos waren mit verfaulten Stoffresten bedeckt. Stoff umhüllte auch die Arme, er hing an den Knochen wie bei einer Vogelscheuche. Die Handgelenke waren mit Draht gefesselt, und zwischen den Wirbeln entdeckte ich Reißverschlüsse und große metallene Gürtelschnallen.

Um halb sechs hatte mein Team die Überreste vollständig freigelegt. Neben den Stiefeln lagen auf der Plastikfolie eine Sammlung verrosteter Patronenhülsen und einzelne Zähne, die wir beim Durchsieben gefunden hatten. Die Fotografen filmten und knipsten noch immer, als Frosch seinen Bewacher zu einem weiteren Besuch bei uns überredete.

»*Allô. Bonjour*«, sagte er und begrüßte die Skelette in der Grube mit einem Antippen seines nicht vorhandenen Huts. Dann wandte er sich an mich. »Oder vielleicht sollte ich *Bein-jour* sagen, für Sie, Lady.«

Ich ignorierte das zweisprachige Wortspiel.

»Heilige Scheiße. Warum Hemden und Socken und sonst nichts?«

Ich war nicht in Stimmung für eine Vorlesung.

»Ach ja«, kicherte er und starrte in die Grube. »Sie mussten die Schuhe ausziehen und in den Händen tragen. Aber wo sind ihre Scheißhosen?«

»Asche zu Asche, erinnern Sie sich?«

»Scheiße zu Scheiße passt besser.« Seine Stimme war angespannt vor Aufregung, sie klang, als hätte man den Zerhacker höher gedreht.

Ich fand seine Gefühllosigkeit irritierend. Der Tod schmerzt immer. So einfach ist das. Er schmerzt die, die sterben, er schmerzt die, die sie lieben, und er schmerzt die, die sie finden.

»Eigentlich ist es genau anders herum«, blaffte ich. »Scheiße überlebt am längsten. Naturfasern, wie die Baumwolle von Levi's, zersetzen sich viel schneller als Synthetikgewebe. Ihre Kumpel standen auf Polyester.«

»Scheiße, die sehen vielleicht übel aus. Ist da sonst noch was drin bei denen?«, fragte er und spähte in das Grab. Seine Augen funkelten wie die einer Ratte, die auf einem Kadaver sitzt.

»Schlechte Entscheidung wegen der Party, was?«, kläffte er.

Ja, dachte ich. Eine tödliche Entscheidung.

Ich fing an, meine Kelle zu reinigen, um meine Nerven zu beruhigen. Zwei Leichen lagen zu unseren Füßen, und diese kleine Ratte geilte sich daran auf.

Ich wandte mich den Fotografen zu, um zu kontrollieren, ob sie schon fertig waren, und sah, dass Quickwater auf mich zukam.

Toll. Du hast mir gerade noch gefehlt, dachte ich und hoffte, dass er jemand anderen suchte. Aber das tat er nicht. Ich erwartete ihn mit so viel Begeisterung, wie ich für eine Frostbeule aufbringen würde.

Quickwater kam zu mir und durchbohrte mich mit einem seiner Blicke. Sein Gesicht war hart wie Granit. Er roch nach Männerschweiß und Kiefernharz, und ich erkannte, dass er den ganzen Nachmittag über gearbeitet hatte. Während andere sich Pausen gegönnt hatten, um nachzusehen, wie es bei der Hauptgrabung voranging, hatte Quickwater weitergeschuftet. Vielleicht wollte er einfach einen Abstand zwischen uns wahren. Ich hatte nichts dagegen.

»Da ist etwas, das Sie sich ansehen müssen.«

Eine Stille ging von ihm aus, die mich verstörte. Ich wartete auf weitere Erklärungen, aber Quickwater drehte sich einfach um, ging zu seiner Grabungsstätte und verließ sich darauf, dass ich ihm folgen würde.

Arrogantes Arschloch, dachte ich.

Die Bäume warfen lange Schatten, und es wurde von Minute zu Minute kühler. Ich sah auf die Uhr. Fast sechs. Mein Mittagssandwich kam mir vor wie Frühgeschichte.

Wehe, das ist nicht wichtig, dachte ich.

Ich stapfte über die freigeräumte Fläche zu den Koordinaten 3 Nord/9 Ost, dem Fundort der Störung, den wir Quickwaters Team zugewiesen hatten. Ich war erstaunt, als ich sah, dass sie die gesamte von mir abgesteckte Fläche abgegraben hatten.

Das Objekt von Quickwaters Besorgnis lag in einem Meter Tiefe, und zwar unverrückt an seinem Platz, wie ich es ihnen eingeschärft hatte. Den Rest des Quadrats hatte das Team bis zu einer Tiefe von zwei Metern abgegraben.

»Das ist es?«

Quickwater nickte.

»Sonst nichts?«

Seine Miene veränderte sich nicht.

Ich schaute mich um. Sie hatten offensichtlich sehr gründlich gearbeitet. Das Sieb lag noch auf seinen Stützen, flankiert von Haufen feuchter Erde. Es sah aus, als hätten sie jeden Erdkrumen in der ganzen Provinz durchgesiebt. Mein Blick wanderte zurück zu dem erdigen Podest und seinem makabren Ausstellungsstück.

Was sie freigelegt hatten, ergab absolut keinen Sinn.

9

ICH SCHLOSS DIE AUGEN und lauschte dem Muhen von Kühen in der Entfernung. Irgendwo war das Leben ruhig, alltäglich, und es ergab einen Sinn.

Als ich die Lider wieder hob, waren die Knochen noch immer da, ergaben aber kaum einen Sinn. Die Dämmerung brach schnell herein und nahm der Landschaft ihre Konturen, ein langsames Ausblenden wie in einem altmodischen Film. An diesem Tag würden wir die Bergung nicht mehr abschließen können, Antworten mussten also warten.

Ich wollte es nicht riskieren, Beweismittel zu vernichten, indem ich in der Dunkelheit herumpfuschte. Die Gräber waren schon eine ganze Weile hier, da machten ein paar Stunden keinen Unterschied. Wir würden die bereits freigelegten Überreste abtransportieren, aber sonst nichts weiter unternehmen. Dann würden wir die Grabungsstätte sichern und am nächsten Morgen weitermachen.

Quickwater schaute mir immer noch zu. Ich sah mich um, konnte aber Claudel nirgends entdecken.

»Ich muss mit Ihrem Partner sprechen«, sagte ich und wandte mich wieder der Grube zu.

Quickwater hob den Zeigefinger. Dann zog er ein Handy aus der Tasche, tippte eine Nummer ein und gab es mir. Claudel meldete sich sofort.

»Wo sind Sie?«

»Hinter einer Pappel. Hätte ich eine Pinkelpause beantragen sollen?«

Blöde Frage, Brennan.

»Ihr Partner meinte, zwei Skelette seien nicht genug, deshalb habe er ein drittes gefunden.«

»*Sacré bleu!*«

»Na ja, es ist nicht gerade ein Skelett. Soweit ich das erkennen kann, besteht Kandidat Nummer drei nur aus einem Schädel und ein paar langen Knochen.«

»Wo ist der Rest?«

»Sehr intelligente Frage, Detective Claudel. Genau das ist der Grund für einige Verwirrung auf meiner Seite.«

»Was wollen Sie tun?«

»Wir sollten die Knochen aus den Gruben holen und dann Schluss machen bis morgen früh. St. Basile muss das Anwesen abriegeln und eine Wache an jeder Grube postieren. Es dürfte nicht sehr schwer sein, den Laden hier zu bewachen, da er ein besseres Sicherheitssystem als Los Alamos hat.«

»Die Besitzer dürften nicht gerade erfreut sein.«

»Na ja, ich hatte mir diese Woche auch anders vorgestellt.«

Wir brauchten weniger als eine Stunde, um die Knochen in Leichensäcken zu verstauen und ins Leichenhaus zu schicken. Der Grill und andere materielle Beweisstücke wurden etikettiert und ins Forensiklabor geschickt. Dann bedeckte ich die Gruben mit Plastikplanen und übergab sie der Ortspolizei von St. Basile.

Wie vorauszusehen war, kehrten Quickwater und ich schweigend in die Stadt zurück. Zu Hause wählte ich Ryans Nummer, erhielt aber keine Antwort.

»Warum, Andy, warum?«, flüsterte ich, als könnte er mich hören. »Bitte, lass das nicht wahr sein.«

Mein Abend bestand aus einem Bad und einer Pizza, und kurz darauf ging ich zu Bett.

Im Morgengrauen trafen wir uns alle auf dem Picknickplatz der Vipers wieder. Der Bach plätscherte noch, die Vögel schimpften, und wieder einmal konnte ich meinen Atem in der Morgenluft sehen. Nur zwei Dinge waren anders.

Claudel hatte es vorgezogen, in der Stadt zu bleiben, um andere Spuren zu verfolgen.

Über Nacht hatten die Medien von den Leichen erfahren, und bei unserer Ankunft erwartete uns eine Invasionsarmee. Pkws und Transporter säumten die Landstraße, und Reporter bedrängten uns auf Englisch und Französisch. Sie in beiden Sprachen ignorierend, fuhren wir an den Kameras und Mikrofonen vorbei, zeigten dem Beamten am Eingang unsere Ausweise und rollten durchs Tor.

Ich zog die Planen von den Gruben und machte weiter, wo ich am Abend zuvor aufgehört hatte, wobei ich mit dem Doppelgrab anfing. Ich grub bis zu einer Tiefe von knapp zwei Metern, fand aber nur noch ein paar Handknochen und ein zweites Paar Stiefel.

Dasselbe machte ich mit Quickwaters Grube und wurde dabei mit jeder Kelle voll Erde verwirrter. Abgesehen von dem Schädel und den Beinknochen war die Grube völlig steril. Kein Schmuck, keine Kleidungsreste. Keine Schlüssel oder Kennkarten aus Plastik. Keine Spur von Haaren oder Bindegewebe. Zusätzliche GPR-Abtastungen erbrachten keinen Hinweis auf weitere Störungen in dem freigeräumten Gebiet.

Noch etwas war unheimlich. Obwohl es in dem Grab mit den zwei Skeletten von Insektenspuren gewimmelt hatte, fanden wir in dem bei 3 Nord/9 Ost keine fossilen Larven oder Puppen. Ich fand keine Erklärung für den Unterschied.

Um fünf hatten wir die Löcher wieder verfüllt und meine Ausrüstung auf den Transporter der Spurensicherung geladen. Ich war müde, schmutzig und verwirrt, und der Gestank des Todes hing in meinen Haaren und meiner Kleidung. Ich wollte nur noch nach Hause und eine Stunde mit Wasser und Seife verbringen.

Als Quickwater durchs Tor hinausrollte, umringte ein Fernsehteam den Jeep und hinderte uns an der Weiterfahrt. Wir blieben stehen, und ein Mann mittleren Alters mit gegelten Haaren und perfekten Zähnen kam auf meine Seite und klopfte an die Scheibe. Hinter ihm richtete ein Kameramann seine Linse auf mein Gesicht.

Da ich nicht in Stimmung war für Diplomatie, ließ ich das Fenster herunter, beugte mich hinaus und gab ihnen in ziemlich drastischen Worten zu verstehen, dass sie uns durchlassen sollten. Das rote Licht an der Kamera leuchtete, und der Reporter bombardierte mich mit Fragen. Ich gab ihnen einige Anregungen, wo sie sich ihr Übertragungsgerät hinstecken und welche Orte sie vielleicht aufsuchen sollten, verdrehte dann die Augen, zog den Kopf zurück und drückte auf den Knopf. Quickwater gab Gas, und wir schossen davon. Als ich mich umdrehte, sah ich den Reporter auf der Straße stehen, das Mikrofon in der Hand, Überraschung auf seinen makellosen Gesichtszügen.

Ich lehnte mich zurück und schloss die Augen, da ich wusste, dass es mit Quickwater keine Unterhaltung geben würde. Ich hatte nichts dagegen. Fragen wirbelten mir durch den Kopf wie das schäumende Wasser eines angeschwollenen Bachs.

Wer war dieses dritte Opfer? Wie war es gestorben? Antworten auf diese Fragen hoffte ich in meinem Labor zu finden.

Wann war der Tod eingetreten? Wie war ein Teil dieser Leiche in ein verborgenes Grab auf dem Gelände der Vipers gelangt? Das waren Fragen, die meiner Meinung nach die Vipers beantworten mussten.

Am verwirrendsten war aber die Frage nach den fehlenden Leichenteilen. Wo war der Rest des Skeletts? Beim Bergen und Verstauen der Knochen hatte ich sie eingehend auf Beschädigungen durch Tiere untersucht. Bären, Wölfe, Kojoten und andere Raubtiere machen sich gerne über menschliche Kadaver her, wenn sie die Gelegenheit dazu haben. Und ein Haushund oder eine Hauskatze ebenso.

Ich hatte jedoch keine Hinweise darauf gefunden, dass Aasfresser sich mit den fehlenden Teilen davongemacht hatten. Es gab keine angenagten Gelenke oder Knochenschäfte, keine von Zähnen hervorgerufenen Kratzer oder Abdrücke. Auch hatte ich keine

Säge- oder Messerspuren entdeckt, die auf eine Zerstückelung der Leiche hingedeutet hätten.

Wo also war der Rest des Toten?

Ich hatte vor, den Mittwochabend als leicht veränderte Wiederholung des Dienstags zu gestalten. Bad. Mikrowelle. Pat Conroy. Bett. Bis auf den allerersten Teil kam es allerdings ganz anders.

Ich hatte mich eben abgetrocknet und ein grünes Flanellnachthemd angezogen, als das Telefon klingelte. Birdie folgte mir ins Wohnzimmer.

»*Mon Dieu*, dein Gesicht wird so langsam bekannter als meins.«

Das war eindeutig nicht das, was ich hören wollte. Nach zwanzig Jahren Theater und Fernsehen war Isabelle eine der beliebtesten Schauspielerinnen Quebecs. Wohin sie auch ging, wurde sie erkannt.

»Ich habe es in die Sechs-Uhr-Nachrichten geschafft«, vermutete ich.

»Eine oscarreife Darstellung, voller nackter Wut und der brennenden Leidenschaft der –«

»Wie schlimm war es?«

»Deine Frisur hat gut ausgesehen.«

»Haben sie meinen Namen genannt?«

»*Mais oui, Docteur Brennan.*«

Verdammt. Als ich mich auf die Couch fallen ließ, kuschelte Birdie sich in meinen Schoß, da er eine längere Unterhaltung erwartete.

»War die Aufnahme geschnitten?«

»Keine Sekunde, Tempe. Ich bin ziemlich gut im Lippenlesen. Wo hast du denn diese Wörter aufgeschnappt?«

Ich stöhnte, als ich mich an einige der deftigeren Anregungen in Bezug auf das Verstauen von Kameras und Mikrofonen erinnerte.

»Aber das ist nicht der Grund, warum ich anrufe. Ich will, dass du am Samstag zu mir zum Abendessen kommst. Ich habe ein paar Freunde eingeladen, und ich glaube, du brauchst ein bisschen Sozialtherapie, eine kleine Ablenkung von diesen furchtbaren Bikern und dieser Ryan-Geschichte.«

Diese Ryan-Geschichte.

»Isabelle, ich glaube nicht, dass ich im Augenblick eine angenehme Gesellschaft bin. Ich —«

»Tempe, ein Nein akzeptiere ich nicht. Und ich will, dass du Perlen und Parfüm trägst und dich in Schale wirfst. Das hebt gleich die Stimmung.«

»Isabelle, versprich mir, dass du diesmal nicht versuchst, mich zu verkuppeln.«

Einen Augenblick lang herrschte Schweigen. Dann: »Diese Arbeit, die du machst, Tempe, die macht dich zu argwöhnisch. Ich hab's dir gesagt. Es sind nur ein paar von meinen Freunden. Außerdem habe ich eine Überraschung für dich.«

O nein.

»Was denn?«

»Wenn ich es dir sage, ist es keine Überraschung mehr.«

»Sag's mir trotzdem.«

»*Bon*. Es gibt da jemanden, den ich dir gern vorstellen möchte. Und ich weiß, dass er dich sehr gern kennen lernen würde. Na ja, eigentlich habt ihr euch schon einmal getroffen, nur wurdet ihr einander nie offiziell vorgestellt. Dieser Mann hat nicht das geringste Interesse an einer romantischen Beziehung. Vertrau mir.«

In den vergangenen zwei Jahren hatte ich viele von Isabelles Freunden kennen gelernt, und die meisten davon hatten irgendwie mit Kunst zu tun. Einige waren langweilig, andere faszinierend. Viele waren schwul. Aber alle irgendwie einzigartig. Sie hatte Recht. Ein bisschen Ablenkung würde mir guttun.

»Okay? Was darf ich mitbringen?«

»Nichts. Zieh einfach deine Pumps an und sei um sieben hier.«

Nachdem ich mir das Handtuch vom Kopf gewickelt und die Haare gekämmt hatte, stellte ich ein Fischmenü in die Mikrowelle. Ich gab eben die Zeit ein, als es an der Tür klingelte.

Ryan, hoffte ich plötzlich, als ich in die Diele ging. Es war alles ein Missverständnis. Aber wenn es keins war, wollte ich ihn dann überhaupt sehen? Wollte ich wissen, wo er gewesen war, was er zu sagen hatte?

Ja. Und zwar nahezu verzweifelt.

Diese Selbsterforschung erwies sich als unnötig, da mir der Kontrollmonitor Jean Bertrand zeigte und nicht seinen Partner. Ich drückte auf den Türöffner und ging dann ins Schlafzimmer, um Socken und einen Bademantel anzuziehen. Als er meine Wohnung betrat, zögerte er, als müsste er sich wappnen. Nach einer verlegenen Pause streckte er die Hand aus. Ich schüttelte sie, sie fühlte sich kalt an.

»Hallo, Tempe. Tut mir leid, dass ich Sie so überrasche.«

Anscheinend war es im Augenblick ziemlich angesagt, mich zu überraschen.

Sein Gesicht wirkte müde, und er hatte tiefe Schatten unter den Augen. War er für gewöhnlich makellos gekleidet, so trug er an diesem Abend ausgewaschene Jeans und eine zerknitterte Wildlederjacke. Er wollte etwas sagen, aber ich schnitt ihm das Wort ab und bat ihn ins Wohnzimmer. Er setzte sich aufs Sofa, und ich machte es mir auf dem Sessel ihm gegenüber bequem.

Bertrand musterte mich, und sein Gesicht war angespannt vor Gefühlen, die ich nicht deuten konnte. In der Küche summte die Mikrowelle Hitze in mein Weißfisch-Menü.

Das ist deine Party, dachte ich, weil ich keine Lust hatte, das Schweigen zu brechen. Schließlich sagte er: »Es geht um Ryan.«

»Ja.«

»Ich habe Ihre Anrufe bekommen, aber zu der Zeit konnte ich nicht darüber reden.«

»Was genau ist denn ›darüber‹?«

»Er ist auf Kaution frei, aber er ist angeklagt wegen —«

»Ich kenne die Anklagen.«

»Seien Sie nicht wütend auf mich. Ich wusste ja nicht, wo Sie in dieser Sache stehen.«

»Mein Gott, Bertrand, wie lange kennen Sie mich jetzt schon?«

»Ich kenne Ryan schon viel länger!«, blaffte er. »Offensichtlich bin ich ein sehr schlechter Menschenkenner.«

»Auf dem Gebiet scheinen wir beide nicht gerade große Leuchten zu sein.«

Ich hasste mich, weil ich so kalt reagierte, aber dass Bertrand mich nicht zurückgerufen hatte, hatte mir wehgetan. Als ich Informationen brauchte, die wichtig für mich waren, hatte er mich abblitzen lassen wie einen Betrunkenen, der auf der Straße die Hand ausstreckt.

»Hören Sie, ich weiß nicht, was ich Ihnen sagen soll. Die Sache ist angeblich wasserdicht. Wenn die mit ihm fertig sind, bringt er keinen Fuß mehr auf den Boden.«

»Ist es so schlimm?« Ich sah zu, wie meine Finger mit den Fransen eines Zierkissens spielten.

»Sie haben mehr als genug, um ihn festzunageln.«

»Was genau haben sie denn?«

»Als sie seine Wohnung durchsuchten, fanden sie genug Methedrin, um ein ganzes Dritte-Welt-Land high zu machen, und gestohlene Parkas im Wert von über zehntausend Dollar.«

»Parkas?«

»Ja. Diese Kanuk-Dinger, nach denen alle ganz verrückt sind.«

»Und?« Ich wickelte die Fransen so eng um die Finger, dass mir ein Schmerz in Hand und Gelenke schoss.

»Und Zeugen, Videos, Belege und eine Gestankspur, die mitten ins Zentrum des Misthaufens führt.«

Bertrands Stimme verriet seine Gefühle. Er atmete tief durch.

»Da ist noch mehr. Unmengen mehr. Aber ich kann nicht darüber reden, Tempe. Schauen Sie, es tut mir leid, dass ich Sie habe hängen lassen. Ich habe eine Weile gebraucht, um das selber zu verdauen. Ich konnte es einfach nicht glauben, aber –«

Er brach ab, als traute er seiner eigenen Stimme nicht.

»Ich fürchte, der Kerl hat seine Vergangenheit nie ganz hinter sich gelassen.

Als Student hat Ryan mit Alkohol und Tabletten herumgemacht und schließlich das akademische Leben für ein Leben am Abgrund aufgegeben. Ein messerschwingender Kokser hätte ihn beinahe umgebracht, und von da an machte der wilde Junge eine abrupte Kehrtwendung, wurde Polizist und stieg bis zum Lieutenant-Detective auf. Das wusste ich alles. Aber trotzdem …

Ich erfuhr, dass irgendjemand Ryan verpfiffen hatte, und soweit ich wusste, hätten das auch Sie sein können. Aber das ist jetzt nicht mehr wichtig. Der Hurensohn hat Dreck am Stecken und verdient, was ihm jetzt bevorsteht.«

Wir schwiegen. Ich spürte Bertrands Blick auf mir, aber ich wollte ihn weder ansehen noch etwas sagen. Die Mikrowelle schaltete sich aus. Stille. Schließlich fragte ich: »Glauben Sie wirklich, dass er es getan hat?« Meine Wangen fühlten sich heiß an, und ich spürte ein Brennen unter dem Brustbein.

»In den letzten paar Tagen habe ich nichts anderes getan, als Spuren zu verfolgen, die beweisen könnten, dass er es nicht getan hat. Alles. Jeden. Ich wollte nichts anderes als eine winzige Andeutung eines Zweifels.«

Als er den Zeigefinger gegen den Daumen rieb, sah ich, dass seine Hand zitterte.

»Es gab einfach nichts, Tempe.« Er fuhr sich mit der Hand übers Gesicht. »Aber das ist jetzt nicht mehr wichtig.«

»Es ist wichtig. Es ist das Einzige, das wichtig ist.«

»Zuerst dachte ich, unmöglich. Nicht Ryan. Bis ich herausfand, dass die Fakten gegen ihn sprachen.«

Er atmete noch einmal tief durch.

»Hören Sie, Tempe, es tut mir leid. Diese ganze Scheiße macht mich so fertig, dass ich nicht mehr weiß, wer ich bin oder was ich auf dieser Welt überhaupt noch soll.«

Als ich hochsah, war Bertrands Gesicht voller Schmerz, und ich wusste genau, wie er sich fühlte. Er versuchte, seinen Partner nicht zu verachten, weil er der Gier erlegen war, und gleichzeitig hasste er ihn wegen der tiefen, kalten Leere, die sein Verrat hinterlassen hatte.

Bertrand versprach, mir Bescheid zu geben, sobald er etwas Neues erfahre. Als er gegangen war, warf ich den Fisch in den Müll und weinte mich in den Schlaf.

10

AM DONNERSTAG zog ich ein dunkelblaues Kostüm an und fuhr zu *Our Lady of the Angels*. Der Morgen war stürmisch, und die Sonne zeigte sich nur selten zwischen den schweren Wolken, die über den Himmel zogen.

Ich parkte und zwängte mich durch die übliche Ansammlung von Schaulustigen, Journalisten und Polizisten. Keine Spur von Charbonneau, Claudel oder Quickwater.

Die meisten der Trauernden, die mit ernsten Gesichtern die Stufen zur Kirche hochstiegen, waren schwarz. Weiße kamen in Paaren oder Gruppen hinzu, immer mit mindestens einem Kind im Schlepptau. Wahrscheinlich Emily Annes Klassenkameradinnen und ihre Familien.

In der Nähe des Eingangs riss eine Bö einer alten Frau rechts von mir den Hut vom Kopf. Mit einer knotigen Hand fuhr sie sich an den Kopf, während die andere mit ihrem Rock kämpfte, der ihr um die Beine wehte.

Ich sprang vor, stoppte den Hut an der Kirchenwand und gab ihn der Frau. Sie drückte ihn an ihre knochige Brust und lächelte dünn. Ihr runzliges braunes Gesicht erinnerte mich an die Holzapfelpuppen, wie sie die Frauen in den Smoky Mountains basteln.

»Sie war'n 'ne Freundin von Emily Anne?«, fragte die alte Frau mit spröder Stimme.

»Ja, Ma'am.« Den eigentlichen Grund meiner Anteilnahme wollte ich ihr ersparen.

»Sie is meine Enk'lin.«

»Mein Beileid für Ihren Verlust.«

»Ich hab zweiundzwanzig Enkel, aber Emily Anne, die war was ganz Besonderes. Konnte alles, die Kleine. Briefe schreiben, im Ballett tanzen, schwimmen, auf dem Eis laufen. Manchmal denk ich, das Mädchen iss noch gescheiter als ihre Mam.«

»Sie war ein wunderhübsches Mädchen.«

»Vielleich' hat Gott sie deshalb zu sich geholt.«

Ich sah zu, wie Emily Annes Großmutter in die Kirche wankte, und erinnerte mich daran, dass ich genau diese Worte vor langer Zeit schon einmal gehört hatte. Ein schlummernder Schmerz regte sich in meiner Brust, und ich wappnete mich für das, was noch kommen würde.

In der Kirche war es kühl, und es roch nach Weihrauch, Wachs und Möbelpolitur. Licht sickerte durch die Buntglasfenster und überzog alles mit weichen Pastelltönen.

Die vorderen Reihen waren dicht besetzt, in den mittleren saßen nur noch vereinzelt Trauernde. Ich setzte mich in eine der hinteren Bänke, faltete die Hände und versuchte, mich auf die Gegenwart zu konzentrieren. Schon jetzt juckte meine Haut, die Handflächen waren schweißfeucht. Als ich mich umsah, beendete der Organist eben eine Hymne und begann eine neue.

Ein winziger weißer Sarg stand, überhäuft mit Blumen und flankiert von Kerzen, vor dem Altar. Luftballons tanzten an den Schnüren, die an den Griffen des Sargs befestigt waren. Die bunten Kugeln waren ein greller Misston in der düsteren Atmosphäre.

In der ersten Reihe sah ich zwei kleine Köpfe und dazwischen eine größere Gestalt. Mrs. Toussaint saß nach vorne gebeugt und drückte sich ein Taschentuch auf den Mund. Ich sah, wie ihre Schultern zu zucken begannen, und eine winzige Hand hob sich und rieb ihr sanft den Oberarm.

Der schlummernde Schmerz in mir erwachte nun ganz, und ich war plötzlich wieder in der Pfarrei St. Barnabas. Father Morrison stand auf der Kanzel, und mein kleiner Bruder lag in seinem winzigen Sarg.

Meine Mutter schluchzte herzzerreißend, und ich hob die Hand, um sie zu trösten. Sie bemerkte meine Berührung überhaupt nicht, drückte nur die kleine Harriet an ihre Brust und weinte auf ihren Kopf. Mit einem Gefühl absoluter Hilflosigkeit sah ich zu, wie das seidige, maisgelbe Haar meiner Schwester feucht wurde von den Tränen meiner Mutter.

Wenn man mir einen Karton Malkreiden gegeben und mich gebeten hätte, die Welt zu malen, wie ich sie mit sechs Jahren erlebt hatte, dann hätte ich nur eine einzige Farbe gewählt: Schwarz.

Ich hatte nichts tun können, um Kevin zu retten, um die Leukämie zu stoppen, die seinen winzigen Körper verwüstete. Er war mein liebstes Geschenk, mein Weihnachtsbruder, und ich vergötterte ihn. Ich hatte gebetet und gebetet, aber ich hatte seinen Tod nicht verhindern können. Oder meine Mutter wieder zum Lächeln bringen können. Ich hatte mich schon gefragt, ob ich böse war, weil meine Gebete nichts bewirkten.

Fast vier Jahrzehnte, und der Schmerz über Kevins Tod war noch immer da. Die Szenen und Geräusche und Gerüche eines Trauergottesdienstes schafften es immer, diese Wunde wieder zu öffnen, den tief vergrabenen Kummer wieder in mein Bewusstsein dringen zu lassen.

Ich nahm den Blick von der Toussaint-Familie und ließ ihn über die Trauergemeinde schweifen. Charbonneau hatte sich im Schatten eines Beichtstuhls versteckt, aber sonst kannte ich niemanden.

In diesem Augenblick erschien der Priester und bekreuzigte sich. Er war jung, athletisch und nervös. Eher wie ein Tennisspieler vor einem Match als wie ein Priester vor einem Trauergottesdienst. Wir erhoben uns.

Während ich die vertrauten Rituale vollzog, fühlte meine Haut sich erhitzt an, und mein Herz schlug schneller, als mir lieb war. Ich versuchte mich zu konzentrieren, aber mein Verstand weigerte sich. Bilder sickerten mir ins Hirn und führten mich zurück in diese Zeit in meiner Kindheit.

Eine mächtige Frau trat ans Lesepult rechts des Altars. Ihre Haut hatte die Farbe von Mahagoni, ihre Haare waren geflochten und oben auf dem Kopf zu einer Schnecke gewunden. Die Wangen der Frau wurden feucht, als sie *Amazing Grace* sang. Ich kannte ihr Gesicht von einem Zeitungsfoto.

Dann sprach der Priester über kindliche Unschuld. Verwandte lobten Emily Annes sonniges Wesen, ihre Liebe für ihre Familie. Ein Onkel erwähnte ihre Leidenschaft für Waffeln. Ihre Lehrerin beschrieb sie als begeisterte Schülerin und las den Aufsatz vor, mit dem sie einen Preis gewonnen hatte. Eine Klassenkameradin rezitierte ein von Emily Anne selbst verfasstes Gedicht.

Weitere Hymnen. Die Kommunion. Die Gläubigen stellten sich an und kehrten dann auf ihre Plätze zurück. Unterdrücktes Schluchzen. Die Aussegnung des Sargs. Leises Weinen von Mrs. Toussaint.

Schließlich drehte der Priester sich der Gemeinde zu, bat Emily Annes Schwestern und Klassenkameradinnen zu sich und setzte sich auf die Altarstufen. Einen Augenblick lang herrschte absolute Stille, dann hörte man geflüsterte Befehle und elterliche Ermutigungen. Eins nach dem anderen standen die Kinder auf und gingen ängstlich zum Altar.

Was der Priester sagte, war nicht sonderlich originell. Emily Anne ist im Himmel bei Gott. Sie ist mit ihrem Vater wieder vereint. Eines Tages werden auch ihre Mutter und ihre Schwester zu ihr gehen, wie alle anderen Anwesenden.

Doch was der junge Priester als Nächstes tat, war in der Tat originell. Er sagte den Kindern, dass Emily Anne glücklich sei und dass wir mit ihr feiern sollten. Er gab seinen Ministranten ein Zeichen, die daraufhin in der Sakristei verschwanden und mit einem riesigen Bündel Luftballons zurückkehrten.

»Diese Ballons sind mit Helium gefüllt«, erklärte der Priester. »Das lässt sie fliegen. Ich will, dass jeder von euch einen nimmt, und dann gehen wir alle mit Emily Anne hinaus. Wir verabschieden uns mit einem Gebet von ihr, und dann lassen wir unsere Ballons in den Himmel aufsteigen. Emily Anne sieht sie und weiß, dass wir sie lieben.«

Er sah in die ernsten kleinen Gesichter.

»Ist das eine gute Idee?«

Alle nickten.

Der Priester stand auf, entwirrte die Schnüre, drückte jedem Kind einen Ballon in die kleine Hand und führte sie dann die Stufen hinunter. Der Organist stimmte Schuberts *Ave Maria* an.

Die Sargträger traten an den Sarg, hoben ihn auf, und die Prozession bewegte sich auf die Tür zu. Die Reihen leerten sich, während die Trauernden sich anschlossen. Mrs. Toussaint stand, gestützt von der Sängerin, hinter ihren Töchtern.

Auf den Kirchenstufen blieb ich stehen. Die graue Wolkendecke war aufgerissen, jetzt zogen weiße Haufenwolken über den Himmel. Während ich zusah, wie die Ballons in die Höhe stiegen, spürte ich einen so heftigen Schmerz wie noch nie in meinem Leben.

Ich zögerte noch einen Augenblick, stieg dann langsam hinunter, und während ich mir die Tränen von den Wangen wischte, erneuerte ich den Schwur, den ich am Tag von Emily Annes Tod geleistet hatte.

Ich würde diese wahllos um sich schießenden Schlächter finden und sie dorthin schicken, wo sie nie mehr ein anderes Kind töten konnten. Ich konnte der Mutter die Tochter nicht wieder geben, aber ich würde ihr diesen kleinen Trost gewähren.

Dann überließ ich Emily Anne jenen, die sie liebten, und fuhr in die Parthenais, um mich in die Arbeit zu vertiefen.

Im Institut erfuhr ich, dass die Carcajou-Ermittler bereits die Namen der Skelette von St. Basile herausgefunden hatten. Félix Martineau, siebenundzwanzig, und Robert Gately, neununddreißig, fuhren mit den Tarantulas, einem inzwischen nicht mehr existenten Outlaw-Club, der aber in den Siebzigern und Achtzigern in Montreal sehr aktiv gewesen war. Gately war Vollmitglied gewesen, Martineau Aufnahmekandidat.

Am Abend des 24. August 1987 hatten die beiden Gatelys Wohnung in der Rue Hochelaga verlassen, um zu einer Party zu fahren. Gatelys Lebensgefährtin kannte weder Namen noch Adresse des Gastgebers. Keiner von beiden wurde je wieder gesehen.

Ich verbrachte den Tag mit den Knochen aus dem Doppelgrab, ordnete sie zwei Individuen zu und bestimmte Alter, Geschlecht, Rasse und Größe. Schädel- und Beckenformen bestätigten, dass beide Opfer männlich waren. Die Unterschiede in Alter und Größe machten das Sortieren beträchtlich einfacher als bei den Zwillingen.

Nachdem ich mit den Schädeln und Kiefern fertig war, gab ich sie Marc Bergeron für eine odontologische Analyse. Ich ging davon aus, dass auch diese Arbeit problemlos sein würde, da beide umfangreiche Zahnbehandlungen gehabt hatten.

Das größere Opfer hatte einen gut verheilten Bruch des Schlüsselbeins. Ich fotografierte eben die Verletzung, als Bergeron mein Labor betrat. Der Zahnspezialist war einer der merkwürdigst aussehenden Männer, die ich kannte, mit wilden, löwenzahngelben Haaren und dürren Spinnenbeinen. Es war unmöglich, sein Alter zu schätzen, und keiner im Institut schien es zu kennen.

Bergeron wartete, bis ich mit dem Fotografieren fertig war, und bestätigte dann die Identifikationen.

»Wie haben Sie die Unterlagen so schnell bekommen?«

»Von zwei sehr kooperativen Zahnärzten. Und zum Glück für mich legten die Verstorbenen Wert auf den Zustand ihrer Zähne. Zumindest Gately. Schlechte Zähne, viele Wiederherstellungen. Martineau war weniger gewissenhaft, aber er hatte einige Besonderheiten, die seine Identifikation zu einem Kinderspiel machten. Der große, böse Biker lief mit vier Milchzähnen im Mund herum. Das ist ziemlich selten in seinem Alter.«

Ich schaltete das Licht am Fototisch aus.

»Haben Sie mit dem dritten Opfer schon angefangen?«, fragte Bergeron.

»Noch nicht, aber ich kann das hier auch später fertig machen. Sollen wir es uns ansehen?«

Ich wollte mir schon den ganzen Vormittag den dritten Satz Knochen ansehen, und Bergeron lieferte mir jetzt einen guten Vorwand dafür.

»Unbedingt.«

Ich legte das Schlüsselbein zu dem Skelett auf der linken Seite meines Arbeitstischs.

»Wer ist wer?«, fragte ich und deutete auf die Knochen.

Bergeron beugte sich über seine Schale, kontrollierte zunächst die Ziffern, die er auf die Hinterhauptbeine geschrieben hatte, dann die auf den Kärtchen, die ich neben jedes Skelett gelegt hatte, und ordnete anschließend die Schädel entsprechend zu. Mit seinem knochigen Arm deutete er auf das Opfer mit dem gebrochenen Schlüsselbein.

»Monsieur Martineau.«

Dann wies er auf den Herrn zu seiner Rechten.

»Und Mr. Gately.«

»War Gately anglophon?«

»Ich vermute es, weil sein Zahnarzt kein Wort Französisch spricht.«

»Von denen gibt's aber nicht viele bei den *motards*.«

»Ich kenne keinen«, entgegnete Bergeron.

»Überbringen Sie Quickwater und Claudel die gute Nachricht?«

»Ich habe schon angerufen.«

Ich ging zu den Lagerregalen und zog den Karton mit dem dritten Opfer von St. Basile hervor. Da die Überreste mit Erde verkrustet waren, hängte ich ein Sieb ins Waschbecken, legte sie hinein und ließ warmes Wasser darüber laufen.

Die langen Knochen ließen sich leicht reinigen, ich legte sie deshalb auf das Abtropfblech und fing an, den Schlamm von der Außenseite des Schädels zu bürsten. Sein Gewicht sagte mir, dass das Schädelinnere mit Erde gefüllt sein musste. Als die Gesichtspartie sauber war, drehte ich den Schädel um und ließ Wasser über die Basis laufen. Dann ging ich an meinen Schreibtisch, um eine Identifikationskarte auszufüllen.

Als ich zum Becken zurückkehrte, hatte Bergeron den Schädel in den Händen und drehte das Gesicht zuerst nach oben und dann zur Seite. Er starrte ihn lange an und sagte dann: »O mein Gott.«

Als er mir den Schädel gab, wiederholte ich zuerst seine Bewegungen und dann seinen Ausruf.

»O mein Gott.«

11

EIN BLICK GENÜGTE, und ich wusste, dass ich mich getäuscht hatte. Die glatte Stirn und der ebenso glatte Hinterkopf, die feinen Wangenknochen und die kleinen Warzenfortsätze sagten mir, dass Kandidat Nummer drei eindeutig meines Geschlechts war.

Ich holte meine Schublehre und vermaß einen der Knochen, die auf dem Abtropfblech lagen. Der Femoraliskopf ist ein kugelförmiges Gebilde, das in eine Pfanne im Beckenknochen passt und mit ihr das Hüftgelenk bildet. Dieser hatte einen Durchmesser von nur neununddreißig Millimetern, womit er eindeutig in der weiblichen Bandbreite lag.

Außerdem war das Opfer jung gewesen. Oben auf der Kugel entdeckte ich eine gezackte Linie, was darauf hindeutete, dass die Wachstumsfuge zum Zeitpunkt des Todes nur unvollständig geschlossen war.

Ich wandte mich wieder dem Schädel zu. Gezackte Linien trennten die einzelnen Knochen. Ich drehte den Schädel, um mir die Basis anzusehen. Kurz vor dem Foramen magnum, dem Hinterhauptsloch, durch das das Rückenmark den Schädel verlässt, war eine Lücke zwischen dem Keilbein und dem Hinterhauptsbein.

Ich zeigte sie Bergeron.

»Das war ein junges Mädchen«, stellte ich fest. »Wahrscheinlich ein Teenager.«

Er sagte etwas, was ich aber nicht verstand. Eine Unregelmäßigkeit im rechten Scheitelbein fesselte meine Aufmerksamkeit. Vorsichtig fuhr ich mit dem Finger darüber. Ja, da war etwas.

Behutsam, um nichts zu beschädigen, hielt ich den Schädel unter den Wasserhahn und löste die Erde mit einer weichen Zahnbürste. Bergeron sah zu, wie der Defekt immer deutlicher sichtbar wurde. Es dauerte nur wenige Augenblicke.

Was ich entdeckt hatte, war ein kleines rundes Loch knapp oberhalb und hinter der Ohröffnung. Ich schätzte den Durchmesser auf etwa einen Zentimeter.

»Schusswunde?«, fragte Bergeron.

»Vielleicht. Nein. Ich glaube nicht.«

Obwohl die Perforation die richtige Größe für ein Kleinkaliberprojektil hatte, sah sie nicht aus wie ein Einschussloch. Der Rand war glatt und gerundet, wie bei einem Donut-Loch.

»Was dann?«

»Ich bin mir nicht sicher. Vielleicht eine Art Geburtsfehler. Vielleicht ein Abszess. Genaueres kann ich erst sagen, wenn ich den Schädel geleert und mir die Innenseite angesehen habe. Außerdem brauche ich Röntgenaufnahmen, um festzustellen, wie es im Knocheninneren aussieht.«

Bergeron sah auf die Uhr.

»Sagen Sie mir Bescheid, wenn Sie fertig sind, damit ich ein paar Zahnaufnahmen machen kann. Wiederherstellungen habe ich noch keine gesehen, aber vielleicht entdecke ich etwas auf den Röntgenbildern. Der rechte Eckzahn hat eine etwas merkwürdige Stellung, was mich vielleicht weiterbringt, trotzdem hätte ich lieber auch den Unterkiefer.«

»Das nächste Mal gebe ich mir mehr Mühe.«

»Nicht nötig«, lachte er.

Als Bergeron gegangen war, stellte ich den Schädel verkehrt herum auf einen Gummiring und drehte das Wasser nur so weit auf, dass es ganz sanft in das Hinterhauptsloch lief. Dann machte ich mich wieder daran, Gately und Martineau zu fotografieren und alle Skelettcharakteristika zu dokumentieren, die für ihre Identifikation von Bedeutung waren. Außerdem machte ich mehrere Aufnahmen von den Einschusslöchern im Hinterkopf jedes Mannes.

In regelmäßigen Abständen kontrollierte ich den Schädel der Unbekannten und goss den Schlamm weg, den das Wasser gelöst hatte. Als ich kurz vor Mittag eben wieder Sediment abgoss, löste sich etwas und schlug gegen das Schädelinnere. Ich stellte den Schädel wieder auf den Ring und fuhr mit dem Finger hinein.

Der Gegenstand fühlte sich lang und dünn an. Ich versuchte ihn zu lösen, aber das Ding hatte irgendein Anhängsel, das noch in der

Erde feststeckte. Obwohl ich meine Neugier kaum bezähmen konnte, schwenkte ich den Hahn wieder über den Schädel und kehrte zu meinem Gately-Bericht zurück.

Um eins schwamm der Gegenstand frei in der Schlammbrühe, aber das Anhängsel war noch immer wie festzementiert. Ungeduldig füllte ich das Spülbecken mit Wasser, tauchte den Schädel ein und ging in die Cafeteria.

Als ich vom Mittagessen zurückkehrte, hatte das Einweichwasser den Rest der Erde gelöst, und ich konnte alles ganz einfach abgießen. Mit angehaltenem Atem steckte ich die Finger hinein und zog den Gegenstand behutsam heraus.

Das Ding war knappe zehn Zentimeter lang und bestand aus einem Stück Schlauch mit einem Ventil am Ende. Ich säuberte es und legte es in eine Schale. Da ich mir zwar seiner Bedeutung bewusst war, aber keine Ahnung hatte, worum es sich handelte, wusch ich mir die Hände und machte mich auf die Suche nach einem Pathologen.

Nach dem Dienstplan war LaManche in einer Besprechung des Komitees zur Kindersterblichkeit. Marcel Morin saß an seinem Schreibtisch.

Er hob den Kopf, als ich an die Tür klopfte.

»Haben Sie eine Minute Zeit?«

»Aber natürlich.« Sein Französisch war warm und lyrisch, ein Überbleibsel seiner Kindheit auf Haiti. Ich trat ein und stellte die Schale auf den Tisch.

»Ah. Ein chirurgisches Implantat.« Seine Augenbrauen hoben sich hinter der randlosen Brille. Sie waren grau meliert, wie die kurz geschnittene Krause, die schon sehr viel Stirn zeigte.

»Ich dachte es mir. Können Sie mir mehr darüber sagen?«

Er hob die Hände. »Nicht viel. Sieht aus wie ein ventrikulärer Shunt, aber ich bin kein Neurochirurg. Vielleicht sollten Sie mit Carolyn Russell reden. Sie hat für uns schon einige neurologische Gutachten gemacht.«

Er blätterte in seinem Rolodex, kritzelte eine Nummer auf einen Zettel und gab ihn mir. »Sie ist am MNI.«

Ich dankte ihm, ging in mein Büro und rief das Montreal Neurological Institute an. Dr. Russell war in einer Besprechung, also hinterließ ich ihr eine Nachricht. Ich hatte eben aufgelegt, als das Telefon klingelte. Es war Claudel.

»Haben Sie mit Bergeron gesprochen?«

»Er ist eben erst gegangen.«

»Also schaffen zwei den Sprung von der Vermisstenliste zur Totenliste.«

Ich wartete, dass er weiterredete, aber er tat es nicht.

»Und?«

Eine typische Claudel-Pause, und dann: »Wir haben angefangen, uns umzuhören, aber kein Mensch weiß irgendetwas. Was kaum überraschend ist, da ein Jahrzehnt vergangen ist und diese Leute nicht gerade ortsfest sind. Und natürlich würden die uns nicht mal was verraten, wenn wir ihre Großmütter aus diesem Loch geholt hätten.«

»Was ist mit Rinaldi?«

»Frosch bleibt bei seiner Geschichte. Was er weiß, weiß er nur aus Erzählungen. Nach der Überlieferung des Clubs kamen Gately und Martineau zu einer Party und marschierten direkt zu ihrem eigenen Begräbnis.«

»In Strumpfsocken?«

»Genau. Diese Typen gehen gern underdressed. Aber Frosch war nicht dabei, als das passierte. Hatte wahrscheinlich gerade seinen Wohltätigkeitsabend. Was ist mit dem dritten Kerl?«

»Der dritte Kerl ist ein Mädchen.«

»Ein Mädchen.«

»Ja. Was weiß Frosch über dieses Skelett?«

»Rein gar nichts. Aber Frosch würde nie was preisgeben, wenn für ihn nichts dabei rausspringt. Was können Sie mir über die Kleine sagen?«

»Sie war weiß, weiblich und zwischen vierzehn und neunzehn Jahre alt.«

»So jung?«

»Ja.«

Im Hintergrund hörte ich Verkehrslärm und nahm an, dass Claudel von der Straße aus anrief.

»Ich besorge mir eine Liste mit vermissten Teenagermädchen. Was ist der Zeitrahmen?«

»Gehen Sie zehn Jahre zurück.«

»Warum zehn Jahre?«

»Ich würde sagen, dass das Opfer mindestens zwei Jahre tot ist, aber anhand von dem wenigen, was wir dort gefunden haben, kann ich Ihnen keine seriöse Obergrenze nennen. Ich habe das Gefühl, dass das eine Umbettung war.«

»Was soll das heißen?«

»Ich glaube, sie wurde woanders begraben, dann wieder ausgebuddelt und zu dem Platz geschafft, wo wir sie gefunden haben.«

»Warum?«

»Wieder eine sehr intelligente Frage, Detective Claudel.«

Ich berichtete ihm von dem chirurgischen Implantat.

»Und was hat *das* zu bedeuten?«

»Wenn ich es herausgefunden habe, lasse ich es Sie wissen.«

Ich hatte kaum den Hörer aufgelegt, als es schon wieder klingelte. Ich schaute auf die Uhr. Carolyn Russell hatte um drei Zeit für mich. Wenn die Parkplatzgötter mir wohlgesinnt waren, konnte ich das schaffen.

Ich schrieb die Fallnummer auf den Deckel eines Plastikbehälters und legte das Implantat hinein. Dann schaute ich kurz bei Bergeron vorbei, um ihm zu sagen, dass er den Schädel haben könne, lief zu meinem Auto und raste durch die Stadt.

Das Royal Victoria Hospital wurde vor der Jahrhundertwende erbaut. Der ausgedehnte Komplex aus grauem Stein liegt im Herzen von Montreal und thront über dem McGill-Campus wie ein mittelalterliches Schloss auf einem Hügel in der Toscana.

Am Peel-Ende befindet sich das Allan Memorial Institute, das berüchtigt ist für die Drogenexperimente, die die CIA dort in den Fünfzigerjahren durchgeführt hatte. Das Montreal Neurological Institute liegt im Osten des Royal Victoria, auf der anderen Seite der Rue Université. Die Lehr- und Forschungseinrichtungen der

McGill, das MNI, das Neurological Hospital und das neue Brain Tumor Research Institute kleben förmlich am Football-Stadion, einem Wahrzeichen aus Ziegeln und Mörtel für die neuen Prioritäten einer modernen Universität.

Das Neuro, wie Forschungsinstitut und Krankenhaus genannt werden, wurde in den Dreißigern von Wilder Penfield gegründet. Obwohl ein brillanter Wissenschaftler und Neurochirurg, war Penfield kein Visionär der Verkehrsregelung. Die Parkplatzsituation dort ist ein Albtraum.

Dr. Russells Vorschlag folgend, fuhr ich auf das Gelände des Royal Victoria, zahlte zehn Dollar und fing an, den Parkplatz abzukurven. Ich war bei meiner dritten Runde, als ich aufleuchtende Bremslichter entdeckte. Ein Audi fuhr aus einer Lücke, und ich gab Gas und zwängte mich hinein, was es mir ersparte, FM 88,5 einzuschalten, um mich über die aktuelle Parkplatzsituation zu informieren. Meine Uhr zeigte fünf vor drei.

Verschwitzt und keuchend von meinem Spurt über die Avenue des Pins und meiner Wanderung durch das Krankenhaus kam ich in Dr. Russells Büro an. Es hatte angefangen zu nieseln, und meine Haare hingen mir feucht und schlaff in die Stirn. Als die Ärztin den Kopf hob, huschte ein Zweifel über ihr Gesicht.

Ich stellte mich vor, und sie stand auf und gab mir die Hand. Sie hatte graue, kurz geschnittene und seitlich gescheitelte Haare. Ihr Gesicht zeigte tiefe Falten, aber ihr Griff war fest wie der eines Mannes. Ich schätzte sie auf Mitte sechzig.

»Tut mir leid, dass ich mich verspätet habe. Aber ich hatte Schwierigkeiten, Sie zu finden.« Das war eine Untertreibung.

»Ja, dieses Gebäude ist verwirrend. Bitte setzen Sie sich«, sagte sie auf Englisch und deutete auf einen Stuhl vor ihrem Schreibtisch.

»Ich hatte keine Ahnung, dass es so riesig ist«, sagte ich und setzte mich.

»O ja. Der Tätigkeitsbereich des MNI ist sehr ausgedehnt.«

»Ich weiß, dass das Institut weltberühmt ist für seine Epilepsie-Forschung.« Ich zog meine Jacke aus.

»In unserem Krankenhaus werden mehr Epilepsie-Operationen durchgeführt als sonst wo auf der Welt. Die Operationstechnik der kortikalen Resektion wurde in diesem Institut entwickelt. Studien zur Kartografierung von Hirnfunktionen bei Epilepsiepatienten begannen hier schon vor über sechzig Jahren. Und diese Arbeiten haben den Weg bereitet für die Kernspin- und die PET-Hirnkartographierungen von heute.«

»Die Kernspin-Tomographie kenne ich, aber was ist PET?«

»Positronen-Emissions-Tomographie. Wie die Kernspin-Tomographie ist sie eine Technik, die zur Darstellung von Gehirnstruktur und -physiologie verwendet werden kann. Unser *McConnell Brain Imaging Centre* wird allgemein als eine der weltweit führenden Einrichtungen betrachtet.«

»Welche anderen Forschungen betreiben Sie sonst noch?«

»Eine Unmenge bahnbrechender Arbeiten hat ihren Ursprung im MNI. Die Entwicklung der Elektroenzephalographie, das Konzept der fokalen und generalisierten Epilepsie, neue Methoden der stereotaktischen Chirurgie, Beiträge zur postglandinen Biochemie des Nervensystems, die Lokalisierung dystropher Skelettmuskulatur. Ich könnte fortfahren.«

Ich war mir sicher, dass sie das konnte. Dr. Russell war offensichtlich stolz auf ihren Arbeitgeber. Ich lächelte ermutigend, auch wenn ich nur Teile dessen verstanden hatte, was sie aufgelistet hatte.

Sie lehnte sich zurück und lachte. »Aber ich bin mir sicher, dass Sie nicht wegen einer Vorlesung über unser Institut hier sind.«

»Nein, aber es ist faszinierend. Ich hätte gerne ein wenig mehr Zeit. Doch ich weiß, dass Sie sehr beschäftigt sind, und ich will nicht mehr von Ihrer Zeit in Anspruch nehmen als unbedingt notwendig.«

Ich zog den Behälter aus meiner Tasche und gab ihn ihr. Sie sah ihn an, schraubte den Deckel ab und ließ den Inhalt auf ein Papier auf ihrer Schreibunterlage gleiten.

»Das ist ein alter«, sagte sie und drehte den Schlauch mit einem Bleistift um. »Soweit ich weiß, wird das Modell seit Jahren nicht mehr hergestellt.«

»Was ist es?«

»Ein ventrikulo-peritonealer Shunt. Man implantiert ihn zur Behandlung des Hydrozephalus.«

»Hydrozephalus?« Ich kannte den Begriff, aber es überraschte mich, dass sie ihn nannte. Wie viel Unglück war diesem Kind denn noch widerfahren?

»Man nennt das allgemein ›Wasserkopf‹, aber das ist nicht ganz präzise, obwohl es eine wörtliche Übersetzung aus dem Griechischen ist, denn ›hydro‹ bedeutet ›Wasser‹ und ›cephalos‹ ›Kopf‹. In Kammern im Hirn, sogenannten Ventrikeln, wird permanent Gehirn-Rückenmarksflüssigkeit produziert. Normalerweise zirkuliert sie in den vier Ventrikeln und fließt über die Gehirnoberfläche und das Rückenmark entlang. Letztendlich wird diese Flüssigkeit in den Blutkreislauf absorbiert, und die Flüssigkeitsmenge und der Druck in den Ventrikeln bleiben innerhalb akzeptabler Grenzen. Aber wenn dieser Abfluss blockiert ist, sammelt die Flüssigkeit sich an, wodurch die Ventrikel anschwellen und Druck auf das sie umgebende Gewebe ausüben.«

»Ein Hydrozephalus resultiert also aus einem Ungleichgewicht zwischen der produzierten Menge an Gehirn-Rückenmarksflüssigkeit und der Abflussgeschwindigkeit aus den Ventrikeln.«

»Genau.«

»Die Flüssigkeitsmenge steigt, die Ventrikel vergrößern sich und erhöhen den Druck im Kopf.«

»Präzise ausgedrückt. Hydrozephalus kann erworben oder angeboren sein, was aber nicht heißen muss, dass er vererbt ist. Der Begriff bedeutet nur, dass der Zustand bei der Geburt bereits vorhanden war.«

»Ich habe den Shunt in einem normal aussehenden Schädel gefunden. Ist bei Hydrozephalus nicht ein vergrößerter Kopf die Folge?«

»Nur bei Kleinkindern, und nur wenn er unbehandelt bleibt. Wie Sie wissen, sind bei älteren Kindern und Erwachsenen die Schädelknochen bereits fertig ausgebildet.«

»Was sind die Ursachen?«

»Es gibt viele Gründe für einen ungenügenden Abfluss der Gehirn-Rückenmarksflüssigkeit. Eine Frühgeburt stellt ein hohes Risiko dar. Und die meisten Kinder mit Spaltwirbel, die sogenannte Spina bifida, haben einen Hydrozephalus.«

»Spina bifida entwickelt sich aus einem Defekt des Neuralrohrs?«

»Ja. Das Problem tritt in den ersten Wochen der Reifung auf, oft bevor die Frau weiß, dass sie schwanger ist. Das Neuralrohr, aus dem sich Gehirn und Rückenmark entwickeln, entwickelt sich nicht richtig, was zu unterschiedlichen Graden permanenter Schädigung führt.«

»Wie häufig ist das?«

»Eindeutig zu häufig. Schätzungen zufolge leidet eins von tausend der in den USA geborenen Babys an Spina bifida, und ungefähr eins von siebenhundertfünfzig der in Kanada geborenen.«

»Ich habe keine Wirbel gefunden und kann deshalb nicht sagen, ob meine junge Dame an Spina bifida litt.«

Russell nickte und fuhr dann mit ihrer Erklärung fort.

»Es gibt neben Spina bifida noch viele andere Ursachen für einen Hydrozephalus.« Sie zählte sie an den Fingern ab. »Er kann Folge einer Hirnblutung sein. Die Entzündungen und Ablagerungen in Folge einer Gehirninfektion, wie zum Beispiel Meningitis, können Abflusskanäle blockieren. Tumore können zu Kompression oder Anschwellen von Gehirngewebe und somit zu Abflussbehinderungen führen. Ebenso gewisse Arten von Zysten. Und der Hydrozephalus kann familiär bedingt sein.«

»Er ist also vererbbar?«

»Ja. Obwohl das sehr selten vorkommt.«

»Wo kommt nun dieser Shunt ins Spiel?«

»Es gibt keine Möglichkeit, einen Hydrozephalus zu heilen oder zu verhindern. In den letzten vierzig Jahren war die erfolgreichste Behandlungsmethode die Implantation eines Shunts. Der, den Sie mir gebracht haben, ist ein bisschen überholt, aber eigentlich ziemlich typisch.

Die meisten Shunts sind einfach nur flexible Schläuche, die in die Ventrikel implantiert werden, um die Flüssigkeit abzuleiten. Sie bestehen aus einem System von Schläuchen mit einem Ventil, das die Abflussrate kontrolliert und einen Rückfluss verhindert. Die frühen Shunts leiteten die angesammelte Gehirn-Rückenmarksflüssigkeit in eine Halsvene und dann ins rechte Atrium, den rechten Vorhof des Herzens. Diese nennt man ventrikulo-atriale Shunts oder VA-Shunts. Sie werden gelegentlich noch verwendet, aber es gibt Probleme mit ihnen, darunter Infektionen und selten auch Herzversagen auf Grund einer Blockade von Blutgefäßen in der Lunge durch Blutgerinnsel, die sich von der Katheterspitze des Shunts lösen. Die meisten modernen Shunts leiten die Flüssigkeit in die Bauchhöhle ab. Man nennt sie ventrikulo-peritoneale oder VP-Shunts.«

Sie deutete auf das Ding, das ich aus dem Schädel gezogen hatte.

»Das ist ein VP-Shunt. Beim lebenden Patienten hätten Sie ertasten können, wie der untere Teil des Schlauchs unter der Haut, die die Rippen überspannt, in die Bauchhöhle führt. Dieser Teil des Shunts fehlt.«

Ich wartete, dass sie fortfuhr.

»Die Bauchhöhle ist groß und kann normalerweise jede beliebige vom Shunt angelieferte Menge aufnehmen. Ein weiterer Vorteil einer Ableitung in den Bauch besteht darin, dass die Bewegungen der Verdauungsorgane die Katheterspitze bewegen. Diese Bewegung verhindert eine Blockade oder Einbettung in Narbengewebe.«

»Wann werden diese Dinger implantiert?«

»Sobald der Hydrozephalus diagnostiziert wurde. In der Bauchhöhle eines Neugeborenen können über neunzig Zentimeter Schlauch verlegt werden. Wächst das Kind, rollt der Schlauch sich auf und passt sich so der veränderten Körperlänge an.«

»Ich habe im Schädel ein kleines Loch gefunden, in der Nähe der Nahtstelle zwischen Scheitel- und Schläfenbein.«

»Das ist ein Bohrloch. Es wird bei der Operation gebohrt, um das obere Ende des Shunts ins Gehirn einzuführen. Sie werden normalerweise hinter den Haaransatz gelegt, entweder oben an der Stirn oder hinter dem Ohr oder am Hinterkopf.«

Dr. Russells Blick huschte zu einer runden Metalluhr auf ihrem Schreibtisch und dann wieder zu mir. Ich hätte gern noch erfahren, welche Schwierigkeiten durch einen Wasserkopf verursacht werden konnten, aber ich wusste, dass die Zeit der Frau beschränkt war. Das würde ich schon selbst recherchieren müssen.

Ich nahm meine Jacke, und sie steckte den Shunt wieder in das Gefäß. Wir standen gleichzeitig auf, und ich dankte ihr für ihre Hilfe.

»Haben Sie eine Ahnung, wer die junge Dame ist?«, fragte sie.

»Noch nicht.«

»Soll ich Ihnen ein wenig Lektüre über den Hydrozephalus zuschicken? Es gibt gewisse Probleme im Zusammenhang mit dieser Krankheit, die Ihnen vielleicht weiterhelfen.«

»Ja, das wäre sehr nett. Vielen Dank.«

12

ICH VERLIESS DAS NEURO und fuhr direkt zur Carcajou-Zentrale, wo die zweite von Roys Hintergrundsitzungen stattfand. Das Treffen hatte bereits angefangen, und ich schlüpfte auf einen der hinteren Stühle, während mein Hirn noch immer verarbeitete, was ich von Carolyn Russell erfahren hatte. Unser Gespräch hatte so viele Fragen aufgeworfen wie beantwortet.

Inwiefern hatte der Hydrozephalus mein unbekanntes Mädchen beeinträchtigt? War sie kränklich gewesen? Behindert? Geistig zurückgeblieben? Wie konnte ein junges Mädchen in diesem Zustand in einem Grab auf dem Gelände eines Biker-Clubs enden? War sie eine freiwillige Teilnehmerin oder noch eine Unschuldige wie Emily Anne Toussaint?

Diesmal benutzte Roy Transparentfolien, und eine strukturierte Auflistung füllte die Leinwand. Ich zwang mich zur Aufmerksamkeit.

»Outlaw-Motorradclubs charakterisieren sich durch eine Reihe gemeinsamer Merkmale. Die meisten OMCs sind nach dem Vorbild der Hells Angels organisiert. Wir werden darauf noch einmal zurückkommen und uns diese Struktur im Detail anschauen.«

Er deutete auf den zweiten Punkt.

»Alle Clubs gehen bei der Auswahl ihrer Mitglieder sehr selektiv vor, und Aufnahmewillige, sogenannte ›Prospects‹ oder ›Strikers‹, müssen erst beweisen, dass sie der Farben des Clubs würdig sind.«

Er bewegte sich auf der Liste nach unten.

»Die Farben, das heißt der Aufnäher des Clubs, sind der wertvollste Besitz eines Mitglieds. Doch nicht jeder trägt die Farben. Personen, die der Bande nützlich sein können, dürfen als sogenannte Assoziierte agieren, ohne Mitglied zu sein.

Das Hauptaugenmerk eines OMC sind kriminelle Aktivitäten. Jeder Club hat Regeln, die Gewalt zur Förderung der Interessen des Clubs oder seiner Mitglieder gutheißen. Informationssammlung wird sehr intensiv betrieben, darunter auch die Überwachung anderer Banden oder der Strafverfolgungsbehörden.«

Roy deutete mit seinem Stift auf den letzten Punkt der Liste.

»Das Clubhaus, das oft stark befestigt und mit hoch moderner Ausrüstung versehen ist, ist der Treffpunkt für Clubaktivitäten.«

Ich dachte an das Haus der Vipers in St. Basile und fragte mich, an welchen Aktivitäten wohl ein sechzehnjähriges Mädchen mit einem Wasserkopf teilgenommen hatte.

Roy zog die eine Folie von dem Projektor und legte eine andere auf, diesmal ein Baumdiagramm mit der Überschrift: »Politische Struktur eines OMC: National«.

Am unteren Ende beginnend, erklärte Roy die Hierarchie.

»Die Basis eines OMC ist die Ortsgruppe. Ein unabhängiger Outlaw-Motorradclub wird Teil einer größeren Organisation, wie etwa der Hells Angels, erst nachdem dessen Satzung von der landesweiten Mitgliederschaft per Abstimmung gutgeheißen wurde. Dies ist ein langwieriger Prozess, auf den wir später noch eingehen, wenn wir die Zeit dazu haben.

Jede Ortsgruppe operiert in einem bestimmten Gebiet und behält ein gewisses Maß an Autonomie, muss sich aber an die Regeln halten, die von der Organisation festgelegt wurden. Diese Regeln, entweder in Form von ergänzenden Statuten oder einer Satzung, definieren die Rechte und Pflichten der Bande und ihrer Mitglieder.«

Roy legte eine neue Folie auf den Projektor. Dieses Diagramm trug den Titel »Politische Struktur eines OMC: Ortsgruppe«.

»Jede Ortsgruppe hat ihr eigenes Kontrollgremium, das von den Mitgliedern gewählt wird. Normalerweise gibt es einen Präsidenten, einen Vizepräsidenten, einen Schatzmeister und einen Spieß. Ein Spieß ist derjenige, der für die Aufrechterhaltung der Ordnung im Inneren und des Friedens außerhalb der Gruppe verantwortlich ist.«

»Schätze, dass keiner unserer Trottel vor Ort auf der Vorschlagsliste für den diesjährigen Nobelpreis steht.« Kuricek war in Hochform.

Roy brachte das aufkeimende Lachen mit einer Handbewegung zum Verstummen.

»Es gibt auch einen sogenannten ›Road Captain‹, einen gewählten Funktionär, der für die Rallyes verantwortlich ist. Und dann natürlich die einfachen Mitglieder –«

»Und das meint er wörtlich.« Kuricek tippte sich an die Stirn.

»– die ein Mitspracherecht in Dingen haben, die die Gruppe angehen, aber letztendlich trifft der Präsident die Entscheidungen. Einige der größeren Clubs haben darüber hinaus einen Sicherheitsoffizier, der die Pflicht hat, die Informationen über rivalisierende Banden, Reporter, Anwälte, Richter, Beamte, Zeugen und natürlich über uns hier auf dem neuesten Stand zu halten.« Roy beschrieb einen Kreis durchs Zimmer.

»Was für Informationen?«

»Persönliche, finanzielle, Familienangehörige, Freundinnen und Freunde, Telefonnummern, Geburtsdaten, Adressen, Fahrzeugbeschreibungen, Kennzeichen, Arbeitsplatz, Lebensgewohnheiten, diese Jungs beschaffen sich alles. Ihre Fotosammlung lässt die *National Portrait Gallery* ziemlich dürftig aussehen. Falls sie jemanden ermorden wollen, enthält das Dossier zusätzlich Vorschläge zu den besten Plätzen für den Anschlag.«

»*Merde!*«

»*Esti!*«

Roy deutete mit seinem Stift auf drei Kästchen in der zweituntersten Reihe des Diagramms.

»Ganz unten in der Hierarchie einer Ortsgruppe stehen die ›Prospects‹, die Assoziierten, die nur im Umkreis des Clubs herumhängen dürfen, und die Frauen.«

Roy deutete auf das Kästchen mit der Beschriftung »Mitglieder auf Probe«.

»Die ›Prospects‹ oder ›Strikers‹ müssen von einem Vollmitglied vorgeschlagen werden. Sie erledigen die Drecksarbeit auf dem Clubgelände und bei Rallyes. Diese Aufnahmekandidaten haben kein Stimmrecht und dürfen nicht in die Kirche gehen.«

»Kirche?« An diesem Tag trug der Ermittler mit dem Pferdeschwanz einen silbernen Totenkopf im Ohr.

»Das obligatorische wöchentliche Ortsgruppentreffen.«

»Wie lange dauert es, bis man aufgenommen wird?«

»Die Probezeit beträgt zwischen sechs Monaten und einem Jahr. Man erkennt diese Jungs, weil sie nur den unteren Teil des Clubemblems tragen dürfen.«

»Auf dem der Bezirk der Ortsgruppe steht.« Pferdeschwanz.

»*C'est ça.* In den Handbüchern, die ich Ihnen gegeben habe, gibt es mehrere Seiten über Clubembleme. Einige sind wahre Kunstwerke.«

Roys Stift bewegte sich zu dem Kästchen mit der Aufschrift »Assoziierte«.

»Auch einer, der nur im Umkreis des Clubs herumhängen darf, muss die Unterstützung eines Vollmitglieds haben. Einige dieser Assoziierten werden Aufnahmekandidaten, andere schaffen das nie. Diese Randfiguren erledigen alle niederen Arbeiten, und sie fungieren als eine Art Bindeglied des Clubs zur Bevölkerung. Von allen Clubangelegenheiten sind sie ausgeschlossen.«

An dem Kästchen ganz rechts außen mit der Beschriftung »Weibliche Assoziierte« hingen noch zwei weitere Kästchen.

»Frauen sind das allerunterste Glied in der Hierarchie und unterteilen sich in zwei Kategorien. Die ›Alten Damen‹ sind die

Frauen von Vollmitgliedern, entweder nach dem Gewohnheitsrecht oder wirklich offiziell, und sind für alle anderen Mitglieder tabu, außer nach Einladung. Die Club-›Mamas‹ oder -›Schafe‹ sind eine ganz andere Geschichte. Wie soll ich es ausdrücken?« Er hob Augenbrauen und Schultern. »Sie verkehren frei.«

»Warmherzige Damen.« Kuricek.

»Sehr. Mamas sind Freiwild für jedes Farben tragende Mitglied. Die Alten Damen genießen zwar einen gewissen Schutz, aber es darf auch kein Zweifel daran bestehen, dass die OMCs männlich dominiert und höchst chauvinistisch sind. Frauen werden gekauft, verkauft und getauscht wie Motorräder.«

»Die Vorstellung eines Bikers von der Befreiung der Frau erschöpft sich darin, ihr die Handschellen abzunehmen, nachdem er mit ihr fertig ist. Vielleicht.« Kuricek.

»Das kommt ziemlich hin. Frauen werden eindeutig benutzt und missbraucht.«

»Wie benutzt?«, fragte ich.

»Abgesehen vom Sex gibt es etwas, das man Einkommensteilung nennen könnte. Sie zwingen Frauen zum Animieren und Tanzen in Bars, zum Drogenverkauf auf der Straße und in die Prostitution und schieben einen Teil dessen ein, was sie nach Hause bringen. Eine Nutte aus Halifax hat behauptet, sie habe vierzig Prozent ihrer Einnahmen an den Hells Angel abgeben müssen, der für sie den Luden spielte.«

»Wie finden sie diese Frauen?« Ich spürte einen Knoten im Magen.

»Auf die übliche Tour. Aufrisse in Bars, Anhalterinnen und Ausreißerinnen.«

Ich sah einen Schädel und einen Shunt vor mir.

»Erstaunlicherweise herrscht nie Mangel«, fuhr Roy fort. »Aber verstehen Sie mich nicht falsch. Zwar werden viele gequält und gegen ihren Willen festgehalten, es gibt aber auch eine ganze Anzahl von Damen, die sich gern und freiwillig auf diesen Lebensstil einlassen. Machos, Drogen, Alkohol, Waffen, Sex mit vielen Partnern. Es ist eine wilde Fahrt, und sie steigen gerne ein.

Die Frauen erweisen sich auch nützlich auf Arten, die nicht strikt sexuell oder ökonomisch sind. Oft sind es die Damen, die versteckt Waffen oder Drogen transportieren, und falls es zu einer Razzia kommt, sind sie Meister darin, Belastungsmaterial verschwinden zu lassen. Einige erweisen sich auch als sehr effektive Spione. Sie arbeiten bei Behörden, Telefongesellschaften, Archiven, überall, wo sie Zugang zu nützlichen Informationen haben. Einige der Alten Damen lassen Waffen oder Grundstücke auf ihren Namen eintragen, entweder weil es ihrem Partner verboten ist oder um seinen Besitz vor dem Zugriff des Staates zu bewahren.«

Roy sah auf die Uhr.

»An diesem Punkt möchte ich für heute Schluss machen. Einige sind eben erst von der CUM zu uns gestoßen, es kann also sein, dass wir noch eine von diesen Sitzungen abhalten.«

CUM. *Communauté Urbaine de Montréal Police*. Ich fragte mich, warum Claudel an diesem Treffen nicht teilgenommen hatte.

Während ich zum Labor fuhr, waren meine Gedanken wieder bei dem Teenager aus St. Basile und Carolyn Russells Erläuterungen. Konnte das Mädchen ein Opfer dieses Biker-Wahnsinns geworden sein? Irgendetwas an ihr ließ mir keine Ruhe, und wieder einmal versuchte ich zusammenzusetzen, was ich über sie wusste.

Das Mädchen war als Teenager gestorben, also kein Kind mehr, aber auch noch keine Frau. Ihre Knochen verrieten nichts darüber, wie sie gelebt hatte. Der Wasserkopf konnte vielleicht helfen, sie zu identifizieren.

Das gut verheilte Bohrloch deutete darauf hin, dass die Implantation des Shunts schon länger zurücklag. Hasste sie dieses Implantat? Lag sie nachts im Bett und tastete den Schlauch ab, der unter ihrer Haut verlief? Litt sie unter anderen körperlichen Problemen? Quälten ihre Altersgenossen sie? War sie eine gute Schülerin? Eine Aussteigerin? Würden wir medizinische Unterlagen eines vermissten Mädchens aufspüren, die uns bei der Identifikation dieses Schädels helfen würden?

Im Gegensatz zu vielen anderen namenlosen Toten hatte ich bei ihr kein Gefühl dafür, wer sie war. Das Mädchen. So nannte ich sie inzwischen in meinen Gedanken. Das Mädchen in der Vipers-Grube.

Und warum hatte man sie auf dem Clubgelände begraben? Stand ihr Tod in Verbindung mit den Morden an Gately und Martineau, oder war sie nur eins der vielen Opfer in der grausigen Tradition der Biker-Gewalt gegen Frauen? Hatte man ihr Leben mit Vorbedacht beendet, oder war sie nur zur falschen Zeit am falschen Ort gewesen, wie die kleine Emily Anne Toussaint?

Während ich mich durch den Stoßverkehr schlängelte, spürte ich wieder Schmerz und Wut. Schmerz über ein nur zum Teil gelebtes Leben, Wut über die Gefühllosigkeit derer, die es genommen hatten.

Und ich dachte an Andrew Ryan mit seinen himmelblauen Augen und ihrer brennenden Intensität. Schon sein Geruch hatte mich einmal glücklich gemacht. Wie hatte ich nur seine andere Seite übersehen können, sein Doppelleben? Konnte es wirklich so sein? Mein Verstand sagte mir, ja. Bertrand schwor, dass es stimmte. Warum weigerte sich mein Herz, es zu glauben?

Meine Gedanken bewegten sich in nutzlosen Kreisen. Mein Nacken tat mir weh, und ich spürte ein Zucken im linken Auge.

Ich bog auf die Parthenais ein und fuhr in eine Parklücke. Dann lehnte ich mich zurück und zwang mich zum Abschalten. Ich brauchte eine Ruhepause.

Ich würde Claudel berichten, was ich erfahren hatte, und dann würde es für mich das ganze Wochenende lang keine Knochen und keinen Gedanken an Ryan geben. Ich würde nichts Ernsthafteres tun, als Roys Biker-Broschüre durchzublättern. Ich würde lesen, einkaufen und zu Isabelles Party gehen. Aber gleich am Montag würde ich einen zweiten Schwur ablegen. Ich würde weiter nach Emily Annes Mörder suchen, und ich würde außerdem einen Namen für das Mädchen in der Vipers-Grube finden.

13

ALS ICH NACH HAUSE KAM, war es schon nach sieben.

Im Labor hatte ich die Knochen und den Shunt verstaut und dann Claudel angerufen, um ihm zu berichten, was ich von Russell erfahren hatte. Wir beschlossen, dass ich alle Fälle der letzten zwanzig Jahre, in denen es um unvollständige Skelette ging, recherchieren sollte. Er würde mit seiner Liste der vermissten Mädchen weitermachen. Wenn keiner von uns bis Montag etwas fand, wollten wir den Fall in den CPIC-Computer eingeben. Und wenn auch das nichts brachte, würden wir in das amerikanische NCIC-System gehen.

Das klang wie ein Plan.

Nachdem ich mich umgezogen und kurz mit Birdie gesprochen hatte, ging ich zur McKay, stieg hinauf in das Fitness-Studio im obersten Stock und trainierte eine Stunde lang. Danach kaufte ich bei einem Metzger ein Grillhähnchen und besorgte mir einen Vorrat an Obst und Gemüse.

Zu Hause stellte ich grüne Bohnen in die Mikrowelle, teilte das Hähnchen und stellte die Hälfte für mein Mittagessen am Sonntag in den Kühlschrank. Dann holte ich meine Flasche Maurice's Piggy Park Grillsoße aus dem Schrank.

Montreal ist ein wahres Schlemmerparadies, einige der besten Restaurants der Welt sind hier zu Hause. Chinesische. Deutsche. Thailändische. Mexikanische. Libanesische. Ob man Fast Food will oder ein abendfüllendes Gourmetmenü, in kulinarischer Hinsicht ist die Stadt unerreicht. Ihr einziger Schwachpunkt liegt in der Kunst des Grillens.

Was in Quebec als Grillsoße durchgeht, ist eine braune Pampe, die so geschmack- und geruchlos ist wie Kohlenmonoxid. Wer geduldig sucht, findet vielleicht die mexikanische Art auf Tomatenbasis, aber die Essig- und Senfmixtur der östlichen Carolinas ist eine Delikatesse, die ich importieren muss. Montrealer Freunde, die die goldgelbe Mixtur sehen, sind skeptisch. Doch kaum haben sie probiert, sind sie begeistert.

Ich goss Maurice's Soße in eine Schüssel und aß vor dem Fernseher. Um neun lief das Wochenende noch sehr gut. Die schwierigste Entscheidung betraf die Auswahl der Sportart im Fernsehen. Obwohl die Cubs gegen die Braves spielten, gab ich den NBA-Playoffs den Vorzug und feuerte die Hornets zu einem 102-zu-87-Sieg über die Knicks an.

Bird war hin- und hergerissen. Zwar zog ihn der Geruch des Hähnchens an, doch meine lautstarken Ausbrüche und meine fuchtelnden Arme schreckten ihn ab. So kauerte er, den Kopf auf die Pfoten gelegt, in der anderen Ecke des Zimmers und riss die Augen auf, sooft ich schrie. Um elf folgte er mir ins Bett, wo er sich zweimal um die eigene Achse drehte, bevor er sich in meine Kniekehlen kuschelte. Binnen Minuten waren wir beide eingeschlafen.

Das Klingeln der Türglocke weckte mich. Trällern wäre korrekter. Wenn ein Besucher auf den Knopf drückt, um eingelassen zu werden, zwitschert es bei mir wie ein Spatz mit Schluckauf.

Das Rollo vor dem Fenster war hellgrau, mein Digitalwecker zeigte acht Uhr fünfzehn. Bird drückte sich nicht mehr an meine Beine. Ich warf die Bettdecke zurück und griff zu meinem Bademantel.

Als ich in die Diele taumelte, begrüßte mich ein riesiges grünes Auge. Ich fuhr mir mit den Händen an die Brust und wich unwillkürlich einen Schritt vom Kontrollmonitor zurück.

Trillliiie.

Das Auge verschwand, der Kopf meines Neffen trat an seine Stelle. Er schnitt eine Grimasse in die Kamera, legte den Kopf von einer Seite zur anderen und zog sich den Mund mit den Fingern auseinander.

Ich drückte auf den Knopf, um ihn einzulassen. Birdie strich um meine Beine und schaute mit runden gelben Augen zu mir hoch.

»Frag mich nicht, Bird.«

Mit einem Matchbeutel in der einen Hand, einer braunen Papiertüte in der andern und einem Rucksack auf jeder Schulter kam Kit um die Ecke. Er trug eine vielfarbige Strickmütze, die ihm in Guatemala sicher viele Freunde eingebracht hätte.

»Tante T«, dröhnte er mit seinem flegelhaften Texas-Näseln.
»Pscht.« Ich hielt den Zeigefinger an die Lippen. »Es ist Samstagmorgen.«
Ich trat einen Schritt zurück und hielt ihm die Tür auf. Als er an mir vorbeiging, konnte ich Rauch und Moder und etwas wie Pilze oder Moos riechen.
Er warf den Matchbeutel und die Rucksäcke zu Boden und drückte mich. Als er mich wieder losließ und seine Mütze abnahm, sahen seine Haare aus wie die von Edward mit den Scherenhänden.
»Tolle Frisur, Tante.«
»Du musst ja grad reden«, sagte ich und steckte mir die losen Strähnen hinters Ohr.
Er hielt mir die Papiertüte hin.
»Eine kleine Aufmerksamkeit aus den Wassern von Vermont.« Dann entdeckte er Birdie. »Hey, Bird. Wie geht's meinem Kumpel?«
Die Katze rannte aufs Schlafzimmer zu.
Ich spähte in den leeren Gang.
»Ist Howard bei dir?«
»Nee. Ist gleich Richtung Süden weitergedüst.«
»Ach so?« Als ich die Tür schloss, regte sich in mir eine ungute Vorahnung.
»Jawoll. Musste wieder zu seinem Öl zurück. Aber ich möchte 'ne Weile hier bleiben, wenn's dir nichts ausmacht.«
»Klar, Kit. Toll.« Eine Weile? Ich betrachtete die Menge an Gepäck und dachte an den letzten Besuch seiner Mutter. Meine Schwester Harry war wegen eines fünftägigen Seminars gekommen, dann aber wochenlang geblieben.
»Aber jetzt bin ich fix und fertig. Ist es okay, wenn ich kurz dusche und mich dann für ein paar Stunden hinhaue? Wir haben die Zelte abgebrochen, bevor die Sonne überhaupt ans Aufgehen dachte.«
»Schlaf, solange du willst. Und dann musst du mir von eurem Ausflug erzählen.« Und baden solltest du auch, dachte ich.
Ich legte Handtücher heraus und zeigte ihm das Gästezimmer.

Dann zog ich mir Jeans und ein Sweatshirt an und ging zur Tankstelle an der Ecke, um mir eine *Gazette* zu kaufen. Als ich zurückkam, lagen die Handtücher auf dem Badezimmerboden, und die Tür zum Gästezimmer war geschlossen.

Ich ging in die Küche und schnupperte an Kits Tüte. Eindeutig Fisch. Ich steckte das Ganze in eine Plastiktüte und legte es in den Kühlschrank, wo es weiterer Anweisungen harren konnte. Dann machte ich Kaffee und setzte mich mit der Zeitung an den Esszimmertisch.

Von da an lief das Wochenende verkehrt.

Blutzoll erreicht 120:
Leichen von zwei weiteren Bikern identifiziert.

Der Artikel stand auf der dritten Seite. Ein gewisses Maß an Berichterstattung hatte ich erwartet. Was ich nicht erwartet hatte, war das Foto. Das Bild war körnig und aus der Entfernung mit einem starken Teleobjektiv aufgenommen, aber die Dargestellte war erkennbar.

Ich kniete mit einem Schädel in der Hand neben einem Grab. Wie gewöhnlich identifizierte mich die Bildunterschrift als »... eine amerikanische forensische Anthropologin, die für das *Laboratoire de Sciences Judiciaires et de Médecine Légale* arbeitet«.

Das Foto war so unscharf, dass ich mir nicht sicher war, ob es auf dem Clubgelände der Vipers aufgenommen worden oder ein Archivfoto von einer anderen Ausgrabungsstätte war. Mein Aussehen und meine Ausrüstung unterscheiden sich von einer Ausgrabung zur anderen nur wenig, und in der Aufnahme war nichts zu erkennen, das auf einen spezifischen Ort hingedeutet hätte.

Der Artikel wurde begleitet von drei weiteren Bildern: die üblichen Polizeifotos der Opfer und eine Aufnahme des Eingangs zum Clubhaus der Vipers. Er beschrieb die Exhumierung von Gately und Martineau und erzählte die Geschichte ihres Verschwindens. Dann gab es eine kurze Rekapitulation des Biker-Kriegs und eine Erklärung für die revidierte Opferzahl.

Okay. Diese Fakten konnten durchaus aus einer offiziellen Verlautbarung stammen. Doch was folgte, schockierte mich.

Der Artikel ließ sich nun über ein mysteriöses drittes Opfer aus und beschrieb sehr präzise die unvollständigen Überreste, die wir in der dritten Grube gefunden hatten. Er schloss mit der Feststellung, dass die Identität der jungen Frau bis dato ein Geheimnis bleibe.

Wie zum Teufel hatten sie das erfahren?

Ich spürte Zorn in mir aufsteigen. Bin ich schon im Allgemeinen kein besonderer Freund medialer Aufmerksamkeit, so ist sie mir besonders unangenehm, wenn sie einen meiner Fälle zu beeinträchtigen droht. Wer konnte diese Informationen preisgegeben haben?

Ich atmete einmal tief durch und stand auf, um meinen Kaffee aufzuwärmen.

Okay. Irgendjemand hatte etwas durchsickern lassen. Na und?

So was kam schon mal vor.

Ich stellte die Tasse in die Mikrowelle und schaltete sie ein.

Stimmt. Aber wird es dem Fall schaden?

Es piepte, und ich holte die Tasse heraus.

Nein. Es konnte sogar sein, dass uns der Artikel einen nützlichen Hinweis einbrachte. Vielleicht meldete sich jemand, der einen Namen wusste.

Es war also nichts passiert. Aber war es eine offizielle Entscheidung gewesen, diese Information zu veröffentlichen? Wahrscheinlich nicht, denn sonst hätte ich davon erfahren.

Irgendjemand hatte mit der Presse geredet, und das war untragbar. Wer wusste von den Knochen des Mädchens? Quickwater? Claudel? Einer von der Spurensicherung? Ein Labortechniker? Dr. Russell?

Du wirst es an diesem Wochenende kaum herausfinden.

Stimmt auch wieder.

Ich nahm mir vor, mich erst am Montag mit der Frage wieder zu beschäftigen, und kehrte zu meinen Wochenendplänen zurück. Lesen. Einkaufen. Isabelles Party.

Kit.
O Mann.
Ich ging zum Telefon und wählte Isabelles Nummer.
»*Bonjour.*«
»Isabelle, ich bin's.«
»Tempe, denk nicht mal dran, mir abzusagen.« Im Hintergrund konnte ich *Le sacre du printemps* hören und wusste, dass sie kochte. Isabelle kochte immer zu Strawinsky.
»Na ja, es hat sich da was ergeben –«
»Das Einzige, was dich für heute Abend entschuldigen würde, wäre ein tödlicher Sturz aus einem Hochhaus. Und zwar deiner.«
»Mein Neffe ist heute Morgen aufgetaucht, und er wird eine Weile bei mir bleiben.«
»*Oui?*«
»Ich möchte ihn an seinem ersten Abend nicht gern allein lassen.«
»Aber natürlich nicht. Du bringst deinen Neffen heute Abend mit.«
»Er ist neunzehn.«
»*Extraordinaire.* Ich glaube, ich war auch mal so alt. Muss in den Sechzigern gewesen sein. Ich musste durch die Sechziger durch, um in die Siebziger zu kommen. Soweit ich noch weiß, habe ich LSD genommen und eine Menge übler Klamotten getragen. Ich erwarte dich und diesen jungen Mann um halb acht.«
Ich stimmte zu und legte auf.
Gut. Jetzt musste ich nur noch meinen Neffen dazu überreden, seinen Samstagabend bei Lammkoteletts und Schnecken mit einem Haufen quasselnder Senioren zu verbringen.
Wie sich zeigte, war das kein Problem. Gegen viertel nach drei tauchte Kit wieder auf, mit verstrubbelten Haaren und einem Bärenhunger. Er aß das Hühnchen vom Vortag auf und fragte mich, ob er seine Wäsche waschen könne. Als ich das Abendessen erwähnte, stimmte er bereitwillig zu.
Ich notierte mir, Harry anzurufen. Ausgehend von den Teenagerjahren meiner Tochter Katy, hätte ich von Kit alles andere als

höfliche Gesellschaft erwartet. Aber Kit war ein Fremder in der Stadt und wusste vielleicht einfach nicht, wo er »herumhängen« konnte.

In den nächsten paar Stunden beendete ich ein Empfehlungsschreiben für einen Studenten, putzte mein Schlafzimmer und erklärte meinem Neffen das Verhältnis zwischen Waschmitteln und Gewebearten. Gegen sechs fuhr ich zu Le Faubourg, um eine Flasche Wein und einen kleinen Blumenstrauß zu kaufen.

Isabelle wohnt auf der Île-de-Sœurs, einem schmalen Landstreifen im St. Lawrence, der über Generationen hinweg den Zisterzienser-Nonnen gehörte, seit einiger Zeit aber von Yuppies kolonisiert wird. Entstanden ist ein typisches »Mischnutzungs«-Viertel, in dem Eigentumswohnanlagen, Reihenhäuser und frei stehende Anwesen sowie hoch aufragende Wohnblocks mit Tennisclubs, Einkaufsstraßen, Radwegen und gepflegten Grünflächen eine harmonische Einheit bilden. Die Insel ist mit dem Südufer durch die Champlain Bridge verbunden und mit Montreal durch zwei kleinere Brücken.

Isabelles Eigentumswohnung befindet sich im obersten Stock eines Doppelblocks an der nördlichsten Spitze der Insel. Nach dem Scheitern ihrer dritten Ehe hatte sie die Scheidungspapiere unterschrieben und ihr Haus mit der gesamten Einrichtung verkauft, um auf der Île-des-Sœurs einen völligen Neuanfang zu wagen. Die einzige Habe, die sie mitgebracht hatte, waren ihre hoch geschätzten CDs und ihre Fotoalben.

Weil ihre Einrichtung zu ihrer neuen »Was soll's«-Lebenshaltung passen sollte, hatte sie sich für ein Safari-Thema entschieden. Ihr Innenarchitekt hatte Naturfaserstoffe, die aussahen, als hätten sie das Gütesiegel des World Wildlife Fund, mit künstlichen Leoparden- und Tigerfellen gemischt. An den Wänden hingen Tierdrucke, und auf dem Couchtisch, einer Glasplatte auf Füßen, die an die eines Elefanten erinnerten, stand eine Sammlung afrikanischer Schnitzereien. Das Doppelbett in ihrem Schlafzimmer war mit einem Baldachin aus Moskitonetz verhüllt.

Kit war begeistert, oder zumindest tat er so. Während Isabelle uns durch ihre Wohnung führte, stellte er Frage um Frage nach der Herkunft jedes Stücks. Ich war mir nicht sicher, wie echt sein Interesse war, freute mich aber über seine höfliche Aufgeschlossenheit.

Was mich faszinierte, war nicht die Einrichtung, sondern der Ausblick. Ein Gast wurde noch erwartet, und als Kit und ich unsere Drinks erhalten und die anderen Gäste kennen gelernt hatten, trat ich hinaus auf den Balkon, um diesen Blick zu genießen.

Es regnete leicht, und am anderen Ufer funkelte die Skyline in jeder denkbaren Farbe. Der Berg thronte massiv und schwarz über den Häusern von Centre-ville. Hoch oben an seiner Flanke konnte ich die Lichter des Kreuzes erkennen.

Das Geräusch der Türglocke war zu hören, und dann rief Isabelle meinen Namen. Ich sah mich noch einmal um und ging hinein.

Der letzte Gast war angekommen und gab Isabelle eben seinen Trenchcoat. Als ich sein Gesicht sah, blieb mir vor Überraschung der Mund offen stehen.

14

»*VOUS!*«

Es war nicht gerade meine gewandteste Gesprächseröffnung. Ich warf Isabelle einen Blick zu, der »Warte bis später« heißen sollte, doch sie ignorierte ihn.

»*Oui.* Bist du überrascht, Tempe?«, fragte sie mit strahlendem Lächeln. »Ich habe doch gesagt, dass ihr euch schon mal getroffen habt. Jetzt will ich euch einander offiziell vorstellen.«

Der Journalist streckte die Hand aus. Diesmal hielt er kein Mikrofon, und er blickte freundlich und nicht mehr so verblüfft und überrascht wie bei unserer Begegnung vor dem Clubhaus der Vipers.

»Tempe, das ist Lyle Crease. Ich bin mir sicher, du kennst ihn aus dem Fernsehen.«

Jetzt wusste ich, woher mir sein Gesicht bekannt vorkam. Er war Enthüllungsjournalist bei CTV.

»Und Lyle, ich weiß, dass ich dir Dr. Brennans Namen nicht zu sagen brauche. Wir nennen sie Tempe. Mit einem langen ›e‹ am Ende. Manche Leute haben damit gewisse Schwierigkeiten.«

Als ich Crease die Hand gab, beugte er sich zu mir und küsste mich zuerst auf die rechte Wange, dann auf die linke, wie es in Quebec üblich ist. Ich trat einen Schritt zurück und murmelte etwas, von dem ich hoffte, dass er es als kühl, aber höflich interpretieren würde.

Isabelle stellte Crease den anderen vor, und er gab den Männern die Hand und küsste die Damen. Dann hob sie ihr Champagnerglas in Kits Richtung.

»Ich denke, zu Ehren dieses attraktiven jungen Texaners sollten wir alle heute Abend Englisch sprechen.«

Gläser wurden erhoben, und alle stimmten ihr zu. Kit machte ein sehr erleichtertes Gesicht.

»Kann ich dir in der Küche helfen?«, fragte ich in frostigem Englisch, weil ich mit Isabelle allein sein wollte, um ihr meine Meinung zu sagen.

»Nein, nein. Alles ist fertig. Bitte kommt alle zu Tisch. Neben den Gedecken stehen kleine Karten.«

Scheiße.

Isabelle verschwand in der Küche, während die Gäste sich um den Tisch versammelten, um zu sehen, wer wo saß. Wie ich befürchtet hatte, saß ich neben Crease. Kit saß zu meiner Rechten.

Insgesamt waren es sieben Leute. Ein schon etwas älterer Schauspieler saß rechts neben Kit. Ich hatte ihn schon bei einer früheren Gelegenheit getroffen, konnte mich aber nicht an seinen Namen erinnern und hatte ihn nicht verstanden, als wir einander vorgestellt wurden. Die beiden anderen Gäste kannte ich nicht. Es stellte sich heraus, dass sie ein Ehepaar waren, sie eine Antiquitätenhändlerin, er ein Filmproduzent.

Wir übten uns im Small Talk, während Isabelle die Teller aus der Küche brachte. Der Schauspieler hatte eben eine Spielzeit als Polonius in einer französischen Aufführung von *Hamlet* am Théâtre du Rideau Vert hinter sich. Crease erzählte von seiner letzten Reportage. Es ging um einen sechzehnjährigen Hacker, der in ein Netzwerk der U.S. Army eingedrungen war und dann die RCMP angerufen hatte, weil er gefasst werden wollte.

»Der Junge wollte einfach nur Anerkennung«, sagte der Schauspieler.

»Er hätte es auch mit Football probieren können«, bemerkte mein Neffe.

Nicht schlecht, Kit.

»Und was treibt ihr beiden in letzter Zeit?«, fragte Isabelle das Paar, während sie um den Tisch herumging und Wein eingoss.

Als sie zu Kit kam, hielt sie inne und sah mich an. Ich nickte. Was sollte es? In Quebec war er alt genug, um zu trinken, und ich fuhr. Kit akzeptierte begeistert.

Der Produzent hieß Claude-Henri Brault. Er war gerade von dreimonatigen Dreharbeiten in Irland zurückgekehrt. Seine Frau, Marie-Claire, besaß einen Laden in der Altstadt und hatte in dieser Zeit Antiquitäten in der Provence eingekauft. Sie erzählte ausführlich vom Königreich von Arles, der Angevin-Dynastie und von mindestens einem Dutzend Louis', wobei sie sich darüber ausließ, wie jeder von ihnen den Möbelstil verändert hatte. Zwischen zwei Bissen Kalbfleisch warf ich Lyle Crease verstohlene Blicke zu. Seine Haare und seine Zähne waren makellos und seine Bügelfalten so scharf wie bei unserer letzten Begegnung. Die einzige Unvollkommenheit, die ich entdeckte, waren ein paar Schuppen auf seinem Kragen.

Und Lyle war ein guter Zuhörer. Er nahm den Blick nicht von Marie-Claire und nickte in regelmäßigen Abständen, als wären Stoffmuster und Schrankformen die einzigen Dinge, die im Augenblick von Bedeutung waren.

Als Marie-Claire eine Atempause machte, ergriff Isabelle das Wort und dirigierte das Gespräch geschickt wie ein Fluglotse mit mehreren Maschinen auf dem Bildschirm in eine andere Richtung. Ich musste ihre Gewandtheit bewundern, die Richtung, die sie sich ausgesucht hatte, gefiel mir jedoch nicht.

»Tempe arbeitet gerade an diesen entsetzlichen Bandenmorden. Kannst du uns etwas darüber erzählen?«

»Die Biker?«, fragte Claude-Henri.

»Ja.« Am liebsten hätte ich Isabelle einen vernichtenden Blick zugeworfen, sah aber ein, dass das unhöflich gewesen wäre. Ich hätte sie auch gerne erwürgt, aber das wäre noch unhöflicher gewesen.

»Hatten Sie mit der Entdeckung zu tun, von der ich heute in der Zeitung gelesen habe?«

»Ja. Aber wie Isabelle weiß« – ich lächelte eisig in ihre Richtung – »kann ich nicht –«

»Was hast du mit Bikern zu tun, Tante Tempe?«

Kits Interesse war während der Vorlesung über Möbeldesign etwas abgewandert, aber bei dem neuen Thema horchte er sofort auf.

»Du weißt, dass ich für das gerichtsmedizinische Institut der Provinz arbeite?«

Er nickte.

»Letzte Woche bat mich der Direktor, ich solle mir ein paar Mordfälle anschauen.« Von meiner Rolle in der *Opération Carcajou* sagte ich nichts.

»Wie viele?«

»Einige.«

»Mehr als die Bee Gees?« Er ließ nicht locker.

»Fünf.«

»Fünf Ermordete in einer Woche?« Kit riss die Augen auf. Alle anderen am Tisch waren stumm geworden.

»Zwei davon wurden schon 1987 umgebracht. Wir haben nur die Leichen erst diese Woche gefunden.«

»Davon habe ich gelesen«, sagte Claude-Henri und zeigte mit seiner Gabel auf mich. »*C'est ça.* Das waren Sie auf dem Foto.«

»Wer waren die anderen?«, fragte Kit weiter.

Jetzt war es mein Neffe, den ich am liebsten erwürgt hätte.

»Zwei waren Bombenopfer. Eins war ein kleines Mädchen, das bei einem Attentat aus einem fahrenden Auto heraus zufällig erschossen wurde.«

»*Mon Dieu*«, sagte Marie-Claire, die vor Schreck vergaß, Englisch zu sprechen.

Ich griff nach meinem Perrier und wünschte mir verzweifelt, ich hätte ihr aufmerksamer zugehört, sodass ich jetzt mit einer Frage über Renaissance-Intarsien kontern könnte.

»Zählen Sie auch die junge Frau mit, deren Knochen in St.-Basile-le-Grand gefunden wurden?«

Ich wandte mich Crease zu. Er hatte die Frage eher beiläufig gestellt, aber in seinen Augen lag ein Funkeln, das ich zuvor noch nicht bemerkt hatte. Wenn er sich Hoffnung auf eine Story machte, würde ich ihm die nicht erfüllen.

»Nein.«

»Haben Sie sie schon identifiziert?« Er griff nach seinem Wein.

»Nein.«

»Von wem redet ihr?«, fragte Kit.

»Neben dem Grab von zwei Bikern wurden auch noch einige andere Knochen gefunden. Es ist eine junge Frau, aber wir wissen nicht, wer sie ist oder ob sie mit den Vipers zu tun hatte. Sie könnte schon dort begraben worden sein, bevor die Bande das Grundstück kaufte.«

»Glauben Sie das?« Crease.

»Ich weiß es nicht.«

»Wer sind die Vipers?«

Meine Achtung vor Kits gesellschaftlichen Fähigkeiten schwand rapide.

»Ein Handlangerclub für die Hells Angels.«

»Das gibt's doch gar nicht!«

»Doch, gibt es schon. Und sie und ihre Waffenbrüder sind verantwortlich für fast einhundertzwanzig Morde in dieser Provinz in den letzten fünf Jahren. Wer weiß, wie viele andere einfach verschwunden sind.«

»Die Biker bringen sich gegenseitig um?«

»Ja. Es ist ein Machtkampf um die Kontrolle des Drogenhandels.«

»Warum lässt man sie nicht einfach?«, fragte der Schauspieler. »Und betrachtet es als Form der Selbstregulation unter Soziopathen.«

»Weil Unschuldige wie Emily Anne Toussaint, die erst neun Jahre alt war, dabei zu Tode kommen.«

»Und vielleicht dieses andere Mädchen?«

»Vielleicht, Kit.«

»Glauben Sie, dass Sie das beweisen können?« Crease.

»Ich weiß es nicht. Claude-Henri, bitte erzählen Sie uns von Ihrem Film.«

Während der Produzent redete, nahm Crease den Chardonnay zur Hand und griff nach meinem Glas. Als ich meine Hand darüber legte, lachte er, hob sie weg und füllte das Glas.

Wütend zog ich meine Hand weg und lehnte mich zurück. Ich kann Leute nicht ausstehen, die anderen Alkohol aufdrängen, obwohl diese nicht wollen.

Die Stimme meines Neffen brachte mich zur Unterhaltung zurück. Isabelle hatte ihre Aufmerksamkeit Kit zugewandt.

»Ja, ich war mit meinem Daddy unterwegs. Er ist im Ölgeschäft. Wir sind mit einem großen alten Winnebago von Texas hochgefahren. War seine Idee. Er wollte unbedingt, dass wir gemeinsam was unternehmen.

Wir sind hier vorbeigefahren, um Tantes Katze abzuliefern, dann nach Osten und bei Derby Line nach Vermont hinein. Daddy hatte diesen Trip besser geplant als die Invasion der Normandie. Deshalb erinnere ich mich an all die Namen.

Auf jeden Fall haben wir in der Nähe einer Stadt namens Westmore kampiert und im Willoughby River Lachse gefischt. Es sind reine Süßwasserlachse, und wenn die im Frühjahr auf Wanderschaft gehen, ist das eine große Sache. Ich glaube, für echte Angler ist das eine Art heiliger Ort.

Dann sind wir Richtung Süden nach Manchester gedüst und haben im Battenkill gefischt, und mein Daddy hat in der Orvis-Fabrik alles mögliche Zeugs gekauft. Ruten zum Blinker- und Fliegenfischen und so Sachen. Dann ist er in dem Winnebago nach Texas zurückgefahren, und ich hab bei meiner Tante, der Biker-Jägerin, vorbeigeschaut.«

Er hob sein Glas in meine Richtung, und alle machten es ihm nach.

»Es ist irgendwie komisch«, fuhr Kit fort. »Weil mir mein Daddy letztes Jahr ein Motorrad gekauft hat.«

Ich war entsetzt, aber nicht überrascht. Howard war der zweite Ehemann meiner Schwester, ein Ölmensch aus West Texas mit mehr Geld als Verstand und einem Defekt in seiner Doppelhelix, der ihn unfähig machte zur Monogamie. Sie ließen sich scheiden, als Kit sechs Jahre alt war. Vater sein hieß für Howard, seinen Sohn mit Geschenken und Geld zu überhäufen. Mit drei bedeutete das Ponys und motorisierte Spielzeugautos. Mit achtzehn waren es dann Segelboote und ein Porsche.

»Was für ein Motorrad?«, fragte Isabelle.

»Es ist eine Harley-Davidson. Daddy steht auf Harleys. Meine Maschine ist eine Road Kind Classic, und er hat eine Ultra Classic Electra Glide. Das sind beide Evos. Aber Daddys wahre Liebe ist seine alte Knucklehead. Die wurden nur von 1936 bis 1947 gebaut.«

»Was bedeuten diese Begriffe?«, fragte Isabelle.

»Es sind Spitznamen, die sich auf die Form des Zylinderkopfes beziehen. Der Evolution V2 Motor wurde Anfang der Achtziger zum ersten Mal gebaut. Ursprünglich nannte man ihn Blockhead, aber dieser Name setzte sich nie richtig durch. Die meisten Leute nennen ihn einfach Evo. Und viele von den Bikes, die man heute sieht, sind Shovelheads, die von 1966 bis 1984 gebaut wurden. Von 1948 bis 1964 waren es Panheads, davor Flatheads, die '29 herauskamen. Aus welcher Epoche ein Motorrad stammt, ist ganz leicht an der Form des Zylinderkopfes festzustellen.«

Kits Begeisterung für Motorradfahrer war nichts im Vergleich zu seinem Enthusiasmus für Motorräder.

»Wussten Sie, dass alle modernen Harleys von der Silent Grey Fellow abstammen, dem ersten Motorrad, das um die Jahrhundertwende in Milwaukee vom Band rollte? Die Silent Grey Fellow hatte einen Einzylindermotor, der mit vierhundert Kubikzentimetern drei PS schaffte. Keine hydraulischen Nocken, keinen elektrischen Starter, keinen V-Motor.« Kit schüttelte ungläubig den Kopf.

»Ein moderner Twin Cam Motor bringt gut fünfzehnhundert Kubik. Sogar eine alte 71er FLH hat bei zwölfhundert Kubik eine Kompression von achtzig Komma fünf zu eins. Und das ist noch gar nichts im Vergleich zu den heutigen Maschinen. Ja, wir haben es weit gebracht, aber jeder Hobel auf der Straße kann seinen Stammbaum auf die alte Silent Grey Fellow zurückführen.«

»Gibt es denn nicht auch andere Motorradhersteller?«, fragte der Schauspieler.

»Natürlich«, erwiderte Kit mit verächtlicher Miene. »Es gibt Yamahas, Suzukis, Kawasakis und Hondas. Aber das sind nur Transportmittel. Die Briten haben früher gute Maschinen gebaut, Norton, Triumph, BSA, aber die sind alle bankrott gegangen. Die deutschen BMWs waren beeindruckende Maschinen, aber für mein Geld will ich nichts anderes haben als 'ne Harley.«

»Sind die teuer?« Claude-Henri.

Kit zuckte die Achseln. »Harley baut keinen Ramsch. Das sind keine Billiggeräte.«

Ich hörte zu, wie mein Neffe erzählte. Er hatte die gleiche Verehrung für und das gleiche Wissen über Motorräder wie Marie-Claire für Möbel. Vielleicht war sein Besuch sogar ein Glücksfall für mich. Er konnte mir helfen, diese fremde Welt, in die ich eben eintauchte, zu verstehen.

Es war fast Mitternacht, als wir uns verabschiedeten und den Aufzug holten. Ich war reif fürs Bett, aber Kit war noch sehr aufgedreht, er plapperte über Maschinen und über die Gäste und Ereignisse des Abends. Vielleicht war es der Wein, vielleicht seine Jugend. Ich bewunderte seine Ausdauer.

Es hatte aufgehört zu regnen, aber ein starker Wind blies vom Fluss her, raschelte in den Zweigen und Büschen und blies feuchtes

Laub über den Boden. Als Kit anbot, das Auto zu holen, begutachtete ich zuerst gründlich seinen Zustand, gab ihm dann die Schlüssel und wartete in der Lobby.

Nach weniger als einer Minute kam er vorgefahren, stieg aus und wechselte auf die Beifahrerseite. Als ich mich hinter das Steuer gesetzt hatte, warf er mir einen braunen Umschlag in den Schoß.

»Was ist das?«

»Umschlag.«

»Das sehe ich auch. Wo kommt der her?«

»Er steckte unter dem Scheibenwischer. Du hast anscheinend einen Verehrer.«

Ich betrachtete den Umschlag. Er war wattiert, die Lasche mit Heftklammern verschlossen, und auf der Rückseite befand sich ein Aufreißer. Mein Name stand in rotem Filzstift darauf.

Ich starrte die Buchstaben an, und in meinem Kopf klingelte eine Alarmglocke. Wer wusste, dass ich heute Abend auf der Insel sein würde? Wer kannte mein Auto? Hatte man uns verfolgt? Beobachtet?

Vorsichtig tastete ich den Inhalt ab. Ich spürte etwas Rundes, Hartes.

»Also komm.«

Ich erschrak über Kits Stimme. Als ich mich ihm zuwandte, wirkte sein Gesicht in dem schwachen, gelben Licht, das aus der Lobby drang, gespenstisch blass, die Schatten darauf jedoch dunkel und verzerrt.

»Verdammt, Kit, das könnte …« Ich brach ab, weil ich gar nicht genau wusste, was ich dachte.

»Könnte was sein?« Kit drehte sich mir zu und legte den Arm über die Rücklehne. »Komm. Mach ihn auf«, stichelte er. »Ich wette, das ist nur ein Jux. Einer deiner Bullenkollegen hat wahrscheinlich dein Auto entdeckt und dir irgendeinen Blödsinn unter den Wischer geklemmt, um dich zu erschrecken.«

Das war möglich. Jeder Polizist hätte das Nummernschild überprüfen lassen können. Und ich war bereits in der Vergangenheit Zielscheibe von Scherzen gewesen.

»Mach auf.« Kit schaltete die Innenbeleuchtung ein. »Vielleicht sind es Karten für die Expos.«

Ich zog den Aufreißer ab und griff in den Umschlag. Meine Finger schlossen sich um ein kleines Glasgefäß.

Als ich das Glas herauszog und ans Licht hielt, spürte ich, wie mir die Galle in die Kehle stieg. Die rhythmischen Kontraktionen unter meiner Zunge sagten mir, dass ich mich gleich übergeben musste. Ich hörte Kit kaum noch, als ich die Tür aufriss.

»Ach du Scheiße, Tante Tempe. Da muss aber einer ziemlich sauer auf dich sein.«

15

DER AUGAPFEL LAG MIT DER PUPILLE NACH OBEN am Boden des Glases, Gewebefasern schwebten wie Tentakel in der trüben Flüssigkeit. Das Organ war trüb und teilweise kollabiert, an einer Seite schien es einen gezackten Riss zu haben. Obwohl das Glas fest verschlossen war, verströmte es einen vertrauten Geruch. Ein zusammengefaltetes Papier klebte am Boden.

Kit streckte die Hand aus und zog den Zettel ab.

»*On te surveille.*« Mit seinem texanischen Akzent klang der französische Satz merkwürdig. »Was bedeutet das, Tante Tempe?«

»Wir beobachten dich.« Mit zitternden Händen steckte ich Glas und Zettel wieder in den Umschlag und legte ihn im Fond auf den Boden. Der Geruch nach Formaldehyd schien überwältigend. Ich wusste, dass er nur in meinem Kopf existierte, aber das tat wenig gegen meine Übelkeit. Gegen den Würgereiz ankämpfend, wischte ich mir die Hände an der Hose ab und legte den Gang ein.

»Meinst du, das ist ein Witz?«, fragte Kit, als wir auf den Boulevard Île-des-Sœurs einbogen.

»Ich weiß es nicht.«

Kit spürte, in welcher Verfassung ich war, und schwieg.

Zu Hause steckte ich das Glas in mehrere Plastiktüten und verschloss es in einer Tupperware-Dose. Dann räumte ich das Gemüsefach aus und stellte das Ganze in den Kühlschrank.

Kit sah mir stumm und mit verwirrter Miene zu.

»Ich nehme es am Montag mit ins Labor«, erklärte ich.

»Das ist ein echtes Auge, nicht?«

»Ja.«

»Meinst du, das ist ein Witz?« Er wiederholte seine Frage von zuvor.

»Wahrscheinlich.« Ich glaubte es zwar nicht, wollte ihn aber nicht unnötig ängstigen.

»Ich habe zwar das Gefühl, ich sollte das nicht fragen, aber wenn es ein Witz ist, warum nimmst du es dann mit ins Labor?«

»Vielleicht jagt das den Witzbolden einen Schrecken ein«, erwiderte ich, so beiläufig ich konnte, und nahm ihn dann in den Arm. »Also, ich gehe jetzt ins Bett. Und morgen überlegen wir uns was, das Spaß macht.«

»Klingt cool. Kann ich noch ein bisschen Musik hören?«

»Fühl dich wie zu Hause.«

Nachdem Kit in seinem Zimmer verschwunden war, kontrollierte ich zweimal die Schlösser an Türen und Fenstern und vergewisserte mich, dass das Sicherheitssystem funktionierte. Dem Drang, unter dem Bett und im Schrank nachzusehen, konnte ich gerade noch widerstehen.

Kit hatte sich Black Sabbath ausgesucht. Er spielte sie bis viertel nach zwei.

Lange lag ich wach, lauschte dem Hämmern von Heavy Metal und fragte mich, ob das überhaupt noch Musik war, fragte mich, wie viele Anrufe von den Nachbarn ich bekommen würde und wer so versessen darauf war, mir eine Botschaft zukommen zu lassen, dass er ihr mit einem menschlichen Auge Nachdruck verlieh.

Obwohl ich zwanzig Minuten geduscht hatte, ließ sich der Formaldehydgeruch nicht aus meinem Hirn vertreiben. Mit einem komischen Gefühl im Magen und Gänsehaut schlief ich schließlich ein.

Am nächsten Morgen schlief ich lange. Als ich schließlich aufwachte, fühlte ich mich noch müde, weil ich in der Nacht immer wieder hochgeschreckt war, dachte aber sofort an das Ding in meinem Gemüsefach. Wer? Warum? Hatte es mit der Arbeit zu tun? Oder hatte ich einen Perversen in der Nachbarschaft? Wer beobachtete mich?

Doch ich schob all diese Fragen weit in den Hintergrund, denn ich war fest entschlossen, mich erst am Montag damit zu beschäftigen. Ich kontrollierte meinen Selbstverteidigungsspray und überprüfte, ob die Notfalltasten am Telefon und am Sicherheitssystem auf 911 programmiert waren.

Die Sonne schien hell, und das Thermometer auf meiner Terrasse zeigte fünf Grad. Und das bereits um zehn Uhr morgens. Für kanadische Verhältnisse würde es ein warmer Tag werden.

Da ich den Tagesrhythmus von Teenagern kannte, erwartete ich Kit nicht vor Mittag und zog deshalb meinen Trainingsanzug an und ging ins Fitness-Studio. Auf der Straße kribbelte meine Haut vor Anspannung, ich bewegte mich vorsichtiger als sonst und hielt Ausschau nach Verdächtigem.

Nach dem Training kaufte ich Bagels und Frischkäse und ein paar Leckereien als zusätzlichen Belag. Am Blumenstand ließ ich mich zu einem Spontankauf hinreißen. Seit Kits Ankunft hatte Birdie mich praktisch ignoriert, und ich wollte mir seine Zuneigung mit etwas Katzenminze zurückerobern.

Doch weder die Bagels noch die Katzenminze waren besonders effektiv. Mein Neffe tauchte gegen viertel nach eins auf, und der Kater tapste träge hinter ihm her.

»Sag keinen Satz, in dem die Wörter ›Frühaufsteher‹ oder ›Morgen‹ vorkommen«, bemerkte mein Neffe.

»Bagel?«

»Akzeptabel.«

»Frischkäse, Räucherlachs, Zitrone, Zwiebeln, Kapern?«

»Lösch die Kapern. Ansonsten kannst du das Programm laufen lassen.«

Birdie beäugte die Katzenminze, gab aber keinen Laut von sich.

Während Kit aß, unterbreitete ich ihm meine Vorschläge.

»Es ist ein wunderbarer Tag. Ich würde sagen, wir unternehmen was im Freien.«

»Einverstanden.«

»Wir können in den Botanischen Garten gehen, oben auf dem Berg herumspazieren, oder ich kann zwei Fahrräder organisieren, und wir fahren zum alten Hafen oder auf dem Radweg am Lachine Canal entlang.«

»Darf man dort auch skaten?«

»Skaten?«

»Mit Rollerblades fahren. Können wir uns irgendwo Inlines mieten und diesen Radweg nehmen?«

»Ich glaube schon.« O Mann.

»Ich wette, du bist 'ne Schau auf Rollerblades. Harry ist ziemlich gut.«

»Mal sehen. Warum nennst du deine Mom eigentlich Harry?«

Das hatte mich immer schon interessiert. Seit Kit sprechen konnte, nannte er seine Mutter bei ihrem Vornamen.

»Ich weiß auch nicht. Sie ist ja nicht gerade wie die Mom aus *Unsere kleine Farm*.«

»Aber du tust das, seit du zwei Jahre alt warst.«

»Sie war auch damals schon nicht sehr häuslich. Aber lenk nicht ab. Hast du Lust auf Inline-Skating?«

»Klar.«

»Du bist echt stark, Tante Tempe. Ich will nur noch schnell duschen, und dann geht's los.«

Es war ein fast perfekter Tag. Anfangs war ich noch etwas wackelig, aber ich fand schnell meinen Rhythmus, und bald glitt ich dahin, als wäre ich auf Skates geboren. Ich erinnerte mich, wie ich als kleines Mädchen mit Rollschuhen über Bürgersteige gesaust war und dabei des Öfteren beinahe mit Fußgängern zusammengestoßen oder vor Autos gelaufen wäre. Die Sonne hatte Unmengen von Joggern ins Freie gelockt, die zusammen mit Radfahrern, Skateboardern und anderen Inline-Skatern den Radweg bevölkerten. Auch wenn ich in den Kurven noch etwas unsicher war, lernte ich doch, mich so zu bewegen, dass ich Kollisionen vermied. Das Einzige, was ich nicht beherrschte, war der schnelle Stopp. Als ich ein Mädchen war, waren Drag Brakes für Rollschuhe noch nicht erfunden.

Am Ende des Nachmittags segelte ich so elegant dahin wie die *Black Magic I* im America's Cup. Oder wie 'ne Ente auf Schmierseife, wie Kit es formulierte. Allerdings bestand ich darauf, mich zu polstern wie ein Eishockeytorwart.

Es war schon nach fünf, als wir Skates und Schützer zurückgaben und zu *Chez Singapore* gingen, um asiatisch zu essen. Dann liehen wir uns *Der rosarote Panther* und *Ein Schuss im Dunkeln* aus und lachten, als Inspector Clouseau demonstrierte, wie er sowohl Teil der Lösung wie Teil des Problems sein konnte. Die Filme hatte Kit ausgesucht. Er meinte, das Eintauchen ins Französische würde ihm helfen, sich in Montreal zu akklimatisieren.

Erst als ich, müde, mit schmerzenden Gliedern und dem Bauch voller Popcorn, in meinem Bett lag, erinnerte ich mich wieder an das Auge. Ich warf mich herum und versuchte, nicht an das Ding in meinem Kühlschrank und an den bösen Menschen, der es mir unter den Wischer geklemmt hatte, zu denken.

Am Montag war es noch warm, aber dunkle Wolken hatten sich über der Stadt zusammengezogen. Sie hingen tief und drückten Nebelschwaden zu Boden, sodass die Autofahrer mit Licht fahren mussten.

Als ich im Institut ankam, brachte ich das Glas in die Biologieabteilung und bat um eine Untersuchung. Ich sagte nichts über die Herkunft des Auges und wurde auch nicht danach gefragt. Wir gaben dem Ding eine Nummer ohne Fallbezug, und die Technikerin sagte, sie würde mich anrufen, wenn die Ergebnisse vorlägen.

Ich hatte einen Verdacht, was die Herkunft des Auges betraf, hoffte aber, dass der sich als falsch erweisen würde. Die Konsequenzen wären einfach zu furchterregend. So behielt ich den Zettel für mich und wartete die Analyse ab.

Die morgendliche Besprechung war relativ kurz. Der Besitzer

einer Volvo-Vertretung war erhängt und mit einem Abschiedsbrief in der Brusttasche in seiner Garage gefunden worden. In St. Hubert war ein einmotoriges Flugzeug abgestürzt. Eine Frau war in der U-Bahn-Station Vendôme vom Bahnsteig gestoßen worden.

Nichts für mich.

In meinem Büro loggte ich mich in mein Terminal ein. Mit den Begriffen *anthropologie, squelette, inconnue, femelle* und *partielle* suchte ich die Datenbank nach Fällen mit nicht identifizierten, unvollständigen weiblichen Skeletten ab. Der Computer lieferte mir sechsundzwanzig LML-Nummern aus den letzten zehn Jahren.

Ausgehend von dieser Liste, fragte ich nach allen Fällen, bei denen der Schädel fehlte. Das funktionierte jedoch nur bei Fällen, die im LML gelandet waren, seit ich hier arbeitete. Zuvor waren keine kompletten Knocheninventare erstellt worden. Die Skelette waren lediglich als vollständig oder unvollständig gekennzeichnet worden. Ich markierte kurz die unvollständigen.

Nun nahm ich mir die Liste der unvollständigen Skelette vor, die während meiner Zeit analysiert wurden, und fragte nach solchen, denen die Oberschenkelknochen fehlten.

Kein Glück. Es gab nur die Kategorien Schädel vorhanden oder nicht vorhanden und postkraniale Überreste vorhanden oder nicht vorhanden, Einträge über einzelne Knochen fehlten jedoch. Ich musste die Akten selbst anfordern.

Also ging ich direkt den Gang hinunter zum Archiv. Eine schlanke Frau in Jeans und einer Folklore-Bluse saß am Empfangstisch. Sie war beinahe monochromatisch, mit gebleichten Haaren, einer blassen Haut und einer Augenfarbe wie altes Spülwasser. Die einzigen Farbakzente waren kirschrote Strähnen an den Schläfen und ein paar Sommersprossen auf der Nase. Die Knöpfe und Ringe, die ihre Ohren zierten, konnte ich nicht zählen. Ich hatte sie noch nie gesehen.

»Bonjour. *Je m'appelle Tempe Brennan.*« Ich stellte mich vor und streckte ihr die Hand hin.

Sie nickte, nannte aber weder ihren Namen, noch gab sie mir die Hand.

»Sind Sie neu hier?«
»Ich bin nur eine Aushilfe.«
»Tut mir leid, aber ich glaube, wir kennen uns noch nicht.«
»Jocelyn Dion.« Sie hob eine Schulter.
Okay. Ich ließ meine Hand sinken.
Ich gab ihr meinen Ausdruck und zeigte ihr die markierten Nummern. Als sie nach dem Papier griff, konnte ich konturierte Muskeln unter dem dünnen Stoff ihres Ärmels erkennen. Jocelyn machte Bodybuilding.
»Ich weiß, dass das ziemlich viele sind, aber könnten Sie herausfinden, wo die Akten sind, und sie mir so schnell wie möglich besorgen?«
»Kein Problem.«
»Ich brauche von jedem Fall die komplette Akte, nicht nur die Anthropologieberichte.«
»Wohin wollen Sie sie?«, fragte sie und senkte den Blick auf die Liste.
Ich nannte ihr die Nummer meines Büros und ging. Im Gang fiel mir ein, dass ich nichts von Fotos gesagt hatte. Als ich zurückkehrte, sah ich, dass Jocelyn tief über den Ausdruck gebeugt saß. Ihre Lippen bewegten sich, während ein lackierter Finger die Spalten entlangwanderte. Sie schien jedes Wort zu lesen.
Als ich die Fotos erwähnte, erschrak sie über meine Stimme.
»Ich bin gerade dabei«, sagte sie und rutschte von ihrem Hocker.
Komische Frau, dachte ich, als ich in mein Büro zurückkehrte, um weiter an den Berichten über Gately und Martineau zu arbeiten.
Binnen einer Stunde brachte Jocelyn mir die Akten, und in den folgenden drei arbeitete ich sie durch. Insgesamt hatte ich sechs kopflose Frauen untersucht. Nur bei zweien fehlten beide Oberschenkelknochen, und keine der beiden war jung genug, um das Mädchen in der Grube sein zu können.
Aus den Jahren vor meiner Ankunft in Montreal lagen mir sieben Fälle von weiblichen Skeletten vor, die unidentifiziert geblie-

ben waren. Zwei waren jung genug, aber die Beschreibungen der Überreste waren vage, und ohne Skelettinventar konnte ich nicht feststellen, welche Knochen geborgen worden waren. Keine der beiden Akten enthielt Fotos.

Ich setzte mich wieder an den Computer und kontrollierte den Bearbeitungsstand des frühesten Falls. Die Knochen waren fünf Jahre aufbewahrt, dann neu fotografiert und zur Beerdigung oder Vernichtung freigegeben worden.

Aber die Akte enthielt keine Fotos. Das war merkwürdig.

Ich fragte nach dem Fundort. Die Knochen stammten aus Salluit, einem Dorf etwa zwölfhundert Meilen weiter nördlich an der Spitze der Ungava-Halbinsel.

Ich gab die jüngere LML-Nummer ein und fragte nach dem Fundort.

St. Julie. Mein Puls beschleunigte sich. Das war keine zwölf Meilen von St.-Basile-le-Grand entfernt.

Zurück zur Akte. Doch auch hier keine Fotos.

Ich kontrollierte den Bearbeitungsstand, fand aber keinen Hinweis darauf, dass der Fall gelöst worden war.

Konnte ich so viel Glück haben?

Als ich im LML anfing, erbte ich eine Reihe von Skelett-Fällen. Einige hatte ich inzwischen gelöst, doch viel von diesem Material lag noch in meinem Lagerraum.

Ich schloss die Tür auf und schleppte einen Stuhl zum anderen Ende des kleinen Zimmers. Auf Regalen an beiden Wänden stapelten sich braune Pappkartons, chronologisch nach LML-Nummern sortiert. Ich ging zu der Abteilung mit den ältesten Codes.

Der Karton stand auf dem obersten Regal. Ich stieg auf den Stuhl, hob ihn herunter und trug ihn zu meinem Arbeitstisch. Nachdem ich den Staub abgewischt hatte, hob ich den Deckel.

Links lag ein Haufen Rippen und Wirbel, rechts ein Stapel langer Knochen. Obwohl die meisten Gelenke von Tieren angenagt waren, sah ich sofort, dass beide Oberschenkelknochen vorhanden waren.

Verdammt.

Ich nahm alles heraus und suchte nach Nichtübereinstimmungen, doch es schien alles in Ordnung zu sein. Enttäuscht legte ich die Knochen wieder in den Karton und stellte ihn zurück. Nachdem ich mir die Hände gewaschen hatte, ging ich in mein Büro, um mich mit einem Thunfischsandwich und einem Jell-O-Pudding zu stärken.

Ich drehte mich auf meinem Stuhl zum Fenster um, legte die Beine auf den Sims und zog den Deckel von meinem Puddingbecher. Ein Kollege an der UNC-Charlotte hatte einen Aufkleber auf seiner Tür mit der Aufschrift: *Das Leben ist unsicher. Iss die Nachspeise zuerst.* Ich hatte das schon immer für einen guten Rat gehalten.

Ich schaute auf den Fluss hinaus, löffelte Karamellpudding und ließ meinen Gedanken freien Lauf. Manchmal funktioniert mein Verstand besser, wenn ich mich ganz meinen Assoziationen überlasse und nicht versuche, sie mit dem Bewusstsein zu filtern.

Der Schädel und die Beinknochen, die wir in St. Basile gefunden hatten, waren nicht die fehlenden Teile einer früher geborgenen Leiche. Zumindest von keiner, die in Quebec geborgen worden war.

Okay.

Wenn Claudel mir keinen Namen präsentieren konnte, dann wäre der nächste Schritt das CPIC.

Ganz einfach.

Wenn das nichts brachte, würden wir es mit dem NCIC versuchen. Schließlich deutete nichts darauf hin, dass das Mädchen aus der Gegend stammte. Sie hätte auch aus den Staaten kommen können.

Ally McBeals Therapeut hatte Recht. Ich brauchte einen passenden Song für die Zeiten, in denen ich mich gestresst fühlte.

> *Running down the road tryin' to loosen my load*
> *Got a world full of trouble on my mind ...*

Vielleicht.

Slow down, you move too fast
Got to make the morning last ...

Als ich nach dem Thunfischsandwich griff, blitzte plötzlich ein Bild des grotesken samstäglichen Geschenks vor mir auf. Wieder bekam ich eine Gänsehaut.
　Vergiss es. Es könnte ein Schweinsauge sein. Dein Bild war in der Zeitung, und jeder x-beliebige Spinner hätte sich einen Spaß machen und dir das Ding unter den Wischer klemmen können. Wenn da draußen wirklich jemand ist, dann ist es irgendein perverser Schwachkopf, dem sein Leben zu langweilig ist.

I am a woman, watch me –

Auf keinen Fall.

It's a beautiful day in the neighborhood ...

O Mann.
　Schlachtplan. Schreib die Berichte über Gately und Martineau fertig und schließ den über die Vaillancourt-Zwillinge ab. Rede mit Claudel. Ausgehend von seinem Bericht zuerst CPIC, dann NCIC.
　Das Leben ist unter Kontrolle. Das ist mein Job. Es gibt keinen Grund, sich gestresst zu fühlen.
　Dieser Gedanke hatte eben Gestalt angenommen, als das Telefon klingelte und die Ruhe zerstörte, die ich mir so schwer erkämpft hatte.

16

EINE WEIBLICHE STIMME SAGTE: »Ich habe einen Anruf von Mr. Crease für Sie. Ich verbinde.«

Bevor ich sie davon abhalten konnte, hatte ich ihn schon in der Leitung.

»Ich hoffe, Sie haben nichts dagegen, dass ich Sie in der Arbeit anrufe.«

Ich hatte etwas dagegen, aber ich sagte nichts.

»Ich wollte nur sagen, dass mir der Samstagabend sehr gut gefallen hat und es mich freuen würde, wenn wir beide uns mal treffen könnten.«

Sehr originell.

»Hätten Sie irgendwann diese Woche Zeit, mit mir zu Abend zu essen?«

»Tut mir leid, aber das ist im Augenblick nicht möglich. Ich ersticke in Arbeit.«

Auch wenn ich Zeit hätte bis ins nächste Jahrtausend, würde ich mit Lyle Crease nicht zum Essen gehen. Der Mann war für meinen Geschmack zu schleimig.

»Nächste Woche?«

»Nein, ich glaube nicht.«

»Verstehe. Kann ich dann als Trostpreis Ihren Neffen haben?«

»Was?«

»Kit. Er ist ein fabelhafter Junge.«

Fabelhaft?

»Ich habe einen Freund, der einen Motorradladen besitzt. Er hat mindestens fünftausend Harley-Davidson-Accessoires auf Lager. Ich glaube, Kit würde das interessieren.«

Dass mein so leicht zu beeindruckender junger Neffe unter den Einfluss eines aalglatten Medienfuzzis geriet, war wirklich das Letzte, was ich wollte.

»Das glaube ich gern.«

»Dann ist es okay, wenn ich ihn anrufe?«

»Natürlich.« So okay wie Durchfall.

Fünf Minuten nachdem ich aufgelegt hatte, erschien Quickwater in meiner Tür. Er bedachte mich wie üblich mit seinem versteinerten Blick und warf mir dann einen Aktendeckel auf den Schreibtisch.

Ich musste mich wirklich für den passenden Song entscheiden.

»Was ist das?«

»Formulare.«

»Die ich ausfüllen soll?«

Quickwater bereitete sich eben darauf vor, meine Frage zu ignorieren, als sein Partner dazukam.

»Ich vermute, das bedeutet, dass Sie mit leeren Händen dastehen.«

»So leer wie Al Capones Schließfach«, erwiderte Claudel. »Keine einzige Übereinstimmung. Nicht einmal annähernd.«

Er deutete auf den Stapel auf meinem Schreibtisch.

»Wenn Sie diese Papiere ausfüllen, kann ich mich ins CPIC einloggen, während Martin das NCIC macht. Bergeron bearbeitet die Zähne.«

CPIC ist die Abkürzung für *Canadian Police Information Centre*, das Informationszentrum der kanadischen Polizei, und NCIC steht für das vom FBI betriebene *National Crime Information Centre*, das amerikanische nationale Informationszentrum über Verbrechen. Beide sind landesweite elektronische Datenbanken, die einen schnellen Zugang zu Informationen ermöglichen, die wesentlich sind für die Verbrecherjagd. Obwohl ich das CPIC schon ein paar Mal benutzt hatte, bin ich vertrauter mit dem amerikanischen System.

NCIC ging 1967 online, und zwar mit Daten über gestohlene Autos, Nummernschilder, Waffen und Immobilien sowie über gesuchte Personen und Flüchtige. Im Lauf der Jahre kamen immer mehr Dateien hinzu, und aus den ursprünglich zehn Datenbanken wurden siebzehn, darunter der bundesstaatenübergreifende Identifikationsindex, die Personenschutzdaten des US-Geheimdienstes, die Datei über ausländische Flüchtlinge, die Datei über gewalttätige Banden und Terroristen und die Dateien über vermisste und nicht identifizierte Personen.

Der Zentralcomputer des NCIC befindet sich in Clarksburg, West Virginia, und Zugriffsterminals stehen in Polizeirevieren und Sheriff-Büros in den ganzen Vereinigten Staaten, Kanada, Puerto Rico und auf den amerikanischen Virgin Islands. Einträge können nur von Polizeibeamten gemacht werden. Und von diesen wird das System auch rege genutzt. Im ersten Jahr verzeichnete das NCIC zwei Millionen Transaktionen. Heute bearbeitet das System so viel pro Tag.

Die 1975 eingerichtete NCIC-Datei über vermisste Personen wird benutzt, um Leute aufzuspüren, nach denen zwar nicht gefahndet wird, deren Aufenthaltsort jedoch unbekannt ist. Einträge können gemacht werden für vermisste Jugendliche und für Leute, die behindert oder in Gefahr sind. Entführungsopfer und Leute, die nach einer Katastrophe verschwunden sind, passen ebenfalls in dieses Raster. Von den Eltern oder dem Vormund, dem Hausarzt, Zahnarzt oder Optiker der vermissten Person wird ein Formular ausgefüllt, und die Daten werden in der örtlichen Polizeistation eingegeben.

1983 wurde die Datei über nicht identifizierte Personen hinzugefügt, um Daten über geborgene Überreste mit denen über vermisste Personen abgleichen zu können. Anfragen können gemacht werden zu nicht identifizierten Leichen und Leichenteilen, zu lebenden Personen und zu Katastrophenopfern.

Dieser Stapel war es, den Quickwater mir auf den Tisch geworfen hatte.

»Wenn Sie das NCIC-Formular ausfüllen, können wir beide Netzwerke absuchen. Es sind ja im Wesentlichen dieselben Daten, nur andere Codierungssysteme. Wie lange brauchen Sie dazu?«

»Geben Sie mir eine Stunde.« Mit nur drei Knochen hatte ich wenig zu sagen.

Sobald sie gegangen waren, machte ich mich an das Formular. Hin und wieder musste ich im Handbuch nachsehen, um mir die entsprechenden Codes herauszusuchen.

So fand ich zum Beispiel EUD für nicht identifizierte Tote.

Ein S schrieb ich in die Kästchen 1, 9 und 10 des Abschnitts Leichenteile, was bedeutete, dass ein skelettierter Schädel sowie ein linker und ein rechter Oberschenkelknochen geborgen worden waren. Alle anderen Kästchen erhielten ein N für nicht geborgen.

Ich schrieb F für *female*, weiblich, W für weiß und gab die ungefähre Größe an. Die Kästchen für geschätztes Geburtsjahr und geschätzten Todestag ließ ich leer.

Im Abschnitt für persönliche Merkmale schrieb ich SHUNT CERB für zerebralen ventrikulären Shunt und kreuzte diesen Punkt auf dem Zusatzformular an. Das war alles. Keine Brüche, keine Missbildungen, Tätowierungen, Muttermale oder Narben.

Da ich weder Kleidung noch Schmuck, keine Brille, Fingerabdrücke, Blutgruppe und Todesursache hatte, blieb der Rest des Formulars leer. Ich konnte lediglich noch ein paar Informationen über den Fundort der Leiche hinzufügen.

Ich füllte eben die Abschnitte über die Art der anfragenden Behörde und die Fallnummer aus, als Quickwater wieder auftauchte. Ich gab ihm das Formular. Er nahm es, nickte und ging wortlos.

Was war nur los mit diesem Kerl?

Ein Bild blitzte kurz vor mir auf und verschwand wieder. Ein trüber Augapfel in einem Marmeladenglas.

Quickwater?

Unmöglich. Trotzdem beschloss ich, weder Claudel noch seinem Carcajou-Partner etwas von dem Vorfall zu sagen. Ich hätte mit Ryan darüber reden, hätte ihn um Rat fragen können, aber Ryan war verschwunden, und ich war auf mich allein gestellt.

Ich schloss die Berichte über Gately und Martineau ab und brachte sie ins Sekretariat. Als ich zurückkam, saß Claudel mit einem Computerausdruck in der Hand in meinem Büro.

»Sie hatten Recht mit dem Alter, aber beim Todesdatum lagen Sie etwas daneben. Zehn Jahre reichen nicht.«

Ich wartete, dass er fortfuhr.

»Ihr Name war Savannah Claire Osprey.«

Im Französischen klang das wie Ouh-spriie, mit dem Akzent auf der zweiten Silbe. Trotzdem verriet mir der Name, dass das Mädchen eine Südstaatlerin war oder zumindest dort geboren wurde. Nur wenige Leute außerhalb des Südostens nannten ihre Töchter Savannah. Erleichtert, aber neugierig ließ ich mich in meinen Stuhl sinken.

»Woher?«

»Shallotte, North Carolina. Ist das nicht Ihre Heimatstadt?«

»Ich bin aus Charlotte.«

Kanadier haben Schwierigkeiten mit Charlotte, Charlottesville und den beiden Charlestons. Wie auch viele Amerikaner. Ich hatte es aufgegeben, ihnen die Unterschiede zu erklären. Aber Shallotte war eine kleine Küstenstadt, die eigentlich nichts mit dieser Namensverwirrung zu tun haben sollte.

Claudel las vom Ausdruck ab. »Sie wurde im Mai 1984 als vermisst gemeldet, zwei Wochen nach ihrem sechzehnten Geburtstag.«

»Das ging aber schnell«, sagte ich, während ich die Information verdaute.

»*Oui.*«

Ich wartete, aber er sagte nichts mehr. Ich gab mir Mühe, mir meine Verärgerung nicht anmerken zu lassen.

»Monsieur Claudel, jede Information, die Sie haben, kann mir helfen, diese Identifikation zu bestätigen.«

Eine Pause. Und dann: »Der Shunt und die Gebissmerkmale waren so einzigartig, dass der Computer den Namen sofort ausspuckte. Ich rief bei der Polizei in Shallotte an und konnte sogar mit der Beamtin sprechen, die diese Vermisstenanzeige aufgenommen hatte. Nach ihren Angaben gab die Mutter die Anzeige auf, meldete sich dann aber nicht mehr. Anfangs gab es die übliche Medienhysterie, aber dann wurde es still um den Fall. Die Ermittlung lief monatelang, ergab aber nie etwas.«

»Ein Problemkind?«

Eine längere Pause.

»Es gibt keine Angaben über Drogen- oder Disziplinprobleme. Der Wasserkopf verursachte eine leichte Lernbehinderung und beeinträchtigte ihr Sehvermögen, aber sie war nicht zurückgeblieben. Sie ging auf eine normale High School und war eine gute Schülerin. Sie wurde nie als potenzielle Ausreißerin betrachtet.

Allerdings verursachte der Shunt Probleme, und es gab häufige stationäre Aufenthalte. Anscheinend verstopfte das Ding immer wieder, und sie musste dann ins Krankenhaus, um das korrigieren zu lassen. Diesen Episoden gingen immer Lethargie, Kopfschmerzen und manchmal geistige Verwirrung voraus. Eine Theorie lautet, dass sie in einer Phase der Desorientierung einfach davonwanderte.«

»Und sich in Luft auflöste? Wie lautet die andere Theorie?«

»Der Vater.«

Claudel klappte einen kleinen Spiralblock auf.

»Dwayne Allen Osprey. Ein echter Charmeur mit einem Vorstrafenregister länger als die Transsibirische Eisenbahn. Damals erschöpfte sich Dwaynes häuslicher Alltag in Jim-Beam-Trinken und seine Familie Verprügeln. Nach der ursprünglichen Aussage der Mutter, die sie später zurückzog, mochte ihr Mann Savannah nicht, und das wurde immer schlimmer, je älter das Mädchen wurde. Er scheute sich nicht, sie gegen eine Wand zu schleudern. Anscheinend empfand Dwayne seine Tochter als Enttäuschung. Er nannte sie Wasserkopf.«

»Glaubt man, dass er seine eigene Tochter umgebracht hat?«

»Es ist zumindest eine Möglichkeit. Whiskey und Wut sind eine tödliche Mischung. Die Theorie damals lautete, dass die Sache außer Kontrolle geriet, er sie umbrachte und dann die Leiche beseitigte.«

»Und wie kam sie nach Quebec?«

»Eine sehr intelligente Frage, Dr. Brennan.«

Und damit stand er auf und zupfte sich die Manschetten des frischesten, weißesten Hemds, das ich je gesehen hatte, zurecht.

Ich warf ihm einen »Du kannst mich mal«-Blick zu, aber er war bereits durch die Tür verschwunden.

Ich seufzte und lehnte mich zurück.

Da können Sie Ihren festen kleinen Arsch drauf verwetten, dass das eine sehr intelligente Frage ist, Monsieur Claudel.

Und ich werde sie beantworten.

17

ICH ATMETE TIEF DURCH. Wie üblich hatte Claudel es geschafft, mich wütend zu machen.

Als ich mich wieder etwas beruhigt hatte, schaute ich auf die Uhr. Vier Uhr vierzig. Es war schon spät, aber vielleicht konnte ich sie noch erreichen.

Nach einem Blick in mein Rolodex wählte ich die Nummer der SBI-Zentrale in Raleigh. Kate Brophy nahm schon nach dem ersten Läuten ab.

»Hey, Kate. Tempe hier.«

»Hey, Mädchen, bist du wieder in Dixieland?«

»Nein, ich bin in Montreal.«

»Wann schaffst du deinen dürren Hintern mal wieder hier runter, damit wir ein paar kippen können?«

»Die Zeiten des Kippens sind für mich vorbei, Kate.«

»Ups. Tut mir leid. Ich weiß ja, dass du nicht mehr trinkst.«

Kate und ich hatten uns zu einer Zeit kennen gelernt, als ich auf Alkohol so versessen war wie ein College-Anfänger in den Frühlingsferien. Nur dass ich nicht mehr achtzehn war und nicht am Strand lag. Ich war damals schon über dreißig, Ehefrau und Mutter und eine Universitätsprofessorin mit erschöpfenden Lehr- und Forschungspflichten.

Ich merkte überhaupt nicht, wann ich mich zu den Brüdern und Schwestern des Verdrängens gesellte, aber irgendwann zu dieser Zeit wurde ich eine Meisterin der Vorwände. Ein Glas Merlot am Abend zu Hause. Ein Bier nach den Seminaren. Eine Wochenendparty. Ich brauchte den Alkohol nicht. Es war überhaupt kein Problem.

Aber dann wurde aus dem Glas eine Flasche, und für nächtliche Saufereien brauchte ich keine Gesellschaft mehr. Das ist das Hinterlistige an Bacchus. Er verlangt kein Eintrittsgeld. Es gibt keine Mindestbestellung. Bevor man sich versieht, liegt man an einem sonnigen Sonntagnachmittag im Bett, während die Tochter Fußball spielt und andere Eltern sie anfeuern.

Dieser Vorhang war gefallen, und ich hatte nicht die Absicht, ihn wieder zu heben.

»Komisch, dass du gerade jetzt anrufst«, sagte Kate. »Ich habe eben mit einem unserer Ermittler über die Biker gesprochen, die du in den Achtzigern zusammengestückelt hast.«

Ich erinnerte mich noch an die Fälle. Zwei Dealer, die auf eigene Rechnung arbeiteten, hatten den Fehler begangen, Drogen in einem Revier zu verkaufen, das von den Hells Angels beansprucht wurde. Man fand ihre Leichenteile in Plastiksäcken, und ich hatte die Aufgabe, die Teile in Dealer A und Dealer B zu trennen.

Dieser Ausflug in die aktuelle Forensik war für mich ein Schlüsselerlebnis gewesen. Bis dahin hatte ich mit Skeletten aus archäologischen Grabungsstätten gearbeitet und anhand der Knochen versucht, Krankheitsmuster und Lebenserwartungen in prähistorischen Zeiten herauszufinden. Faszinierend, aber ziemlich irrelevant für gegenwärtige Ereignisse.

Als ich dann anfing, für den Leichenbeschauer von North Carolina als Gutachterin zu arbeiten, verspürte ich eine Erregung, die ich in meiner bisherigen Arbeit noch nicht erlebt hatte. Kates Biker hatten, wie viele nachfolgende Fälle, eine Dringlichkeit, die uralte Tote nicht hatten. Ich konnte Namenlosen einen Namen geben. Ich konnte Familien Gewissheit verschaffen. Ich konnte der Polizei helfen, das Gemetzel auf den amerikanischen Straßen zu reduzieren, und ich konnte Täter identifizieren und verfolgen. Ich hatte mich im Beruf neu orientiert, war im Privatleben trocken geworden und hatte beides nie bereut.

»Wie bist du denn in Tulios Konferenz gelandet?«, fragte ich.

»Ich habe ein paar von meinen Analytikern zu einem VICAP-Trainingslager nach Quantico gefahren. Und da ich schon mal dort war, habe ich mich dazugesetzt, um zu hören, was es Neues gibt.«

»Und was gab es Neues?«

»Abgesehen davon, dass deine Biker sich mit unglaublicher Begeisterung gegenseitig abschlachten, scheint alles so ziemlich beim Alten geblieben zu sein.«

»Ich glaube, ich habe in Carolina seit Jahren keinen Biker-Fall mehr bearbeitet. Was geht denn da unten im Augenblick ab?«

»Wir haben noch immer drei der großen Vier.«

»Hells Angels, Outlaws und Pagans.«

»Ja, Ma'am. Bis jetzt noch keine Bandidos. Und seit einer ganzen Weile ist es ruhig, aber man weiß ja nie. Nächsten Monat, wenn die Angels ihre Sause in Myrtle Beach abhalten, könnte es ganz schön hitzig werden.«

»Ist noch immer ziemlich wild da unten, aber deswegen rufe ich nicht an.«

»Ach so?«

»Hast du je von einem Mädchen namens Savannah Claire Osprey gehört?«

Ein langes Schweigen folgte. Über die Entfernung hinweg klang die Verbindung wie ein Ozean in einer Muschelschale.

»Soll das ein Witz sein?«

»Absolut nicht.«

Ich hörte sie tief Luft holen.

»Das Verschwinden des Osprey-Mädchens war einer der ersten Fälle, die ich für das SBI bearbeitet habe. Das ist Jahre her. Savannah Osprey war ein sechzehnjähriges Mädchen mit einer Menge medizinischer Probleme. Hing mit keiner wilden Bande herum, nahm keine Drogen. Eines Nachmittags verließ sie ihr Haus und wurde nie wieder gesehen. Zumindest wurde das behauptet.«

»Du glaubst nicht, dass sie ausgerissen ist?«

»Die Polizei vor Ort verdächtigte den Vater, aber sie konnte ihm nie was nachweisen.«

»Glaubst du, dass er was damit zu tun hatte?«

»Es ist möglich. Sie war ein schüchternes Mädchen, trug eine dicke Brille, ging kaum aus, hatte keine Jungenbekanntschaften. Und es war allgemein bekannt, dass ihr Alter sie als Punchingball missbrauchte.« Ihre Stimme war voller Verachtung. »Dieser Typ hätte eingesperrt gehört. Wurde er sogar, aber erst später. Wegen Drogen. Er starb fünf Jahre nach dem Verschwinden seiner Tochter.«

Was sie als Nächstes sagte, traf mich wie ein Schlag auf die Brust.

»Er war ein solches Arschloch, und sie war ein so bemitleidenswertes kleines Mädchen, dass der Fall mir keine Ruhe ließ. Ich habe die ganzen Jahre ihre Knochen aufgehoben.«

»Was hast du gesagt?« Ich umklammerte den Hörer und atmete kaum.

»Die Eltern haben es zwar nie geglaubt, aber ich weiß, dass es ihre sind. Ich bewahre sie noch immer beim Leichenbeschauer auf. Der Doc ruft mich zwar hin und wieder an, aber ich sage ihm immer, er soll sie noch behalten.«

»Ihre Überreste wurden gefunden?«

»Neun Monate nach Savannahs Verschwinden tauchte in der Nähe von Myrtle Beach ein weibliches Skelett auf. Das war es, was die Aufmerksamkeit auf Dwayne Osprey richtete. Er war zwar nie das, was man einen regelmäßigen Arbeiter nennen würde, aber zur Zeit ihres Verschwindens hatte er einen Job als Lieferfahrer bei einer örtlichen Großbäckerei. An dem Tag, als sie verschwand, hatte er eine Fahrt nach Myrtle Beach.«

Ich war so schockiert, dass ich kaum eine Frage formulieren konnte.

»Aber konntest du die Überreste je eindeutig identifizieren?«

»Nein. Es fehlte zu viel, und was geborgen wurde, war stark beschädigt. Und natürlich hatten wir damals noch keine DNS-Tests. Warum fragst du nach Savannah Osprey?«

»Habt ihr einen Schädel gefunden?«

»Nein. Das war das Hauptproblem. Das Opfer war im Wald abgeladen und dann mit Wellblech bedeckt worden. Tiere haben Teile der Leiche hervorgezerrt und sie in der Landschaft verteilt. Schädel und Unterkiefer wurden nie gefunden, und wir nahmen an, dass die Tiere sie davongeschleift hatten. Die Knochen, die noch unter dem Blech lagen, waren intakt, aber nicht sehr hilfreich, und der Rest des Skeletts war so stark angeknabbert, dass außer dem Geschlecht kaum mehr was festzustellen war. Irgendein Pathologe machte damals die anthropologische Arbeit. Nach seinem Bericht gab es nichts, was auf Alter, Größe oder Rasse hingedeutet hätte.«

Ein Pathologe hatte sicher keine Ahnung von mikroskopischer Alterung, von der Bedeutung der Statur anhand unvollständiger langer Knochen. Keine gute Arbeit, Doc.

»Warum glaubst du, dass es Savannah war?«

»Wir fanden in der Nähe der Knochen einen kleinen silbernen Talisman. Es war irgendein Vogel. Obwohl die Mutter es leugnete, merkte ich an ihrer Reaktion, dass sie das Ding wiedererkannte. Später habe ich dann ein bisschen recherchiert. Der Talisman war eine exakte Abbildung eines Fischadlers.«

Ich wartete.

»Ein anderer Name für den Fischadler ist Osprey.«

Ich erzählte ihr von dem Schädel und den Beinknochen in Montreal.

»O Mann.«

»Lebt die Mutter noch?«

»Seit sie dieses Schaf geklont haben, ist alles möglich. Ich finde es heraus.«

»Hast du die Akte noch?«

»Darauf kannst du Gift nehmen.«

»Prämortale Röntgenaufnahmen?«

»Unzählige.«

Ich traf eine schnelle Entscheidung.

»Besorg dir die Knochen, Kate. Ich komme runter.«

Patineau genehmigte die Reise, und ich buchte einen Morgenflug nach Raleigh. Als ich mich mit Kit zu einem späten Abendessen an den Küchentisch setzte, vermieden wir es beide, das Päckchen in der Diele zu erwähnen, das ich aus dem Labor mitgebracht hatte und mit auf die Reise nehmen würde. Er freute sich auf den morgigen Ausflug mit Crease und hatte kein Problem mit meiner Abwesenheit.

Die Maschine war bis auf den letzten Platz besetzt mit der üblichen Mischung aus Studenten, Geschäftsleuten und Wochenendgolfern. Ich starrte zum Fenster hinaus, während die Stewardessen Kaffee und alkoholfreie Getränke servierten, und wünschte mir, auch ich wäre unterwegs zu einem Golfplatz – Pinehurst, Marsh Harbour, Oyster Bay; alles, nur nicht die grausige Analyse der Knochen eines jungen Mädchens.

Ich senkte den Blick zu der Sporttasche unter dem Sitz vor mir. Sie sah ziemlich unauffällig aus, aber ich fragte mich, was meine Mitreisenden wohl denken würden, wenn sie wüssten, was sie enthielt. Ich war inzwischen so oft von Dorval losgeflogen, dass das Personal bei der Gepäckdurchleuchtung keine Erklärungen mehr von mir verlangte. Ich überlegte mir, wie es beim Abflug in Raleigh sein würde.

Draußen tauchte die Sonne die Wolken in ein lumineszierendes Rosa. Als wir durch die Wolkendecke stießen, sah ich ein winziges Schattenflugzeug, das parallel neben unserem herflog.

Ja, das ist es, dachte ich. So sah ich das Mädchen zu meinen Füßen. Obwohl ich jetzt einen Namen für sie hatte, blieb sie in meiner Vorstellung ein geisterhafter Schatten auf einer formlosen Landschaft. Ich hoffte, dass diese Reise aus diesem Phantombild einen eindeutig identifizierten Menschen machen würde.

18

KATE HOLTE MICH AM FLUGHAFEN RALEIGH-DURHAM AB, und wir fuhren direkt ins SBI-Labor. Sie hatte die Überreste bereits vom Leichenbeschauer in Chapel Hill hierher geschafft und sich einen Raum besorgt, in dem wir arbeiten konnten. Wenn Proben für eine DNS-Analyse genommen werden sollten, war dieses Arrangement nach Überzeugung aller Beteiligten das effektivste.

Ich zog Gummihandschuhe an und wickelte mein Paket aus, während Kate das ihre aus einem verschlossenen Schrank holte. Sie stellte einen langen weißen Pappkarton auf den Tisch und trat zurück. Ich spürte die vertraute Anspannung in meiner Brust, als ich die Schnur aufknotete und die Deckellaschen anhob.

Einen nach dem anderen legte ich die Knochen in die korrekte anatomische Position. Rippen. Wirbel. Becken. Lange Knochen.

Der Pathologe hatte Recht gehabt mit seiner Bewertung der Beschädigung durch Tiere. Aasfresser hatten so viel abgenagt, dass intakte Ränder, Kämme oder Gelenke nur noch an den allerkleinsten Knochen zu erkennen waren. Die Schambeinfuge und der Darmbeinkamm waren völlig verschwunden, und vom Schlüsselbein waren nur noch Reste vorhanden. Aber eins war sofort klar: Beide Oberschenkelknochen fehlten.

Ich legte die Knochen aus St. Basile zu denen auf dem Tisch. Sie machten das Skelett zwar noch nicht komplett, aber sie waren auch keine Doppelgänger von bereits vorhandenen.

Kate sagte als Erste etwas.

»Sieht aus, als würden sie in Bezug auf Größe und Muskelentwicklung passen. Sie muss ein winziges Ding gewesen sein.«

»Anhand eines Oberschenkelknochens habe ich eine Größe von ungefähr einem Meter siebenundfünfzig errechnet. Mal sehen, was das Schienbein uns sagt.« Ich deutete auf zwei Merkpunkte auf dem Schaft. »Es gibt eine Regressionsformel, die uns eine Berechnung anhand genau dieses Abschnitts erlaubt.«

Ich maß und rechnete. Die Abweichungsspanne war zwar groß, das Ergebnis befand sich aber im Bereich meiner Schätzung anhand des Oberschenkelknochens. Als ich Kate die Zahl zeigte, ging sie zu einem Beistelltisch und blätterte in einer Akte, die dicker war als das Telefonbuch von Manhattan.

»Da ist es. Savannah war einssechsundfünfzig groß.«

Sie blätterte weiter, zog dann einen Umschlag heraus und schüttete einige Fotos auf den Tisch. Den Blick auf eins der Fotos gerichtet, erzählte sie.

»Es war so traurig. Die meisten von Savannahs Klassenkameradinnen hatten keine Ahnung, wer sie war. Und Shallotte ist nicht gerade eine Großstadt. Die Kinder, die ihren Namen oder ihr Foto wieder erkannten, konnten uns nichts über sie erzählen. Sie gehörte zu den Menschen, an die sich niemand erinnert. Geboren 1968. Gestorben 1984.«

Kate hielt einen Schnappschuss in die Höhe.

»Das Mädchen war wirklich beschissen dran. Miserable Familie. Keine Freunde. Auf jeden Fall sieht man hier, dass sie nicht sehr groß war.«

Ich schaute mir das Foto an und spürte Mitleid in mir aufsteigen.

Das Mädchen saß auf einer Decke, einen Vogelscheuchenarm um ihren Bauch gelegt, den anderen mit geöffneter Hand ausgestreckt, um den Fotografen abzuwehren. Sie trug einen Badeanzug, der so weiße Haut zeigte, dass sie fast blau wirkte. Sie hatte ihr Gesicht versteckt, aber die Kamera hatte sie eingefangen, als sie gerade den Kopf hob und mit stark vergrößerten Augen hinter dicken Brillengläsern ins Objektiv blinzelte. Im Hintergrund waren die horizontalen Kämme an den Strand rollender Wellen zu sehen.

Es gab mir einen Stich, als ich das bleiche kleine Gesicht anschaute. Was konnte einen Angriff auf jemand so Zerbrechlichen provoziert haben? Überwältigte ein Fremder sie mit vorgehaltenem Messer, erwürgte sie dann und überließ sie den Hunden? Wann spürte sie, dass sie sterben würde? Schrie sie vor Entsetzen, obwohl sie wusste, dass niemand ihre Schreie hören würde? War sie bei sich zu Hause gestorben, und hatte man sie dann fortgeschleppt und im Wald abgeladen? Als ihre Augen sich endgültig schlossen, spürte sie da Angst oder Resignation oder Erstarrung oder einfach nur Verwunderung? Hatte sie Schmerzen gelitten?

»– Schädelmerkmale vergleichen.«

Kate zog eben Röntgenaufnahmen aus einem großen braunen Umschlag und hängte sie vor den Lichtkasten an der Wand.

»Das ist eine Schädelserie, die vier Monate vor Savannahs Verschwinden aufgenommen wurde.«

Ich holte meine Aufnahmen aus der Sporttasche und klemmte sie neben die Krankenhausbilder. Ich fing mit den Frontaldarstellungen an und verglich die Form der Stirnhöhlen. Diese Hohlräume über den Augenhöhlen, die von klein und einfach bis groß und vielkammerig variieren können, sind für jeden Menschen so charakteristisch wie ein Fingerabdruck.

Savannahs Stirnhöhlen stiegen in die Höhe wie der Kamm auf dem Kopf eines Kakadus, und die Konfiguration auf den Krankenhausbildern entsprach genau der in dem Schädel auf meinen Aufnahmen. Das chirurgische Bohrloch war in jeder Ansicht deutlich erkennbar, Form und Position waren auf den prä- und postmortalen Röntgenbildern identisch.

Es bestand kein Zweifel, dass der Schädel, den wir in St. Basile ausgegraben hatten, Savannah Claire Osprey gehörte. Aber konnten wir den Schädel und die Oberschenkelknochen mit dem unvollständigen Skelett, das man in der Nähe von Myrtle Beach gefunden hatte, in Verbindung bringen?

Bevor ich Montreal verließ, hatte ich einen Knochensplitter aus dem Schaft eines Femurs und einen Backenzahn aus dem Oberkiefer extrahiert, weil ich mir dachte, dass man, falls Verwandte aufgespürt werden konnten oder noch prämortale Blut- oder Gewebeproben des Opfers existierten, mit Hilfe einer DNS-Sequenzierung die vermutete Identität beweisen könnte. Die dentalen und röntgenologischen Indizien machten einen DNS-Test zur Identifikation der Knochen aus Montreal zwar jetzt unnötig, aber ich hatte noch ein anderes Ziel.

Mit einer Knochensäge schnitt ich je zweieinhalb Zentimeter lange Stücke aus den Schien- und Wadenbeinen, die Kate all die Jahre aufbewahrt hatte. Sie schaute schweigend zu, wie das runde Blatt durch die trockenen Knochen schnitt und puderig weißen Staub versprühte.

»Es ist unwahrscheinlich, dass das Krankenhaus nach all der Zeit noch Proben hat.«

»Nein«, gab ich zu. »Aber es kann vorkommen.«

Das stimmte. Gallensteine. Vaginalabstriche. Blutflecken. Alte DNS hatte man schon an allen möglichen Orten gefunden.

»Was ist, wenn es keine Verwandten mehr gibt?«

»Indem wir die Sequenzierung der Knochen aus Myrtle Beach mit der meiner Knochen aus St.-Basile-le-Grand vergleichen, können wir zumindest feststellen, ob alle von derselben Person stammen. Wenn das der Fall ist, haben wir die Knochen aus Myrtle Beach im Wesentlichen identifiziert, weil die Identifikation des Montrealer Schädels gesichert ist. Trotzdem würde ich gerne einen DNS-Abgleich machen.«

»Und wenn es keine DNS gibt?«

»Aus den Oberschenkelknochen aus St. Basile habe ich mir schon Proben für eine mikroskopische Untersuchung präparieren lassen. Wenn ich zurückkomme, mache ich das Gleiche mit diesen Stücken, und dann untersuche ich alles mit einem Hochleistungsmikroskop.«

»Und was zeigt dir das?«

»Das Alter zum Beispiel. Ich stelle fest, ob das bei den beiden Proben übereinstimmt. Außerdem suche ich nach Details in der Mikrostruktur, die uns weiterhelfen können.«

Es war fast eins, als wir die vier Proben etikettiert und mit Nummern versehen hatten und Kate den Papierkram erledigt hatte, der nötig war, um sie mir übergeben zu können. Wir beschlossen, schnell etwas zu Mittag zu essen, bevor wir uns an die Akte machten. Bei Cheeseburger und Pommes im örtlichen Wendy's erzählte sie mir, was sie über Savannah Ospreys letzte Stunden wusste.

Nach Angaben ihrer Eltern hatte Savannah eine ganz normale Woche hinter sich gehabt. Ihr Gesundheitszustand war gut, und sie freute sich auf eine Veranstaltung an ihrer Schule, wobei die Eltern sich nicht erinnern konnten, worum es sich handelte. Am Tag ihres Verschwindens lernte sie nach dem Mittagessen für eine Matheprüfung, die ihr jedoch kein sonderliches Kopfzerbrechen zu bereiten schien. Gegen zwei sagte sie, sie brauche etwas aus der Drogerie, und verließ das Haus zu Fuß. Ihre Eltern sahen sie nie wieder.

»Das war zumindest Daddys Version«, schloss Kate.

»Er war an diesem Tag zu Hause?«

»Bis gegen halb drei. Dann holte er in Wilmington eine Lieferung ab und machte sich auf den Weg nach Myrtle Beach. Sein

Arbeitgeber bestätigte die Abfahrtszeit. Beim Kunden kam er ein bisschen spät an, schob die Verzögerung aber auf den Verkehr.«

»Konntet ihr Haus oder Transporter durchsuchen?«

»Nee. Wir hatten nichts gegen ihn in der Hand und bekamen so keinen Durchsuchungsbefehl.«

»Und die Mutter?«

»Brenda. Sie ist auch so eine Marke.«

Kate biss von ihrem Burger ab und wischte sich den Mund.

»Brenda arbeitete an diesem Tag. Ich glaube, sie putzte Motelzimmer. Nach ihrer Aussage war das Haus leer, als sie gegen fünf zurückkam. Erst als es dunkel wurde und Savannah weder nach Hause kam noch anrief, fing sie an, sich Sorgen zu machen. Um Mitternacht hielt sie es dann nicht mehr aus und meldete ihre Tochter als vermisst.«

Sie trank ihr Coke aus.

»Ungefähr zwei Tage lang war Brenda sehr kooperativ, aber dann machte sie eine Kehrtwende und beschloss, dass ihre Tochter mit Freunden durchgebrannt sei. Von da an war es, als würde man mit einem tiefgefrorenen Schweinebraten reden. Es war die Ortspolizei von Shallotte, die uns anrief und sich schließlich auch von Savannahs Hausarzt und Zahnarzt die Informationen fürs NCIC besorgte. Das ist normalerweise Aufgabe der Eltern oder des Vormunds.«

»Warum diese Kehrtwende?«

»Wahrscheinlich hatte Dwayne sie bedroht.«

»Was passierte mit ihm?«

»Ungefähr fünf Jahre nach Savannahs Verschwinden bekam Dwayne offenbar Sehnsucht nach den Bergen. Er fuhr hoch zum Chimney Rock, um mit Freunden zu zelten und den 4. Juli zu begießen. Am zweiten Abend fuhr er in die Stadt, um Biernachschub zu holen, kam dabei von der Straße ab und landete in der Hickory Nut Gorge. Er wurde aus dem Auto geschleudert, und der Wagen überrollte ihn. Als man ihn fand, hieß es, der Durchmesser seines Kopfes sei größer gewesen als der seines Ersatzreifens.«

Kate knüllte Tüten und Kartons zusammen, schmiss sie aufs Tablett und schob ihren Stuhl vom Tisch zurück.

»Die Ermittlungen starben mit Dwayne, könnte man sagen«, fuhr sie fort, während sie alles in den Abfallcontainer warf.

Wir verließen das Restaurant und traten auf eine kleine Veranda, wo ein uralter Schwarzer mit *Yankees*-Kappe uns mit dem üblichen »Hey« begrüßte. Er goss Blumen mit einem Gartenschlauch, und der Geruch von nasser Erde und Petunien vermischte sich mit dem Gestank von Frittierfett.

Die Hitze der Nachmittagssonne prallte vom Zement ab und wärmte mir Kopf und Schultern, während wir über den Parkplatz zu Kates Auto gingen. Als wir uns angeschnallt hatten, fragte ich: »Glaubst du, er war es?«

»Ich weiß es nicht, Tempe. Einige Sachen passen nicht zusammen.«

Ich wartete, bis sie ihre Gedanken geordnet hatte.

»Dwayne Osprey hatte ein Alkoholproblem und war hundsgemein, aber die Tatsache, dass er in Shallotte lebte, bedeutete, dass irgendein Kaff seinen Dorftrottel verloren hatte. Ich meine, dieser Kerl war strohdumm. Es leuchtete mir einfach nicht ein, dass dieser Kerl seine Tochter umbringen, ihre Leiche in eine andere Stadt transportieren und dann seine Spuren völlig verwischen konnte. Er hatte einfach nicht die geistigen Voraussetzungen dazu. Außerdem war in dieser Woche viel los.«

»Was zum Beispiel?«

»Jedes Jahr gibt es Mitte Mai in Myrtle Beach eine riesige Motorrad-Rallye. Es ist ein Pflichttermin für die Hells-Angels-Ortsgruppen hier im Süden, und viele Pagans lassen sich ebenfalls sehen. In dieser Woche wimmelte es in der Stadt von Bikern, alles – von Outlaws bis Rubbies.«

»Rubbies?« Im Montrealer Sinn konnte sie es nicht meinen, denn dort bedeutete der Ausdruck Weinsäufer.

»*Rich Urban Bikers*. Geldsäcke aus der Stadt, die gern Motorrad fahren. Und das war der Grund, warum ich zu dem Fall stieß. Mein Chef glaubte, dass es einen Bandenhintergrund geben könnte.«

»Gab es einen?«

»Wir haben nie was gefunden.«

»Und was glaubst du?«

»Mein Gott, Tempe, ich weiß auch nicht. Shallotte liegt genau am Highway 17 nach Myrtle Beach, und an der Straße gibt es dutzende von Motels und Fast-Food-Läden. Bei dem ganzen Verkehr in dieser Woche von und nach South Carolina hätte sie einfach an einen Psychopathen geraten können, der irgendwo für Hühnchen und Kekse Halt gemacht hatte.«

»Aber warum sie gleich umbringen?« Ich wusste, dass die Frage töricht war, kaum dass ich sie gestellt hatte.

»Leute werden erschossen, weil sie zu dicht auffahren, weil sie Rot tragen, wo die blaue Bande herumhängt, weil sie beim falschen Dealer einkaufen. Vielleicht wurde sie umgebracht, nur weil sie eine Brille trug.«

Oder ohne jeden Grund, wie Emily Anne Toussaint.

Zurück im SBI-Labor, breiteten wir den Inhalt der Akte aus und durchforsteten die Dokumente. Medizinische und zahnmedizinische Unterlagen. Telefonaufzeichnungen. Verhaftungsprotokolle. Transkriptionen von Verhören. Handschriftliche Notizen über Beschattungen.

Die Ermittler des SBI und der Polizei von Shallotte waren jeder Spur nachgegangen. Sogar die Nachbarn hatten sich beteiligt. Suchtrupps hatten Teiche, Flüsse und Wälder abgesucht. Alles ohne Ergebnis. Savannah Osprey hatte das Haus verlassen und war verschwunden.

Neun Monate nach Savannahs Verschwinden wurden in Myrtle Beach menschliche Überreste gefunden. Da der Coroner des Horry County eine Verbindung zum Osprey-Fall vermutete, kontaktierte er die Behörden von North Carolina und schickte die Knochen nach Chapel Hill. Im Bericht des Leichenbeschauers wurde eine mögliche Übereinstimmung festgestellt, eine eindeutige Identifizierung jedoch ausgeschlossen. Offiziell blieb Savannah Osprey spurlos verschwunden.

Der letzte Eintrag in der Akte stammte vom 10. Juli 1989. Nach Dwayne Ospreys Tod war seine Frau noch einmal verhört worden.

Brenda blieb bei ihrer Geschichte, dass ihre Tochter durchgebrannt sei.

Kurz nach sieben waren wir mit der Akte fertig. Mein Rücken schmerzte vom gebückten Sitzen, und meine Augen brannten vom mühsamen Entziffern winziger Maschinen- und schlechter Handschrift. Ich war müde, entmutigt, und ich hatte meine Maschine verpasst. Und außerdem so gut wie nichts Neues erfahren. Ein Seufzen von Kate sagte mir, dass sie sich ähnlich fühlte.

»Und jetzt?«, fragte ich.

»Jetzt suchen wir dir erst mal ein Zimmer, dann essen wir nett zu Abend und überlegen uns, wie wir weitermachen sollen.«

Klang wie eine Strategie.

Ich reservierte mir ein Zimmer in einem Red Roof Inn an der Interstate 40 und buchte einen Morgenflug. Dann rief ich Kit an, erhielt aber keine Antwort. Verwundert hinterließ ich ihm eine Nachricht mit der Nummer meines Handys. Danach packten Kate und ich unsere jeweiligen Knochen wieder ein und fuhren die Garner Road hoch zu ihrem Büro.

Das Gebäude, in dem das SBI untergebracht war, stand in starkem Kontrast zu seinem ultramodernen Forensiklabor. Letzteres ist ein Betonhochhaus, das Sterilität und Effizienz verströmt, die Zentrale dagegen ein nur zweistöckiger, vornehmer Backsteinbau mit cremefarbenem Stuck. Umgeben von gepflegten Rasenflächen und mit einer von stattlichen Eichen gesäumten Zufahrtsallee, passt es eher zu dem winzigen Antiquitätenladen direkt gegenüber als zu dem Megalithen weiter unten an der Straße.

Wir parkten an der Zufahrt, holten unsere Pakete aus dem Kofferraum und gingen zu dem Gebäude. Rechts lag eine kreisrunde Hecke mit einer Umrandung aus Ringelblumen und Stiefmütterchen. Drei Stangen erhoben sich in der Mitte der Anlage, wie die Masten eines Rahseglers. Ich hörte das Flattern von Gewebe und das Klirren von Metall, als ein uniformierter Beamter die letzte der Fahnen einholte. Er stand als dunkle Silhouette vor der halben Scheibe einer Sonne, die eben hinter dem Highway Patrol Training Centre versank.

Wir passierten eine Glastür, über der ein Schild mit der Aufschrift *North Carolina Department of Justice, State Bureau of Investigation* prangte. Wir wiesen uns aus und gingen in den zweiten Stock. Wieder einmal schlossen wir unsere Knochen weg, diesmal in einem Schrank in Kates kleinem Büro.

»Was möchtest zu essen?«

»Fleisch«, sagte ich ohne Zögern. »Dunkelrotes, mit echtem Fett marmoriertes Fleisch.«

»Aber wir hatten Cheeseburger zum Mittagessen.«

»Stimmt. Aber ich habe neulich eine Theorie über die Entwicklung vom Neandertaler zum modernen Menschen gelesen. Anscheinend war der Schlüsselfaktor für den Übergang der erhöhte Fettanteil in der Ernährung. Vielleicht bringen ein paar saftige Steaks unsere Denkprozesse wieder auf Touren.«

»Überzeugt.«

Das Rindfleisch erwies sich als gute Idee. Vielleicht lag es aber auch nur daran, dass wir uns nicht mehr mit unscharfer Schrift auf fotokopierten Unterlagen abquälen mussten. Als die Nachspeise kam, waren wir schon bei der zentralen Frage.

Die Knochen aus Montreal waren ohne jeden Zweifel Savannahs. Bei den hier gefundenen Überresten stand ein endgültiges Urteil noch aus. Reiste ein kränkliches sechzehnjähriges Mädchen mit schlechten Augen und einem schüchternen Wesen fünfzehnhundert Meilen nach Norden in ein anderes Land und starb dort? Oder wurden einige, aber nicht alle der Knochen eines toten Mädchens aus Carolina nach Montreal geschafft und dort vergraben?

Wenn Savannah in Montreal ums Leben gekommen war, gehörten die Knochen in Myrtle Beach nicht ihr.

Eine Möglichkeit, die man in Betracht ziehen musste.

Wenn die Knochen aus Myrtle Beach die von Savannah waren, dann war ein Teil des Skeletts bewegt worden.

Ich studierte die Fundortfotos und fand keine Ungereimtheiten. Die Verwesung erschien vereinbar mit einem Zeitraum von neun Monaten und einer Leichenliegezeit, die ausgehend vom Zeitpunkt von Savannahs Verschwinden berechnet war. Im Gegensatz zur

Grube auf dem Gelände der Vipers gab es hier keine Anzeichen für eine Umbettung.

Daraus ergaben sich nun mehrere Möglichkeiten.

Savannah starb in Myrtle Beach.

Savannah starb woanders, und ihre Leiche wurde nach Myrtle Beach geschafft.

Savannahs Leiche wurde zerteilt, und Teile davon wurden entweder nach Myrtle Beach gebracht oder dort gelassen, und der Schädel und die Beinknochen wurden nach Kanada geschafft.

Aber wenn die Leiche mit Absicht zerteilt worden war, warum gab es an den Knochen dann keine Schnittspuren?

Die Schlüsselfrage blieb: Wie kam Savannah, entweder in Teilen oder als Ganzes, tot oder lebendig, nach Quebec?

»Glaubst du, dass man den Fall noch einmal aufrollen wird?«, fragte ich, während wir auf die Rechnung warteten.

»Ich bezweifle es. Alle waren ziemlich überzeugt, dass Dwayne es getan hatte. Die Ermittlungen waren schon lange vor Dwaynes Unfall ziemlich eingeschlafen, aber sein Tod gab ihnen den Rest.«

Ich gab dem Kellner meine Visa-Karte, ohne auf Kates Protest zu achten.

»Was jetzt?«

»Ich sag dir, was ich denke«, entgegnete sie. »Erstens, das war 'ne fiese Nummer mit der Rechnung.«

»Schon gut.« Ich forderte sie mit einer Handbewegung zum Weiterreden auf.

»Savannahs Schädel wurde auf Biker-Besitz in Quebec gefunden.« Sie zählte die Punkte an den Fingern ab.

»Die Vipers sind ein Handlangerclub für die Hells Angels, richtig?«

Ich nickte.

»In der Woche ihres Verschwindens versammelten sich die Angels nur ein Stückchen von Savannahs Heimatort entfernt.«

Ein dritter Finger gesellte sich zu den ersten beiden.

»Ihr Skelett tauchte im Myrtle Beach State Park auf, nur einen Steinwurf vom Partyort entfernt.«

Sie sah mir in die Augen.
»Scheint mir eine nähere Untersuchung wert zu sein.«
»Aber das habt ihr doch getan.«
»Damals hatten wir die Verbindung nach Quebec noch nicht.«
»Was schlägst du vor?«
»Die frühen Achtziger waren eine wilde Zeit für die Biker in Carolina. Nehmen wir uns meine Bandenakten vor und schauen nach, was wir finden.«
»Die reichen so weit zurück?«
»Das Sammeln historischer Informationen gehört zu meinem Aufgabenbereich. Vorausgehende Taten sind oft wichtig bei RICO-Ermittlungen, vor allem alte Morde.«

Sie bezog sich auf den 1970 von Nixon erlassenen *Racketeering Influenced and Corrupt Organizations Act*, ein Gesetz, das sich mit organisiertem Verbrechen, mafiosen Strukturen und Korruption befasst.

»Außerdem wechseln Bandenmitglieder oft die Ortsgruppen, und es ist hilfreich zu wissen, wann wer wo war, wenn man Zeugen sucht. Ich habe Unmengen von Informationen, auch Fotos und Videos.«
»Ich habe die ganze Nacht Zeit«, sagte ich und breitete die Hände aus.
»Dann lass uns einen Blick auf die Bikerszene werfen.«

Und das taten wir auch, bis morgens um fünf Uhr dreiundzwanzig mein Handy klingelte. Der Anruf kam aus Montreal.

19

DIE APPARTEMENTS DU SOLEIL WAREN, im Gegensatz zu ihrem Namen, alles andere als sonnig. Es wäre allerdings schlechtes Marketing gewesen, den Komplex nach seinen wahren Eigenschaften zu benennen. Das Gebäude war dunkel und freudlos, die Fenster starrten vor Schmutz und waren nach Jahrzehnten der Vernachlässigung fast blind. Die winzigen Balkone, die in jedem der drei Stockwerke aus der Fassade ragten, waren mit türkisfarbenem Plastik verkleidet und voll gestellt mit verrosteten Grills, billigen Gartenstühlen, Plastikmülltonnen und diversen Sportgeräten. Auf einem oder zwei standen Blumentöpfe mit braunem und verwelktem Inhalt, den Überresten des letzten Jahres.

Die Heizung des Hauses war allerdings nicht zu beanstanden. An dem Tag, an dem ich in North Carolina losgeflogen war, hatte es der Frühling endlich auch nach Quebec geschafft, und bei meiner Landung meldete der Pilot zwanzig Grad. Jetzt war es noch wärmer, aber die Heizkörper im Soleil arbeiteten unermüdlich weiter, sodass die Temperatur im Innern an die dreißig Grad heranreichte. Die Hitze in Kombination mit dem Verwesungsgestank erregte Übelkeit und verleitete einen dazu, flacher zu atmen.

Von meinem Platz aus konnte ich in jeden der Räume sehen, aus denen die verwahrloste kleine Wohnung bestand. Links lag die Küche, rechts das Wohnzimmer, Schlafzimmer und Bad lagen direkt vor mir. Die Wohnung sah aus, als hätte der Mieter einen Trödelmarkt abgehalten, obwohl Dreck und Gestank wohl auch den eifrigsten Schnäppchenjäger abgeschreckt hätten.

Jede Oberfläche war mit Werkzeugen, Zeitschriften, Taschenbüchern, Flaschen und kaputten Gerätschaften überhäuft, auf dem Boden türmten sich Camping-Ausrüstung, Auto- und Motorradteile, Reifen, Pappkartons, Eishockeyschläger und mit Metallclips verschlossene Plastiktüten. Am hinteren Ende des Wohnzimmers ragte eine Pyramide aus Bierdosen fast bis zur Decke, an die Wände links und rechts davon waren zerrissene und sich aufrollende Poster getackert. Das auf der rechten Seite warb für ein Konzert der Grateful Dead am 17. Juli 1983. Darunter verkündete eine *White Power*-Faust arische Reinheit.

Das oberste Poster an der linken Wand trug den Titel *Le Hot Rod* und zeigte einen Penis mit Ray Bans, eine brennende Zigarette zwischen ihm und den restlichen Genitalien. Auf dem Plakat darunter prangte ein aufgerichteter Phallus und darüber in fetten

Buchstaben das Wort *Astro-Cock*. Das Organ war umringt von den Symbolen des Tierkreises, mit einem schlauen Spruch unter jedem. Ich verkniff es mir, den Spruch unter meinem Sternbild zu lesen.

Soweit ich das erkennen konnte, bestand das nutzbare Mobiliar lediglich aus einem Resopaltisch und einem einzelnen Stuhl in der Küche, einem Doppelbett im Schlafzimmer und einem Lehnsessel im Wohnzimmer. In dem Sessel saß jetzt eine Leiche, der Kopf eine entstellte rote Masse über einem verkohlten Körper. Eingebettet in das Fleisch konnte ich einen zerschmetterten Schädel und Gesichtsknochen erkennen, ein halbes Nasenloch mit einem Schnurrbartteil darunter und ein komplettes Auge. Der Unterkiefer hing schlaff herunter, war aber noch intakt, in der Mundhöhle waren eine purpurn verfärbte Zunge und faulige, braunfleckige Zähne zu sehen.

Irgendjemand hatte bereits Knochensplitter und Hirnmasse eingesammelt und in einem Ziploc-Beutel verstaut. Das Plastiksäckchen lag auf dem Schoß des Mannes, als hätte man ihm den Auftrag gegeben, sein eigenes Hirn zu bewachen. Ein großer Hautfetzen klebte, glatt und glänzend wie der Bauch eines Flussbarsches, am Rand des Sessels.

Der Verstorbene saß vor einem Fernseher, auf dem als Ersatz für die kaputte Antenne ein Drahtkleiderbügel montiert war. Ein verbogenes Ende war auf den Kopf des Toten gerichtet, wie der Finger eines Augenzeugen, der auf seinen Fund zeigt. Niemand hatte sich die Mühe gemacht, das Gerät abzuschalten, und ich hörte Montel mit Männern reden, deren Mütter ihnen die Liebhaber ausgespannt hatten. Ich fragte mich, was die Diskutierenden wohl von diesem grausigen Zuschauer halten würden.

Ein Mann von der Spurensicherung bestäubte auf der Suche nach versteckten Fingerabdrücken die Oberflächen im Schlafzimmer, ein anderer machte dasselbe in der Küche. Eine Frau ging mit einem Camcorder durch die Wohnung, zuerst schwenkte sie langsam durch alle Zimmer und holte sich dann die Gerümpelhaufen für Nahaufnahmen heran. Vor meinem Eintreffen hatte sie dutzende Fotos des Opfers und seiner düsteren Umgebung geschossen.

LaManche war hier gewesen und wieder gegangen. Da die Leiche nicht sehr stark verbrannt und die Verwesung nur mäßig war, wurde ich eigentlich gar nicht gebraucht, aber das war anfangs noch nicht klar gewesen. Erste Berichte sprachen von einer Leiche und einem Feuer, also hatte man mich angerufen und mir ein Beförderungsmittel organisiert. Als schließlich eine solide Lageeinschätzung vorlag, war ich bereits auf dem Rückflug aus Raleigh, und es war am einfachsten, so weiterzumachen wie geplant. Quickwater hatte mich am Flughafen abgeholt und hierher gebracht.

Die Appartements du Soleil lagen südwestlich von Centre-ville, an einer kleinen Straße, die von der Rue Charlevoix nach Osten verlief. Das Viertel, das Pointe-St.-Charles genannt wurde, lag auf der Insel von Montreal, der Mord fiel also in die Zuständigkeit der CUM.

Michel Charbonneau stand am anderen Ende des Zimmers, sein Gesicht war puterrot, und die Haare standen ihm in feuchten Stacheln ab. Er hatte die Jacke ausgezogen, sein Hemdkragen war schweißnass, seine Krawatte hing unter dem geöffneten obersten Hemdenknopf. Auch so gelockert war sie noch viel zu kurz. Ich beobachtete, wie er ein Tuch aus der Hosentasche zog und sich über die Stirn wischte.

Charbonneau hatte mir einmal erzählt, dass er als Teenager auf den Ölfeldern von Texas gearbeitet hatte. Obwohl er dieses Cowboyleben liebte, machte ihm die Hitze so zu schaffen, dass er in seine Heimatstadt Chicoutimi zurückkehrte und schließlich nach Montreal zog, wo er zur Polizei ging.

In diesem Augenblick kam Quickwater aus der Küche. Von dem Opfer war bekannt, dass es Bandenverbindungen hatte, und deshalb wurde die Carcajou hinzugezogen.

Er ging zu Charbonneau, und die beiden schauten einem Team zu, das in der Ecke hinter dem Opfer Blutflecken untersuchte. Ronald Gilbert hielt ein grau-weißes L-förmiges Lineal an die Wand, während ein jüngerer Mann Videoaufnahmen und Fotos machte. Sie wiederholten die Aufnahmen mit einem Senkblei, und dann griff Gilbert zu einer Schublehre und nahm einige Messungen vor.

Er gab die Daten in einen Laptop ein und kehrte dann zu Lineal und Senkblei zurück. Überall war Blut, es sprenkelte Decke und Wände und Gegenstände, die sich vor der Scheuerleiste stapelten. Die beiden sahen aus, als würden sie schon lange arbeiten.

Ich atmete einmal tief durch und ging zu den Detectives.

»*Bonjour. Comment ça va?*«

»Hey, Doc. Wie geht's, wie steht's?« Charbonneaus Englisch war eine komische Mischung aus *québécois* und texanischem Slang, Letzter allerdings ziemlich altmodisch.

»*Bonjour, Monsieur Quickwater.*«

Quickwater drehte sich leicht, schaute verdrossen, weil er mich begrüßen musste, und wandte seine Aufmerksamkeit dann wieder dem Blutspritzerteam zu. Sie filmten eben eine akustische Gitarre, die an einem verrosteten Vogelkäfig lehnte. Zwischen Käfig und Wand klemmte eine Sportkappe, auf einem weinfarbenen Fleck über dem Schild waren die Buchstaben »-c-o-c-k-«, Schwanz, zu erkennen. Ich dachte an die Poster und fragte mich, welche Macho-Botschaft uns das Blutbad erspart hatte.

»Wo ist Claudel?«, fragte ich Charbonneau.

»Verhört gerade einen Verdächtigen, wird aber bald hier sein. Diese Kerle sind schon was ganz Spezielles, nicht?« Seine Stimme war voller Abscheu. »Mit der Moral von Mistkäfern.«

»Ist das eindeutig bandenbezogen?« »Ja. Der Typ, der da drüben nicht besonders gut aussieht, ist Yves Desjardins, Spitzname ›Cherokee‹. Er war ein Predator.«

»Wie passen die ins Bild?«

»Die Predators sind auch ein Handlangerclub der Hells Angels.«

»Wie die Vipers.«

»Genau.«

»Dann steckt hier also die Rock Machine dahinter?«

»Wahrscheinlich. Obwohl Cherokee, soweit ich weiß, seit Jahren nicht mehr aktiv war. Er hatte eine kaputte Leber. Nein. Dickdarmkrebs. Das war's. Nicht überraschend bei dem Zeug, was diese Jungs sich normalerweise einwerfen.«

»Was hatte er getan, um den Gegner zu verärgern?«

»Cherokee hatte so eine Art Ersatzteilhandel.« Als Charbonneau den Arm hob, um durchs Zimmer zu deuten, sah ich einen dunklen Halbmond unter seiner Achsel. »Aber anscheinend waren Kettenräder und Vergaser nicht profitabel genug. Wir haben in der Unterwäscheschublade des großen tapferen Jungen ungefähr zwei Kilo Kokain gefunden. Dürfte ein ziemlich sicheres Versteck gewesen sein, da der Kerl nicht so aussieht, als hätte er je seine Unterhose gewechselt. Auf jeden Fall war das wahrscheinlich der Grund für den Überraschungsbesuch. Aber wer weiß? Vielleicht war es auch eine Vergeltung für den Marcotte-Mord.«

»Spinne.«

Charbonneau nickte.

»Gibt es Hinweise auf ein gewaltsames Eindringen?«

»Im Schlafzimmer ist ein zerbrochenes Fenster, aber so kamen sie nicht herein.«

»Nicht?«

»Die meisten Splitter liegen auf der Straße. Sieht aus, als wäre das Fenster von innen zertrümmert worden.«

»Von wem?«

Er hob die Hände.

»Wie ist dann der Mörder hereingekommen?«

»Er muss ihn hereingelassen haben.«

»Warum sollte er das tun?«

»Cherokee war verschlagen wie ein Pitbull und noch unfreundlicher. Aber er hatte für einen Biker ein ziemlich hohes Alter erreicht und hielt sich jetzt wohl für unsterblich.«

»Bis auf den Krebs.«

»Genau. Aber ich will Ihnen was zeigen.«

Charbonneau ging zu der Leiche, und ich folgte ihm. Näher dran war der Geruch stärker, eine Übelkeit erregende Mischung aus verkohltem Holz, Benzin, Exkrementen und verwesendem Fleisch. Er zog sein Taschentuch heraus und hielt es sich vor die Nase.

»Schauen Sie sich die Tätowierungen an.« Gedämpft.

Cherokees rechte Hand lag in seinem Schoß, der linke Arm hing in merkwürdig verdrehtem Winkel über der Sessellehne, sodass die Finger zum Teppich zeigten. Trotz einer dicken Rußschicht war auf seinem Handgelenk deutlich eine Anordnung von Schädeln zu erkennen. Es waren insgesamt fünfzehn, zu einer Pyramide arrangiert wie die mysteriösen Opfergaben, die man in europäischen Höhlen gefunden hatte. Aber diese Trophäen zeigten Unterscheidungsmerkmale, die es bei unseren Neandertaler-Vorfahren noch nicht gegeben hatte. Dreizehn der Schädel hatten schwarze Augen, zwei rote.

»Die sind wie Kerben an einem Pistolengriff.« Charbonneau nahm das Tuch gerade lange genug vom Mund, um mir diese Erklärung zu geben. »Schwarz bedeutet, dass er einen Mann umgebracht hat, rot eine Frau.«

»Ziemlich blöd, für so was auch noch Reklame zu machen.«

»Schon, aber unser Junge hier gehörte noch zur alten Schule. Heutzutage hören sie mehr auf ihre Anwälte.«

Ausgehend vom Grad der Aufblähung und Hautablösung, schätzte ich, dass das Opfer schon einige Tage tot war.

»Wie wurde er gefunden?«

»Wie üblich. Ein Nachbar beschwerte sich über einen fauligen Geruch. Erstaunlich, dass das in diesem Dreckloch überhaupt jemand bemerkt.«

Ich sah mir die Leiche noch einmal an. Abgesehen von den schlechten Zähnen und dem Schnurrbart, war nicht mehr festzustellen, wie der Mann ausgesehen hatte. Was von seinem Kopf noch übrig war, lehnte am Sesselrücken, der Stoffbezug darum herum war dunkel verfärbt. In der Fleischmasse, die sein Gesicht gewesen war, konnte ich Schrotkugeln erkennen.

»Wie gefallen Ihnen die Spezialeffekte?«

Charbonneau deutete auf einen kleinen Fransenteppich unter den Füßen des Opfers. Er war stark verkohlt, genau wie die Unterseite des Sessels. Cherokee selbst war rauchgeschwärzt, und seine baumelnde linke Hand, der Saum seiner Jeans und die Stiefel waren angesengt. Aber darüber hinaus gab es kaum Brandschäden.

Vor dem Stuhl war ein Feuer entzündet worden, und der noch in der Luft hängende Benzingeruch deutete auf die Verwendung eines Brandbeschleunigers hin. Die Flammen hatten die Leiche vermutlich eingehüllt, waren dann aber aus Mangel an brennbarem Material ausgegangen. Zu der Zeit waren die Mörder schon längst verschwunden.

Charbonneau nahm sein Taschentuch wieder vom Gesicht.

»Typische Biker-Scheiße. Opfer erschießen und die Leiche dann abfackeln. Nur hat dieses Team sein Brandstiftereinmaleins anscheinend nicht gelernt.«

»Warum sollte dieser Typ einfach so die Tür öffnen, wenn er auf fremdem Terrain Koks verkauft?«

»Vielleicht hatte sein Krebs sich schon ins Hirn gefressen. Vielleicht war er high. Vielleicht litt er an der Wahnvorstellung, alles wäre ganz normal. Mein Gott, wer weiß schon, wie die denken. Oder ob sie denken.«

»Hätte es sein eigener Club sein können?«

»Ist auch schon vorgekommen.«

In diesem Augenblick kam Claudel zurück, und Charbonneau entschuldigte sich, um zu seinen Kollegen zu gehen. Ich war zwar neugierig auf den Verdächtigen, den er verhört hatte, doch da ich es nicht mit dem vereinten Catcherteam Claudel-Quickwater aufnehmen wollte, ging ich ans andere Ende des Zimmers und beobachtete weiter die Blutspritzeranalytiker.

Inzwischen waren sie mit der westlichen Wand fertig und wandten sich der nördlichen zu.

Obwohl ich so weit wie möglich von der Leiche entfernt stand, wurde der Geruch im Zimmer allmählich unerträglich. Und Charbonneau hatte Recht. Die Leiche war nur ein Bestandteil des Ekel erregenden Cocktails aus Moder, Motorenöl, schalem Bier, Schweiß und Jahren schlechten Kochens. Ich konnte mir kaum vorstellen, dass in einem solchen Gestank überhaupt jemand hatte leben können.

Ich schaute auf die Uhr. Zwei Uhr fünfzehn. Ich dachte allmählich an ein Taxi und drehte mich dem Fenster in meinem Rücken zu.

Cherokees Wohnung lag im erhöhten Erdgeschoss, sein Balkon war keine zwei Meter über dem Bürgersteig. Durch die schmutzigen Scheiben sah ich die gewohnte Armada aus Streifenwagen, Transportern und zivilen Fahrzeugen. Nachbarn standen in Gruppen herum oder starrten von den kleinen Balkonen der umliegenden Häuser herüber. Pressefahrzeuge und Übertragungswagen vergrößerten das Durcheinander auf der schmalen Straße noch.

Der Leichenwagen fuhr vor, als ich eben den Blick über das Gewirr schweifen ließ, zwei Männer sprangen heraus, öffneten die Hintertüren und zogen eine Bahre heraus. Sie klappten die Räder nach unten und rollten die Bahre den kurzen Zuweg zum Hauseingang hinauf, wobei sie immer wieder schlammigen Furchen und wassergefüllten Pfützen ausweichen mussten. Ein irisierender Film glänzte auf den Wasseroberflächen. Hübsch. Der Vorgarten der Appartements du Soleil.

Sekunden später klopfte das Transportteam an die Tür. Claudel ließ sie ein und ging dann wieder zu seinen Kollegen. Ich wappnete mich und gesellte mich ebenfalls zu den Detectives. Claudel unterbrach seinen Bericht über das Verhör des Hauptverdächtigen nicht.

»Ihr haltet das da an der Wand für eine Sauerei?« Claudel deutete in die nordwestliche Ecke, wo das Spurensicherungsteam noch immer Blutflecken vermaß und filmte. »Die Jacke des Typen sieht aus, als hätte er sie im Schlachthaus eines Viehhofs getragen. Natürlich hat der kleine Kakerlak nicht mal genug Hirn, um einer Motte die Flügel auszureißen.«

»Warum hat er sie behalten?« Charbonneau.

»Er war vermutlich zu geizig, um sich von dem Lederding zu trennen. Und er dachte sich, dass wir nie auf ihn kommen würden. Aber er hatte sich die Zeit genommen, sie abzuwischen und unter dem Bett zu verstecken, nur für alle Fälle.«

»Er wurde Montagnacht hier gesehen?«

»Kurz nach Mitternacht.«

»Das passt zu LaManches geschätztem Todeszeitpunkt. Was für eine Geschichte erzählt er?«

»Er hat Schwierigkeiten, sich zu erinnern. Wie's aussieht, trinkt George ein bisschen.«

»Irgendwelche Verbindungen zum Opfer?«

»George hängt seit Jahren bei den Heathens herum. Sie lassen ihn fahren und ein bisschen Gras verscherbeln, und deshalb hält er sich für eine große Nummer. Aber er steht in der Hierarchie so tief unten, dass er zum Atmen einen Schnorchel braucht.«

Einer der Leichentransporteure rief Claudel etwas zu, und der Detective gab ihm mit einer Geste sein Okay. Der andere faltete einen Leichensack auf und legte ihn auf die Bahre, während sein Kollege eine braune Papiertüte über Cherokees linke Hand schob.

Ich sah Claudel an und wunderte mich, wie unpassend er in dieser Umgebung wirkte. Seine Stirn war absolut trocken, seine Frisur saß perfekt, und seine Bügelfalten waren scharf wie Rasierklingen. Ein Tüpfelchen Armani in einem Albtraum.

»Vielleicht sah er diesen Mord als Sprung nach oben?«, sagte Charbonneau.

»Sicher. Aber George Dorsey wird jetzt ziemlich lange überhaupt keine großen Sprünge mehr machen.« Claudel.

»Haben wir genug, um ihn festzuhalten?« Quickwater.

»Wenn's sein muss, halte ich ihn unter dem Verdacht des öffentlichen Spuckens fest. Meine Quellen erzählen mir, Dorsey habe in letzter Zeit gestreut, dass er Arbeit suche und dass ihm alles recht sei. Wir hatten ihn schon wegen eines anderen Mordes in der Mangel, und deshalb habe ich sein Bild herumgezeigt. Ein Zeuge sah ihn hier zum Zeitpunkt des Anschlags, und als ich bei ihm vorbeischaute, um ihn deswegen zu befragen, fand ich Dorseys Oberbekleidung blutverschmiert. Ist das genug Dreck am Stecken?«

In diesem Augenblick fing Claudels Funkgerät an zu knistern. Er ging ein paar Schritte in Richtung Tür, sagte etwas in die Sprechmuschel und winkte dann Quickwater zu sich. Die beiden Männer unterhielten sich kurz, dann wandte Quickwater sich an Charbonneau und deutete auf mich und dann auf die Tür. Als Charbonneau ihm den hochgereckten Daumen zeigte, winkte Quickwater und verschwand, während Claudel wieder zu uns kam.

Toll. Man hatte mich übergangen wie eine kleine Schwester.

Es gibt zwei Gefühle, die mich aufregen: das Gefühl, in der Falle zu sitzen, und das Gefühl, nutzlos zu sein. Beides empfand ich jetzt, und es machte mich unruhig.

Und etwas am Tatort bereitete mir Kopfzerbrechen. Ich wusste zwar, dass ich hier nicht in meinem Element war, aber ich musste immer wieder an die Dias denken, die ich in der Carcajou-Zentrale gesehen hatte. Was ich hier sah, passte irgendwie nicht.

Zum Teufel. Ich hatte nicht darum gebettelt, hierher kommen zu dürfen.

»Weicht das nicht ein bisschen von ihrer normalen Beseitigungsmethode ab?«

Claudel wandte sich mir zu, und sein Gesicht zeigte den gewohnten verkniffen-unterkühlten Ausdruck.

»Wie bitte?«

»Passt die Schrotflinte wirklich zur Vorgehensweise der Biker? Und das verpatzte Feuer?«

Charbonneau zog eine Augenbraue hoch und zuckte die Achseln. Claudel sagte nichts.

»Das hier wirkt irgendwie so schlampig«, fuhr ich fort, weil ich mich nicht davon abbringen lassen wollte, meinen Beitrag zu leisten. »In den Fällen, die ich untersucht habe, waren die Mörder immer ziemlich gründlich.«

»So was kommt schon mal vor«, sagte Charbonneau. »Vielleicht wurde der Täter gestört.«

»Ich schätze, darauf will ich hinaus. Forschen die Biker ihre Opfer nicht aus und suchen sich dann einen Tatort, bei dem sie wissen, dass sie ungestört sind?«

»Bei einem toten Biker, der sich auf eigene Faust im Drogenhandel betätigt hat, brauchen wir nicht das Gemeindeverzeichnis der Unitarier-Kirche durchzusehen, um unseren Mörder zu finden.« Claudels Stimme klang kühl.

»Wir brauchen aber auch nicht unser Hirn zu verrammeln, sobald die erste Theorie hineingeschlüpft ist«, erwiderte ich sarkastisch.

Claudel warf mir einen Blick zu, der besagte, dass ich seine Geduld auf eine unendlich harte Probe stellte.

»Sie sind vielleicht sehr gut im Ausgraben von Leichen und im Vermessen von Knochen, Ms. Brennan. Aber diese Fähigkeiten sind für diese Mordermittlung nicht von zentraler Bedeutung.«

»Es ist ziemlich schwierig, einen Mörder zu finden, wenn man nicht weiß, wer ermordet wurde, Monsieur Claudel. Werden *Sie* sein Gesicht wieder zusammensetzen?« Mein Gesicht glühte vor Wut.

»Das dürfte hier nicht nötig sein. Die Fingerabdrücke sollten reichen.«

Ich wusste das, aber Claudels Arroganz brachte mich immer wieder auf die Palme.

Charbonneau verschränkte die Arme und blies geräuschvoll die Luft aus.

Claudel schaute auf die Uhr, und ich sah einen goldenen Manschettenknopf aufblitzen. Dann ließ er den Arm wieder sinken.

»Sergeant-Detective Charbonneau und ich fahren Sie in Ihr Büro.« Seine Stimme deutete an, dass er nicht vorhatte, im Augenblick noch weiter über den Fall zu reden.

»Vielen Dank.«

Wir durchquerten das Zimmer, und ich warf noch einen letzten Blick auf den Sessel, in dem Yves »Cherokee« Desjardins gestorben war. Er war jetzt leer, aber ein portweinfarbiger Fleck markierte die Stelle, wo sein Kopf gelegen hatte. Dünne dunkle Sicheln liefen links und rechts herunter, wie die Fangzähne eines zum Zuschlagen bereiten Raubtiers.

Claudel hielt die Tür auf, und ich trat in den Gang, griff nach meinen Taschen und umklammerte die Griffe so fest, dass meine Fingernägel in die Handballen stachen. Ich war noch immer wütend über Claudels Überheblichkeit, und als ich an ihm vorbeirauschte, konnte ich mir eine letzte Stichelei nicht verkneifen.

»Wie Sie wissen, Monsieur Claudel, bin ich die Verbindungsfrau meines Instituts zur Carcajou. Sie sind verpflichtet, mir Ideen und Informationen mitzuteilen, ob Sie es wollen oder nicht, und genau das erwarte ich von Ihnen.«

Damit marschierte ich den Gang hinunter und trat hinaus ins Sonnenlicht.

20

OBWOHL WIR DURCH HELLEN SONNENSCHEIN FUHREN, waren meine Gedanken düster. Ich hatte mich für die Carcajou-Einheit gemeldet, um bei der Aufklärung des Mordes an Emily Anne zu helfen, nicht um Mitglied im Allgemeinen Mörderfängerclub zu werden. Ich saß im Fond, und meine Gedanken sprangen zwischen Yves »Cherokee« Desjardins und Savannah Claire Osprey hin und her, Opfer, die so verschieden waren wie Charlie Manson und die Zuckerfee.

Aber Savannah war nicht mit Ariel oder Puck davongetanzt, und ich konnte das Bild von dem spinnenbeinigen Mädchen in dem schlabberigen Badeanzug nicht abschütteln. Immer wieder fragte ich mich, in welches giftige Netz sie sich hatte locken lassen.

Außerdem verfolgte mich die grausige Szene, die wir eben verlassen hatten. Obwohl das dynamische Duo auf den Vordersitzen davon überzeugt war, dass der Mord an Cherokee auf das Konto von Bikern ging, passte irgendetwas nicht so recht ins Bild. Es war zwar wirklich nicht mein Aufgabengebiet, aber das unbehagliche Gefühl blieb und spornte mein Gehirn zum Nachdenken an.

Savannah und Cherokee. Cherokee und Savannah. Und Ronald und Donald Vaillancourt, Robert Gately und Félix Martineau. Und Emily Anne Toussaint, das kleine Mädchen, das getanzt und geskatet und Waffeln geliebt hatte. Diese Menschen schienen nichts miteinander zu tun zu haben, die einzige Verbindung war posthumer Art, erzeugt in den Akten der Mordermittlung.

Keiner sagte etwas. Hin und wieder knisterte das Funkgerät, wenn es, unermüdlich in seiner Wachsamkeit für polizeiliche Angelegenheiten, die Kanäle absuchte.

Im Ville-Marie-Tunnel steckten wir kurz im Stau in Richtung Berri fest. Ich sah mir den Strom von Autos an, die in die Altstadt fuhren, und wurde plötzlich wieder melancholisch. Warum saß ich hier fest mit Mister Mürrisch und seinem Partner, den Knochen eines toten Mädchens zu meinen Füßen und den Bildern von verstümmelten Bikern in meinem Kopf? Warum war ich nicht unterwegs zum Place Jacques Cartier und dachte an nichts anderes als an Abendessen, Tanzen oder Drinks mit einem Geliebten?

Aber mit den Freuden des Trinkens konnte ich nicht umgehen.

Und ich hatte keinen Geliebten.

Ryan.

Schieb es weg, Brennan. Diese Gedanken führen dich nur von Melancholie zu Depression. Es ist nun einmal so, dass du dir dieses Leben ausgesucht hast. Du könntest deine Knochenanalyse auf archäologische Ausgrabungen beschränken und deine professionellen Kommentare auf Lehrbücher oder Hörsäle, wo du redest und die anderen zuhören. Du hast es so gewollt, und du hast es so bekommen, also hör auf zu grübeln und mach deine Arbeit.

Als Charbonneau vor dem SQ-Gebäude anhielt, sagte ich kurz danke, knallte die Tür zu und ging den Block hoch zum Haupteingang. Bevor ich zum Ende des schmiedeeisernen Zauns kam, klingelte mein Handy, und ich stellte die Sporttasche auf den Bürgersteig und fischte den Apparat aus meiner Handtasche.

»Tante Tempe?«

»Hallo, Kit.«

Ich war erleichtert und verärgert zugleich, als ich seine Stimme hörte. Obwohl ich seit meinem Abflug mehrmals angerufen hatte, hatte Kit sich kein einziges Mal gemeldet.

»Hast du meine Nachrichten bekommen?«

»Ja. Schlechtes Timing. Ich war unterwegs, und als ich heimkam, bin ich gleich ins Bett. Ich dachte, du willst nicht, dass ich noch so spät anrufe.«

Ich wartete.

»Ich war mit Lyle zusammen.«

»Zwei Tage lang?«

»Der Typ ist okay.«
»Okay?«
»Wir waren in diesem Motorradladen. Mann, er hat wirklich nicht übertrieben. Die haben mehr Zeug als die Scheiß-Harley-Fabrik selber. Ups. 'tschuldigung.«
»Mhm.«
Ich stellte die Aktentasche neben die Sporttasche und ließ die Schulter kreisen, um eine Verspannung zu lösen. Hip-Hop dröhnte aus einem Caravan auf der gegenüberliegenden Seite der Parthenais. Der Fahrer saß zur Seite gedreht da, einen Arm hatte er um das Lenkrad gelegt, mit der anderen Hand trommelte er auf die Rückenlehne.
»Ich bin um sechs zu Hause«, sagte ich zu Kit. »Sag mir, was du magst, und ich zaubere uns was zum Abendessen.«
»Das ist der Grund, warum ich anrufe. Lyle hat versprochen, er nimmt mich heute Abend ins Fernsehstudio mit, damit ich mir anschauen kann, wie sie die Show machen.«
Ein Mann trat aus einem Wohnblock auf der gegenüberliegenden Straßenseite und schlich, eine Zigarette im Mundwinkel, die Stufen hinunter. Seine Haare sahen aus, als wäre er einer Explosion zu nahe gekommen. Einige standen in Büscheln ab, andere klebten strähnig an seinem Kopf. Er trug eine Jeansweste, die so heftig tätowierte Arme freiließ, dass sie aus der Entfernung blau wirkten.
Der Mann nahm einen tiefen Zug, während er die Straße absuchte. Sein Blick fiel auf mich, und er kniff die Augen zusammen wie ein Terrier, der eine Ratte ins Visier nimmt. Zwei Rauchschwaden quollen aus seiner Nase, dann schnippte er die Kippe weg, ging über den Bürgersteig und stieg zu dem Musikfreund in den Caravan. Als die beiden davonfuhren, fröstelte ich trotz der wärmenden Nachmittagssonne.
»— jemals selber gesehen?«
»Was?«
»Die Nachrichten? Warst du schon einmal dabei, wenn sie so eine Sendung machen?«
»Ja. Das ist sehr interessant.«

»Also wenn du nichts dagegen hast, würde ich wirklich gern hingehen.«

»Klar. Das wird bestimmt lustig. Und ich bin sowieso ziemlich fertig.«

»Hast du herausgefunden, wer sie ist?«

Bei dem Gedankensprung kam ich nicht mit.

»Das Mädchen? War sie die, die du dachtest?«

»Ja.«

»Cool. Kann ich es Lyle erzählen?«

»Es ist noch nicht offiziell. Warte lieber, bis der Coroner ihren Namen veröffentlicht.«

»Kein Problem. Dann bis später.«

»Okay.«

»Bist du sicher?«

»Kit, es ist wirklich in Ordnung. Ich habe schon von tafferen Männern als dir einen Korb gekriegt.«

»Autsch. Schlag mich, wo's wehtut.«

»Bis dann.«

Lyle Crease. Hatte dieser Bastard vor, meinen Neffen zu benutzen, um an Informationen zu kommen, die er von mir nicht erhielt?

Oben in meinem Büro verstaute ich Savannahs Überreste in meinem Indizienschrank und gab Denis, dem Histologietechniker, einen Satz Knochenproben. Mit einem Mikrotom würde er Scheibchen von weniger als hundert Mikron Stärke abschneiden, sie einfärben und für die Analyse auf Objektträger legen.

Den andern Satz brachte ich in die DNS-Abteilung. Weil ich schon einmal dort war, erkundigte ich mich nach dem Augapfel. Während ich wartete, spürte ich, wie die Verspannung mir langsam den Hinterkopf hochwanderte, und ich rieb mir den Nacken.

»Kopfweh?«, fragte die Technikerin, als sie zurückkam.

»Ein bisschen.«

Die Ergebnisse lagen noch nicht vor.

Als Nächstes ging ich zu LaManche. Er unterbrach mich nicht, als ich ihm von meinem Treffen mit Kate berichtete und ihm die Fotos und Kopien der Krankenhausberichte zeigte.

Als ich fertig war, nahm er seine Brille ab und massierte sich die beiden roten Ovale auf seinem Nasenrücken. Als er sich schließlich zurücklehnte, zeigte sein Gesicht keine der Emotionen, die die Konfrontation mit dem Tod normalerweise hervorruft.

»Ich rufe das Büro des Coroners an.«

»Danke.«

»Haben Sie die Sache schon mit den Carcajou-Leuten besprochen?«

»Ich habe es Quickwater gesagt, aber im Augenblick sind alle zu sehr mit dem Desjardins-Mord beschäftigt.«

Das war eine Untertreibung. Als ich es Quickwater im Auto berichtet hatte, hatte er kaum zugehört.

»Ich rede morgen mit Roy«, fügte ich hinzu.

»Und der Agent in North Carolina glaubt, dass dieses Kind von Bandenmitgliedern ermordet wurde?«

»Kate Brophy. Sie hält es für durchaus wahrscheinlich.«

»Weiß sie etwas über Verbindungen zwischen Quebec und den Myrtle-Beach-Banden?«

»Nein.«

LaManche atmete tief ein und wieder aus.

Als ich meinem Chef jetzt gegenübersaß, seinem präzisen Französisch zuhörte und hinter ihm den St. Lawrence sah, musste ich mir eingestehen, dass die Carolina-Theorie sogar für mich bizarr klang. Was in Raleigh so einleuchtend erschienen war, wirkte jetzt wie die Erinnerung an einen Traum, in dem ich Wirklichkeit und Phantasie nicht auseinander halten konnte.

»Wir mussten abbrechen, als ich den Anruf wegen Cherokees verkohlter Leiche erhielt, aber Agent Brophy hat mir Unmengen von Material aus den SBI-Akten zur Verfügung gestellt, darunter auch Fotos. Morgen bringe ich das alles zur Carcajou, und dann werden wir mal sehen, was sich ergibt.«

LaManche setzte seine Brille wieder auf.

»Es kann sein, dass dieses Skelett in Carolina nichts mit Ihren Überresten zu tun hat.«

»Ich weiß.«

»Wie schnell kriegen wir die DNS-Ergebnisse?«

Ich verkniff es mir, die Augen zu verdrehen, aber ich bin mir sicher, das man die Frustration in meiner Stimme hörte.

»Sie sind überlastet wegen der zerbombten Zwillinge und wollten mir keinen Termin nennen.« Ich erinnerte mich noch an den Blick, den die Technikerin mir zugeworfen hatte, als sie Savannahs Todesdatum auf dem Formular sah. »Und wie Sie schon gesagt haben, es ist nicht gerade ein neuer Fall.«

LaManche nickte.

»Aber es ist ein ungelöster Todesfall, und die Überreste wurden in Quebec gefunden, und deshalb behandeln wir es als Mord. Hoffentlich verfährt die SQ genauso«, sagte er.

In diesem Augenblick klingelte das Telefon. LaManche hob ab, und ich sammelte meine Papiere zusammen. Als er das Gespräch beendet hatte, sagte ich: »Der Cherokee-Fall passt irgendwie nicht zur Vorgehensweise der Biker, aber wer weiß, warum die Leute töten.«

Während er mir antwortete, schrieb LaManche, in Gedanken offensichtlich noch immer bei dem Telefonat, etwas auf einen kleinen gelben Block. Oder vielleicht dachte er auch, ich redete von etwas anderem.

»Monsieur Claudel kann gelegentlich etwas barsch sein, aber am Ende macht er es schon richtig.«

Was meinte er nur damit?

Bevor ich fragen konnte, klingelte das Telefon schon wieder. LaManche griff nach dem Hörer, hörte kurz zu und drückte ihn sich dann an die Brust.

»Gibt es sonst noch etwas?«

Eine höfliche Entlassung.

Ich war so beschäftigt mit LaManches Bemerkung über Claudel, dass ich beinahe mit Jocelyn, der Aushilfe, zusammengestoßen wäre, als ich sein Büro verließ und zu meinem ging. Sie trug große, mit Perlen verzierte Reifen in ihren Ohren, und die Strähnchen in ihren Haaren hatten jetzt die Farbe von Usambaraveilchen.

Während wir einander umkreisten und unsere Papierstapel neu ausbalancierten, war ich aufs Neue verblüfft, wie bleich ihre Haut war. Im grellen Neonlicht wirkten ihre Unterlider pflaumenfarben und ihre Haut so weiß wie die Innenseite einer Zitronenschale. Es fiel mir ein, dass sie vielleicht Albino war.

Aus irgendeinem Grund fühlte ich mich verpflichtet, mit ihr zu reden.

»Wie geht's denn, Jocelyn?«

Sie starrte mich mit einem Blick an, den ich nicht interpretieren konnte.

»Ich hoffe nur, Sie fühlen sich bei uns nicht zu sehr überlastet.«

»Ich schaffe die Arbeit.«

»Natürlich. Ich meine nur, dass es doch schwer sein muss, wenn man irgendwo neu ist.«

Sie öffnete eben den Mund, um etwas zu sagen, als eine Sekretärin aus einem der angrenzenden Büros trat. Jocelyn eilte den Gang hinunter.

Mein Gott, dachte ich. Ein Schnellkurs in Charme würde der auch nicht schaden. Sie sollte sich mit Quickwater zusammentun, vielleicht wird's im Paket ja billiger.

Den Rest des Nachmittags brachte ich damit zu, die Nachrichtenzettel auf meinem Schreibtisch durchzugehen. Anrufe der Medien ignorierte ich, Behördenanfragen beantwortete ich.

Ich überflog eine Anfrage von Pelletier, dem ältesten Pathologen im Institut. Ein Hausbesitzer in Outremont hatte in seinem Keller ein Loch gegraben und dabei Knochen gefunden. Die Überreste waren alt und spröde, aber Pelletier war sich nicht sicher, ob sie menschlich waren.

Nichts Dringendes.

Nachdem mein Schreibtisch einigermaßen aufgeräumt war, fuhr ich nach Hause und verbrachte wieder einmal einen rauschenden Abend in der ältesten französischen Stadt Nordamerikas.

Pizza. Badewanne. Baseball.

Birdie blieb bis zum achten Inning und rollte sich dann auf dem Bett im Gästezimmer zu einem Knäuel zusammen. Als ich um viertel nach elf in mein Bett ging, streckte er sich und zog auf meinen Schlafzimmersessel um.

Ich schlief fast sofort ein und träumte wirres, sinnloses Zeug. Kit winkte von einem Boot, Andrew Ryan stand an seiner Seite. Isabelle servierte Abendessen. Ein kopfloser Cherokee Desjardins hob mit einer Pinzette Fleischfetzen auf und steckte sie in eine Tüte.

Als Kit nach Hause kam, wachte ich kurz auf, war aber zu müde, um Hallo zu sagen. Er wurschtelte noch immer in der Küche herum, als ich wieder wegdöste.

Am nächsten Morgen sah ich mir gerade Pelletiers Knochen an, als Denis in mein Labor kam.

»*C'est la vedette!*«

Der Star? O nein.

Er schlug ein Exemplar von *Le Journal de Montréal* auf und deutete auf ein Foto, das mich auf dem Clubgelände der Vipers zeigte. Daneben stand ein kurzer Artikel, in dem die Entdeckung von Gately und Martineau rekapituliert und dann der Coroner mit den Worten zitiert wurde, bei dem geheimnisvollen dritten Skelett handle es sich um die sechzehnjährige Savannah Claire Osprey, eine Amerikanerin, die seit 1984 vermisst werde. Die Bildunterschrift bezeichnete mich als Angehörige der Carcajou-Einheit.

»*C'est une promotion ou une réduction?*«

Ich lächelte, fragte mich, ob Quickwater und Claudel den Irrtum als Beförderung oder Degradierung betrachten würden, und machte mich dann wieder an die Knochen. Bis jetzt hatte ich zwei Lammkoteletts, einen Rinderbraten und mehr gegrillte Hähnchen, als ich eigentlich zählen wollte.

Um zehn war ich mit den Knochen fertig und hatte einen detaillierten Bericht geschrieben, in dem ich ausführte, dass die Knochen nicht menschlich waren.

Ich brachte den Bericht ins Sekretariat, kehrte dann in mein Büro zurück und rief in der Carcajou-Zentrale an. Jacques Roy war in einer Besprechung und würde erst am späten Nachmittag wieder verfügbar sein. Ich hinterließ Namen und Telefonnummer. Ich versuchte es bei Claudel und hinterließ dieselbe Nachricht. Charbonneau. Selber Name, selbe Nummer. Bitte ruft an. Ich überlegte, ob ich sie anpiepsen sollte, sah dann aber ein, dass es so dringend auch wieder nicht war.

Frustriert drehte ich mich in meinem Stuhl herum und schaute auf den Fluss hinaus.

Die Mikrostruktur der Knochen aus Myrtle Beach konnte ich nicht untersuchen, weil die Objektträger noch nicht präpariert waren. Nur Gott wusste, wann ich die DNS-Ergebnisse bekommen würde oder ob überhaupt noch etwas vorhanden war, das man sequenzieren konnte.

Und jetzt?

LaManche war unten und führte die Autopsie von Cherokee durch. Ich konnte ja vorbeischauen und so vielleicht meine Zweifel in Bezug auf diesen Mord beseitigen.

Nein. Die Vorstellung, noch einen auf dem Autopsietisch ausgebreiteten Biker zu untersuchen, begeisterte mich nicht gerade.

Ich beschloss, das Material zu sortieren, das Kate mir gegeben hatte. Ich war so überstürzt aufgebrochen, dass ich es noch nicht durchgegangen war. Wir hatten nur schnell das Wichtigste zusammengesucht und in meine Aktentasche gestopft, dann hatte ich die Überlassungspapiere unterschrieben und war davongeeilt, um meine Maschine zu erreichen.

Ich leerte die Tasche auf meinen Schreibtisch und stapelte die Fotos links und die Aktendeckel rechts. Dann nahm ich einen braunen Umschlag zur Hand, schüttelte die Fotos auf meine Schreibtischunterlage und drehte eins um. Auf der Rückseite war es mit Datum, Ort, Ereignis, Namen und mehreren Aktenzeichen beschriftet.

Ich drehte das Foto wieder auf die Vorderseite und starrte in das Gesicht von Martin »Deluxe« DeLuccio, auf Film verewigt am 23. Juli 1992 während einer Rallye nach Wilmington, North Carolina.

Die Augen des Abgebildeten waren versteckt hinter einer Sonnenbrille mit Gläsern von der Größe eines Vierteldollars, ein zusammengerolltes Tuch umspannte seinen Kopf. Seine Jeansweste trug den grinsenden Schädel und die gekreuzten Kolben des Outlaw Motorcycle Clubs. Das untere Banner identifizierte den Träger als Mitglied der Ortsgruppe Lexington.

Das Gesicht des Bikers wirkte aufgedunsen, er hatte ein Doppelkinn, und unter der Weste wölbte sich ein dicker Bauch. Er saß auf einer schweren Maschine, ein Michelob-Bier in der linken Hand und einen leeren Ausdruck im Gesicht. Deluxe sah aus, als müsste man ihm erklären, wie man Toilettenpapier benutzt.

Ich nahm mir eben das nächste Foto vor, als das Telefon klingelte. So legte ich Eli »Robin« Hood neben Deluxe und hob ab, weil ich hoffte, dass es Roy war.

Er war es nicht.

Eine heisere Stimme fragte nach mir und ließ dabei zwar das lange »e« am Ende meines Vornamens weg, sprach aber meinen Nachnamen korrekt aus. Der Mann war ein Fremder und offensichtlich anglophon. Ich antwortete auf Englisch.

»Hier spricht Dr. Brennan.«

Es gab eine lange Pause, in der ich Klirren hören konnte und etwas, das klang wie eine öffentliche Durchsage.

»Hier spricht Dr. Brennan«, wiederholte ich.

Ich hörte Räuspern, dann Atmen. Schließlich sagte eine Stimme: »Hier George Dorsey.«

»Ja.« Ich durchforstete mein Gedächtnis, aber der Name sagte mir nichts.

»Sind Sie diejenige, die diese Leichen ausgebuddelt hat?«

Der Klang war dumpf geworden, als hätte George Dorsey die Hand über die Sprechmuschel gelegt.

»Ja.« Jetzt geht's los.

»Ich habe Ihren Namen heute in der Zeitung ge-«

»Mr. Dorsey, wenn Sie Informationen über diese Personen haben, sollten Sie mit den ermittelnden Beamten sprechen.«

Sollten sich doch Claudel oder Quickwater mit dem postmedialen Zirkus herumschlagen.

»Sind Sie nicht bei der Carcajou?«

»Nicht in dem Sinne, wie Sie glauben. Der ermittelnde Beamte –«

»Dieser Wichser hat den Kopf so weit in seinem eigenen Arsch, dass er ein Sonar braucht, um ihn zu finden.«

Das ließ mich aufhören.

»Haben Sie mit Constable Quickwater gesprochen?«

»Ich kann mit keiner Sau reden, solange dieser Trottel Claudel mich bei den Eiern hat.«

»Wie bitte?«

»Dieses Arschloch möchte Karriere machen, und deshalb hocke ich hier und fresse Scheiße.«

Einen Augenblick lang sagte keiner etwas. Der Anruf klang, als würde er aus einer Tiefseetauchkugel kommen.

»Er stoppelt wahrscheinlich nur was für CNN zusammen.«

Allmählich wurde ich ungeduldig, aber ich wollte es mir nicht verbauen, an Informationen zu kommen, die vielleicht nützlich sein konnten.

»Rufen Sie wegen der in St. Basile geborgenen Skelette an?«

Ich hörte, wie Schleim hochgezogen wurde, und dann: »Scheiße, nein.«

In diesem Augenblick erinnerte ich mich wieder an den Namen. George Dorsey war der Verdächtige, den Claudel eingesperrt hatte.

»Wurden Sie schon angeklagt, Mr. Dorsey?«

»Nein, verdammt.«

»Warum werden Sie festgehalten?«

»Sie haben mich mit sechs Einheiten Meth geschnappt.«

»Warum rufen Sie mich an?«

»Weil von diesen anderen Arschlöchern keiner zuhört. Ich habe Cherokee nicht umgelegt. Das war eine Stümperarbeit.«

Ich spürte, wie mein Puls sich beschleunigte.

»Wie meinen Sie das?«

»Das waren keine Brüder, die klar Tisch gemacht haben.«

»Wollen Sie damit sagen, dass der Mord an Cherokee nicht bandenbezogen war?«

»Volltreffer.«
»Wer hat ihn dann getötet?«
»Schieben Sie Ihren Arsch hier rüber, und ich verklicker es Ihnen.«
Ich sagte nichts. In der Stille klang Dorseys Atmen sehr laut.
»Ich wüsste nicht, warum ich Ihnen trauen sollte.«
»Und Sie sind auch nicht gerade meine Traumfrau, aber von den anderen Wichsern hört ja keiner zu. Die haben 'nen D-Day des Scheißebauens angezettelt und mich am Omaha Beach abgesetzt.«
»Ich bin beeindruckt von Ihrem Geschichtswissen, Mr. Dorsey, aber warum sollte ich Ihnen glauben?«
»Haben Sie 'ne bessere Spur?«
Ich ließ die Frage einen Augenblick in der Luft hängen. Auch wenn er ein Verlierer war, in diesem Punkt hatte George Dorsey nicht Unrecht. Und anscheinend schien heute sonst keiner mit mir reden zu wollen.
Ich schaute auf die Uhr. Elf Uhr zwanzig.
»Ich bin in einer Stunde bei Ihnen.«

21

WAS POLIZEILICHE AUFGABEN ANGEHT, ist die *Communauté Urbaine de Montréal* in vier Sektionen unterteilt, jede mit einer Zentrale, in der sich Interventions-, Analyse- und Ermittlungsabteilungen befinden, außerdem ein Untersuchungsgefängnis. Verdächtige, die wegen Mordes oder Sexualverbrechen verhaftet wurden, sind in einer Einrichtung in der Nähe der Place Versailles im äußersten Osten der Stadt untergebracht. Alle anderen warten in einem der vier Sektionsgefängnisse auf ihre Vernehmung zur Anklage. Für den Besitz von Methedrin kam Dorsey in die für seine Gegend zuständige Einrichtung, das Op South.

Die Op-South-Zentrale liegt an der Rue Guy und dem Boulevard René Lévesque am Rand von Centre-ville. Die Gegend ist vorwiegend französisch und englisch, es wird aber auch Mandarin, Estnisch, Arabisch und Griechisch gesprochen. Sie ist separatistisch und föderalistisch. Vagabunden und Wohlhabende gibt es dort, Studenten und Börsenmakler, Immigranten und *»pure laine québécoise«*, waschechte Quebecer.

Op South bedeutet Kirchen und Bars, Boutiquen und Sex-Shops, ausgedehnte Privatresidenzen und kleine Wohnungen ohne Fahrstuhl. Die Morde an Emily Anne Toussaint und Yves »Cherokee« Desjardins hatten dort stattgefunden.

Als ich von der Guy in den Parkplatz einbog, musste ich durch eine Gruppe hindurchfahren, die Plakate schwenkte und Anstecker trug. Sie breitete sich vom Nachbargebäude her über den Bürgersteig aus – Arbeiter, die für mehr Lohn demonstrierten. Viel Glück, dachte ich. Vielleicht war es die politische Instabilität, vielleicht die kanadische Wirtschaft im Allgemeinen, aber die Provinz Quebec steckte in einem finanziellen Engpass. Budgets wurden gekürzt, öffentliche Leistungen beschnitten. Ich hatte seit sieben Jahren keine Gehaltserhöhung erhalten.

Ich trat durch den Haupteingang und ging zu einer Empfangstheke rechts von mir.

»Ich bin hier, um George Dorsey zu sehen«, sagte ich zu der wachhabenden Beamtin.

Sie stellte ihren Kuchen ab und betrachtete mich gelangweilt.

»Stehen Sie auf der Liste?«

»Temperance Brennan. Der Gefangene hat um meinen Besuch gebeten.«

Sie rieb sich die Krümel von ihren fleischigen Händen und tippte dann etwas in den Computer. Das Licht spiegelte sich in ihren Brillengläsern, als sie sich vorbeugte, um etwas vom Monitor abzulesen. Text rollte ihre Linsen herunter, stoppte, und dann redete sie weiter, ohne den Blick zu heben.

»Carcajou?« Ralph Nader hätte nicht skeptischer klingen können.

»Hm.« Das meinte zumindest *Le Journal*.

»Können Sie sich ausweisen?«

Sie hob den Blick, und ich zeigte ihr meinen Sicherheitsausweis für das SQ-Gebäude.

»Keine Marke?«

»Das war gerade bei der Hand.«

»Sie müssen hier unterschreiben und Ihre Sachen hier lassen.«

Sie blätterte in einem Buch, schrieb etwas und gab dann mir den Stift. Ich kritzelte die Zeit und meinen Namen hin. Dann zog ich die Handtasche von der Schulter und reichte sie ihr über die Theke.

»Jetzt dauert's 'nen Moment.«

Madame Napfkuchen verstaute meine Tasche in einem Metallschrank, griff dann zum Telefon und sprach ein paar Worte. Zehn Minuten später wurde in der grünen Metalltür links von mir ein Schlüssel umgedreht, dann ging sie auf, und ein Wärter winkte mich zu sich. Er war dürr wie ein Skelett, die Uniform hing an seinen Knochen wie Kleider auf einem Bügel.

Ein zweiter Wärter tastete mich mit einem Metalldetektor ab und bedeutete mir dann, ihm zu folgen. Schlüssel klirrten an seinem Gürtel, als wir nach rechts in einen Korridor abbogen, der von Neonröhren erhellt und mit Decken- und Wandkameras überwacht wurde. Direkt vor mir sah ich eine große Arrestzelle mit einem Fenster zu dem Gang, in dem ich mich befand, und grünen Gitterstangen zu dem anderen. In der Zelle lümmelten ein halbes Dutzend Männer auf Holzbänken, saßen oder schliefen auf dem Boden oder hingen an den Stangen wie gefangene Affen.

Hinter der Ausnüchterungszelle befand sich eine weitere grüne Tür mit der Aufschrift *Bloc Cellulaire* rechts neben dem Rahmen und daneben wieder eine Art Empfangstheke. Ein Wärter legte eben ein Bündel in ein Fach mit der Beschriftung XYZ. Ich vermutete, dass eben ein Mr. Xavier eingeliefert worden war. Bis zu seiner Entlassung würde er Gürtel, Schuhbänder, Schmuck, Brille und andere persönliche Habseligkeiten nicht mehr sehen.

»Ihr Mann ist da drin«, sagte der Wärter und deutete mit dem Kinn auf eine Tür mit der Aufschrift *Entrevue avocat*, der Tür, durch die die Anwälte das Besuchszimmer betraten. Ich wusste, dass Dorsey durch eine identische Tür mit der Aufschrift *Entrevue détenu*, für Gefangene, gehen würde.

Ich dankte dem Wärter und schob mich an ihm vorbei in ein kleines Zimmer, das nicht dazu gedacht war, die Stimmung von Besucher oder Gefangenem zu heben. Die Wände waren gelb, die Randleisten grün, und das Mobiliar bestand aus einer Theke mit rotem Vinyl-Bezug, einem am Boden befestigten Holzhocker und einem Wandtelefon.

George Dorsey saß mit hängenden Schultern und zwischen den Knien baumelnden Händen auf der anderen Seite einer großen rechteckigen Glasscheibe.

»Drücken Sie auf den Knopf, wenn Sie fertig sind«, sagte der Wärter.

Damit schloss er die Tür, und wir waren allein.

Dorsey rührte sich nicht, fixierte mich jedoch mit seinem Blick, als ich zur Theke ging und den Hörer in die Hand nahm.

Ich dachte an das Bild im Schlafzimmer meiner Oma, Jesus mit der Dornenkrone auf dem Haupt und Blutstropfen auf der Stirn. Wohin ich auch ging, der Blick verfolgte mich. Hinschauen, die Augen waren offen. Einmal blinzeln, und sie waren geschlossen. Das Bild war so beängstigend, dass ich während meiner ganzen Kindheit das Zimmer meiner Großmutter mied. Dorsey hatte dieselben Augen.

Innerlich zitternd setzte ich mich und verschränkte die Hände auf der Theke. Der Mann, der mir gegenübersaß, war dünn und drahtig, er hatte eine Höckernase und rasiermesserschmale Lippen. Eine Narbe lief von seiner linken Schläfe über die Wange bis zum Gestrüppkreis um seinen Mund. Sein Schädel war rasiert bis auf einen dunklen gezackten Blitz, der an der Narbe endete.

Ich wartete, dass er das Telefon zur Hand nahm und das Schweigen brach. Von draußen drangen Stimmen und das Klirren von Stahl auf Stahl in das kleine Zimmer. Trotz der Intensität seines Blicks sah Dorsey aus, als hätte er schon eine ganze Weile nicht geschlafen.

Nach einer halben Ewigkeit lächelte Dorsey. Die Lippen verschwanden, kleine gelbe Zähne wurden sichtbar. Aber aus den Augen strahlte keine Freude. Mit einer ruckartigen Bewegung riss er den Hörer von der Gabel und hielt ihn sich ans Ohr.

»Sie haben Mumm, hierher zu kommen, Lady.«

Ich zuckte die Achseln.

»Zigaretten dabei?«

»Bin Nichtraucherin.«

Er zog die Füße zurück, bog seine Zehen auf und ließ ein Bein auf dem Zehenballen auf und ab wippen. Wieder verstummte er. Dann: »Ich hatte mit dieser Scheiße in Pointe-St.-Charles nichts zu tun.«

»Das haben Sie bereits gesagt.« Ich hatte die grausige Szene in den Appartements du Soleil vor Augen.

»Dieses Arschloch Claudel will mir den Schwanz abschneiden. Denkt sich, wenn er mich nur lange genug durch die Mangel dreht, gebe ich schon zu, Cherokee abgefackelt zu haben.«

Das Wippen wurde hektischer.

»Sergeant-Detective Claudel macht einfach nur seine Arbeit.«

»Sergeant-Detective Claudel macht sogar beim Furzen alles falsch.«

Es gab Zeiten, da stimmte ich dieser Einschätzung zu.

»Kannten Sie Cherokee Desjardins?«

»Ich habe von ihm gehört.«

Er fuhr mit dem Finger über eine Furche auf der Theke.

»Wussten Sie, dass er dealte?«

Jetzt zuckte Dorsey die Achseln.

Ich wartete.

»Vielleicht war der Stoff nur für den persönlichen Gebrauch. Sie wissen schon, medizinisch. Ich habe gehört, er hatte Gesundheitsprobleme.«

Er strich sich mit dem Finger durch seinen Kinnbart und bearbeitete dann weiter die Furche.

»Sie wurden in Desjardins' Wohnblock etwa zu der Zeit gesehen, als er erschossen wurde. In Ihrer Wohnung fand man eine blutige Jacke.«

»Die Jacke gehört nicht mir.«

»Und O. J. besaß nie Handschuhe.«
»Was für ein Trottel behält nach einem Mord ein Souvenir?«
Da hatte er nicht Unrecht.
»Warum waren Sie in dieser Gegend?«
Er schoss nach vorne und spreizte die Ellbogen auf der Theke. Mein Herz machte einen Satz, aber ich zuckte nicht mit der Wimper.
»Das ist meine Sache.«
Ich sah, wie er die Augen leicht zusammenkniff, und fragte mich, welche Lügengeschichte er gerade für mich zusammenbastelte.
Wieder Schweigen.
»Wissen Sie, wer ihn getötet hat, George?«
Fehler.
»O wow!« Er krümmte die Finger der freien Hand und stützte das Kinn darauf. »Und darf ich Sie Tempe nennen?«
»Das ist kein Freundschaftsbesuch. Sie haben mich gebeten zu kommen.«
Dorsey drehte sich zur Seite und streckte ein Bein zur Wand hin aus. Die freie Hand spielte mit der Telefonschnur, während er mit einem senkellosen Stiefel nach der Scheuerleiste trat. Draußen rief ein Mann einem gewissen Marc etwas zu. Ich wartete.
Und endlich: »Hören Sie: Ich sag Ihnen eins. Das waren Amateure. Absolute Stümper.«
Dorsey drehte sich wieder mir zu und versuchte, mich niederzustarren. Dann senkte er den Blick und öffnete und schloss mehrmals die Faust. Ich sah die Buchstaben F. T. W. über seine Knöchel gleiten.
»Und?«
»Das war keine Vier-Sterne-Show, mehr will ich im Augenblick nicht sagen.«
»Dann kann ich Ihnen nicht helfen. Zu dem Schluss, dass dort schlampig gearbeitet wurde, sind wir auch schon gekommen.«
Dorsey machte wieder einen Satz nach vorn und breitete die Unterarme auf der Theke aus.

»Ihr Claudel meint vielleicht, ich bin nur irgendein beschissener Heathens-Coolie, aber da hat er eins vergessen. Ich bin nicht blöd. Und die auch nicht.«

Ich wies ihn nicht darauf hin, dass er eben zwei Dinge aufgelistet hatte, die Claudel übersehen hatte.

»Jetzt wissen Sie, warum er Sie so mag.«

Dorsey beugte sich so nahe an das Glas, dass ich den Schmutz in den Poren seiner Nase sehen konnte.

»Es ist eine verdammte Lüge. Ich habe Cherokee nicht umgebracht.«

Ich schaute in das Gesicht, das nur Zentimeter von meinem entfernt war, und einen Herzschlag lang entglitt ihm die Maske. In diesem Augenblick sah ich Angst und Unsicherheit. Und noch etwas anderes war in diesen verbitterten, dunklen Augen. Ich sah Aufrichtigkeit. Dann kniff er die Augen zusammen, und die Dreistigkeit war wieder da.

»Mal ganz unverblümt. Sie mögen die Art nicht, wie meine Freunde und ich Geschäfte machen. Okay. Ich mag Ihre selbstgerechte Scheiße nicht. Aber eins müssen Sie wissen. Wenn Sie mich weiter in die Mangel nehmen, geht Ihnen derjenige, der Cherokee umgebracht hat, durch die Lappen.«

»Ist das alles, was Sie mir sagen können, Mr. Dorsey?«

Sein Blick bohrte sich in meine Augen, und ich konnte seinen Hass beinahe riechen.

»Kann schon sein, dass ich noch mehr weiß«, sagte er und inspizierte seine Fingernägel mit gespielter Nonchalance.

»Worüber?«

»Ich sag Ihnen gar nichts. Aber Cherokee ist nicht die einzige Leiche, die's in letzter Zeit in die Nachrichten geschafft hat.«

Mein Verstand raste. Redete er von Spinne Marcotte? Kannte er die Identität von Emily Anne Toussaints Mördern?

Bevor ich etwas fragen konnte, lehnte Dorsey sich wieder zurück, und ein amüsiertes Lächeln kräuselte seine Mundwinkel.

»Gibt es etwas Lustiges, das Sie mir mitteilen wollen?«

Dorsey fuhr sich mit der Hand unter dem Kinn entlang, und

sein Ziegenbart umspielte seine Finger. Er hielt sich den Hörer ans andere Ohr.

»Sagen Sie dem Pickelarsch, er soll mich in Ruhe lassen.«

Ich stand auf und wollte gehen, doch seine nächsten Worte ließen mich erstarren.

»Arbeiten Sie mit mir zusammen, und ich gebe Ihnen das Mädchen.«

»Was für ein Mädchen?«, fragte ich mit bemüht gelassener Stimme.

»Das süße kleine Ding, das Sie ausgegraben haben.«

Ich starrte ihn an, und vor Wut pochte mein Herz.

»Sagen Sie mir, was Sie wissen!«, zischte ich.

»Kommen wir ins Geschäft?« Obwohl er die kleinen Rattenzähne bleckte, waren seine Augen so dunkel wie Dantes neunter Höllenkreis.

»Sie lügen.«

Er hob die Augenbrauen und die Innenfläche seiner freien Hand.

»Aber Wahrheit ist der Grundstein meines Lebens.«

»Verhökern Sie sie woanders, Dorsey.«

Zitternd vor Wut knallte ich den Hörer auf die Gabel, wirbelte herum und drückte auf den Knopf. Dorseys spöttischen Nachtrag konnte ich nicht verstehen, aber ich sah sein Gesicht, als ich am Wärter vorbeistürmte. Er grinste nicht.

Er würde sich wieder melden.

Die Rückfahrt dauerte fast eine Stunde. Wegen eines Unfalls war die 720 in östlicher Richtung bis auf eine einzige Spur gesperrt, und im Ville-Marie-Tunnel staute sich der Verkehr kilometerweit. Als ich merkte, was los war, konnte ich nicht mehr umkehren, und so blieb mir nichts anderes übrig, als zusammen mit den anderen frustrierten Autofahrern vorwärts zu kriechen. Der Betontunnel blockierte den Radioempfang, ich hatte deshalb nicht einmal Ablenkung. In meinem Kopf gehörte die Bühne allein Dorsey.

Er war nervös gewesen wie die Kuh vorm Schlachthaus, aber konnte er trotzdem unschuldig sein?

Ich erinnerte mich an seine Augen und an diesen Augenblick, als der Schleier fiel.

Ich legte den Gang ein, zockelte ein Stück, schaltete wieder in den Leerlauf.

War Claudel auf der falschen Spur?

Wäre nicht das erste Mal.

Ich sah zu, wie sich ein Krankenwagen auf der rechten Standspur vorbeidrückte. Sein Blinklicht zuckte über die Tunnelwand.

Was würde Claudel sagen, wenn er erfuhr, dass ich im Gefängnis gewesen war?

Die Antwort war einfach.

Ich trommelte mit den Fingern aufs Lenkrad.

Wusste Dorsey wirklich etwas über Savannah Osprey?

Ich schaltete wieder und fuhr eine Autolänge vorwärts.

Oder war er nur einer der Gauner, die Märchen erzählen, um ihren Arsch zu retten?

Keine Antwort.

Ich sah Dorseys Gesicht, eine Studie in verächtlichem Machismo und asozialem Hohn.

Der Mann war abstoßend. Dennoch war ich mir sicher, dass ich in diesem Sekundenbruchteil die Wahrheit gesehen hatte. Konnte ich ihm glauben? Musste ich ihm glauben? Wenn er verifizierbare Informationen über Savannah Osprey lieferte als Gegenleistung dafür, dass die Polizei bei den Ermittlungen im Cherokee-Mord ein etwas größeres Netz auswarf, was war dann verloren? Aber war das überhaupt möglich? Claudel würde sich auf keinen Fall darauf einlassen.

Nach vierzig Minuten war ich auf der Höhe des Unfalls. Ein Auto lag auf der Seite, das andere stand, mit den Scheinwerfern in die falsche Richtung, gegen die Tunnelwand gepresst. Glasscherben glitzerten auf dem Asphalt, und Polizeiautos und Krankenwagen umzingelten die Wracks wie eine Wagenburg. Während ich zusah, wie Feuerwehrleute den Rettungsspreizer über dem umgekippten Auto in Position brachten, fragte ich mich, ob die Insassen dasselbe Ziel haben würden wie ich.

Als ich schließlich wieder freie Fahrt hatte, raste ich den Rest des Tunnels entlang, kam an der de Lorimier heraus und fuhr die letzten paar Blocks bis zum Institut. Als ich im zwölften Stock aus dem Aufzug stieg, wusste ich, dass etwas nicht stimmte.

Der Empfang war unbemannt, das Telefon klingelte. Ich zählte, während ich durch die Lobby ging. Fünf. Eine Pause, und dann klingelte es wieder.

Ich schob meine Kennkarte in das Lesegerät, und die Glastür ging auf. Drinnen stand die Empfangsdame neben der Damentoilette, die Augen rot verweint, ein zusammengeknülltes Taschentuch in der Hand. Eine Sekretärin hatte ihr tröstend einen Arm um die Schultern gelegt.

Überall im Gang standen die Leute in Gruppen zusammen und sprachen mit gedämpften Stimmen und angespannten Gesichtern miteinander. Ich kam mir vor wie im Wartebereich vor einem Operationssaal.

Wieder eine unvermittelte Rückblende.

Vor fünfzehn Jahren. Ich hatte Katy in der Obhut meiner Schwester gelassen, weil ich etwas zu erledigen hatte. Als ich in meine Straße einbog, durchfuhr mich plötzlich dieselbe Angst, derselbe Adrenalinstoß.

Erinnerungssplitter. Harry und die Nachbarn standen in der Einfahrt. So unpassend dicht beieinander. Sie kannten sich überhaupt nicht. Das Gesicht meiner Schwester, verlaufene Schminke auf bleichen Wangen. Zuckende Hände.

Wo war Katy?

Feilschen.

Lieber Gott. Nicht Katy. Alles. Nur nicht mein Baby.

Die Augen der Nachbarin, weit aufgerissen vor Mitleid. Wie sie mich anstarrten, als ich aus dem Auto stieg.

McDuff war ausgerissen und vor einen Buick gerannt. Der Hund war tot. Erleichterung, später Trauer. Schlimm, aber zu verwinden. Mein Pudel war tot, aber nicht meine Tochter.

Dieselbe Angst spürte ich jetzt, als ich meine Kollegen ansah.

Was war hier passiert?

Durch die zweite Glastür sah ich Marcel Morin im Gespräch mit Jean Pelletier. Ich zog die Karte durch den Schlitz und lief den Gang entlang.

Beim Geräusch meiner Schritte verstummten sie und schauten in meine Richtung.

»Was ist los?«, fragte ich.

»Dr. LaManche.« Morins Augen glänzten vor Mitgefühl. »Er ist während der Desjardins-Autopsie zusammengebrochen.«

»Wann?«

»Er arbeitete während der Mittagspause alleine. Als Lisa zurückkam, fand sie ihn auf dem Boden. Er war bewusstlos und atmete kaum.«

»Ist es schlimm?«

Pelletier räusperte sich.

Morin schüttelte den Kopf.

»Es liegt in Gottes Hand.«

22

GLEICH AM MONTAGMORGEN rief ich im Krankenhaus an. LaManches Zustand hatte sich stabilisiert, er lag aber noch auf der Intensivstation. Besuche waren nicht gestattet, und die Schwester wollte mir nichts Genaueres sagen.

Mit einem Gefühl der Hilflosigkeit bestellte ich Blumen, duschte dann und zog mich an.

Kits Tür war geschlossen. Seit dem Abendessen am Mittwoch hatte ich nicht mehr mit ihm gesprochen, und ich war mir nicht sicher, wo er in der vergangenen Nacht gewesen war. Als ich nach Hause kam, hatte ich am Kühlschrank eine Nachricht gefunden. Er würde lange ausbleiben. Ich solle nicht auf ihn warten.

Was ich auch nicht getan hatte.

Während ich Kaffee machte, prägte ich mir ein, Harry anzurufen. Mein Neffe war zwar neunzehn und damit zu alt für Beaufsichtigung, aber ich wollte genau wissen, wie viel Fürsorge von mir erwartet wurde. Und für wie lange.

Kit breitete sich langsam aus. Der Kühlschrank war gesteckt voll mit Tiefkühl-Pizzas und -Kebabs, Hot Dogs, Gläsern mit gebackenen Bohnen und Dosen mit Mellow Yellow. Auf der Anrichte türmten sich Käsekringel, Nacho-Chips, Donuts, Lucky Charms und Cocoa Puffs.

Im Wohnzimmer war mein Fernseher zu einer Sony-Playstation umfunktioniert worden, und Kabel schlängelten sich über den Boden wie verwickelte Spaghetti. Ein Stapel aus zerdrückten Jeans, Socken und Boxer-Shorts besetzte einen Sessel, ein Stetson hing am Ohrenpolster eines anderen. Im Gang lagen zwei Paar Cowboystiefel noch dort, wo er sie hingeworfen hatte. Die Wohnung sah aus, als würde ich mit Garth Brooks zusammenleben.

Ich ersetzte Kits Nachricht durch eine andere, in der ich ihm mitteilte, dass ich um fünf zu Hause sein und mich über seine Anwesenheit beim Abendessen freuen würde.

Die Stimmung im Institut war so bedrückt wie am Abend zuvor. In der Morgenkonferenz berichtete Morin, dass er mit LaManches Frau gesprochen habe. Ihr Gatte sei zwar noch komatös, die Vitalfunktionen seien aber stabil. Die Diagnose laute Herzinfarkt. Sie werde anrufen, wenn sich eine Veränderung ergebe. Die Fälle des Tages wurden schnell und ruhig, ohne das übliche Geplänkel, besprochen.

In Dollard-des-Ormeaux war ein Baum auf einen Mann gefallen und hatte ihn zerschmettert. In Pointe-aux-Trembles wurde ein Paar tot im Bett gefunden, offensichtlich ein Fall von Mord mit anschließendem Selbstmord. In der Nähe von Rivière-des-Prairies war eine Frauenleiche an Land gespült worden.

Nichts für die Anthropologin. Sehr gut. So hatte ich Zeit, das Material durchzuarbeiten, das Kate Brophy mir geliehen hatte. Wenn Jacques Roy Zeit hatte, würde ich in die Carcajou-Zentrale fahren, um zu hören, was er dachte.

Nach der Besprechung schnappte ich mir meine Tasse und ging

Kaffee holen. Ronald Gilbert stand an der Anrichte und redete mit einem der neuen Techniker seiner Abteilung. Ich kannte den Namen des jüngeren Mannes zwar nicht, hatte ihn aber am Tatort des Cherokee-Mordes gesehen. Er hatte Gilbert bei den Blutspritzern geholfen.

Während ich wartete, bis ich an die Kaffeemaschine konnte, hörte ich Fetzen ihrer Unterhaltung mit und merkte, dass sie über ebendiesen Fall sprachen. Ich atmete leiser und versuchte, mehr mitzubekommen.

»Nein. Gott sei Dank sind nicht alle so kompliziert. Sie haben sich da gleich beim ersten Mal einen richtig dicken Fisch geangelt.«

»Ich schätze, das war Anfängerglück.«

»Ich würde gern mit LaManche darüber reden, bevor ich den Bericht schreibe, aber ich schätze, dazu wird es jetzt wohl nicht kommen.«

»Wie geht's ihm?«

Gilbert zuckte die Achseln, rührte seinen Kaffee um und warf dann das kleine Holzstäbchen in den Müll.

Während ich sie davongehen sah, dachte ich an Cherokees Wohnung, und wieder beschlich mich das unbehagliche Gefühl. Keiner der anderen hatte den Eindruck gehabt, dass der Mord untypisch war. Warum war ich dann so misstrauisch? Was war es, das nicht zu stimmen schien? Ich fand keine Antworten auf meine Fragen.

Ich goss meine Tasse voll, fügte Sahne hinzu und ging in mein Büro zurück, wo ich, die Füße auf dem Fensterbrett, den Blick auf einen Lastkahn gerichtet, der langsam flussaufwärts fuhr, nachdachte und trank.

Was stimmte nicht an diesem Tatort? Kein gewaltsames Eindringen? Das Opfer war unvorsichtig gewesen und hatte geöffnet. Na und. So was kommt vor. Das verpatzte Feuer? Charbonneau hatte wahrscheinlich Recht. Irgendwas kam dazwischen, und der Täter musste fliehen. Sogar gute Pläne können schiefgehen, wenn sie schlecht ausgeführt werden. Nimm Watergate.

Ich trank einen Schluck.

Was meinte Gilbert mit »einem richtig dicken Fisch«?
Noch ein Schluck.
Was war so kompliziert?
Schluck.
Was wollte er mit LaManche besprechen?
Fragen schadet nie.
Nimm Watergate.

Ich fand Gilbert vor einem Computermonitor. Als ich klopfte, drehte er sich um und sah mich über seine Drahtgestellbrille hinweg an. Sein Kopf, seine Wangen und sein Kinn waren mit lockigen braunen Haaren bedeckt, sodass er aussah wie ein Held aus der griechischen Mythologie.

»Haben Sie eine Minute Zeit?«

»So viel Sie wollen.«

Er winkte mich ins Zimmer und zog einen Stuhl neben seinen.

»Es geht um den Desjardins-Fall.«

»Ja. Ich habe Sie am Tatort gesehen. Arbeiten Sie an dem Fall?«

»Tue ich eigentlich gar nicht. Ich war dort, weil die ersten Meldungen von einer verbrannten Leiche sprachen. Wie sich zeigte, war das Opfer in gar keinem so schlechten Zustand.«

»In keinem schlechten Zustand? Er sah aus wie ein Stillleben in Hirnmasse.«

»Na ja, das schon. Und genau darüber wollte ich mit Ihnen reden. Ich wollte Dr. LaManche fragen, aber das ist natürlich jetzt nicht möglich.«

Er machte ein verwirrtes Gesicht.

»Die Ermittler, die den Cherokee-Fall bearbeiten, sind überzeugt, dass es ein Biker-Mord ist.« Ich zögerte, weil ich nicht so recht wusste, wie ich meine Vorbehalte in Worte fassen sollte. »Ich weiß nicht genau, was es ist, aber irgendwas kam mir am Tatort nicht richtig vor.«

»Nicht richtig?«

Ich erklärte ihm meine Funktion bei der *Opération Carcajou* und was ich bei den Besprechungen gesehen und gehört hatte.

»Ich weiß, dass ich ein Neuling bin, aber vielleicht ist es genau das. Vielleicht sehe ich die Dinge mit anderen Augen.«

»Und was sagen Ihnen Ihre Augen?«

»Dass der Mord an Cherokee nachlässig ausgeführt war.«

»Sonst noch was?«

»Dass das Opfer nachlässig war. Anscheinend hat er seinem Mörder die Tür geöffnet. Passt das zu einem ehemaligen Mitglied, das auf eigene Rechnung Drogen auf Bandenterritorium verkauft?«

Ich erwähnte Dorsey und seine Unschuldsbeteuerung nicht. Je weniger ich von meinem Gefängnisbesuch sagte, desto besser.

Gilbert sah mich lange an, und dann lächelte er.

»Claudel hält Sie für eine nervtötende Einmischerin.«

»Auch ich habe eine hohe Meinung von ihm.«

Er warf den Kopf zurück und lachte, doch dann wurde sein Gesicht wieder ernst.

»Was wissen Sie über die Blutspritzer-Analyse?«

»Nicht viel«, gab ich zu.

»Bereit für einen Crash-Kurs?« Ich nickte. »Okay. Dann mal los.«

Er lehnte sich zurück und richtete den Blick zur Decke. Er schien zu überlegen, wo er anfangen und wie er sein in jahrelanger Ausbildung erworbenes Wissen in wenigen Sätzen zusammenfassen sollte. Ich konnte mir vorstellen, dass er dasselbe auch im Gerichtssaal tat.

»Ein frei fallender Tropfen ist wegen der Auswirkungen der Schwerkraft und der Oberflächenspannung kugelförmig. Stellen Sie sich vor, Sie stechen sich in den Finger. Blut quillt hervor und sammelt sich am unteren Rand, bis der Tropfen sich lösen kann und fällt. Scheint ziemlich simpel zu sein, nicht?«

»Ja.«

»Ist es aber nicht. Hier sind alle möglichen einander entgegenwirkenden Kräfte am Werk. Die Schwerkraft und das zunehmende Gewicht des Bluts ›ziehen‹ den Tropfen nach unten. Gleichzeitig versucht die Oberflächenspannung des Bluts die Oberfläche des Tropfens zu reduzieren und ›schiebt‹ ihn nach oben.«

Mit den Fingern deutete er die Anführungszeichen um die Verben an.

»Erst wenn die ›ziehenden‹ Kräfte größer sind als die ›schiebenden‹ Kräfte, löst sich der Tropfen. Anfangs ist er länglich, doch im Fallen flacht der Tropfen sich auf Grund des Luftwiderstands ab. Die Anziehungskräfte der Oberflächenspannung innerhalb des Tropfens zwingen ihn dazu, eine Form mit kleinstmöglicher Oberfläche anzunehmen. Deshalb sind Blutstropfen wie Kugeln geformt und nicht wie Tränen, wie wir sie normalerweise zeichnen. Und die Form ist einer der Aspekte, die wir bei der Spritzmusteranalyse betrachten.

Blutspritzer entstehen, wenn eine Kraft auf statisches Blut einwirkt. Es kann Blut in einer Lache auf dem Bürgersteig sein oder Blut im Kopf eines Opfers. Wenn es getroffen wird, zerteilt das Blut sich in Tropfen oder Spritzer, die als Kugeln durch die Luft fliegen.«

Ich nickte.

»Wenn diese Kugeln eine Oberfläche treffen, hinterlassen sie kalkulierbare Typen von Spuren. Bei der Interpretation von Blutfleckmustern werden von Blutstropfen verursachte Flecken untersucht, die *nicht* typisch sind. Diese Flecken und Spuren wurden in irgendeiner Form verändert, normalerweise durch Gewalteinwirkung.

Ziel der Blutfleckmusterinterpretation ist, sich vom Tatort zurückzuarbeiten und die stattgefundenen Ereignisse zu rekonstruieren. Was ist passiert? In welcher Reihenfolge? Wer war beteiligt? Welche Waffe wurde benutzt? Welche Gegenstände wurden bewegt? Um diese Fragen zu beantworten, untersuchen wir, was die vorhandenen Blutflecken verändert hat.

Und das ist sehr komplex.« Er zählte die Punkte an seinen Fingern ab. »Zum Beispiel müssen wir die Eigenschaften des Ziels berücksichtigen. Blut verhält sich unterschiedlich, je nachdem, ob es eine glatte oder eine strukturierte Oberfläche trifft.«

Erster Finger.

»Die Form. Da das Verhältnis von Länge und Breite eines Flecks exakt den Auftreffwinkel widerspiegelt, unabhängig von der getroffenen Oberfläche, sehen wir uns die Form der Flecken sehr sorgfältig an.«

Zweiter Finger.

»Spritzergröße. Kleinere, also geringe Beschleunigung erzeugende Kräfte produzieren große Spritzer, größere, also höhere Beschleunigung erzeugende Kräfte produzieren kleinere Spritzer.«

Den Daumen an den dritten Finger gepresst, hielt er inne.

»Bis jetzt alles klar?«

»Ja.«

»Wir unterscheiden Spritzmuster bei niederer, mittlerer und hoher Auftreffgeschwindigkeit, obwohl die Begriffe relativ sind.«

»Geben Sie mir ein Beispiel.«

»Da weiß ich was Besseres. Kommen Sie mit.«

Er führte mich den Gang hinunter zu einem Edelstahlkühlschrank und holte eine Literflasche mit der Aufschrift *sang du bœuf* heraus.

»Rinderblut«, erklärte er.

Ich folgte ihm einen schmalen Seitengang hinunter zu einer neutralen Tür, und wir betraten einen fensterlosen Raum, in dem fast alle Oberflächen mit weißem Papier bedeckt waren.

Das Zimmer sah aus wie der Tatort eines Massakers. Überall war Blut, in einer Lache an der Scheuerleiste, in Schlieren und Spritzern an den Wänden und in Schmierspuren, die von unterschiedlich großen Flecken in Kniehöhe in der entfernten Ecke ausgingen. Über jedem Fleck sah ich Bleistiftnotizen.

»Das ist unsere Blutspritzer-Experimentierkammer«, sagte Gilbert und stellte die Flasche auf den Boden. »Schauen Sie zu.«

Er nahm den Deckel der Flasche ab, tauchte einen Holzstab in das Blut und ließ es dann auf das Papier vor seinen Füßen tropfen.

»Spritzer bei geringer Auftreffgeschwindigkeit werden in Verbindung gebracht mit Tropfen, die passiv auf eine Oberfläche fallen. Tropfendes Blut zum Beispiel. Die typische Spritzergröße beträgt mehr als drei Millimeter im Durchmesser. In solchen Situationen bewegt das Blut sich langsam, von der normalen Fallgeschwindigkeit bis zu eineinhalb Metern pro Sekunde.«

Ich betrachtete die kleinen runden Flecken, die er erzeugt hatte.

»Spritzer bei mittlerer Auftreffgeschwindigkeit entstehen bei

Aktivitäten wie Schlägen, Verletzungen durch stumpfe Gegenstände oder Stichen. Das Blut bewegt sich schneller, mit einer Geschwindigkeit zwischen eineinhalb und acht Metern pro Sekunde.«

Während er das sagte, goss er ein wenig Blut auf einen Teller, bedeutete mir zurückzutreten und ließ dann den Stab über den Teller sausen. Das Blut spritzte hoch und traf die Wand. Gilbert winkte mich zu der Wand und zeigte auf die Flecken. Sie waren kleiner als die vor seinen Füßen.

»Sehen Sie diese Spritzer? Mittelgeschwindigkeits-Spritzer sind kleiner, sie haben einen Durchmesser von einem bis vier Millimeter.«

Er legte den Stab weg.

»Aber die Punkte sind noch nicht so fein wie bei Hochgeschwindigkeits-Spritzern. Kommen Sie, sehen Sie sich das an.«

Er ging zur gegenüberliegenden Wand und deutete auf einen Bereich, der aussah wie mit einer Spritzpistole besprüht.

»Hochgeschwindigkeits-Spritzer bedeuten eine Geschwindigkeit von mehr als dreißig Meter pro Sekunde und entstehen bei Schüssen, Explosionen oder mechanischen Unfällen. Es ist eher wie ein Sprühnebel, und die einzelnen Spritzer haben einen Durchmesser von weniger als einem Millimeter.

Aber verstehen Sie mich nicht falsch. Nicht jeder Spritzer passt genau in eine dieser drei Kategorien. Blut, das wegschwappt, das verspritzt oder weggeschleudert wird, kann das Bild ziemlich kompliziert machen.«

»Inwiefern?«

»Diese drei Arten sind eigentlich Formen von Nieder- oder Mittelgeschwindigkeitsspritzern, aber sie unterscheiden sich von denen, die ich eben beschrieben habe. Wegschwappendes Blut entsteht zum Beispiel, wenn jemand in eine bereits vorhandene Lache tritt. Das hinterlässt lange, schmale Spritzer, die einen zentralen Fleck umgeben, wobei sehr wenige runde Flecken vorhanden sind.

Verspritztes Blut entsteht, wenn jemand durch eine Pfütze rennt, in sie hineinspringt oder mit der Hand hindurchfährt. Oder wenn es aus einer Arterie herausschießt, oder wenn ein Kopf auf den Boden geschlagen wird. Wieder gibt es lange, stachelförmige Spritzer, die strahlenförmig von einem zentralen Fleck ausgehen. Aber in diesem Fall sind darüber hinaus die Ränder des zentralen Flecks verzerrt.

Blut, das von einer Waffe weggeschleudert wird, hinterlässt wieder ein anderes Muster. Ich zeige es Ihnen.«

Er ging zu dem Stab zurück, tauchte ihn ein und schwang ihn in einem Bogen. Blut flog von der Spitze und traf die Wand rechts von ihm. Ich ging hin und betrachtete den Fleck.

»Weggeschleuderte Tropfen sind kleiner als die typischen Niedergeschwindigkeits-Spritzer, und je größer die Kraft, desto kleiner die Tropfen. Und da das Blut von einem bewegten Objekt weggeschleudert wird, treten diese Spritzer in geraden oder leicht gekrümmten Spuren auf, und die Tropfen sind alle ziemlich gleich groß.«

»Sie können also anhand von Größe und Form der Spritzer die Art des Angriffs bestimmen.«

»Ja. Und in den meisten Fällen können wir auch herausfinden, wo der Angriff stattfand. Gehen wir zurück in mein Büro, da zeige ich Ihnen noch was anderes.«

Als wir wieder vor seinem Computer saßen, legte er seine Hände auf die Tastatur und gab einen Befehl ein.

»Sie haben doch gesehen, dass wir in der Wohnung des Opfers Videos der Blutflecken gemacht haben, nicht?«

»Ja.«

»Wir haben eine normale Videokamera benutzt, man kann es aber auch mit einer digitalen machen. Mit Hilfe von Lineal und Senkblei haben wir jede Spritzstelle aufgenommen.«

»Warum ein Senkblei?«

»Das benutzt das Programm, um die Vertikalausrichtung des Flecks zu bestimmen.«

Gilbert drückte auf eine Taste, und eine Ansammlung elliptischer brauner Formen erschien auf dem Monitor.

»Die Bilder auf dem Videoband werden in den Computer eingegeben und können auf dem Monitor wieder abgespielt werden.

Einzelbilder werden herausgenommen und auf der Festplatte als Bitmaps abgespeichert. Ein Programm bringt das Bild jedes einzelnen Flecks auf den Monitor, sodass wir Messungen vornehmen können. Die Messwerte werden benutzt, um zwei Winkel zu berechnen: den Richtungswinkel und den Auftreffwinkel.«

Wieder tippte er, und über den Fleck in der Mitte des Bildschirms legte sich ein ovaler weißer Umriss. Gilbert deutete darauf.

»Die Richtung der Längsachse der Ellipse bezogen auf das Senkblei definiert den Richtungswinkel, oder Gamma, eines Flecks. Der kann von null bis dreihundertsechzig Grad reichen.

Der Auftreffwinkel, oder Alpha, kann von null bis neunzig Grad reichen. Er wird aus der Form der Ellipse errechnet.«

»Warum das?«

»Wie gesagt, wenn ein Tropfen durch die Luft fliegt, ist er kugelförmig. Wenn er aber auf ein Ziel trifft, flacht er sich ab und hinterlässt eine Spur, weil die Unterseite des Tropfens über die Oberfläche wischt.«

Er ließ die flache Hand horizontal durch die Luft sausen.

»Am Anfang, wo der Tropfen auftrifft, ist die Spur schmal und wird dann breiter, wobei die breiteste Stelle der Spur mit der Mitte oder dem breitesten Teil des Tropfens korrespondiert. Die Spur wird dann wieder schmaler und läuft aus. Sehen Sie das da?«

Er deutete auf ein gestrecktes Oval mit einem kleinen Punkt an einem Ende. Es sah aus wie viele, die ich in dem blutbespritzten Zimmer gesehen hatte.

»Sieht aus wie ein Ausrufungszeichen.«

»Und genau so nennt man das auch. Manchmal löst sich ein kleiner Blutstropfen von dem ursprünglichen Tropfen und hüpft an das Ende der Spur. Wenn man den Spritzer von oben sieht, ähnelt er entweder einer Kaulquappe oder einem Ausrufungszeichen, abhängig davon, ob das hintere Ende sich einfach streckte oder ob sich ein kleiner Teil völlig löste. In beiden Fällen ist die Bewegungsrichtung klar.«

»Der Punkt zeigt in die Richtung, in die sich der Tropfen bewegte.«

»Genau. Das Programm produziert eine Datei mit den Werten aller Winkel jedes analysierten Flecks. Anhand dieser Daten wird der Ausgangspunkt des Blutstropfens berechnet. Und glauben Sie mir, mit dem Computer geht das viel schneller als mit der alten Fadenmethode.«

»Mit der was?«

»'tschuldigung. Bei der Fadenmethode befestigt man ein Ende eines Fadens an der Stelle der Oberfläche, wo der Fleck sitzt, und zieht ihn dann in die vermutete Bewegungsrichtung. Die Prozedur wird dann bei einer Reihe von Blutflecken in der Umgebung wiederholt. Das Ergebnis ist ein Muster aus Fäden, das sich von den Spritzern zum Ausgangspunkt des Bluts hin erstreckt. Und dieser Punkt ist dort, wo alle Fäden zusammenlaufen. Dieses Verfahren ist zeitraubend und fehleranfällig. Anstatt dass wir das per Hand machen, zieht der Computer virtuelle Fäden, die er anhand der Daten berechnet.«

Seine Finger flogen über die Tastatur, und ein neues Bild erschien. Am linken und am unteren Rand des Monitors waren die X- und Y-Koordinaten zu sehen. Ein Dutzend Linien bildeten ein x-förmiges Muster, wobei sie sich in einem geometrischen Bogen kreuzten.

»Das ist ein Blick aus der Vogelperspektive auf einen Satz virtueller Fäden, basierend auf zwölf Spritzern. Mit echten Fäden ist es ziemlich schwierig, einen solchen Blickwinkel zu bekommen, und doch ist es der nützlichste.«

Er holte ein neues Bild auf den Monitor. Die Linien liefen nun von links oben nach rechts unten zusammen, trafen sich an einem Punkt im unteren Drittel des Bildschirms und breiteten sich dann wieder leicht aus, wie die Stiele eines Straußes getrockneter Blumen.

»Das Programm kann auch eine Seitenansicht produzieren, die man braucht, um die Höhe des Ausgangspunkts des Bluts zu bestimmen. Indem man die beiden Blickwinkel kombiniert, kann man den Kreuzungspunkt, und damit die Position des Opfers, ziemlich präzise bestimmen.«

Gilbert lehnte sich zurück und sah mich an.

»Und was wollen Sie jetzt über den Cherokee-Tatort wissen?«

»Alles, was Sie mir sagen können.«

In den nächsten vierzig Minuten hörte und schaute ich zu und unterbrach ihn nur, wenn ich etwas nicht verstanden hatte. Mit Geduld und Gründlichkeit illustrierte Gilbert mir das Blutbad in der Wohnung.

Was er sagte, bestärkte mich nur in meiner Überzeugung, dass Claudel uns in eine gefährlich falsche Richtung führte.

23

DER BILDSCHIRM WAR ÜBERSÄT mit hunderten winziger Punkte, fast wie der Sprühnebel in Gilberts Experimentierkammer. Dazwischen waren kleine Fleisch- und Knochenpartikel zu sehen.

»Sie sehen hier einen Teil der Nordwand, direkt hinter dem Sessel des Opfers. Das sind Vorwärtsspritzer.«

»Vorwärtsspritzer?«

»Von den Schrotkugeln, die aus Cherokees Kopf austraten. Blut aus einer Eintrittswunde nennt man Rückwärtsspritzer.«

Gilbert drückte auf ein paar Tasten, und ein neues Bild erschien auf dem Monitor. Es war ein ähnlicher Sprühnebel feinst verteilten Bluts, allerdings weniger dicht und ohne größere Gewebebrocken.

»Das ist vom Fernseher. Als die Schrotkugeln Cherokees Kopf trafen, spritzte Blut rückwärts.«

»Er wurde im Sessel sitzend erschossen?«

»Ja.«

Wieder flogen seine Finger über die Tastatur, und jetzt erschien ein Bild des Sessels, in dem man die Leiche gefunden hatte. Von der Wand und vom Fernseher her verliefen Linien, die sich etwa in Kopfhöhe über dem Sessel kreuzten.

»Aber der Schuss war nur der Zuckerguss auf der Torte. Wenn er nicht schon tot war, dann so gut wie. Sehen Sie sich das an.«

Er holte ein neues Bild auf den Monitor. Auf diesem waren unterschiedlich große, insgesamt aber dickere Flecken zu sehen.

»Das sind Mittelgeschwindigkeits-Spritzer. Die waren überall in der nordwestlichen Ecke der Wohnung.«

»Aber –«

»Moment.«

Er klickte ein neues Bild an. Es zeigte Flecken, die alle in etwa die gleiche Größe hatten, insgesamt aber etwas größer waren als die im vorhergehenden Bild. In der Form variierten sie zwischen rund und oval.

Als Gilbert den Blickwinkel vergrößerte, sah ich, dass die meisten dieser Spritzer in einer langen, geschwungenen Linie verteilt waren, mit einigen Tröpfchen beiderseits des Bogens.

»Das ist von der Decke.«

»Der Decke?«

»Das ist, was wir ein Schleudermuster nennen. So etwas ergibt sich, wenn Blut von einem bewegten Gegenstand wegfliegt, wie bei meinem Stock. Wenn ein Angreifer eine Waffe schwingt, hält er im Rückschwung abrupt inne und ändert dann die Richtung, um den nächsten Schlag auszuführen. Das meiste Blut fliegt beim Rückschwung davon, wenn genug Kraft dahinter ist, aber ein bisschen kann auch beim Vorwärtsschwung davongeschleudert werden.«

Er deutete auf die Tropfen in der Mitte der Spur.

»Diese Spritzer kommen vom Rückschwung.«

Er deutete auf ein paar Tropfen am Ende des Bogens.

»Und die vom Vorwärtsschwung.«

Ich brauchte einen Augenblick, um das zu verdauen.

»Wollen Sie damit sagen, dass er geschlagen wurde, bevor er erschossen wurde?«

»Diese Schleuderspur ist eine von fünf, die wir identifizieren konnten. Wenn man davon ausgeht, dass die Verletzung durch einen stumpfen Gegenstand die einzige oder zumindest die erste

Quelle des Bluts ist, dann ist es im Allgemeinen so, dass die Anzahl der Spuren der Anzahl der Schläge plus zwei entspricht.«

»Warum plus zwei?«

»Beim ersten Schlag gab es sicher noch kein Blut. Beim zweiten wird Blut von der Waffe aufgenommen und davongeschleudert, wenn der Angreifer den Rückschwung für den dritten Schlag macht.«

»Okay.«

»Diese Mittelgeschwindigkeits-Spritzer wurden tief unten an den Wänden gefunden und auf dem Zeug, das in der Ecke aufgestapelt war.«

Er gab einen Befehl ein, und weitere Linien erschienen, die an einem Punkt gute fünfzig Zentimeter über dem Boden zusammenliefen.

»Meiner Meinung nach wurde er in dieser Ecke des Zimmers geschlagen, stürzte zu Boden und wurde dann noch mehrmals geschlagen. Anschließend wurde er in den Sessel gesetzt und erschossen.«

»Womit geschlagen?«

»Pfff. Nicht mein Ressort.«

»Warum ihn erst verprügeln und dann erschießen?«

»Eindeutig nicht mein Ressort.«

»Wenn er geschleift wurde, hätte das denn keine Spuren hinterlassen?«

»Vielleicht hat der Angreifer sie weggeputzt. Außerdem war überall so viel Blut, und so viele Leute waren am Tatort, dass der Boden keine verwertbaren Spuren hergab.«

»Und der Brand könnte sie verändert haben.«

»Zumindest auf dem Teppich. Wir gehen vielleicht noch mit Luminol drüber, aber das ändert nichts an dem, was die Spritzer mir sagen.«

Ich dachte eben darüber nach, als er fortfuhr.

»Und da ist noch etwas.«

»Noch etwas?«

Wieder flogen seine Finger über die Tasten. Wieder erschien ein

Hochgeschwindigkeits-Spritzmuster auf dem Monitor. Aber ein Teil des Sprühnebels fehlte, und die Leerstelle sah aus wie mit einer Schablone herausgeschnitten.

»Das ist eine Aufnahme von der Wand hinter dem Kopf des Opfers.«

»Sieht aus wie mit einem Plätzchenstecher ausgestochen.«

»Das nennen wir ein Leermuster. So etwas entsteht, wenn irgendein Gegenstand das Blut abfängt und dann entfernt wird.«

»Was für ein Gegenstand?«

»Das weiß ich nicht.«

»Wer hat ihn entfernt?«

»Das weiß ich nicht.«

Als ich in mein Büro eilte, hörte ich Dorseys Stimme wie einen Off-Kommentar zu Gilberts Bildern.

Das waren Amateure. Und derjenige, der Cherokee umgebracht hat, geht Ihnen durch die Lappen.

Ich griff zum Hörer und tippte eine Nummer ein. Eine Sekretärin sagte mir, dass Jacques Roy nach Val-d'Or geflogen und erst am Montag wieder anwesend sei. Ungeduldig fragte ich nach Claudel. Weder er noch sein Carcajou-Partner waren da. Ich dachte an die Piepser, musste aber dann wieder einmal einsehen, dass die Situation nicht so dringend war, und hinterließ nur Nachrichten.

Ich hatte eben wieder aufgelegt, als das Telefon klingelte.

»Sollte ich vielleicht den größten Früchtekorb der Welt schicken?«

»Hey, Harry.«

Wie immer klang meine Schwester so, als hätte sie eben etwas höchst Anstrengendes hinter sich.

»Warum bist du außer Atem?«

»Aikido.«

Ich fragte nicht nach.

»Treibt mein Kleiner dich wieder in den Trost des Alkohols?«

»Es geht ihm gut, Harry.«

»Bist du freitags immer so fröhlich?«

»Ich habe nur eben etwas Beunruhigendes gehört. Was ist denn los?«

»Ich nehme an, du weißt, dass Kit und Howard sich wieder in den Haaren hatten.«

»Ach so?« Ich hatte zwar so etwas vermutet, meinen Neffen aber nicht danach gefragt.

»Es ist mal wieder genauso wie damals mit dem Golfwagen.«

Ich erinnerte mich an die Episode. Als Kit fünfzehn war, stahl er aus dem Profi-Shop von Howards Country Club einen Wagen. Am nächsten Morgen wurde er halb versunken in einem Wasserhindernis am fünfzehnten Loch gefunden, mit einer halb vollen Flasche Tequila im Gepäckfach. Daddy drehte durch, und der Sohn büxte aus. Eine Woche später tauchte Kit in Charlotte auf. Am letzten Tag hatte er als Anhalter wenig Glück gehabt, und er schuldete einem Taxifahrer sechsundneunzig Dollar. Katy und Kit freundeten sich sofort an, und mein Neffe blieb den Sommer über.

»Worum ging's denn bei dem Streit?«

»Ich bin mir nicht ganz sicher, aber es ging irgendwie um Angelausrüstungen. Führt er sich anständig auf?«

»Um ehrlich zu sein, ich sehe ihn kaum. Ich glaube, er hat hier Freunde gefunden.«

»Du kennst ja Kit. Aber es wäre sehr gut, wenn der kleine Cowboy noch eine Weile bei dir bleiben könnte. Ich glaube, er und sein Daddy brauchen ein bisschen Abstand und ein bisschen Zeit.«

»Lebt Howard denn nicht in der Nähe von Austin?«

»Ja.«

»Und Kit ist bei dir in Houston?«

Das schien mir genügend Entfernung zu sein.

»Weißt du, das ist ja das Problem. Ich habe diese Reise nach Mexiko schon lange geplant, und es soll morgen losgehen. Wenn ich jetzt storniere, verliere ich meine Anzahlung, und Antonio wäre sehr enttäuscht. Aber du brauchst nur einen Ton zu sagen, und ich mache es.«

»Hmh.«

Ich fragte mich, ob Antonio hinter dem Aikido steckte. Bei Harry bedeutete ein neuer Mann normalerweise auch ein neues Hobby.

»Ich möchte nur Kit nicht gern eine ganze Woche lang unbeaufsichtigt bei mir zu Hause lassen, und zu seinem Dad kann ich ihn im Augenblick nicht schicken. Und solange er sowieso bei dir ist und du sagst, dass er keine Schwierigkeiten macht –«

Sie beendet den Satz nicht.

»Du weißt, dass ich Kit sehr gerne bei mir habe.« Nur nicht unbedingt diese Woche, dachte ich.

»Tempe, wenn es dir auch nur die allerwinzigsten Umstände macht, brauchst du es nur zu sagen, und ich habe diese Reise schneller storniert als –«

»Ich will nur wissen, wie viel elterliche Kontrolle erwartet wird.«

»Elterliche Kontrolle?« Sie schien überhaupt nicht zu wissen, was ich meinte.

»Führung? Elterliche Aufsicht? Es ist ein einsamer Job, aber irgendjemand muss ihn ja machen.«

»Tempe, Kit ist neunzehn. Du kannst Mama spielen, bis du schwarz wirst, aber dieser Junge hat Feuer im Hintern, und das wirst du ihm kaum löschen. Er soll sich nur einmal täglich melden, damit sicher ist, dass er körperlich gesund ist und nicht von der Polizei gesucht wird. Und dass er nicht die Wohnung als Versammlungszentrum für minderjährige Säufer missbraucht. Weißt du, er ist ja nicht gerade in der Partridge-Familie aufgewachsen.«

An die Partridge-Familie hatte ich überhaupt nicht gedacht.

»Aber das heißt nicht, dass du ihm alles durchgehen lassen sollst. Sorge dafür, dass er seine Sachen in Ordnung hält und hin und wieder das Geschirr wäscht.«

Ich stellte mir die Klamotten vor, die sich in meinem Wohnzimmer stapelten.

»Weißt du was? Ich rufe ihn selber an und mache ihm klar, dass deine Wohnung kein Zwischenlager für irgendwelchen Krempel ist, den er anschleifen will.«

»Wie lange bleibst du in Mexiko?«

»Zehn Tage.«

»Was ist, wenn er nach Hause will, bevor du zurück bist?«

»Kein Problem. Howie hat ihm ungefähr elfhundert Kreditkarten gegeben. Du musst ihm nur klarmachen, dass eine frühe Rückkehr Austin und nicht Houston bedeutet, und lass ihn nicht losfahren, wenn er ganz furchtbar niedergeschlagen ist. Du kannst das doch sehr gut, große Schwester. Und du weißt, dass er ganz verrückt ist nach dir.«

Süßholz raspelnde Harry.

»Ich werde daran denken, wenn er Omas Silber versetzt. Viel Spaß. Und hinterlass eine Nummer, wo man dich erreichen kann.«

Als ich auflegte, erschien Claudel in der Tür, und sein Gesicht war so angespannt, dass die Haut über den Knochen fast zu platzen schien.

Toll.

»*Bonjour, Monsieur Claudel.*«

Ich erwartete keine Begrüßung und bekam auch keine.

»Sie waren unbefugt im Gefängnis.«

»Hat Mr. Dorsey Ihnen von unserer Unterhaltung erzählt?«, fragte ich unschuldig.

»Sie haben meinen Gefangenen befragt.«

»Ist er Ihr persönliches Eigentum?«

»Sie gehören nicht zum Morddezernat, sind nicht einmal Detective.« Claudel bemühte sich, seine Stimme neutral zu halten. »Sie haben keine Befugnis, sich in meinen Fall zu mischen.«

»Dorsey hat mich gerufen.«

»Sie hätten ihn an mich verweisen sollen.«

»Er rief mich an, weil er das Gefühl hatte, dass Sie ihm nicht zuhören.«

»Er benutzt Sie nur, um meine Ermittlungen zu stören.«

»Warum ziehen Sie denn nicht einmal in Erwägung, dass Sie auf der falschen Spur sein könnten, Claudel?«

»Das ist nicht Ihr Ressort, und ich bin Ihnen keine Rechenschaft schuldig.«

»Dorseys Verhaftung ist eine ziemlich wackelige Sache.«

»Aber es ist *meine* wackelige Sache, Madame, nicht Ihre.«

»Sie sind überzeugt, dass Cherokee von Bikern ermordet wurde«, sagte ich neutral. »Und ich bin vorübergehend der Carcajou zugewiesen.«

»Ich tue, was ich kann, um das zu ändern«, sagte Claudel mit kaum verhüllter Empörung.

»Wirklich.« Ich spürte, wie mir das Blut in die Wangen stieg.

»Ich werde darüber mit Ihnen nicht diskutieren, Ms. Brennan. Halten Sie sich aus meinen Ermittlungen heraus.«

»Ich nehme von Ihnen keine Befehle an.«

»Das werden wir sehen.«

»Wir haben schon einmal zusammengearbeitet, und das mit gutem Erfolg.«

»Das macht Sie noch nicht zum Detective und berechtigt Sie nicht, in einen Fall einzugreifen, der mir zugewiesen wurde.«

»Sie können gar nicht überschätzen, wie sehr Sie mich unterschätzen, Monsieur Claudel.«

Er richtete sich auf, öffnete den Mund und atmete einmal tief ein. Als er dann wieder redete, war seine Stimme ruhig.

»Jede weitere Diskussion ist sinnlos.«

Da war ich seiner Meinung.

Er ging zur Tür, den Rücken so steif wie ein Dressurreiter. Doch dann drehte er sich noch einmal um, hob das Kinn und sagte durch die Nase: »Da ist nur noch eins, das ich Ihnen sagen sollte, Ms. Brennan.«

Ich wartete.

»George Dorsey wurde heute Morgen des heimtückischen Mordes angeklagt.«

Obwohl seine Worte wie Eis waren, spürte ich die Hitze seines Zorns quer durchs Zimmer. Dann war er verschwunden.

Ich atmete ein paar Mal tief durch, krümmte und streckte die Finger und lehnte mich zurück. Dann starrte ich hinunter auf die Kinder, die zwölf Stockwerke tiefer im Schulhof spielten.

Ich war verärgert wegen Dorsey. Ich war enttäuscht von Claudels sturer Weigerung, mir zuzuhören. Ich war gekränkt, weil der

Mann offensichtlich Schritte unternommen hatte, um meine Mitarbeit bei der Carcajou zu beenden.

Ich war wütend auf Claudel, aber ich war nicht weniger wütend auf mich selbst. Ich hasse es, die Beherrschung zu verlieren, aber anscheinend konnte ich bei Streitgesprächen mit Claudel nicht anders. Doch es steckte noch mehr dahinter.

Ich gab es zwar nicht gerne zu, aber Claudel schüchterte mich noch immer ein. Und ich suchte noch immer seine Zustimmung. Obwohl ich überzeugt war, in der Vergangenheit schon an Boden gewonnen zu haben, betrachtete mich der Mann offensichtlich noch immer mit Geringschätzung. Das ließ mich nicht kalt. Und das ärgerte mich. Außerdem wusste ich, dass es falsch gewesen war, ihn nicht wenigstens über meine Unterhaltung mit Dorsey zu informieren. Ermittlungsteams verlangen, dass jedes Mitglied immer über alles informiert ist, und zwar völlig zu Recht. Weil ich wusste, dass er mich nicht zum Team rechnete, hatte ich es vorgezogen, ihn nicht zu informieren. Nur war er einer der Hauptermittler im Cherokee-Fall. Durch mein Verhalten hatte ich ihm eine Waffe gegen mich in die Hand gegeben.

»Zum Teufel mit ihm.«

Ich wandte den Blick von dem Ballspiel unten auf dem Platz ab und schaute mich in meinem Büro um. Artikel, die abgelegt werden mussten. Formulare, die ausgefüllt werden mussten, damit Überreste vernichtet werden konnten. Telefonnachrichten. Eine Aktentasche voller Biker-Informationen.

Mein Blick blieb an einem Stapel Fotokopien auf einem Eckschränkchen hängen. Ausgezeichnet. Das schob ich schon seit Monaten vor mir her. Ich beschloss, mich von dem augenblicklichen Kuddelmuddel aus Knochen, Bikern und mürrischen Detectives abzulenken, indem ich meine Datensammlung über alte Fälle auf den neuesten Stand brachte. Und das tat ich auch bis Feierabend.

Auf dem Nachhauseweg hielt ich bei dem Métro-Laden an der Papineau an und kaufte die Zutaten für Spaghetti alla Puttanesca. Ich war mir nicht sicher, ob Kit Anchovis mochte, und kaufte sie dann trotzdem. Ich würde es so machen wie immer, wenn ich Katy ein fremdes Gericht vorsetzte. Ich würde es ihm nicht sagen.

Das Problem erwies sich allerdings als ein rein theoretisches. Als ich in der Wohnung ankam, begrüßte mich niemand außer Birdie. Stiefel und Kleidungsstücke waren aufgeräumt, und auf dem Tisch im Esszimmer stand ein Blumenstrauß von der Größe von Rhode Island. Am Kühlschrank hing eine Nachricht.

Meinem Neffen tue es sehr, sehr leid. Aber er habe Pläne gemacht, die nicht mehr zu ändern seien. Trauriges Gesicht. Dafür werde er den ganzen Sonntag mit mir verbringen. Smiley.

Ich knallte die Tüten auf die Küchenanrichte, stürmte in mein Schlafzimmer und zog meine Pumps aus.

Verdammt. Was für ein Leben war das denn? Wieder ein Freitag mit der Katze und der Glotze.

Vielleicht wollte ja Claudel mit mir zu Abend essen. Das wäre der Höhepunkt des Tages.

Ich zog meine Bürokleidung aus, warf sie auf den Stuhl und schlüpfte in Jeans und Sweatshirt.

Selber Schuld, Brennan. Du bist nicht gerade Miss Umgänglich.

Ich suchte auf dem Boden des Schranks nach meinen Topsiders, fand sie und brach mir beim Herausziehen einen Nagel ab.

Ich konnte mich nicht erinnern, wann ich mich je so niedergeschlagen gefühlt hatte. Und so allein.

Der Gedanke kam ohne jede Vorwarnung.

Ruf Ryan an.

Nein.

Ich ging in die Küche und räumte die Lebensmittel weg, und dabei ging mir Ryans Gesicht nicht mehr aus dem Kopf.

Ruf an.

Das ist Vergangenheit.

Ich erinnerte mich an eine Stelle unter seinem linken Schlüsselbein, eine Kuhle, in die meine Wange perfekt passte. So eine sichere Stelle. So ruhig. So geschützt.

Ruf ihn an.

Das habe ich schon getan.

Rede mit ihm.
Ich will mir keine lahmen Ausreden anhören. Oder Lügen.
Vielleicht ist er unschuldig.
Jean Bertrand sagt, die Beweise seien überwältigend.
Meine Entschlossenheit zerbröselte bei den Dosentomaten, aber ich räumte die Tüten noch vollends aus, knüllte sie zusammen und stopfte sie unters Spülbecken und füllte Birdies Napf. Dann ging ich zum Telefon im Wohnzimmer.
Als ich das Lämpchen sah, machte mein Magen einen Minisalto.
Ich drückte den Abspielknopf.
Isabelle.
Die Landung war wie die eines Turners nach einem schlechten Sprung.
Der Anrufbeantworter sagte mir, dass ich noch zwei Nachrichten hatte, die nicht gelöscht worden waren.
Ich drückte noch einmal auf den Knopf und hoffte, dass Kit sie abgespielt und einfach zu löschen vergessen hatte.
Die erste war von Harry, die ihren Sohn suchte.
Die zweite Nachricht war ebenfalls für Kit. Während ich zuhörte, stellten sich mir die Nackenhaare auf, und mir stockte der Atem.

24

NACHDEM ICH ERFOLGLOS VERSUCHT HATTE, die wirre Botschaft für Kit von einem Menschen namens Preacher wegen irgendeines Treffens zu entschlüsseln, kam ich zu dem Schluss, dass es wahrscheinlich um Harleys ging, aber nicht um jene, die sich im Besitz eines vorstädtischen Motorradclubs befanden. Ich dachte daran, aufzubleiben und auf Kit zu warten, entschied mich aber dagegen.
Impulsiv wählte ich Ryans Nummer. Der Anrufbeantworter

meldete sich. Danach fühlte ich mich so verzweifelt, dass ich ins Bett ging.

Ich schlief unruhig, und meine Träume waren wie die farbigen Splitter in einem Kaleidoskop, die manchmal zu klaren Bildern verschmolzen und sich dann wieder zu bedeutungslosen Mustern verteilten. In den meisten Szenen ging es um meinen Neffen.

Kit, der mit seinem Pick-up durch einen Tunnel aus Bäumen fährt. Kit mit den Armen voller Blumen. Kit auf einer Harley, Savannah Osprey auf dem Sozius, flankiert von Bikern.

Irgendwann hörte ich das Piepsen des Sicherheitssystems. Später Erbrechen und dann die Toilettenspülung.

Zwischen den Schnappschüssen meines Neffen präsentierte mein Unterbewusstes mir Song-Vorschläge. *Lord of the Dance* kam mir immer wieder. Musik war wie Flöhe im Teppich: Wenn sie erst einmal drin sind, wird man sie nicht mehr los.

Dance, dance, wherever you may be ...

Als ich aufwachte, erhellte graues Licht die Ränder des Rollos.

Ich vergrub meinen Kopf unter dem Kissen, legte den Arm darüber und zog die Knie an die Brust.

I am the lord of the dance said he –

Um acht gab ich auf. Warum sich ärgern?, fragte ich mich. Früh aufstehen ist nicht das Schlimme. Schlimm ist, früh aufstehen zu *müssen*. Und ich *musste* nicht aufstehen, ich tat es freiwillig.

Ich warf die Decke zurück und zog dasselbe Outfit an, in dem ich mich schon am Abend zuvor Birdie präsentiert hatte. Ein Brennanismus: Wenn du nicht weißt, was der Tag dir bringt, dann mach dich lieber nicht zu schick.

Während die Kaffeemaschine lief, schaute ich zur Terassentür hinaus. Es regnete beständig, Stämme und Äste glänzten feucht, in Vertiefungen auf dem Terrassenpflaster sammelten sich Pfützen. Nur die sprießenden Krokusse sahen zufrieden aus.

Wem machte ich eigentlich etwas vor? Das war ein Vormittag zum Schlafen.

Aber das tust du nicht. Also mach was anderes.

Ich warf eine Jacke über und lief zur Straßenecke, um mir eine

Gazette zu holen. Als ich zurückkam, lag Birdie zusammengerollt auf einem Stuhl im Esszimmer und wartete auf unser samstägliches Ritual.

Ich schüttete mir selbst etwas Quaker Harvest Crunch in eine Schüssel, goss Milch dazu und stellte das Müsli neben die Zeitung. Dann nahm ich mir Kaffee und setzte mich für eine ausführliche Lektüre an den Tisch. Birdie sah gelassen zu, denn er wusste, dass alles, was vom Müsli übrig blieb, ihm gehören würde.

Eine Menschenrechtskommission der Vereinten Nationen hatte Kanada wegen der Behandlung seiner Ureinwohner verurteilt.

Dance, dance ...

Die Gleichberechtigungspartei feierte ihren zehnten Geburtstag.

Was gab es da zu feiern, fragte ich mich. Sie hatten bei der letzten Parlamentswahl keinen einzigen Sitz gewonnen. Der Gedanke der Gleichberechtigung war aus dem Sprachkonflikt heraus entstanden, aber um das Thema war es in den letzten zehn Jahren ziemlich still geworden, und die Partei kämpfte ums Überleben. Was sie brauchte, war ein neues Aufflammen des Sprachenstreits.

Der Lachine Canal sollte ein viele Millionen Dollar teures Facelifting erhalten. Das war eine gute Nachricht.

Während ich mir Kaffee nachschenkte und Birdie seine Milch gab, stellte ich mir das Areal vor, in dem Kit und ich am letzten Sonntag geskatet hatten. Der Radweg führte an dem Kanal entlang, eine neun Meilen lange Wasserstraße voller Gifte und industrieller Abwässer. Aber der Kanal war nicht immer eine Kloake gewesen.

Erbaut im Jahr 1821 als Umgehung der Lachine-Stromschnellen und als direkte Fahrrinne für die Schiffe aus Europa auf dem Weg zu den Großen Seen, war der Kanal früher ein wesentlicher Bestandteil des Wirtschaftslebens der Stadt gewesen. Das änderte sich erst, als 1959 der St. Lawrence Seaway eröffnet wurde. Die Mündung des Kanals und mehrere Becken wurden mit dem Aushub des U-Bahn-Baus verfüllt, und der Kanal wurde schließlich für die Schifffahrt gesperrt. Die gesamte Umgebung wurde, abgesehen von der Schaffung dieses Radwegs, vernachlässigt, und der Kanal diente nur noch als Kloake für die Industrie.

Jetzt gab es Pläne, den gesamten Südwesten der Stadt neu zu beleben. Wie der Mont-Royal Park, der vor einhundertfünfundzwanzig Jahren von Frederick Law Olmstead entworfen worden war, sollte der Kanal zum Herzstück der Wiederbelebung eines ganzen Viertels werden.

Vielleicht ist es Zeit, eine neue Wohnung zu kaufen.

Ich setzte mich wieder an den Tisch und blätterte weiter.

Die RCMP musste aus ihrem Budget mehr als einundzwanzig Millionen Dollar für Lohnerhöhungen abzwacken. Die Bundesregierung wollte nur einen Bruchteil dieser Mehrausgaben übernehmen.

Ich dachte an die Arbeiter, die auf der Guy demonstriert hatten.

Bonne chance.

Die Expos hatten gegen die Mets zehn zu drei verloren.

Autsch. Vielleicht war Piazza die einundneunzig Millionen, die New York für ihn hingeblättert hatte, wirklich wert.

Die Anklageerhebung gegen Dorsey wegen neuer Vorwürfe stand auf Seite fünf, neben einem Artikel über Internet-Verbrechen. Ich erfuhr nur, dass er am späten Freitagnachmittag dem Richter vorgeführt und dann aus dem Op South ins Provinzgefängnis in Rivière-des-Prairies verlegt worden war.

Um zehn rief ich im Krankenhaus an. Madame LaManche berichtete, dass ihr Gatte stabil, aber noch immer ohne Bewusstsein sei. Meine Hilfsangebote lehnte sie dankend ab. Sie klang erschöpft, und ich hoffte, dass ihre Töchter bei ihr waren, um sie zu unterstützen.

Ich sortierte meine Schmutzwäsche und wusch eine Trommel Weißes. Dann zog ich Shorts und ein T-Shirt an und schnürte meine Sportschuhe. Ich ging zur Ecke McKay und Ste. Cathérine und fuhr mit dem Aufzug in das Studio im obersten Stock.

Zwanzig Minuten lang lief ich auf dem Band und schloss das Aufwärmen mit weiteren zehn auf dem StairMaster ab. Dann stemmte ich eine halbe Stunde lang Gewichte und ging wieder.

Meine gewohnte Prozedur. Rein. Trainieren. Raus. Das war es, was ich am Stones Gym mochte. Kein High-Tech-Gefunkel. Keine persönlichen Trainer. Ein Minimum an Spandex-Trikots.

Als ich wieder ins Freie trat, hatte es aufgehört zu regnen, und die Wolkendecke riss langsam auf. Über dem Berg zeigte sich vielversprechendes Blau.

Zu Hause war es noch immer so still wie zuvor. Birdie schlief, erschöpft von seiner Frühstücksmilch, und mein Neffe schlief, erschöpft von etwas, über das ich lieber nicht nachdenken wollte.

Dance, dance ...

Ich schaute auf den Anrufbeantworter, aber das Lämpchen war dunkel. Keine Antwort von Ryan. Wie bei allen meinen Anrufen in den letzten Tagen rief er nicht zurück.

Okay, Ryan. Botschaft laut und deutlich verstanden.

Ich duschte und zog mir etwas Frisches an. Dann breitete ich mich am Esszimmertisch aus. Ich sortierte alles, was Kate mir geborgt hatte. Fotos links, Dokumente rechts. Wieder fing ich mit den Fotos an.

Ich warf einen kurzen Blick auf Martin »Deluxe« Deluccio und Eli »Robin« Hood und auf ein Dutzend Angehörige derselben Spezies, mit Vollbart, Schnauzer, Ziegenbart oder Stoppeln. Dann griff ich zum nächsten Umschlag.

Farbfotos fielen auf den Tisch. Die meisten waren unscharf, die Dargestellten oft nur teilweise im Bild, als wären die Fotos schnell und heimlich aufgenommen worden.

Die Schauplätze waren voraussagbar. Parkplätze. Motel-Pools. Grillplätze. Doch das Amateurhafte der Fotos machte die Szenen irgendwie eindringlicher und gab ihnen eine Lebendigkeit, die den Polizeifotos fehlte.

Während ich die Bilder durchging, fielen mir mehrere von Touristen, Vertretern und zufällig Vorbeikommenden aufgenommene Schnappschüsse auf. Jeder erzählte die Geschichte eines ungeplanten Zusammentreffens, einer zufälligen Überkreuzung des Normalen und des Dunklen. Kodak-Augenblicke der Faszination und der Angst. Mit rasendem Herzen und feuchten Händen greift man zur Kamera, bevor Frau und Kinder von der Toilette zurück sind.

Ich nahm eins zur Hand und betrachtete es eingehender. Eine Esso-Tankstelle. Sechs Männer auf Harley-Choppern, nur zwanzig Meter von der Kamera und doch ein ganzes Universum entfernt. Ich konnte den Respekt des Fotografen spüren, dieses Angezogen- und zugleich Abgestoßensein von der Aura der Outlaw-Biker.

In der nächsten Stunde arbeitete ich mich durch die Umschläge. Von Sturgis, South Dakota, bis Daytona Beach, Florida, waren die Szenen und Teilnehmer von einer ermüdenden Gleichförmigkeit, ob nun von der Polizei oder einem Normalbürger aufgenommen. Rallyes. Zeltplätze. Tauschbörsen. Bars. Um eins hatte ich genug gesehen.

Es war Zeit, mit Kit zu reden.

Ich wappnete mich für das Gespräch, ging zur Tür des Gästezimmers und klopfte.

Nichts.

Ich klopfte lauter.

»Kit?«

»Ja.«

»Es ist nach eins. Ich möchte gern mit dir reden.«

»Mmmmm.«

»Bist du wach?«

»Mhhhm.«

»Schlaf nicht wieder ein.«

»Gib mir fünf Minuten.«

»Frühstück oder Mittagessen?«

»Ja.«

Ich nahm das als Bestätigung des Letzteren, weil mir der Sinn eher danach stand, und machte Schinken- und Käse-Sandwiches mit Dillgurken. Als ich Kates Material zusammenschob, um auf dem Tisch Platz zu schaffen, hörte ich die Tür des Gästezimmers aufgehen und dann Aktivität im Bad.

Nach einer Weile tauchte mein Neffe auf, und meine Entschlossenheit schwand. Seine Augen waren rot gerändert, sein Gesicht hatte die Farbe von Haferschleim. Seine Haare erinnerten am Jim Carrey.

»Morgen, Tante T.«

Als er die Hände hob und sich damit übers Gesicht fuhr, sah ich den Rand eines Tattoos aus dem Ärmel seines T-Shirts herauslugen.

»Es ist Nachmittag.«

»'tschuldigung. Bin ziemlich spät nach Hause gekommen.«

»Ja. Schinken-Sandwich?«

»Klar. Hast du Coke?«, fragte er mit belegter Stimme.

»Diet Coke.«

»Cool.«

Ich holte zwei Dosen aus dem Kühlschrank und setzte mich zu ihm an den Tisch. Er beäugte das Sandwich wie andere eine zerdrückte Küchenschabe.

»Du fühlst dich gleich besser, wenn du was isst«, ermunterte ich ihn.

»Ich muss nur erst richtig aufwachen. Mir geht's gut.«

Er sah so gut aus wie ein Pockenopfer. Winzige rote Adern durchzogen das Weiß seiner Augen, und Rauchgeruch hing in seinen Haaren.

»Ich bin's, Kit. Ich kenne das.«

Das tat ich wirklich, und ich wusste, was er durchmachte. Ich erinnerte mich an das Gefühl, wenn der Restalkohol durch den Kreislauf schwappt, einem den Magen umdreht und in den erweiterten Gefäßen im Hirn pocht. Der trockene Mund. Die zitternden Hände. Das Gefühl, dass einem jemand Bleischrot in die Magengrube gekippt hat.

Kit rieb sich die Augen, streckte dann die Hand aus und strich Birdie über den Kopf. Ich wusste, dass er jetzt lieber ganz woanders wäre.

»Essen hilft.«

»Mir geht's gut.«

»Probier das Sandwich mal.«

Er hob den Blick und lächelte mich an. Aber sobald er sich entspannte, bogen seine Mundwinkel sich wieder nach unten; ohne bewussten Befehl konnte er die Anstrengung nicht aufrechterhalten. Er biss ein winziges Stückchen von dem Sandwich ab.

»Hmmm.« Er riss das Coke auf, legte den Kopf in den Nacken und schluckte.

Es war offensichtlich, dass er nicht in die Richtung wollte, die ich mir vorgenommen hatte. Na ja, eigentlich wollte ich auch nicht so recht. Vielleicht gab es ja gar kein Thema. Er war neunzehn. Er hatte sich prächtig amüsiert. Und jetzt hatte er einen Kater. Das kennen wir doch alle.

Dann erinnerte ich mich an die Nachricht auf dem Anrufbeantworter. Und an das Tattoo.

Es gab Themen, und wir mussten darüber sprechen.

Ich wusste, dass ich mit dem, was ich sagen wollte, kaum etwas ausrichten würde. Wahrscheinlich gar nichts. Er war jung. Er war unverwundbar. Und er hatte »Feuer im Hintern«, wie Harry gesagt hatte. Aber einen Versuch war ich ihm schuldig.

»Wer ist der Preacher?«, fragte ich.

Er ließ seine Coke-Dose auf dem Tisch kreisen und sah mich an.

»Nur ein Typ, den ich kennen gelernt habe.«

»Wo?«

»Im Harley-Laden. In dem ich mit Lyle war.«

»Was für ein Typ?«

Er zuckte nur die Achseln.

»Nichts Besonderes. Ein Typ eben.«

»Er hat dir eine Nachricht hinterlassen.«

»Ach so?«

»Hör sie dir an. Ich kann sie nicht übersetzen.«

»Ja. Der Preacher ist ein ziemlicher Spinner.«

Das war eine Untertreibung.

»Inwiefern?«

»Weiß auch nicht. Er hängt nur da draußen rum. Aber er fährt einen 64er Panhead-Chopper, der ist einfach krass.« Er trank einen langen Schluck. »Tut mir leid, dass ich dich gestern Abend versetzt habe. Hast du meine Nachricht gefunden?« Er suchte nach einem neuen Thema.

»Ja. Was war denn das für ein wichtiges Ereignis?«

»Ein Boxkampf«, sagte er ohne jeden Ausdruck. Sein Gesicht hatte die Konsistenz von Brotteig. Und genauso viel Farbe.

»Bist du ein Boxfan?«

»Eigentlich nicht. Aber diese Typen sind es, und deshalb bin ich mitgegangen.«

»Was für Typen?«

»Diese Typen, die ich kennen gelernt habe.«

»Im Harley-Laden.«

Er zuckte die Achseln.

»Und das Tattoo?«

»Ziemlich cool, was?«

Er schob den Ärmel in die Höhe. Ein Skorpion mit einer Art Helm auf dem Kopf spannte sich über den linken Bizeps.

»Was bedeutet das?«

»Rein gar nichts. Sieht einfach affenscharf aus.«

Ich musste ihm zustimmen.

»Deine Mutter wird mich umbringen.«

»Harry hat ein Tattoo auf ihrer linken Hinterbacke.« Er sprach das letzte Wort mit britischem Akzent aus.

I am the lord of the dance, said he ...

Eine Weile sagte keiner was. Ich aß mein Sandwich, während Kit von seinem nur grammweise abbiss und jeden Krümel mit Coke hinunterspülte.

»Willst du noch eins?«, fragte er schließlich, schob seinen Stuhl zurück und wedelte mit der leeren Dose.

»Nein, danke.«

Als er zurückkam, nahm ich den Faden wieder auf.

»Wie viel hast du gestern getrunken?«

»Zu viel.« Er kratzte sich ziemlich grob mit beiden Händen den Kopf, und seine Frisur verwandelte sich von Carrey zu Alfalfa.

»Aber es war nur Bier, Tante T. Außerdem darf ich hier trinken.«

»Nur Bier?«

Er senkte die Hände und schaute mich an, wie um sich zu vergewissern, dass er mich auch richtig verstanden hatte.

»Wenn du dich bei diesem Jungen auf eins verlassen kannst, dann auf ein striktes Nein zu Pharmazeutika. Dieser Körper macht zwar nicht gerade sehr viel her, aber ich halte ihn drogenfrei.«

»Es freut mich sehr, das zu hören.« Das tat es wirklich. »Was ist mit dem Preacher und seiner Herde?«

»Hey. Leben und leben lassen.«

»Das funktioniert nicht immer so, Kit.«

Na komm schon. Frag weiter.

»Sind diese Typen Biker?«

»Klar. Darum ist es ja wie Disneyland für mich. Sie fahren alle Harleys.«

Probier's noch einmal.

»Gehören sie zu einem Club?«

»Tante T., ich stelle denen nicht so viele Fragen. Wenn du damit meinst, ob sie Farben tragen, dann ist die Antwort Nein. Hängen sie mit Typen herum, die es tun? Ja, wahrscheinlich. Aber ich habe nicht vor, mein Boot zu verkaufen und zu den Hells Angels zu gehen, falls du dir deswegen Sorgen machst.«

»Kit. Outlaw Biker machen keinen Unterschied zwischen Gaffern und solchen, die Mitglieder werden wollen. Wenn sie dich nur als geringste Bedrohung oder auch nur als lästig empfinden, machen sie Hackfleisch aus dir. Und ich will nicht, dass dir das passiert.«

»Sehe ich aus wie ein Idiot?«

»Du siehst aus wie ein neunzehnjähriger Junge aus Houston mit einer Faszination für Harleys und einem romantischen Bild der Wilden.«

»Der was?«

»Der Film von Stanley Kramer?«

Ein verständnisloser Blick.

»Marlon Brando?«

»Von Brando habe ich schon mal was gehört.«

»Macht ja nichts.«

»Ich fühle mich einfach frei. Und amüsiere mich.«

»Das tut ein Hund auch, der den Kopf aus dem Autofenster streckt. Bis sein Hirn an einem Laternenpfosten klebt.«

»So schlimm sind sie auch wieder nicht.«

»Biker sind moralische Kretins, und sie sind nicht nur so schlimm, sie sind noch schlimmer.«

»Einiges, was sie sagen, klingt durchaus einleuchtend. Außerdem weiß ich, was ich tue.«

»Nein, das weißt du nicht. Ich habe in den letzten zwei Wochen mehr über diese Typen gelernt, als ich je wissen wollte, und nichts davon ist gut. Klar, einmal im Jahr schenken sie Kindern Spielzeug, aber Biker sind Verbrecher, die unser Rechtssystem missachten und Gewalt als legitimes Mittel zum Zweck betrachten.«

»Was tun sie denn, was so schlimm ist?«

»Sie sind skrupellos und heimtückisch und beuten die Schwachen aus.«

»Was tun sie? Treiben sie Babys mit Kleiderbügeln ab? Vergewaltigen sie Nonnen? Oder mähen sie Rentner in Imbissstuben um?«

»Zum einen verkaufen sie Drogen.«

»Das machen noch ganz andere.«

»Sie legen Bomben, die Frauen und Kinder töten. Sie sperren Männer in Kofferräume, fahren sie zu entlegenen Stellen und pusten ihnen das Hirn weg. Sie zerstückeln Rivalen mit Kettensägen, packen die Überreste in Müllsäcke und werfen sie ins Hafenbecken.«

»Mein Gott, wir haben doch nur ein paar Bier getrunken.«

»Du gehörst nicht in diese Welt.«

»Ich war doch nur bei einem blöden Boxkampf!«

Die tiefen grünen Augen bohrten sich in meine. Dann zuckte ein Unterlid, und er kniff sie zusammen, senkte den Kopf und drückte sich die Mittelfinger an die Schläfen. Ich stellte mir vor, wie das Blut hinter seiner Stirn rauschte.

»Ich liebe dich wie meinen eigenen Sohn, Kit. Das weißt du.«

Obwohl er mich nicht mehr ansah, sah ich an der Krümmung seines Rückgrats, wie unbehaglich ihm war.

»Ich vertraue dir. Auch das weißt du«, fuhr ich fort. »Aber ich will, dass du dir bewusst machst, was für Leute das sind. Sie schüren dein Interesse an Harleys, erschleichen sich dein Vertrauen, und dann verlangen sie einen kleinen Gefallen von dir, der Teil einer illegalen Aktion ist, nur dass du nichts davon weißt.«

Lange sagte keiner etwas. Draußen stritten sich Spatzen an einer Futterkugel, die ich im Garten aufgehängt hatte. Schließlich sagte er, ohne den Kopf zu heben: »Und in was stürzt du dich, Tante Tempe?«

»Wie bitte?«

»Du bist auf irgendeinem Trip.«

Ich hatte keine Ahnung, was er meinte.

»Hallo aus dem Sündenpfuhl. Willkommen im Club.«

»Von was redest du denn?«

»Du spielst mit mir das alte Hütchen-Spiel. Zeigst mir das eine und versteckst das andere.«

»Was verstecke ich denn?«

Jetzt starrte er mich direkt an, und das Weiße seiner Augen war wie blutiges Wasser.

»Ich habe dieses Gespräch bei dem Abendessen letzte Woche verfolgt. Ich habe den Augapfel gesehen. Ich habe dein geheimnisvolles kleines Paket gesehen und wie du dich damit still und heimlich davongemacht hast. Du hast es selbst gesagt. Du hast in den letzten zwei Wochen mehr von dieser Scheiße gesehen als andere in ihrem ganzen Leben.«

Er wandte sich ab und drehte wieder seine Dose.

»Von mir willst du alles wissen, aber wenn ich dich frage, was du machst, fertigst du mich ab.«

»Kit, ich –«

»Und da ist noch mehr. Irgendwas ist mit diesem Ryan, das dich nervöser macht als einen Prediger bei der Steuerprüfung.«

Ich spürte, wie mein Mund sich öffnete, aber es kam kein Ton heraus.

»Du nimmst mich ins Fadenkreuz, weil du glaubst, dass ich mir Chemikalien in die Venen drücke, aber ich darf dich rein gar nichts fragen.«

Ich war zu verblüfft, um etwas zu sagen. Kit senkte den Kopf und biss sich auf die Unterlippe. Offensichtlich waren ihm die Gefühle, die er eben herausgelassen hatte, peinlich. Die Sonne schien durch den Store hinter ihm, sodass ich seinen Kopf nur als Schattenriss sah.

»Ich will mich ja nicht beschweren, aber als ich aufgewachsen bin, warst du die Einzige, die zugehört hat. Harry war« – er hob die Hände und bewegte die Finger, als wollte er die richtigen Worte aus der Luft greifen – »na ja, Harry war eben Harry. Aber du hast zugehört. Und du hast mit mir geredet. Du warst die Einzige, die das getan hat. Aber jetzt behandelst du mich wie irgendeinen Blödmann.«

Er hatte nicht Unrecht. Wenn Kit Interesse zeigte, war ich abweisend und ausweichend, weil ich keine wichtigen Informationen preisgeben wollte. Ich lebe alleine und rede mit niemandem außerhalb des Instituts über meine Fälle. Wenn in privaten Situationen Fragen danach aufkommen, wehre ich die automatisch ab. Und heute verlangte ich aus heiterem Himmel von ihm einen Rechenschaftsbericht über seine Aktivitäten.

»Was du sagst, stimmt einerseits, andererseits ist es unfair. Ich habe dir einige Antworten verweigert, die ich dir hätte geben können, aber ich bin auch verpflichtet, nicht über offene Fälle oder laufende Ermittlungen zu reden. Das ist keine Frage persönlicher Diskretion, das verlangt mein Job von mir. Willst du wirklich wissen, was ich gerade mache?«

Er zuckte die Achseln. »Liegt an dir.«

Ich sah auf die Uhr.

»Warum duschst du dich nicht, während ich hier aufräume? Dann machen wir einen Spaziergang auf den Berg, und ich erkläre dir einiges. Okay?«

»Okay.« Kaum hörbar.

Aber meine Entscheidung war alles andere als okay.

25

DIE EINHEIMISCHEN nennen sie »Berg«, aber die kleine Erhebung ist himmelweit entfernt von den zerklüfteten Spitzen der Rockies oder den grünen Gipfeln meiner Carolina Smokies. Mont-Royal ist der Überrest eines uralten Vulkans, der in Äonen zu sanften Hügeln abgeschliffen wurde. Er liegt im Herzen der Stadt wie ein riesiger schlummernder Bär.

Auch wenn dem Berg Größe und geologische Dramatik fehlt, gibt er doch der Stadt Montreal seinen Namen. Er ist das Rückgrat, von dem aus die Stadt sich ausbreitet. Die McGill University liegt am Osthang und die vorwiegend Englisch sprechende Vorstadt Westmount direkt gegenüber. Die Université de Montréal und das größtenteils französische Viertel Outrement beanspruchen die nördlichen Flanken. Direkt darunter liegt Centreville, eine gelungene Mischung aus Industrie und Finanzwesen, Wohnen und Amüsieren.

Der Berg bedeutet Aussichtspunkte, Parks und Friedhöfe. Er bedeutet Waldpfade und alte moosbewachsene Felsen. Er bedeutet Touristen, Liebespaare, Jogger und Picknicker in den kostbaren Sommermonaten, Schneeschuh- und Schlittschuhläufer und Schlittenfahrer im Winter. Für mich wie für jeden Montrealer bedeutet er eine Möglichkeit zur Flucht vor dem städtischen Tumult zu seinen Füßen.

Am frühen Nachmittag war die Luft warm genug für eine leichte Windjacke und der Himmel makellos. Kit und ich überquerten die de Maisonneuve und gingen auf der Drummond bergan. Auf der rechten Seite eines hohen, runden Gebäudes mit einem ausladenden, wie der Bug einer Betonfregatte geformten Sockel stiegen wir eine hölzerne Treppe zur Avenue des Pins hoch.

»Was ist das für ein Gebäude?«, fragte Kit.

»Das McIntyre Medical. Es gehört zur McGill.«

»Sieht aus wie das Capitol Records Building in L. A.«

»Hmm.«

Auf halber Höhe der Treppe hing plötzlich der scharfe, moschusartige Geruch eines Stinktiers in der Luft.

»*Une mouffette*«, erklärte ich.

»Klingt gut auf Französisch, stinkt aber nicht anders als ein guter alter texanischer Skunk«, sagte Kit und rümpfte die Nase. »Wie wär's, wenn wir ein bisschen auf die Tube drücken?«

»Gut.« Ich keuchte bereits von dem steilen Anstieg.

Am Ende der Treppe überquerten wir die des Pins, folgten einer unbefestigten Serpentine bis zu einer Betontreppe, stiegen die hoch, bogen dann scharf nach rechts in einen Feldweg ein und kamen schließlich zu einer weiteren Holztreppe, die direkt hoch zum steil abfallenden Felsgipfel führte.

Oben angekommen, dachte ich ernsthaft über Defibrillation nach. Während ich stehen blieb, um wieder zu Atem zu kommen, lief Kit direkt zum Aussichtspunkt. Ich wartete, bis mein Herzschlag wieder aus der Troposphäre zurückgekehrt war, und stellte mich dann neben ihn an die Balustrade.

»Das ist beeindruckend«, sagte Kit und spähte durch ein Messingfernglas, das auf das McTavish Reservoir ausgerichtet war.

Er hatte Recht. Der Ausblick von hier oben ist spektakulär, das Panorama einer im Werden begriffenen Stadt. Im Vordergrund erheben sich die Wolkenkratzer und Wohnblöcke und Schornsteine des Zentrums, dahinter liegen die Hafenanlagen und der St. Lawrence, die Lebensader der Stadt. In der Ferne ragen die Gipfel von St. Bruno und St. Hilaire in die Höhe, mit den östlichen Vororten zu ihren Füßen.

Kit ging von Fernglas zu Fernglas, und ich zeigte ihm Sehenswürdigkeiten, von denen ich glaubte, dass sie ihn interessierten. Place Ville-Marie. Das McGill Football-Stadion. Das Royal Victoria Hospital. Das Montreal Neurological Institute and Hospital.

Der letzte Gebäudekomplex erinnerte mich an Carolyn Russell und unser Gespräch über den Shunt. Und beim Gedanken an Savannah Osprey überkam mich wie immer Traurigkeit.

»Komm, Kit. Ich erzähle dir jetzt, was ich gemacht habe.«

Zwischen achtlos hingeworfenen Fahrrädern hindurch gingen wir eine breite Steintreppe hoch und setzten uns auf eine der hölzernen Bänke, die den Eingang zum Chalet flankierten. Tauben gurrten leise in den schweren Holzbalken über uns.

»Wo soll ich anfangen?«

»Am Anfang.«

»Du hast gut reden.«

Was war der Anfang?

»Die Provinz Quebec hat die zweifelhafte Ehre, Schauplatz des zurzeit einzigen heißen Biker-Kriegs der Welt zu sein.«

»Die Sache mit der Rock Machine und den Hells Angels, von der du bei Isabelles Abendessen erzählt hast?«

»Genau. Diese Banden kämpfen um die Kontrolle des Drogenhandels.«

»Was für Drogen?«

»Vorwiegend Kokain, aber auch Gras und Hasch.«

Eine Busladung Japaner kam vom Parkplatz herüber, schlenderte zum Geländer und fotografierte sich gegenseitig in wechselnden Zusammenstellungen.

»Ich habe seit ungefähr zwei Wochen damit zu tun. Zwei Mitglieder der Heathens, das ist ein Handlangerclub der Rock Machine, wurden zerfetzt, als sie versuchten, das Clubhaus der Vipers im Südwesten der Stadt in die Luft zu sprengen.«

»Wer waren die zerbombten Bomber?«

»Zwillinge, ›Le Clic‹ und ›Le Clac‹ Vaillancourt.«

»Die Vipers gehören zu den Hells Angels?«

»Ja. Der Mann, der auf sie schoss, wurde verhaftet –«

»Ein Viper.«

»Ja. Die Ermittlung gegen den Mann führte zur Entdeckung der zwei Leichen, über die wir bei diesem Abendessen gesprochen haben.«

»Diese Typen, die auf dem Clubgelände der Vipers vergraben waren?«

»Ja.«

»Wo ist dieses Clubhaus?«

»St.-Basile-le-Grand.« Ein merkwürdiger Ausdruck huschte über sein Gesicht, aber er sagte nichts.

»Die beiden Skelette wurden später identifiziert als Mitglieder eines OMC mit dem Namen ›Tarantulas‹, der inzwischen aufgelöst ist, aber in den Siebzigern und Achtzigern aktiv war.«

»Was ist mit den Knochen des Mädchens, die du da draußen gefunden hast?«

»Das Mädchen wurde inzwischen als Savannah Claire Osprey aus Shallotte, North Carolina, identifiziert. Deswegen bin ich nach Raleigh geflogen. Savannah war sechzehn, als sie 1984 verschwand.«

»Wer hat sie umgebracht?«

»Wenn ich das wüsste.«

»Und wie kam sie hierher?«

»Dieselbe Antwort. Aber lass mich noch ein Stückchen weiter zurückgehen. Vor den Entdeckungen in St.-Basile-le-Grand gab es noch einen anderen Mord. Der Spieß der Vipers, ein Gentleman mit dem Namen Richard ›Spinne‹ Marcotte, wurde in der Nähe seiner Wohnung aus einem fahrenden Auto heraus erschossen. Das war möglicherweise die Vergeltung der Heathens für Clic und Clac.«

»Das hat dem Steuerzahler eine Menge Geld gespart.«

»Schon, aber vergiss nicht, dass die Öffentlichkeit trotzdem einen Preis zu zahlen hatte. Ein Kind geriet in die Schießerei.«

»Stimmt. Sie war neun Jahre alt.« Er sah mir direkt ins Gesicht. »Sie starb, nicht?«

Ich nickte.

»Emily Anne Toussaint wurde an dem Tag getötet, als du und Howard Birdie bei mir vorbeigebracht habt.«

»Ach du Scheiße.«

»Seit dieser Zeit verfolge ich forensische Spuren, die mit diesen Biker-Verbrechen zu tun haben. Jetzt verstehst du vielleicht, warum ich von deinen neuen Freunden nicht allzu begeistert bin.«

»Und von meinem Tattoo. Du musst ja ein paar ziemlich üble Sachen gesehen haben.«

»Es geht noch weiter.«

Ich betrachtete sein Gesicht. Obwohl seine Augen vom Dachgesims des Chalets beschattet wurden, waren sie hell und klar wie Vogelgesang.

»In der letzten Woche wurde noch ein Biker ermordet. Yves ›Cherokee‹ Desjardins.«

»Welche Seite?«

»Er war ein Predator. Die gehören zu den Angels.«

»Noch ein Racheakt der Heathens für die Zwillinge?«

»Vielleicht. Das Problem ist, dass Cherokee schon ein älterer Mann und eine ganze Weile nicht mehr aktiv war. Außerdem hat er anscheinend auf eigene Faust einen Kokshandel betrieben.«

»Also wurde er vielleicht von den eigenen Jungs umgelegt?«

»Möglich. Wir haben noch nicht alle Beweise. Wir wissen es einfach nicht. Im Augenblick kommen unsere Ermittlungen nur langsam voran.«

Ich erzählte ihm von LaManche.

»Vielleicht haben die sich auch ihn vorgenommen.«

»Wer?«

»Die Angels. Vielleicht hätte er in dieser Leiche was gefunden, was er nicht hätte finden sollen.«

»Er war im Autopsiesaal. Das ist ein gesicherter Bereich.«

»Vielleicht habt ihr einen Maulwurf im Institut. Die machen so was nämlich, ihre Leute einschleusen.«

»Stopp.« Ich lachte. »Wir wollen's doch nicht übertreiben.«

Er drehte sich um und schaute an den Japanern vorbei zu den dunstigen Gipfeln in der Entfernung. Hinter uns wurde eine Tür geöffnet, und die Tauben flogen auf.

»Mein Gott, Tante Tempe, ich komme mir echt beschissen vor. Dein Chef ist krank, und du musst dich mit einer Million Morden auf einmal herumschlagen. Und was mache ich? Ich kreuze auf, knalle dir einen toten Fisch auf die Anrichte und verdufte wieder, um mich zu amüsieren.«

Die Japaner kamen in unsere Richtung.

»Und ich war zu abgelenkt, um zu verfolgen, was du treibst. Wie auch immer, sollen wir ein bisschen wandern?«

»Mein Leben ist eine Wanderschaft.«

Wir umkreisten das Chalet und bogen auf einen der vielen Feldwege ein, die den Berg überspannen. Eine Weile gingen wir schweigend und sahen den Eichhörnchen zu, die voller Freude über den Frühlingsanbruch aufgeregt durch das Laub vom letzten Jahr huschten. In den Bäumen zwitscherten und trällerten und gurrten und kreischten die Vögel. Irgendwann blieben wir stehen, um einem alten Mann zuzuhören, der auf einer Blockflöte die *Ode an die Freude* spielte. Er trug einen langen Mantel und eine Kappe mit Ohrenschützern und spielte mit der Konzentration eines Orchestervirtuosen.

Als wir uns nach Westen wandten, tauchte am Horizont die Kuppel des Oratoire St. Joseph auf. Ich erzählte Kit die Geschichte vom Herz des Frère André. Nachdem das Organ aus der Krypta unter dem Altar gestohlen worden war, wurde es zum Auslöser einer massiven Großfahndung. Schließlich kam es in unser Labor, und inzwischen ruht es wieder sicher verwahrt in den Tiefen der Kirche. Im Süden erhob sich der blassgelbe Turm der *École polytechnique* der *Université de Montréal*, wo 1990 dreizehn Frauen abgeschlachtet wurden. Der Tag war zu schön, um Kit auch diese Geschichte zu erzählen.

Wir gingen bereits wieder bergab, als Kit ein ähnlich unerfreuliches Thema anschnitt.

»Wer ist denn eigentlich dieser Ryan?«

»Nur ein Freund«, erwiderte ich ausweichend.

»Harry hat von ihm erzählt. Er ist Detective, nicht?«

»Ja. Bei der Provinzpolizei.«

Ich hatte Ryan meiner Schwester bei ihrem Aufenthalt in Montreal vorgestellt. Funken waren geflogen, aber ich hatte kurz darauf die Stadt verlassen müssen und daher nie erfahren, ob der Motor wirklich angesprungen war. Danach war ich Ryan lange Zeit aus dem Weg gegangen und hatte ihn auch nie nach Einzelheiten gefragt.

»Und was ist mit ihm?«

»Er hat sich in Schwierigkeiten gebracht.«

»Was für Schwierigkeiten?«

Über uns auf der Straße fuhr eine *calèche* in die Richtung, aus der wir gekommen waren. Ich hörte den Fahrer mit der Zunge schnalzen und dann das Klatschen der Zügel auf dem Pferdehals.

»Es kann sein, dass er mit Drogen zu tun hat.«

»Als Konsument?«

»Als Dealer.« Obwohl ich mir Mühe gab, klang meine Stimme zittrig.

»Oh.«

Das Klappern der Hufe wurde schwächer und verstummte ganz.

»Du magst diesen Kerl sehr, nicht?«

»Ja.«

»Mehr als Onkel Pete?«

»Das ist keine faire Frage, Kit.«

»Entschuldigung.«

»Was ist eigentlich mit diesem Fisch passiert?«, fragte ich, um das Thema zu wechseln.

»Er ist im Gefrierfach.«

»Weißt du was? Wir schieben Mr. Forelle kurz in die Mikrowelle, und während er auftaut, reden wir weiter über *les motards*. Heute Abend werfen wir ihn auf den Grill und gehen dann ins Hurley's auf ein paar Bier.«

»Es ist ein Lachs. Ansonsten bin ich einverstanden.«

Wir durchquerten das Gelände des Montreal General und gingen auf der Côte-de-Neiges den Rest des Wegs nach unten. Am Fuß des Bergs drehte ich mich um und schaute noch einmal hoch.

»Hast du das Kreuz schon mal bei Nacht gesehen?«

»Klar. Es ist sehr hübsch.«

»Von hier unten schon. Aus der Nähe betrachtet ist es nur Stahlgeflecht und nackte Glühbirnen. Ich glaube, Andrew Ryan ist auch so. Ganz nett aus der Entfernung, aber wenn man näher rankommt, nur ein wirres Kuddelmuddel.«

26

DIE BERAWAN SIND EIN VOLK VON ACKERBAUERN, die in Langhaus-Dörfern auf der Insel Borneo leben. In meinen Einführungskursen in Anthropologie benutzte ich sie als Beispiel für die Absurdität westlicher Begräbnispraktiken.

Die Berawan glauben, dass die Seele eines Toten erst dann ins ewige Leben entlassen wird, wenn das Fleisch verwest ist. Bis dahin muss sie in einer Art Zwischenwelt ausharren, nicht mehr Teil der Lebenden, aber auch unfähig, sich zu den Toten zu gesellen. Und die Sache hat noch einen Haken. Ihre Körper können wieder belebt werden von böswilligen Geistern, die auf der Suche nach einer Hülle die Welt durchstreifen. Und diese lebendigen Toten können nicht wieder getötet werden. Da versteht es sich von selbst, dass die Dörfler nicht gerade wild darauf sind, sie um sich zu haben.

Die Berawan waren angewidert und entsetzt, als ihre Ethnographen ihnen von den amerikanischen Bräuchen erzählten. Ihrer Ansicht nach sind Einbalsamierungen, Behandlungen mit Kosmetika und Wachsen und Beerdigungen in wasserdichten Särgen der reinste Wahnsinn. Denn damit verlängern wir nicht nur die Übergangszeit für unsere Lieben, sondern schaffen mit unseren Friedhöfen auch riesige Lagerstätten für potenzielle Zombies.

Ich fragte mich, wie die Berawan auf Bernard Silvestre reagieren würden, dem Hauptdarsteller auf dem Foto in meiner Hand. Der Fisch brauchte ewig zum Auftauen, und in der Zwischenzeit arbeiteten Kit und ich uns durch Kates Sammlung.

Silvestre lag in einem Sarg, Schnurrbart und Koteletten zu perfekter Symmetrie getrimmt, die Hände fromm auf seiner schwarzen Lederjacke gefaltet. Zehn Männer knieten in Jeans und Stiefeln in einem Halbkreis vor dem Sarg, während vier aufrecht Stehende den Sarg flankierten. Bis auf die Kleidung und die insgesamt abgerissene Erscheinung sahen sie aus wie eine Bruderschaft bei einer irischen Totenwache.

Kunstvolle Blumenarrangements reichten von einer Seite des Fotos zur anderen, ein Meer floraler Beileidsbezeugungen. Auf einem stand »Slick« in Blau auf Gelb, auf einem anderen »Leb wohl BS« in Rot- und Rosaschattierungen. Direkt hinter dem Sarg bildeten Nelken die Nummer »13«, eine Anspielung auf Slicks Beziehung zu Marihuana oder Methedrin.

Das Beste aber war ein Rechteck oben rechts, ein Blütenmosaik, das Motorrad und Fahrer samt Koteletten, Sonnenbrille und Club-Montur darstellte. Ich versuchte, die Banner über dem Helm und unter dem Vorderrad zu entziffern, konnte es aber nicht.

»Weißt du etwas über Slick?«, fragte Kit.

»Sieht nicht gerade aus wie der Schönste der Schönen.«

»Ja, nicht einmal im Vergleich zu diesen anderen Schönheiten.«

Kit drehte das Foto um. »Hey, dieser Typ hat den Löffel abgegeben, als ich drei Jahre alt war.«

Es gab noch zwei weitere Fotos von Slicks Beerdigung, beide aus der Distanz aufgenommen, das eine auf dem Friedhof, das andere vor der Kirche. Viele der Trauernden hatten sich ihre Kappen tief ins Gesicht gezogen und Tücher vor den Mund gebunden.

»Das Bild, das du hast, muss aus einer privaten Sammlung stammen.« Ich gab Kit die anderen Fotos. »Ich glaube, diese zwei sind Polizeifotos. Sieht aus, als wären die Trauernden nicht gerade scharf darauf gewesen, ihre Gesichter zu zeigen.«

»Mann, dieser Chopper ist ein Statement in Chrom und Stahl. Kein Wunder, dass der Kerl damit bis vors Grab gefahren ist.«

Ich ging um den Tisch herum und schaute ihm über die Schulter.

»Sieht für mich ziemlich nackt aus.«

»Um das geht's ja. Rohe Kraft. Der Kerl hat wahrscheinlich mit 'ner Müllkutsche angefangen –«

»Müllkutsche?«

»Ein altes Polizeimotorrad, vermutlich ein FLH Touring-Modell. Er hat all den unwichtigen Kram wie Windschutzscheibe, Überrollbügel und Gepäcktaschen aus Fiberglas abgebaut und alle Standardteile durch schnittige Sonderanfertigungen ersetzt.«

»Zum Beispiel?« Für mich sah es einfach nur aus wie ein Motorrad ohne alle Extras.

Kit zeigte mir die Besonderheiten des Motorrads, das neben dem Grab stand.

»Ein schmales Vorderrad, sargförmiger Tank, verkürztes hinteres Schutzblech und einen schmalen, dünnen Soda Seat. Das sind die coolsten Sitzbänke, weil's damit so aussieht, als würde man direkt auf dem Motor sitzen.«

Er deutete auf das Vorderrad.

»Außerdem hat er eine Teleskopgabel eingebaut und Ape Hangers montiert.«

Ich vermutete, er meinte den hohen, nach hinten gebogenen Lenker.

»Und schau dir nur diese Lackierung an. Mann, das Ding möchte ich gerne aus der Nähe sehen. Diese Maschine ist ein Kunstwerk. Das Einzige, was noch fehlt, um sie wirklich perfekt zu machen, ist eine Sissy Bar.«

»Um Bier und Cocktails zu servieren?«

»Das ist eine Rückenstütze.«

Das Motorrad war wirklich bizarr, aber nicht mehr als sein Besitzer. Er trug lederne Armbänder, eine Jeansjacke mit mehreren Harley-Davidson-Ansteckern und -Aufnähern, eine lederne Überziehhose und hatte mehr Haare als ein Wookie. Er sah aus wie eine wandelnde Drohgebärde.

»Ich schau noch mal nach Mister Lachs. Wenn er immer noch steif ist, schieben wir ihn noch einmal in die Mikrowelle.«

Er war es, und wir taten es, und dann legten wir ihn auf den Grill, wo die Holzkohle den Rest besorgte. Ich schmolz grüne Bohnen in Butter auf und mischte den Salat, während Kit den Fisch zerlegte.

Wir hatten eben unsere Servietten aufgefaltet, als das Telefon klingelte. Ich hob ab, und eine heisere männliche Stimme verlangte meinen Neffen. Wortlos gab ich ihm den Hörer.

»Hey, Mann, was gibt's?«

Kit starrte einen Fleck auf der gläsernen Tischplatte an.

231

»Geht nicht. Kann ich nicht machen.«
Pause.
»Unmöglich.« Er beugte sich vor und bearbeitete den Fleck mit dem Daumennagel.
»Diesmal nicht.«
Obwohl die Stimme des Mannes nur gedämpft durch das Ohr meines Neffen aus dem Hörer drang, konnte ich sie dennoch hören. Sie klang barsch, wie ein wütender Hund, der in den Keller gesperrt wurde. Mein Magen krampfte sich zusammen.
»Na ja, so ist es eben.«
Ich hörte Erregung im Tonfall der Antwort.
Ohne mich anzusehen, stand mein Neffe vom Tisch auf und ging in den Gang, um außer Hörweite zu sein.
Ich spießte eine Bohne auf die Gabel, kaute, schluckte. Mechanisch wiederholte ich die Handlung, aber mein Appetit war verschwunden. Nach der fünften Bohne war er wieder da.
Als ich den Ausdruck auf seinem Gesicht sah, spürte ich einen beinahe körperlichen Schmerz in der Brust. Ich wollte ihn in die Arme nehmen, ihm die Haare aus der Stirn streichen und ihn trösten, wie ich es getan hatte, als er noch ein kleiner Junge war. Aber was auch passiert war, es war eben kein aufgeschlagenes Knie, und ich konnte das jetzt nicht tun. Auch wenn er es zulassen würde, so wusste ich doch, dass die Geste ihm nur Unbehagen bereiten würde. Ich spürte seinen Kummer, konnte aber nichts dagegen tun.
Er grinste mich breit an, zuckte die Achseln, setzte sich dann wieder hin und machte sich über seinen Fisch her.
Ich starrte seinen Kopf an. Schließlich hob er den Blick.
»Das schmeckt toll.« Er schluckte und griff nach seinem Eistee.
»Ja, das war einer von denen. Und nein, ich gehe nicht weg.«
Plötzlich hatte ich wieder Heißhunger.
Der nächste Anruf kam, als wir eben beim Aufräumen waren. Kit nahm ab, aber ich konnte wegen des Rauschens und Gurgelns der Geschirrspülmaschine nichts verstehen. Nach wenigen Minuten stand er wieder in der Küchentür.
»Es ist Lyle. Ich glaube, ich habe ihm mal erzählt, dass ich gern

zu Tauschbörsen gehe, und deshalb lädt er uns für morgen zu einem Landbasar ein.«

»Ein Landbasar?«

»Na ja, es ist eigentlich ein Flohmarkt in einem Kaff namens Hudson. Er meinte, wenn ich es Landbasar nenne, kommst du vielleicht eher mit.«

Die beschönigende Wortwahl hatte wenig Einfluss auf meine Antwort. Ich wäre zwar gern nach Hudson gefahren, aber nicht um den Preis eines Nachmittags mit Crease.

»Fahr du nur, Kit. Es ist wirklich sehr schön da draußen. Pferdeland. Ich sollte hier bleiben und ein paar Sachen erledigen, die ich schon länger aufgeschoben habe.«

»Was zum Beispiel?«

»Zum Beispiel möchte ich mir morgen die Haare schneiden lassen.«

»Aha.«

Er ging ins Wohnzimmer zurück, und ich wischte die Anrichte ab. Ich konnte nicht glauben, dass ich Erleichterung verspürte, weil mein Neffe mit Lyle Crease zusammen sein würde. Der Mann war so schmierig wie ein Wundermittelvertreter.

Und warum interessierte sich Crease für einen neunzehnjährigen Jungen? Ich zweifelte zwar nicht daran, dass Kit mit dem Blödmann fertig wurde, aber ich schwor mir trotzdem, Isabelle anzurufen und ihr ein paar Fragen zu stellen.

Jetzt mal locker, sagte ich mir. Kämm deine Haare und geh zu den Fiedlern.

Hurley's ist die größte Annäherung an ein irisches Pub, die Montreal zu bieten hat. Ich trinke zwar nicht, aber meine gälischen Gene genießen die Atmosphäre trotzdem.

Kit war von dem Pub ebenso begeistert wie seine Mutter. Aber es ist auch schwierig, mürrisch zu sein, wenn Fiedel und Mandoline einen Reel nach dem anderen spielen und die Tänzer auf und ab hüpfen wie Nijinsky mit einem Nervenleiden. Wir blieben bis weit nach Mitternacht.

Als Lyle Crease am nächsten Morgen auftauchte, blätterte ich eben in den Fotos, die Kit und ich am Abend zuvor auf dem Tisch liegen gelassen hatten.

»Wie geht's?«, fragte Crease, als ich ihn einließ. Er trug eine Khaki-Hose, ein langärmeliges T-Shirt und eine Windjacke mit dem Aufdruck *CTV News* auf der linken Brust. Seine Frisur sah aus wie Spritzgussplastik.

»Gut. Und selbst?« Wir redeten Englisch.

»Kann nicht klagen.«

»Kit ist gleich so weit. Er hat ein bisschen verschlafen.«

»Kein Problem«, entgegnete er mit einem Glucksen und grinste mich dann wissend an.

Ich erwiderte das Lächeln nicht.

»Kann ich Ihnen Kaffee anbieten?«

»O nein, danke. Ich hatte heute Morgen schon drei Tassen.« Er zeigte Meilen überkronter Zähne. »Es ist ein wunderbarer Tag. Wollen Sie es sich nicht doch noch anders überlegen?«

»Nein, nein. Ich habe einiges zu erledigen. Aber vielen Dank. Wirklich.«

»Das nächste Mal vielleicht.«

Wenn Moses mal wieder 'nen brennenden Dornbusch sieht, dachte ich.

Einen Augenblick standen wir da und wussten nicht so recht, wie wir weitermachen sollten. Crease ließ den Blick durch die Diele schweifen und blieb an einem gerahmten Foto von Katy hängen.

»Ihre Tochter?«

»Ja.«

Er ging zu der Kommode und nahm das Bild zur Hand.

»Sie ist reizend. Ist sie Studentin?«

»Ja.«

Er stellte das Porträt wieder hin, und sein Blick wanderte ins Esszimmer.

»Das ist aber ein hübscher Strauß. Sie müssen einen sehr ernsthaften Verehrer haben.«

Netter Versuch.

»Darf ich?«

Ich nickte, obwohl mir Crease so willkommen war wie der Dämon aus *Der Exorzist*. Er ging in das Zimmer und schnupperte an den Blumen.

»Ich liebe Margeriten.« Sein Blick fiel auf Kates Foto. »Ich sehe, Sie recherchieren.«

»Möchten Sie sich setzen?« Ich deutete auf das Sofa im Wohnzimmer.

Crease nahm ein Foto zur Hand, legte es wieder hin, nahm ein anderes.

»Soweit ich weiß, sind Sie an der Desjardins-Ermittlung beteiligt«, sagte er, ohne hochzusehen.

»Nur am Rande«, sagte ich und schob die Fotos zusammen.

Er seufzte tief. »Die Welt wird langsam verrückt.«

»Vielleicht«, bemerkte ich und streckte die Hand aus, damit er mir das Foto der Silvestre-Beerdigung gab.

»Bitte«, sagte ich und deutete noch einmal auf das Sofa. »Machen Sie es sich bequem.«

Crease setzte sich und schlug die Beine übereinander.

»Stimmt es, dass Dorsey angeklagt und nach Rivière-des-Prairies verlegt wurde?«

»Das habe ich auch gehört.«

»Glauben Sie, dass er es getan hat?«

Der Kerl gab einfach nie auf.

»Ich habe mit der eigentlichen Ermittlung nichts zu tun.«

»Wie steht's mit dem Osprey-Mädchen? Gibt es da einen Durchbruch?«

Du kannst mich mal, dachte ich.

In diesem Augenblick tauchte mein Neffe auf und sah mit seiner Levi's, den Stiefeln und dem Riesenstetson aus wie der reinste Großstadt-Cowboy.

»Ihr wollt jetzt bestimmt schnell los, damit ihr dort seid, bevor die guten Sachen alle weg sind.«

»Was für gute Sachen?«

»Die Barschköder und die Elvis-T-Shirts.«

»Ich suche eigentlich eher nach einer Madonna aus Plastik.«
»Probier's mal in der Kathedrale.«
»Die andere Madonna.«
»Sei vorsichtig«, sagte ich und drohte mit dem Finger.
»Vorsichtig ist mein zweiter Vorname. Christopher Vorsichtig Howard. C. V. für meine Freunde.« Er tippte sich an die Hutkrempe.
»Na gut.«
Als Crease sich verabschiedete, legte er mir die Hand auf die Schulter, strich an meinem Arm entlang und drückte ihn knapp über dem Ellbogen.
»Sie sollten sich aber auch in Acht nehmen«, sagte er mit bedeutungsschwerem Blick.
Was ich nahm, war eine lange Dusche.
Später setzte ich mich, geschrubbt und nach Sandelholz riechend, an meinen Computer und kontrollierte meine E-Mails. Es gab nichts Weltbewegendes. Ich schrieb Anregungen zu Problemen, die Studenten mir geschickt hatten, bearbeitete die Anfrage eines Pathologen zu einem merkwürdig geformten Schädel und antwortete meinen drei Nichten in Chicago. Die Mädchen waren Töchter von Petes Schwestern und eifrige Computer-Freaks und hielten mich über die Vorkommnisse in der verzweigten lettischen Familie meines Ex-Gatten auf dem Laufenden.
Um halb zwei schaltete ich den Computer aus und rief bei Isabelle an. Sie war nicht zu Hause, wie ich erwartet hatte.
Um einen Vorwand zu haben, nach draußen zu gehen, marschierte ich zur *poissonnerie*, um Riesengarnelen zu kaufen. Ich war kaum einen Block weit gekommen, als ich plötzlich, von Fotos im Schaufenster des Salons *Coiffure Simone* angezogen, wie angewurzelt stehen blieb.
Ich starrte die Frau in Schwarzweiß an. Sie sah gut aus. Topmodisch, aber ordentlich. Professionell, aber flott.
Mein Gott, Brennan. Du klingst wie eine Shampoo-Werbung. Jetzt sagst du dir gleich, dass du dir so was auch mal verdient hast.
Aber ich hatte Kit doch gesagt, dass ich einen Friseurbesuch plante.

Ich betrachtete das Poster und überlegte mir, wie viel Pflege eine solche Frisur erfordern würde. Und kam zu dem Schluss, dass sie mit meiner Zehn-Minuten-Regel wohl nicht vereinbar wäre.

Ich wollte schon weitergehen, als ich im Schaufenster mein Spiegelbild bemerkte. Was ich sah, war Lichtjahre von der Dame auf dem Foto entfernt.

Wann hatte ich das letzte Mal eine neue Frisur ausprobiert?
Vor Jahren.
Und der Salon bot einen Sonntags-Sonderpreis an.
Fünf Dollar weniger. Gut. Du sparst dir dreieinhalb U.S.-Dollar.
Eine neue Frisur könnte meine Stimmung heben.
Sie könnte auch eine Katastrophe sein.
Haare wachsen nach.
Letzteres kam direkt von meiner Mutter.
Ich öffnete die Tür und trat ein.

Stunden später aß ich vor dem Fernseher zu Abend. Eine Tiersendung lief, Kängurus kickboxten um die Kontrolle des Rudels. Birdie lag vor dem Kamin und betrachtete mich still, aber argwöhnisch aus der Entfernung.

»Haare wachsen nach, Bird.«

Während ich eine Garnele in Soße tauchte und in den Mund schob, hoffte ich, dass sie es tun würden, bevor Kit nach Hause kam.

»Außerdem könntest du mich ruhig ein bisschen aufmuntern«, informierte ich meinen Kater.

Der Versuch, mit einer neuen Frisur meine Stimmung zu heben, war völlig in die Hose gegangen. Seit ich wieder zu Hause war, dachte ich nur daran, wie ich am besten jeden Kontakt mit der Öffentlichkeit meiden konnte. Dank der modernen Kommunikationstechnik hatte ich mehrere Möglichkeiten. Ich konnte Telefon, Fax und E-Mail benutzen. Und viele Hüte.

Um zehn fühlte ich mich so niedergeschlagen wie am Freitagabend. Ich hatte zu viel Arbeit und zu wenig Anerkennung, und mein Fast-Liebhaber zeigte inzwischen offensichtlich mehr Sympathie für die Räuber als für die Gendarmen. Mein Chef war zusammengebrochen, mein Neffe war mit dem Schleimer des Jahres unterwegs, und ich sah aus wie mit der Heckenschere frisiert.

Dann klingelte das Telefon, und alles wurde noch viel, viel schlimmer.

»*Claudel ici.*«

»Ja«, sagte ich, zu überrascht, um ins Französische zu wechseln.

»Ich dachte mir, Sie sollten es erfahren. Vor ungefähr zwei Stunden wurde auf George Dorsey ein Anschlag verübt.«

»Von wem?«

»Er ist tot, Ms. Brennan. Er wurde ermordet, weil Sie sich eingemischt haben.«

»Ich?«

Ich redete in eine tote Leitung.

Für den Rest des Abends war ich zu durcheinander, um einen vernünftigen Gedanken fassen zu können. Sogar Kit beachtete ich kaum, als er nach Hause kam und berichtete, dass er einen schönen Tag gehabt habe.

»Ermordet, weil Sie sich eingemischt haben.« Das war ungerecht. Dorsey hatte um meinen Besuch gebeten. Was, wenn er sich an Claudel oder Charbonneau oder Quickwater gewandt hätte? Das war ein Gefängnismord an jemandem, der für andere eine Bedrohung darstellte. So etwas passiert. Ich war nicht schuld daran. Claudel war ungerecht. Die ganze Nacht warf ich mich im Bett herum und wiederholte das Wort »ungerecht«.

27

AM NÄCHSTEN MORGEN war ich schon um sieben Uhr dreißig in der Arbeit. Die anderen würden erst in einer Stunde kommen, und in dem Gebäude herrschte Grabesstille. Ich genoss die Ruhe und hatte vor, sie auch zu nutzen.

Im Büro zog ich meinen weißen Mantel an und ging ins Anthropologie-Labor. Dort schloss ich meinen Lagerschrank auf und holte den Karton mit Savannahs Überresten heraus. Ich hatte vor, mich sofort an die Arbeit zu machen und Claudel das Wann und Wie der Bewältigung unseres Problems zu überlassen.

Ich legte Schädel und Oberschenkelknochen auf den Tisch und begann die mühselige Arbeit, jeden Millimeter Knochen unter Vergrößerung und starkem Licht noch einmal zu untersuchen. Ich hatte zwar meine Zweifel, hoffte aber doch, noch etwas zu finden, das ich übersehen hatte. Vielleicht eine winzige Kerbe oder einen Kratzer, irgendetwas, das darüber Aufschluss gab, wie diese Knochen vom Rest des Körpers getrennt worden waren.

Ich war noch damit beschäftigt, als es an der Tür klopfte. Ich hob den Kopf und sah Claudel hinter dem Türglas stehen. Wie gewöhnlich war sein Rücken kerzengerade und seine Frisur so perfekt wie auf einer Studioaufnahme von Douglas Fairbanks.

»Hübsche Krawatte«, sagte ich, als ich ihm die Tür öffnete.

Das war sie wirklich. Helles Lila, wahrscheinlich Designerseide. Passte gut zum Tweedjackett.

»*Merci*«, murmelte er mit der Herzlichkeit eines Pitbulls.

Ich legte den Oberschenkelknochen auf den Tisch, schaltete die Glasfaserlampe aus und trat ans Waschbecken.

»Was ist mit Dorsey passiert?«, fragte ich, während ich mir die Hände schrubbte.

»Ein Kreuzschraubenzieher ist ihm passiert«, erwiderte er. »Der Wärter war vor der Tür und las, während Dorsey duschte. Hat wahrscheinlich seine Fachzeitschriften durchgesehen.«

Ich sah den Mann mit den kleinen Rattenzähnen vor mir.

»Dem Wärter fiel eine Veränderung im Wasserrauschen auf, und er ging hinein, um nachzusehen. Dorsey lag mit dem Gesicht nach unten und achtundzwanzig Stichen im Oberkörper auf dem Boden.«

»Mein Gott.«

»Aber Dorsey war nicht sofort tot«, fuhr Claudel fort. »Auf der Fahrt zum Krankenhaus hat er noch ein wenig geplaudert. Und deshalb hatte ich das Gefühl, ich sollte bei Ihnen vorbeischauen.«

Überrascht, dass Claudel so offen war, griff ich nach einem Papierhandtuch.

»Der Sanitäter hat nicht alles verstanden, aber ein Wort ist ihm im Gedächtnis geblieben.«

Claudel hob das Kinn ein wenig.

»Brennan.«

Ich hielt mitten im Abtrocknen inne.

»Das ist alles?«

»Der Sanitäter sagte, er sei zu sehr damit beschäftigt gewesen, Dorsey am Leben zu halten. Aber der Name fiel ihm wegen seines Hundes auf.«

»Seines Hundes?«

»Er hat einen irischen Setter mit dem Namen Brennan.«

»Es ist ein gebräuchlicher Name.«

»Vielleicht in Galway, aber nicht hier. Sie haben mit Dorsey über Cherokee Desjardins gesprochen, nicht?«

»Ja, aber das weiß niemand.«

»Außer allen in Op South.«

»Wir waren in einem isolierten Verhörzimmer.«

Claudel schwieg. Ich rief mir den Korridor wieder ins Gedächtnis und die Ausnüchterungshalle, die nur wenige Meter entfernt war.

»Es kann natürlich sein, dass ich gesehen wurde.«

»Ja. Und so etwas wird weitergetragen.«

»An wen weitergetragen?«

»Dorsey war ein Anhänger der Heathens. Und die Jungs wären nicht gerade glücklich, wenn sie das Gefühl bekämen, er wolle etwas ausplaudern, um seine Haut zu retten.«

Ich spürte, wie sich mein Nacken verspannte bei dem Gedanken, ich könnte den Anschlag verursacht haben.

»Ich glaube nicht, dass Dorsey Cherokee umgebracht hat«, sagte ich, knüllte das Handtuch zusammen und warf es in den Abfalleimer.

»Sie glauben es nicht.«

»Nein.«

»Ich vermute mal, Dorsey hat behauptet, er sei so unschuldig wie der Osterhase.«

»Ja. Aber da ist noch mehr.«

Er warf mir einen zweifelnden Blick zu und verschränkte die Arme vor der Brust.

»Na gut. Lassen Sie hören.«

Ich berichtete ihm von den Blutspritzern.

»Klingt das nach einem Mordanschlag von Bikern?«

»Manchmal gehen Sachen schief.«

»Aber zuerst zusammenschlagen? Schießen Auftragsmörder normalerweise nicht sofort?«

»Der letzte Biker, den wir aus dem Fluss gezogen haben, wurde mit einem Hammer erschlagen. Und sein Leibwächter ebenfalls.«

»Ich habe über dieses Leermuster hinter Cherokees Kopf nachgedacht. Was, wenn er wegen dem Ding, das entfernt wurde, ermordet wurde?«

»An diesem Tatort wimmelte es von Leuten. Vielleicht hat es irgendjemand heruntergestoßen. Oder die Nachbarin hat es sich geschnappt.«

»Es war blutbespritzt.«

»Ich rede trotzdem mit ihr.« Claudels im Optimalfall schon beschränkte Geduld war offensichtlich so gut wie erschöpft.

»Und warum sollte Cherokee jemanden in die Wohnung lassen?«

»Vielleicht war der Mörder ein Kumpel von früher.«

Das klang einleuchtend.

»Hat die Ballistik irgendwas herausgefunden?«

Er schüttelte den Kopf.

»Wer leitet die Marcotte-Ermittlung?«

»Die und das kleine Mädchen fielen an Kuricek.«

Sipowicz.

»Irgendwelche Fortschritte?«

Claudel hob die Hände.

»Dorsey hat angedeutet, er wüsste etwas darüber, das er gegen unser Entgegenkommen eintauschen würde.«

»Diese Schwachköpfe sagen alles, nur um ihre Haut zu retten.«

Er senkte den Blick und schnippte sich ein nicht existierendes Staubkörnchen vom Ärmel.

»Da ist noch etwas, das ich mit Ihnen besprechen muss.«

»Ach so?«

In diesem Augenblick hörten wir, wie im Nachbarlabor die Tür geöffnet wurde. Die Techniker trafen ein.

»Können wir …?« Er deutete mit dem Kopf in die Richtung meines Büros.

Neugierig geworden führte ich ihn über den Gang und setzte mich hinter meinen Schreibtisch. Als er mir gegenüber Platz genommen hatte, zog er ein Foto aus seiner Innentasche und legte es mir auf die Schreibunterlage. Es unterschied sich nur wenig von Kates Biker-Fotos. Es war etwas jüngeren Datums und von besserer Qualität. Und da war noch etwas.

Kit stand inmitten der lederbejackten Männer im Zentrum des Fotos.

Ich sah Claudel fragend an.

»Das wurde letzte Woche in einem Etablissement namens *La Taverne des Rapides* aufgenommen.« Er wandte den Blick ab. »Das ist Ihr Neffe, nicht?«

»Na und? Ich sehe keine Clubabzeichen«, erwiderte ich knapp.

»Die gehören zur Rock Machine.«

Er legte mir ein zweites Foto vor. Allmählich hatte ich die Nase voll von Bikern auf Zelluloid.

Wieder sah ich Kit, diesmal saß er rittlings auf einer Harley und unterhielt sich mit anderen Motorradfahrern. Seine Kumpane waren sauber und glatt rasiert, trugen aber die üblichen Stirnbänder, Stiefel und Jeanswesten. Auf jedem Rücken konnte ich die Abbildung einer schwer bewaffneten Figur mit einem großen Sombrero erkennen. Das obere Banner wies sie als Bandidos aus, das untere als Mitglieder der Ortsgruppe Houston.

»Das wurde bei einer Tauschbörse auf dem Rummelplatz von Galveston County aufgenommen.«

»Worauf wollen Sie hinaus?« Meine Stimme klang schrill und angespannt.

»Ich will auf gar nichts hinaus. Ich zeige Ihnen nur Fotos.«
»Verstehe.«

Claudel runzelte die Stirn, legte dann die Füße übereinander und sah mich eindringlich an.

Ich faltete die Hände, um mein Zittern zu verstecken.

»Mein Neffe lebt in Texas. Vor kurzem hat sein Vater ihm eine Harley-Davidson gekauft, und er hat sich in die Zweiradkultur verliebt. Das ist alles.«

»Sich beim Fahren den Wind um die Nase wehen zu lassen ist nicht mehr das Einzige, wofür Biker heutzutage leben.«

»Das weiß ich. Ich bin mir zwar sicher, dass das Zufallsbegegnungen waren, aber ich werde trotzdem mit ihm reden.«

Ich gab ihm die Fotos zurück.

»Die Polizei von Houston hat eine Akte über Christopher Howard.«

Wenn ich Harry in diesem Augenblick in die Finger bekommen hätte, hätte ich einen Mord begangen.

»Er wurde verhaftet?«

»Vor vier Monaten. Wegen Drogenbesitz.«

Kein Wunder, dass sein Vater ihn in die nördlichen Wälder geschleppt hatte.

»Ich weiß, was ein Rat auf dem offenen Markt wert ist«, fuhr Claudel fort. »Aber passen Sie auf.«

»Worauf soll ich aufpassen?«

Er sah mich lange an, als müsste er erst entscheiden, ob er mir anvertrauen sollte, was er noch zu sagen hatte.

»Genau genommen hat der Sanitäter zwei Wörter verstanden.«

Das Telefon klingelte, aber ich ignorierte es.

»Brennans Kind.«

Ich spürte, wie jemand in meiner Brust ein Streichholz anzündete. Kannten sie Katy? Oder war Kit gemeint? Ich wandte den Blick ab, weil ich nicht wollte, dass Claudel meine Angst sah.

»Und das bedeutet?«

Claudel zuckte die Achseln.

»War es eine Drohung? Eine Warnung?«

»Der Sanitäter sagt, er hört Patienten nicht zu, während er sie versorgt.«

Ich starrte die Wand an.

»Was schlagen Sie vor?«

»Ich will Ihnen keine Angst machen, aber Constable Quickwater und ich glauben –«

»Ach ja, Quickwater. Die Lachnummer.« Ich schnitt ihm das Wort ab, Angst und Wut machten sich in Sarkasmus Luft.

»Er ist ein guter Ermittler.«

»Er ist ein Arschloch. Immer wenn ich mit ihm rede, tut er so, als wäre er taub.«

»Er ist es.«

»Was?«

»Quickwater ist taub.«

Ich suchte nach einer Erwiderung, brachte aber kein einziges Wort heraus.

»Eigentlich wurde er taub gemacht. Das ist ein Unterschied.«

»Wie?«

»Er bekam ein Eisenrohr auf den Hinterkopf, als er bei einer Straßenschlägerei intervenierte. Dann wurde er mit einem Elektroschocker beschossen, bis die Batterien leer waren.«

»Wann?«

»Vor ungefähr zwei Jahren.«

»Das hat sein Gehör zerstört?«

»Bis jetzt, ja.«

»Kommt es wieder zurück?«

»Er hofft es.«

»Aber wie kann er so arbeiten?«

»Außerordentlich gut.«

»Ich meine, wie kommuniziert er?«

»Quickwater lernt schneller als jeder Mensch, den ich kenne. Soweit ich weiß, hat er in kürzester Zeit Lippenlesen gelernt und beherrscht es inzwischen perfekt. Für Telekommunikation benutzt er E-Mail, Fax und TTY.«

»TTY?«

»Das ist die Abkürzung für Teletypewriter. Das ist im Wesentlichen eine Tastatur mit eingebautem Akustikkoppler. Zu Hause in seinem PC hat er ein spezielles Modem, das mit demselben Baudot-Code kommuniziert wie ein normaler TTY. Sein Fax und sein TTY hängen an derselben Telefonleitung, und er benutzt eine Weiche, die einen ankommenden Fax-Ton erkennt. Diese Weiche schickt Faxe an das Faxgerät und alle anderen Anrufe an den TTY. Wir in der Zentrale haben dieselbe Hard- und Software, die Kommunikation ist also kein Problem.«

»Aber was ist, wenn er unterwegs ist?«

»Er hat einen tragbaren TTY. Batteriebetrieben.«

»Wie redet er mit jemand, der keinen TTY hat, oder mit Ihnen, wenn Sie nicht in der Zentrale sind?«

»Es gibt einen speziellen Telefondienst, der als Vermittler arbeitet. Die Leute dort nehmen den Anruf entgegen und tippen dann ein, was die hörende Person sagt. Für jemanden, der stumm ist, lesen sie laut vor, was der Taube tippt. Quickwater hat kein Problem mit dem Sprechen, also braucht er nicht zu tippen, was er sagen will.«

Ich konnte mir das alles kaum vorstellen. Ich sah Quickwater vor mir, wie er im Clubhaus der Vipers agiert hatte und dann in dem Konferenzsaal in Quantico.

»Aber er wurde doch unter anderem nach Quantico geschickt, damit er hier über das berichten konnte, was er dort erfahren hatte. Wie kann er gleichzeitig von den Lippen ablesen und sich Notizen machen? Und wie weiß er, was gesagt wird, wenn das Licht aus ist oder wenn er den Sprecher nicht sehen kann?«

»Das kann Quickwater viel besser erklären als ich. Er benutzt etwas, das man *CART* nennt. *Computer Assisted Real Time Translation*, computerunterstützte Echtzeit-Übersetzung. Ein Protokollant tippt das Gesagte in eine Stenographiermaschine, dann wird eine computerisierte Übersetzung erstellt, und der Text wird in Echtzeit auf einem Monitor dargestellt. Dasselbe System wird auch im Live-Fernsehen für simultane Bildunterschriften verwendet. Das FBI hat in Quantico jemand, der das machen kann, aber ein Einloggen ist von überall her möglich, sodass sich der Protokollant an einem Ort und Quickwater an einem anderen befinden kann.«

»Über Telefon und PC?«

»Genau.«

»Aber was ist mit seinen anderen Pflichten?«

Ich sagte nicht, was ich wirklich dachte. Die Berichterstattung von einer Konferenz oder einem Treffen ist eine Sache, aber wie schützt sich ein tauber Beamter, wenn es jemand auf ihn abgesehen hat?

»Constable Quickwater ist ein fähiger und engagierter Beamter. Er wurde in Ausübung seines Dienstes verletzt, und niemand weiß, ob seine Taubheit bleibt oder nicht. Natürlich kann er nicht mehr alles tun, was er früher getan hat, aber im Augenblick kommt unsere Truppe recht gut damit zurecht.«

Ich wollte eben wieder zu Dorsey zurückkehren, als Claudel aufstand und ein Blatt Papier auf meinen Schreibtisch legte. Ich machte mich gefasst auf weitere schlechte Nachrichten.

»Das ist die DNS-Analyse des Bluts auf Dorseys Jacke«, sagte er.

Ich brauchte gar nicht hinzusehen. Sein Gesichtsausdruck sagte mir, was auf dem Formular stand.

28

ALS CLAUDEL GEGANGEN WAR, saß ich einfach nur da und ließ mir durch den Kopf gehen, was ich eben erfahren hatte.

DNS lügt nicht. Das Blut des Opfers war auf der Jacke, was bedeutete, dass Dorsey Cherokee getötet hatte, so wie Claudel es von Anfangs an vermutet hatte. Oder doch nicht? Dorsey hatte behauptet, die Jacke gehöre ihm nicht.

Der Mann hatte nichts über Savannah Osprey gewusst. Er hatte das nur behauptet, um seine Haut zu retten, und ich war darauf hereingefallen.

Und mein Besuch im Gefängnis hatte zu dem Mord an Dorsey geführt. Oder doch nicht? Hatte man ihn umgebracht, weil er der Mörder war oder weil er nicht der Mörder war? So oder so, er war tot, weil jemand Angst hatte, dass er mir etwas verraten würde.

Ich spürte ein Brennen hinter den Lidern.

Weine nicht. Wage es ja nicht zu weinen. Ich schluckte schwer.

Und dann Quickwater. Er hatte mich nicht böse angestarrt, er hatte von meinen Lippen abgelesen. Wer hatte da wen schlecht behandelt? Aber woher hätte ich das wissen sollen?

Und Kit. Waren auf diesen Überwachungsfotos wirklich nur Zufallsbegegnungen zu sehen, wie ich behauptet hatte, oder hatte Kit etwas mit den Bandidos zu tun? War der wahre Grund, warum er zu mir gekommen war, ein anderer als der Streit mit seinem Vater? Oder die Liebe zu seiner vertrottelten Tante?

Und der Augapfel. Hatte Kit ihn wirklich auf der Windschutzscheibe gefunden?

Claudel hatte seinen DNS-Bericht bekommen. Verdammt, wo war meiner?

Ich knallte die Hände auf die Schreibunterlage und sprang auf. Auf dem Gang bahnte ich mir einen Weg durch Sekretärinnen mit Papieren und Aktendeckeln in den Händen und Techniker, die Wägelchen mit Proben vor sich herschoben, lief die Treppe hinauf in den dreizehnten Stock und ging direkt in die DNS-Abteilung.

Mein Opfer entdeckte ich über ein Teströhrchen gebeugt am anderen Ende des Labors, und ich stürzte mich sofort darauf.

»*Bonjour, Tempe. Comment ça va?*«, begrüßte mich Robert Gagné.

»*Ça va.*«

»Ihre Haare sind anders.« Seine waren dunkel und lockig und wurden an den Schläfen bereits grau. Er trug sie immer kurz geschnitten und sorgfältig gekämmt.

»Ja.«

»Lassen Sie sie wachsen?«

»Das lässt sich kaum vermeiden«, erwiderte ich.

»Es sieht natürlich gut aus«, murmelte er und legte seine Pipette weg. »Also ich schätze, diese Jacke wird diesen Dorsey festnageln.

Claudel hat sogar gelächelt, als ich ihm das Ergebnis sagte. Na ja, fast. Seine Mundwinkel haben gezuckt.«

»Ich würde gern wissen, ob Sie schon Zeit für den Vergleich hatten, um den ich Sie gebeten hatte.«

»Ohne Fallnummer, richtig?«

Ich nickte.

»Augapfel?«

Ich nickte noch einmal.

»Zu vergleichen mit der Sequenzierung aus LML 37729.«

»Ja.« Sein Gedächtnis für Fallnummern beeindruckte mich immer wieder.

»Moment mal.«

Gagné ging zu einer Hängeablage, suchte die Ordner ab und zog einen aus der Mitte heraus. Ich wartete, während er den Inhalt überflog.

»Der Vergleich ist gemacht, aber der Bericht ist noch nicht geschrieben.«

»Und?«

»Eine Übereinstimmung.«

»Ohne Zweifel?«

»*Mais oui.*« Er zog die Augenbrauen in die Höhe. »Das Auge und die Gewebeprobe stammen von derselben Person.«

Oder Personen, dachte ich, wenn es zufällig Zwillinge sind. Ich dankte ihm und eilte in mein Büro zurück.

Mein Verdacht hatte sich bestätigt. Der Augapfel gehörte einem der Vaillancourts. Ein Mitglied der Vipers hatte ihn wahrscheinlich am Tatort gefunden und aus irgendeinem makabren Grund aufbewahrt. Aber wer hatte ihn mir unter den Scheibenwischer geklemmt?

Ich hörte das Telefon, bevor ich die Tür erreicht hatte, und rannte die letzten Meter. Marcel Morin rief von unten an.

»Wir haben Sie heute bei der Morgenbesprechung vermisst.«

»Tut mir leid.«

Er kam sofort zur Sache. Im Hintergrund hörte ich Stimmen und das Geräusch einer Stryker-Säge.

»Vor zwei Wochen landete ein Schiff im Hafen, und einige Frachtcontainer wurden abgeladen, um sie zu reparieren.«

»Diese großen, die mit Neunachsern weitertransportiert werden?«

»*C'est ça.* Gestern öffneten Arbeiter den letzten dieser Container und fanden eine Leiche. Der Kapitän glaubt, dass der Tote wahrscheinlich ein blinder Passagier ist, hat aber darüber hinaus keine Erklärung.«

»Wo ist das Schiff registriert?«

»Malaysia. Ich habe mit der Autopsie begonnen, aber die Überreste sind so stark verwest, dass ich nicht viel machen kann. Ich möchte, dass Sie sich die Leiche ansehen.«

»Ich bin gleich unten.«

Ich legte auf und ging ins Labor, wo ich Jocelyn, die Aushilfskraft, über meinen Arbeitstisch gebeugt fand. Miss Charmant trug Netzstrümpfe und einen Lederrock, der so kurz war, dass die dunklen Strumpfsäume zu sehen waren. Beim Geräusch der Labortür richtete sie sich auf und drehte sich um.

»Dr. Morin hat mich gebeten, Ihnen das zu geben.«

Sie streckte mir ein Papier hin, und ihre Ohrringe schwangen hin und her wie Kinderschaukeln. Auf jedem der Reifen hätte ein Fink Platz gehabt.

Ich ging zu ihr, nahm das Anfrageformular und wunderte mich, dass Morin es mir nicht einfach auf den Tisch gelegt hatte.

»Klasse Frisur.« Sie sprach mit leiser, monotoner Stimme, und ich konnte nicht sagen, ob sie es sarkastisch meinte oder nicht. Ihr Gesicht war noch blasser als sonst, die Augen hatten rote Ränder und dunkle Tränensäcke.

»Danke, Jocelyn.« Ich zögerte, weil ich mich nicht aufdrängen wollte. »Alles in Ordnung mit Ihnen?«

Sie reagierte, als hätte die Frage sie völlig aus der Fassung gebracht. Dann zuckte sie die Achseln und murmelte: »Im Frühjahr habe ich immer mit Allergien zu kämpfen. Ansonsten geht's mir gut.«

Mit einem letzten verwirrten Blick huschte sie aus dem Labor.

Ich verstaute die Osprey-Knochen wieder in meinem Schrank und brachte den Rest des Vormittags mit dem blinden Passagier aus Malaysia zu. Morin hatte nicht übertrieben. Der Großteil des Bindegewebes der Leiche gehörte den Maden.

Als ich mittags wieder nach oben ging, saß Kit auf meinem Stuhl, die Stiefel überkreuzt auf dem Fensterbrett, ein kleines Frank-Sinatra-Hütchen auf dem Hinterkopf.
»Wie bist du denn in diese Etage gekommen?«, fragte ich und versuchte, meine Überraschung zu verbergen. Ich hatte ganz vergessen, dass wir uns via Kühlschranktür zum Mittagessen verabredet hatten.
»Ich habe dem Wachmann meinen Führerschein gegeben, und er hat mich hoch gelassen.« Er zeigte mir den blauen Besucherpass, der an seinem Kragen klemmte. »Zuerst hab ich in der Lobby herumgesessen, aber dann hatte eine Dame Mitleid mit mir und hat mich hierher gebracht.«
Er nahm die Füße vom Fensterbrett und drehte sich um.
»Wow! Lass dich mal genau anschauen.«
Anscheinend hatte er etwas in meinem Gesicht entdeckt.
»Versteh mich nicht falsch. Ein echt radikaler Haarschnitt.« Er zielte mit beiden Zeigefingern auf mich. »Macht dich jünger.«
»Gehen wir«, sagte ich und nahm einen Pullover vom Garderobenständer. Ich hatte die Nase voll von Kommentaren zu meiner Frisur.
Bei französischen Sandwiches und Pommes erzählte mein Neffe mir von seinem Sonntag mit Lyle Crease, dessen Höhepunkt der Kauf dieses Hütchens gewesen war. Keine Madonna oder Fischköder. Nach der Rückkehr nach Montreal hatten sie bei Ben's Räucherfleisch gegessen, und dann hatte Crease ihn ins Nachrichtenstudio mitgenommen.
»Über was redet ihr beide eigentlich?«
»Der Typ hat wirklich was auf dem Kasten«, murmelte er mit vollem Mund. »Es ist irre, was der alles übers Fernsehen weiß. Und mit Motorrädern kennt er sich auch ziemlich gut aus.«
»Stellt er dir eigentlich viele Fragen?«

Ich fragte mich, ob Crease Kit benutzte, um an Informationen über meine Fälle zu kommen. Der Biker-Krieg war im Augenblick ein heißes Thema.

»Ein paar.«

Kit zog eine Papierserviette aus dem Spender am Rand des Tisches und wischte sich damit Fett vom Kinn.

»Worüber?«

Er zerknüllte die Serviette und nahm sich eine frische.

»Über alles Mögliche. Lyle ist erstaunlich. Er interessiert sich für alles.«

Etwas in seiner Stimme sagte mir, dass mein Neffe angefangen hat, Lyle Crease zu verehren. Okay, dachte ich. Damit kann ich leben. So schmierig der Kerl auch ist, besser als dieser Preacher dürfte er auf jeden Fall sein.

Nach dem Mittagessen bestand Kit darauf, mit mir ins Institut zurückzukehren. Obwohl ich eigentlich an meiner Skelettautopsie weiterarbeiten wollte, gewährte ich ihm eine kurze Besichtigungstour. Damit er sah, dass auch ich was auf dem Kasten hatte.

Während unserer Runde machte Kit nur zwei Bemerkungen. Als ich mich später daran erinnerte, schalt ich mich, weil ich nicht darauf geachtet hatte.

»Was ist denn das für ein Freak?«, fragte er, als wir an Jocelyn vorbeikamen, die am Kopierer stand.

»Sie arbeitet im Archiv.«

»Ich wette, die hat den Kopf voller Drogen.«

»Sie hat Allergieprobleme.«

»Genau. Nasenspray.«

Die andere Bemerkung machte er in der Ballistikabteilung. Die dortige Waffensammlung nannte er »süß«.

Nachdem Kit gegangen war, kehrte ich zu dem blinden Passagier zurück. Um halb fünf war ich zu dem Schluss gekommen, dass es die Überreste eines Mannes Ende zwanzig waren. Ich hatte die Knochen ausgelöst, präpariert und sie zum Auskochen nach oben geschickt. Dann hatte ich sauber gemacht, mich umgezogen und war in mein Büro zurückgekehrt.

Ich griff eben nach einem Pullover, als ich ein Farbfoto sah, das mitten auf meiner Schreibunterlage war.
Ich griff nach dem Bild und überlegte, ob es Claudel gehörte.
Das tat es nicht.
Obwohl der Abzug schon alt und ziemlich zerknittert war, waren Farbe und Schärfe noch relativ gut. Es war ein Gruppenbild, aufgenommen auf einem Camping- oder Picknickplatz. Im Vordergrund saßen Männer und Frauen an Holztischen, die zu einem U zusammengestellt waren. Die Erde war übersät mit leeren Dosen und Flaschen, auf den Tischen türmten sich Rucksäcke, Kühltaschen, Pakete und Papiertüten. Im Hintergrund erhoben sich Weihrauchkiefern, deren Wipfel allerdings nicht mehr zu sehen waren.
Eine große Tüte lehnte an einem Tischbein, sodass der Aufdruck direkt in die Kamera zeigte. Das Logo stach mir ins Auge.
»-ggly Wiggly.«
Ich drehte das Foto um. Nichts.
Ich hängte den Pullover wieder auf, holte meine Lupe aus der Schublade und setzte mich, um das Bild genauer zu untersuchen. Innerhalb von Sekunden fand ich die Bestätigung meiner Vermutung auf einem Gorilla in Jeansweste und fingerlosen Lederhandschuhen. Ein Arm, breiter als eine Bundesstraße, lag quer vor seiner Brust und zeigte Hakenkreuz, Blitze und das poetische Kürzel »F. T. W.«. King Kongs Arm verdeckte zwar den oberen Teil seines T-Shirts, der Aufdruck darunter war jedoch deutlich zu lesen.
»Myrtle Beach.«
Mit stockendem Atem sah ich mir die dargestellten Personen genauer an. Langsam ließ ich die Lupe über das Bild wandern und musterte jedes Gesicht.
Nach wenigen Sekunden fand ich sie. Halb versteckt in einem Meer aus Kappen und Wuschelköpfen lehnte eine schmale Gestalt an einem Baum, die dürren Ärmchen um die Taille geschlungen. Sie hatte den Kopf ein wenig in den Nacken gelegt, und ein Sonnenstrahl brach sich in einem der dicken Brillengläser, die ihre Gesichtszüge verzerrten.
Savannah Claire Osprey.

Ich konnte zwar ihren Gesichtsausdruck nicht erkennen, spürte aber die Anspannung in ihrem Körper. Warum war sie so angespannt?, fragte ich mich. Vor Aufregung? Angst? Unsicherheit?

Ich ließ die Lupe weiterwandern.

Der Mann rechts neben Savannah sah aus wie eine Figur aus *Leben und Tod von Cormac dem Skalden*. Er hatte schulterlange Haare und einen Bart, der ihm bis auf die Brust reichte. Cormac hatte den Kopf in den Nacken gelegt und hielt sich eine Dose Miller an die Lippen.

Der Mann links von Savannah war sehr groß und hatte kurze Haare und einen struppigen Vollbart. Sein Gesicht lag im Schatten und war kaum zu erkennen, sodass der Bauch sein auffälligstes Merkmal war. Er war käsig blass und hing in fleischigen Wülsten über einer ovalen Gürtelschnalle, auf der ich Buchstaben erkennen konnte. Ich hob und senkte die Lupe, um die Inschrift zu entziffern, aber der Bauch verdeckte zu viel davon.

Frustriert ließ ich die Lupe wieder nach oben wandern und betrachtete das Gesicht in der Hoffnung, dass bei mir etwas klingeln würde. Nichts. Ich wandte mich wieder der Gürtelschnalle zu und hielt das Gesicht dicht an die Lupe.

Ein paar zufällige Nervenimpulse, und da war es. Zurück zum Gesicht. Konnte es sein?

Nein. Dieser Mann war viel größer.

Aber vielleicht. Ich konnte es nicht sagen. Ich war zu spät gekommen. Zu viel Verstümmelung.

Und dennoch war da eine gewisse Ähnlichkeit.

Hatte George Dorsey doch etwas gewusst?

Mit klopfendem Herzen griff ich zum Telefon.

29

ALS CLAUDEL SICH MELDETE, nannte ich nur meinen Namen und kam gleich zur Sache.

»Da ist etwas, das ich Ihnen nicht gesagt habe. Dorsey hat nicht nur von Spinne Marcotte gesprochen. Er behauptete auch, er hätte Informationen über Savannah Osprey.«

»Das junge Mädchen, das wir in St.-Basile-le-Grand gefunden haben?«

»Ja. Ich glaube, er hat vielleicht doch die Wahrheit gesagt.«

»Dorseys Markenzeichen.«

Ich ignorierte den Sarkasmus.

»Haben Sie mir ein Foto auf den Tisch gelegt?«

»Nein.«

»Aber irgendjemand hat es getan. Es ist ein alter Schnappschuss von einem Biker-Treffen.«

»Wahrscheinlich eine Gebetsversammlung.«

»Sieht aus wie ein Picknick oder ein Zeltlager.«

»Aha.«

Ich atmete tief durch, um meine Stimme unter Kontrolle zu bekommen.

»Savannah Osprey ist dabei.«

»Wirklich?« Sein Ton sagte mir, dass er mir nicht glaubte.

»Absolut.«

»Was hat das mit Dorsey zu –«

»Das Foto wurde in Myrtle Beach aufgenommen.«

»Woher wissen Sie das?«

»Zumindest einer der Gläubigen trägt ein Myrtle-Beach-T-Shirt.«

»Mein Sohn hat ein T-Shirt der Kansas City Chiefs.«

»Ich erkenne Geißblatt und Kudzubohnen, wenn ich sie sehe. Außerdem habe ich auf einer Einkaufstüte ein Piggly-Wiggly-Logo erkannt.«

»Was ist ein Piggly-Wiggly?«

»Eine Supermarktkette mit mehreren Filialen in der Umgebung von Myrtle Beach.«

»Wie kommt jemand darauf, einen Supermarkt Piggly Wiggly zu nen–«

»Und einer der Biker könnte Cherokee Desjardins sein.«

Einen Augenblick lang war es totenstill in der Leitung.

»Wie kommen Sie darauf?«

»Er trägt eine Gürtelschnalle, auf der ›Cherokee‹ steht.«

»Wie sieht dieser Mann aus?«

»Wie etwas, das Jack Hanna an der Leine halten und mit kleinen Fleischstücken besänftigen würde«, blaffte ich. Seine Skepsis irritierte mich.

»Ich meine, ähnelt der Mann mit der Schnalle Cherokee Desjardins?«

»Sein Gesicht ist nicht klar zu erkennen. Außerdem habe ich Desjardins nie gesehen, als er noch ein Gesicht hatte.«

Wieder herrschte einen Augenblick lang Schweigen, dann hörte ich, wie Claudel langsam ausatmete.

»Ich besorge mir Fotos von Desjardins und komme morgen früh vorbei.«

»Wir können versuchen, die Bildqualität mit dem Computer zu verbessern.«

»Bereiten Sie es vor. Aber es muss schnell gehen. Wir haben Probleme wegen dem Dorsey-Mord, und die ganze Abteilung ist in Alarmbereitschaft.«

Als ich nach Hause fuhr, plagten mich Selbstzweifel.

Ich hatte mich von Dorsey zum Narren halten lassen, und meine Naivität hatte ihn das Leben gekostet.

Was, wenn der Mann auf dem Foto nicht Cherokee war? Claudel hatte offensichtlich Vorbehalte. Wenn ich mich irrte, würde er mich noch mehr für eine Idiotin halten.

Was ich im Hinblick auf seinen Carcajou-Partner auch gewesen war. Ich hatte Quickwaters Verhalten einfach falsch interpretiert. Hatte ich mich auch in Ryan getäuscht? In meinem Neffen?

Woher kam das Bild auf meinem Schreibtisch? Warum keine Notiz, kein Anruf? Es musste von einem der Detectives oder von einem Laborangestellten kommen. Niemand anders hätte die Möglichkeit gehabt, es dort abzulegen.

Ich lenkte und schaltete automatisch und ohne groß auf den Verkehr um mich herum zu achten.

Sollte ich Ryan einen Überraschungsbesuch abstatten? Würde er mir öffnen? Wahrscheinlich nicht. Ryan hatte sich selbst von der Außenwelt abgeschottet, weil er es so wollte. Aber konnte es wahr sein? Ich konnte noch immer nicht glauben, dass der Mann ein Krimineller war.

Hatte Kit mit den Bandidos zu tun? Mit Drogen? War er in Gefahr? Was hatte Dorsey dem Sanitäter sagen wollen?

War es möglich, dass Katy von den Bikern Gefahr drohte, obwohl sie tausende von Meilen entfernt auf einem Schiff war? Ihr letzter Brief war aus Penang gekommen.

Wem machte ich was vor? Dorsey war umgebracht worden, obwohl er, bewacht von bewaffneten Wärtern, in einem Gefängnis saß. Wenn *les motards* wollten, dass man in Gefahr war, war man es.

»Verdammt.« Ich schlug mit dem Handballen aufs Lenkrad.

Ryan und Katy waren außerhalb meiner Reichweite, aber in Bezug auf meinen Neffen konnte ich etwas unternehmen. Ich schwor mir, mit Kit reinen Tisch zu machen, noch bevor die Sonne unterging.

Oder aufging, dachte ich, als ich in die Zufahrt zu meiner Tiefgarage einbog. Ich hatte keine Ahnung, wann er nach Hause kommen würde, aber ich war fest entschlossen, auf ihn zu warten.

Es war nicht nötig.

»Hey, Tante T.«, begrüßte er mich, als ich die Wohnung betrat, und mit ihm der Duft von Kreuzkümmel und Gelbwurz.

»Irgendwas riecht hier gut«, sagte ich und stellte meine Aktentasche in der Diele ab.

Mein Neffe und meine Katze lungerten, umgeben von den Überresten der *Gazette* von diesem Morgen, auf dem Sofa. Die Sony-

Playstation war wieder an den Fernseher angeschlossen, Kabel schlängelten sich über den Boden.

»Ich habe im La Maison du Cari eingekauft. Ich dachte mir, ich bin mal an der Reihe mit Kochen.«

Er nahm die Kopfhörer ab und hängte sie sich um den Hals. Ich hörte blechern einen Song von Grateful Dead.

»Klasse. Was hast du gekauft?«

»*Uno momento.*«

Er stellte die Füße auf den Boden und warf die Kopfhörer aufs Sofa. Bird sprang angesichts der plötzlichen Nähe zu Jerry Garcia davon. Kit holte aus der Küche eine Quittung und las mir neun Punkte vor.

»Erwartest du hohen Besuch?«

»Nein, Ma'am. Ich war mir nur nicht sicher, was du magst, also habe ich eine Auswahl regionaler *cuisines* besorgt.«

Er sprach das Wort mit einem Akzent aus, der perfekt den des Restaurantbesitzers imitierte.

»Keine Angst, wir futtern uns schon durch«, sagte er, jetzt wieder mit texanischem Akzent.

»Ich will mich nur schnell umziehen, und dann essen wir.«

»Warte mal. Zuerst musst du dir das da ansehen.«

Er wühlte in der verstreuten *Gazette* und zog schließlich den vorderen Teil heraus. Er blätterte zu einer mittleren Seite, faltete die Zeitung zusammen, gab sie mir und zeigte auf eine Schlagzeile.

GEFANGENER BEI BANDENANSCHLAG GETÖTET

Der Artikel fasste die Fakten im Zusammenhang mit dem Mord an Dorsey zusammen. Er beschrieb ihn als Hauptverdächtigen für den hinrichtungsähnlichen Mord an Yves »Cherokee« Desjardins und als Anhänger der Heathens, während Cherokee als Mitglied der Predators bezeichnet wurde, das jedoch seit Jahren nicht mehr aktiv gewesen sei.

Des Weiteren spekulierte der Artikel, dass Dorseys Tod möglicherweise als Vergeltung für den Mord an Desjardins in Auftrag gegeben worden sei, und erwähnte noch einmal die Morde an den Vaillancourt-Zwillingen, Richard »Spinne« Marcotte und Emily Anne Toussaint. Er berichtete, dass Dorseys Begräbnis stattfinden werde, sobald der Coroner die Leiche freigegeben habe.

Den Schluss bildete die Feststellung, die Behörden seien in Sorge, dass eine Eskalation der Gewalt bevorstehe und dass Dorseys Begräbnis von Sympathisanten der Heathens als Gelegenheit zur Rache missbraucht werden könne. Die Polizei werde in den kommenden Wochen besondere Vorsichtsmaßnahmen treffen.

Als ich den Kopf hob, sah ich, dass Kit mich eindringlich anstarrte.

»Es wäre echt heiß, wenn ich bei dem Begräbnis dabei sein könnte.«
»Auf keinen Fall.«
»Die Bullen rücken diesen Jungs doch bestimmt so auf die Pelle, dass sie brav sein werden wie Ministranten, die zur Messe gehen.«
»Nein.«
»Lauter Harleys auf einem Haufen.«
»Du gehst nicht einmal in die Nähe dieses Begräbnisses.«
»All die Maschinen, die in Formation dahinrollen.« Er tat so, als hätte er einen Lenker in der Hand. »Rollender Donner.«
»Kit?«
»Ja?« Seine Augen funkelten wie die eines religiösen Eiferers.
»Ich will nicht, dass du da hingehst.«
»Tante Tempe, du machst dir zu viele Sorgen.«

Wie oft hatte Katy das gesagt?

»Ich ziehe nur schnell Jeans an, und dann essen wir. Ich will dich was fragen.«

Ich brachte das Thema beim Dessert zur Sprache.

»Ein Carcajou-Ermittler war heute bei mir.«
»Ja?« Kit kratzte die Glasur von seinem Reispudding und aß einen Löffel voll.
»Die Glasur kann man mitessen.«
»Sieht aus wie Silber.«
»Ist es auch.«

Ich hielt kurz inne.

»Er hat mir einige Polizeifotos gebracht.«

Ein fragender Blick. Und ein zweiter Löffel Pudding.

»Von dir.«

Mein Neffe senkte das Kinn und hob die Brauen.

»Die Fotos wurden auf dem Rummelplatz von Galveston County aufgenommen. Du warst mit Mitgliedern des Bandidos Motorradclubs zusammen.«

»Oh, oh«, sagte er mit dümmlichem Grinsen. »Das heißt wohl in schlechter Gesellschaft herumhängen.«

»Tust du es?«

»Tue ich was?«

»Mit den Bandidos herumhängen?«

»Nur dieses eine Mal. Und die großen Jungs haben mich dazu gezwungen.«

»Das ist nicht lustig, Kit! Du wurdest mit Drogendealern fotografiert!«

Er legte seinen Löffel weg und sah mich mit einem strahlenden Lächeln an. Ich erwiderte es nicht.

»Tante Tempe, ich gehe auf Flohmärkte. Biker gehen auf Flohmärkte. Manchmal gehen wir zu denselben Flohmärkten. Wir reden über Harleys. Mehr ist da nicht.«

»Der Detective sagte, du seist wegen Drogenbesitz verhaftet worden.« Ich zwang mich, mit ruhiger Stimme zu sprechen.

Er lehnte sich zurück und streckte die Beine aus.

»Na toll. Diese Scheiße schon wieder.«

»Was für eine Scheiße?«

»O Gott. Man könnte meinen, ich hätte vor 'nem Kindergarten gedealt.« Seine Stimme war hart, der Humor verschwunden.

Ich wartete.

»Ich habe eine Zehn-Dollar-Tüte für eine Freundin gekauft, weil die ihren Geldbeutel zu Hause vergessen hatte. Bevor ich ihr das Gras geben konnte, hielt ein Bulle mich wegen falschen Abbiegens an und fand das Zeug in meiner Tasche. Klingt das nach einem hartgesottenen Dealer?«

»Warum hat der Polizist dich durchsucht?«

»Ich hatte ein paar Bier getrunken.«

Er rieb mit dem großen Zeh über den Teppich. Ein langer, dünner Zeh, knubbelig an den Gelenken, oval unter dem Nagel. Der große Zeh meines Vaters. Mein Herz tat mir weh, als ich ihn ansah. Jede Zelle in seinem Körper erinnerte mich an Daddy.

»Na gut, ich hatte 'ne Menge Bier. Aber ich nehme keine Drogen. Das habe ich dir gesagt. Mein Gott, du führst dich ja auf wie mein Vater.«

»Oder wie jedes besorgte Elternteil.« Liebe und Wut kämpften in mir um die Vorherrschaft.

»Hör zu, ich habe als Strafe gemeinnützige Arbeit abgeleistet und an einem lahmen Drogenprogramm teilgenommen. Könnt ihr Leute denn nie Ruhe geben?«

Damit stand er auf und trottete aus dem Zimmer. Sekunden später hörte ich, wie die Tür zum Gästezimmer zugeschlagen wurde.

Gut gemacht, Brennan. Eine Eins mit Stern für erfolgreiches Kümmern.

Ich räumte den Tisch ab, packte die ungegessenen Portionen wieder ein, stellte das Geschirr in die Spülmaschine und wählte Howards Nummer.

Keine Antwort.

Ich verfluche dich, Harry, weil du mir nichts davon gesagt hast. Und ich verfluche dich, weil du in Mexiko bist.

Ich versuchte es bei Isabelle, weil ich sie nach Lyle Crease fragen wollte.

Anrufbeantworter.

Den Rest den Abends verbrachte ich mit dem Buch von Pat Conroy, das ich zwei Wochen zuvor weggelegt hatte. Nichts ist schöner, als in Carolina zu sein.

Wie erwartet, schlief Kit noch, als ich zur Arbeit ging. An diesem Tag nahm ich an der Morgenbesprechung teil.

Als ich in mein Büro zurückkehrte, wartete Claudel auf mich.

»Schon herausgefunden, wer Dorsey umgebracht hat?«, fragte ich und warf meine Besprechungsnotizen auf den Tisch.

Er warf mir einen Blick zu, der flüssige Lava zum Erstarren bringen konnte, und hielt mir dann einen Umschlag hin.

Ich setzte mich, schloss meine Schreibtischschublade auf und gab ihm das Foto aus Myrtle Beach.

»Was haben Sie gesagt, woher das kam?«

»Gar nichts.« Ich gab ihm die Lupe. »Weil ich es nicht weiß.«

»Es ist einfach aufgetaucht?«

»Ja.«

Er ließ die Lupe über das Foto wandern.

»Ich habe es gestern bemerkt. Aber ich weiß nicht genau, wann es auf meinem Tisch gelandet ist.«

Nach ein paar Sekunden hielt er die Lupe an und beugte sich dichter über das Foto.

»Sie meinen den Mann neben Z. Z. Top?«

»Zeigen Sie her«, sagte ich, überrascht von dem musikalischen Verweis. Ich hätte in Claudel einen Klassik-Puristen vermutet.

Er drehte das Foto um und deutete auf den Mann.

»Ja. Und das Mädchen neben ihm ist Savannah Osprey.«

Wieder die Lupe.

»Sind Sie sicher?«

Ich zog das Jahrbuchfoto hervor, das Kate mir gegeben hatte. Er betrachtete es, dann die Aufnahme von dem Picknick, und sein Kopf zuckte hin und her wie bei einem Tennisfan in Wimbledon.

»Sie haben Recht.«

»Was ist mit Mr. Gürtelschnalle?«

Er deutete auf den Umschlag in meiner Hand. »Desjardins war vor seiner Krankheit ein sehr kräftiger Mann.«

Ich schüttelte die Fotos heraus, und Claudel kam um den Tisch herum, damit wir sie gemeinsam betrachten konnten.

Kräftig war eine Untertreibung. Die zum Teil kopflose Gestalt, die ich in dem Sessel gesehen hatte, war nur ein schwacher Abklatsch des Körpers, der einst Cherokee Desjardins beherbergt hatte. Bevor der Krebs ihm die Eingeweide ausgedörrt hatte und Drogen und Chemotherapie ihre Wunder vollbracht hatten, war der Mann enorm gewesen, allerdings auf schwabbelige, schmerbäuchige Art.

Die Polizeifotos überspannten mehrere Jahre. Bärte kamen und gingen, und der Haaransatz wurde immer höher, aber Bauch und Gesichtszüge veränderten sich kaum.

Bis der Krebs zuschlug.

Sechs Monate vor seinem Tod war Cherokee nur noch ein Schatten seiner selbst, kahl und todeslagerdünn. Wenn das Foto nicht beschriftet gewesen wäre, hätte ich ihn nicht als denselben Mann erkannt.

Während ich mir das Gesicht auf den verschiedenen Fotos ansah, fiel mir ein Zitat von Marlon Brando ein. Ich habe Augen wie die eines toten Schweins, hatte der alternde Schauspieler über sich selbst gesagt.

Denk dir nichts, Marlon. Sie haben dir gute Dienste erwiesen. Dieser Kerl schaute einfach nur hasserfüllt drein und so gemein wie ein Straßenköter mit einem gestohlenen Steak.

Aber sosehr wir uns auch bemühten, wir konnten nicht bestimmen, ob unser verstorbener, aber unbetrauerter Cherokee der Mann mit der Gürtelschnalle in Myrtle Beach war.

30

ICH NAHM DIE CHEROKEE-FOTOS, und wir gingen den Gang entlang zu einer Abteilung mit der Bezeichnung *Imagerie*. Wir hatten beschlossen, dass ich das Bild mit *Adobe Photoshop* bearbeiten sollte, da mir dieses Programm vertraut war. Sollte sich das als ungenügend erweisen, würde ein Techniker uns mit raffinierterer Grafiksoftware weiterhelfen.

Wir wurden erwartet, und die Geräte standen uns sofort zur Verfügung. Der Techniker schaltete den Scanner ein, aktivierte das entsprechende Programm und ließ uns dann freie Hand.

Ich legte den Schnappschuss auf den Flachbettscanner, digitalisierte das Bild und speicherte es auf der Festplatte ab. Dann öffnete ich die Datei mit dem Myrtle-Beach-Picknick.

Ich klickte Mister Gürtelschnalles Gesicht an und vergrößerte es. Dann gab ich den Befehl, Staub und Knicke im eingelesenen Foto zu tilgen, modifizierte die Farbdarstellung, optimierte Helligkeit und Kontrast und schärfte die Ränder der Darstellung.

Claudel sah zu, wie ich die Befehle eintippte. Anfangs schwieg er, doch dann fing er an, Vorschläge zu machen, und ich merkte, wie, trotz seiner anfänglichen Skepsis, sein Interesse wuchs. Ich optimierte die Helligkeitsverteilung und die Definition von Umrissen und Flächen und förderte so Details zu Tage, die auf dem Schnappschuss selbst nicht zu sehen gewesen waren.

Nach knapp einer Stunde lehnten wir uns zurück und betrachteten das Ergebnis. Es gab keinen Zweifel mehr. Mister Gürtelschnalle war wirklich Yves »Cherokee« Desjardins.

Aber was bedeutete das?

Claudel sprach als Erster.

»Also kannte Cherokee das Osprey-Mädchen.«

»Sieht so aus«, erwiderte ich.

»Und Dorsey hat ihn umgebracht.« Claudel dachte laut. »Was glauben Sie, wollte Dorsey uns verkaufen?«

»Vielleicht hatte Cherokee Savannah umgebracht, und Dorsey wusste es.«

»Könnte sie mit ihm hierher gekommen sein?« Wieder war es ein ausgesprochener Gedanke, kein Gesprächsbeitrag.

Ich stellte mir das verwirrte kleine Gesicht vor, die Augen, die durch dicke Brillengläser in die Welt schauten. Ich schüttelte den Kopf.

»Nicht freiwillig.«

»Er könnte sie in Myrtle Beach umgebracht und dann die Leiche nach Quebec geschafft haben.«

»Warum sie so weit transportieren?«

»Das Risiko einer Entdeckung ist geringer.«

»Wäre das typisch für diese Kerle?«

»Nein.« In seinen Augen konnte ich Verwirrung sehen. Und Wut.

»Und wo ist der Rest von ihr?«, fragte ich weiter.

»Vielleicht hat er ihr den Kopf abgeschnitten.«

»Und die Beine?«

»Diese Frage dürfen Sie mir nicht stellen.« Er schnippte ein unsichtbares Staubkörnchen von seinem Ärmel und schob sich dann die Krawatte zurecht.

»Und wie landete sie in einem Loch neben Gately und Martineau?«

Claudel antwortete nicht.

»Und wessen Skelett wurde in Myrtle Beach gefunden?«

»Das müssen Ihre Freunde vom SBI beantworten.«

Da Claudel dieses eine Mal gesprächsfreudig schien, beschloss ich, den Einsatz zu erhöhen. Ich wechselte die Richtung.

»Vielleicht war der Mord an Cherokee gar kein Racheakt.«

»Ich weiß nicht, worauf Sie hinauswollen.«

»Vielleicht stand er in Verbindung mit der Entdeckung von Savannahs Grab.«

»Vielleicht.« Er sah auf die Uhr und stand dann auf. »Und vielleicht laden mich die Spice Girls ein, bei ihnen mitzumachen. Aber bis dahin sollte ich besser ein paar Gauner schnappen.«

Was hatte er nur mit diesen Verweisen auf die Popmusik?

Als er gegangen war, kopierte ich das Original und die modifizierte Version des Myrtle-Beach-Fotos auf eine CD. Dann scannte ich eine Auswahl von Kates Fotos ein und kopierte sie ebenfalls auf die CD, weil ich mir dachte, dass ich sie vielleicht zu Hause anschauen würde.

Als ich dann wieder in meinem Büro war, rief ich in der DNS-Abteilung an. Ich ahnte die Antwort zwar bereits im Voraus, konnte aber den Gedanken nicht ertragen, noch ein Biker-Album durchzublättern.

Ich hatte natürlich Recht. Gagné tat es zwar leid, aber die angeforderten Tests waren noch nicht durchgeführt worden. Einem Fall von 1984 konnte keine hohe Priorität eingeräumt werden, er hoffte aber, bald dazu zu kommen.

Na gut. Den Augapfel hatten sie auch vorgezogen.

Ich legte auf und griff nach meinem Labormantel. Wenigstens die Objektträger sollten inzwischen fertig sein.

Ich fand Denis im Histologielabor, wo er eben Falldaten in den Computer eingab. Ich wartete, während er das Etikett eines Plastikgefäßes ablas, in dem Stücke von Herz, Niere, Milz, Lungen und anderen Organen in Formaldehyd schwammen. Er tippte die Daten ein und stellte dann den Behälter zu den anderen auf den Karren zurück.

Als ich ihm sagte, was ich wollte, ging er zu seinem Schreibtisch und brachte mir eine kleine weiße Plastikschachtel. Ich dankte ihm und ging damit zum Mikroskop in meinem Labor.

Denis hatte Objektträger mit den Knochenproben, die ich aus Raleigh mitgebracht hatte, präpariert. Ich legte ein Schienbein-Präparat unter die Linse, stellte das Licht ein und spähte durch das Okular. Zwei Stunden später hatte ich eine Antwort.

Die Proben, die ich aus den Schien- und Wadenbeinen von Kates nicht identifiziertem Skelett entnommen hatte, waren histologisch von denen aus Savannahs Oberschenkelknochen nicht zu unterscheiden. Und jeder dünne Schnitt ergab eine Schätzung, die mit Savannahs Alter zum Zeitpunkt ihres Verschwindens übereinstimmte.

Übereinstimmung. Das Lieblingswort von Gutachtern vor Gericht.

Können Sie mit einem vernünftigen Maß an wissenschaftlicher Gewissheit angeben, dass die in Myrtle Beach geborgenen Knochen Savannah Claire Osprey gehören?

Nein, das kann ich nicht.

Verstehe. Können Sie angeben, dass die in Myrtle Beach geborgenen Knochen einer Person in exakt demselben Alter wie Savannah Claire Osprey gehören?

Nein, das kann ich nicht.

Verstehe. Was können Sie diesem Gericht denn sagen, Dr. Brennan?

Die in Myrtle Beach geborgenen Knochen stimmen im histologischen Alter und der Mikrostruktur mit anderen Knochen überein, die als Savannah Claire Osprey gehörend identifiziert wurden.

Ich schaltete das Licht aus und stülpte die Plastikhaube über das Mikroskop.
Es war ein Anfang.

Nach einer vegetarischen Pizza und einem Mr.-Big-Eis meldete ich mich in der Carcajou-Zentrale. Morin hatte seine Autopsie abgeschlossen und gab Dorseys Leiche frei. Jacques Roy hatte ein Treffen einberufen, um die Sicherheitsvorkehrungen für die Beerdigung zu besprechen, und mich um meine Anwesenheit gebeten.

Dorsey stammte aus einem Viertel südöstlich von Centre-ville, einer Gegend mit schmalen Straßen und noch schmaleren Gassen und überfüllten Wohnungen mit steilen Treppen und winzigen Balkonen. Im Westen liegt die Main, im Osten Hochelaga-Maisonneuve, Schauplatz von einigen der hitzigsten Schlachten im gegenwärtigen Biker-Krieg. Der Bezirk rühmt sich der höchsten Autodiebstahlsrate in der ganzen Stadt. Im Gegensatz zu fast allen anderen Vierteln Montreals hat er keinen Namen.

Aber er hat traurige Berühmtheit. Das Viertel ist das Herzland der Rock Machine, und es beherbergt auch die *Sûreté du Québec*. Ich schaue oft auf seine Straßen und Spielplätze, sein Flussufer und seine Brücke hinunter, denn das *Laboratoire de Sciences Judiciaires et de Médecine Légale* liegt in seinem Zentrum.

Dorseys Begräbnis sollte keine sechs Blocks von unserer Tür entfernt stattfinden. Deswegen und weil es auf den Straßen von ortsansässigen Gangstern nur so wimmeln würde, ging die Polizei kein Risiko ein.

Roy benutzte eine Karte der Insel, um die Aufstellung des Personals zu erklären. Der Gottesdienst sollte am Freitag um acht Uhr morgens in der kleinen Kirche an der Ecke Fullum und Larivière beginnen. Danach würde sich der Trauerzug auf der Fullum Richtung Norden zur Avenue Mont-Royal bewegen und von dort nach Westen und den Hügel hoch zum Friedhof *Notre-Dame-des-Neiges*.

Roy skizzierte die Positionierung von Barrikaden, Streifenwagen, Fußpatrouillen und Beobachtungspersonal und beschrieb die Prozeduren, die bei diesem Ereignis eingehalten werden mussten.

Die Umgebung der Kirche würde abgeriegelt, alle Seitenstraßen an den Kreuzungen mit der Mont-Royal gesperrt werden. Der Korso würde auf die nach Osten führenden Fahrspuren der Mont-Royal beschränkt und von Polizeieinheiten eskortiert werden. Auch am Friedhof selbst würde es maximale Sicherheitsmaßnahmen geben.

Es wurde eine Urlaubssperre verhängt. Jeder musste sich am Freitag zum Dienst melden.

Als die Dia-Show anfing, wurden vereinzelte »*Sacré bleus*« und »*Tabernacs*« laut, doch der Unmut legte sich bald, als Aufnahmen von früheren Begräbnissen über die Leinwand flimmerten. Auf unzähligen Bildern sahen wir die typischen Gestalten, die auf Kirchentreppen rauchten, in Kolonnen hinter blumenbeladenen Leichenwagen herfuhren oder sich an offenen Gräbern drängten.

Die Gesichter um mich herum verfärbten sich mit dem Wechsel der Bilder von rosig zu blau zu gelb. Der Projektor summte, und Roy leierte mit eintöniger Stimme Ort und Datum jedes Begräbnisses herunter und zeigte uns die wichtigsten Teilnehmer.

Es war warm im Zimmer, und ein Großteil meines Bluts hatte mein Hirn verlassen, um Mr. Big zu bearbeiten. Nach einer Weile merkte ich, wie die Eintönigkeit mich besiegte. Die Augen fielen mir zu, und das Gewicht meines Kopfs überstieg die Tragfähigkeit meiner Halsmuskeln. Ich nickte ein.

Dann klickte der Projektor, und ich war wieder hellwach.

Die Leinwand zeigte Biker bei einer Polizeikontrolle. Einige saßen auf ihren Harleys, andere waren abgestiegen und standen herum. Obwohl sie alle den Schädel und den geflügelten Helm der Hells Angels auf ihren Westen hatten, konnte ich nur zwei untere Banner entziffern. Auf dem einen stand *Durham*, auf dem anderen *Lexington*. Auf einem gelben Transporter im Hintergrund waren die Wörter *Métro Police* zu erkennen, der Rest der Beschriftung wurde jedoch von einer bärtigen Gestalt verdeckt, die den Fotografen fotografierte. Neben ihm stand Cherokee Desjardins und starrte frech in die Kamera.

»Wo wurde das aufgenommen?«, fragte ich Roy.

»South Carolina.«

»Das ist Cherokee Desjardins.«

»Der war Anfang der Achtziger einige Zeit unten im Süden.«

Ich ließ den Blick über die abgebildete Gruppe wandern und blieb bei einem Motorrad und einem Fahrer am äußeren Bildrand hängen. Der Mann drehte dem Fotografen den Rücken zu, sein Gesicht war nicht zu sehen, aber seine Maschine war deutlich zu erkennen.

»Wer ist der Kerl da ganz links außen?«, fragte ich.

»Der auf dem Chopper?«

»Ja.«

»Das weiß ich nicht.«

»Ich habe den Kerl auf mehreren alten Fotos gesehen«, bemerkte Kuricek. »Aber auf keinem jüngeren Datums. Der ist schon fast Vorgeschichte.«

»Was ist mit dem Motorrad?«

»Ein Kunstwerk.«

Danke.

Auf die Dias folgte eine Diskussion des freitäglichen Einsatzes. Als die Ermittler den Raum verließen, ging ich zu Roy.

»Könnte ich mir die Aufnahme von Cherokee Desjardins ausleihen?«

»Wollen Sie lieber einen Abzug?«

»Ja.«

»Haben Sie was Interessantes entdeckt?«

»Das Motorrad kam mir irgendwie bekannt vor.«

»Ein irres Ding.«

»Ja.«

Wir gingen in sein Büro, und er zog eine Akte aus seinem Metallschrank und blätterte darin, bis er das Foto gefunden hatte.

»So sehen die heutigen Biker also wirklich nicht mehr aus«, sagte er und gab mir das Foto. »Einige von denen tragen inzwischen Versace und besitzen Fast-Food-Ketten. Für uns war die Arbeit einfacher, als sie noch betrunken und dreckig waren.«

»Haben Sie mir in den letzten Tagen ein anderes Foto aus South Carolina auf den Tisch gelegt?«

»Nein. Ist das etwas, das ich sehen sollte?«

»Es ist ähnlich wie das, was Sie mir eben gegeben haben, nur dass darauf das Osprey-Mädchen zu sehen ist. Ich habe es Claudel gezeigt.«

»Das ist interessant. Bin gespannt, was er dazu zu sagen hat.«

Ich dankte ihm, versprach, das Bild zurückzugeben, und verabschiedete mich.

Im Institut angekommen, ging ich sofort zur *Imagerie*, scannte das Foto ein und kopierte es auf meine CD. Es war zwar nur eine unbestimmte Ahnung und wahrscheinlich eine Sackgasse, aber ich wollte einen Vergleich anstellen.

Um halb fünf machte ich Feierabend und fuhr zum Hôtel Dieu Hospital, weil ich hoffte, LaManche habe sich wieder so weit erholt, dass er Besuch empfangen konnte. Kein Glück. Er war noch immer ohne Bewusstsein und lag weiterhin auf der kardiologischen Intensivstation, wo nur die engsten Familienmitglieder ihn besuchen durften. Mit einem Gefühl der Hilflosigkeit bestellte ich im Geschenk-Shop des Krankenhauses einen kleinen Blumenstrauß und ging dann hinaus auf den Parkplatz.

Im Auto schaltete ich das Radio ein. Eine lokale Talkshow lief. Das Gesprächsthema war der Biker-Krieg und die bevorstehende Beerdigung seines letzten Opfers. Der Moderator bat die Zuhörer um Kommentare zur Leistung der Polizei. Ich blieb bei dem Sender, um zuzuhören.

Zwar gingen die Meinungen auseinander, was die Bewältigung des Bandenproblems durch die Polizei betraf, aber eins war klar: Alle Anrufer waren nervös. Ganze Viertel wurden gemieden. Mütter brachten ihre Kinder zur Schule. Nachtschwärmer wechselten ihre Stammkneipen und schauten sich um, wenn sie zu ihren Autos gingen.

Und die Anrufer waren wütend. Sie wollten, dass ihre Stadt von diesen modernen Mongolenhorden befreit wurde.

Als ich nach Hause kam, telefonierte Kit. Er hielt sich den Hörer an die Brust und sagte mir, dass Harry aus Puerto Vallarta angerufen habe.

»Was hat sie gesagt?«

»*Buenos días.*«

»Hat sie dir eine Nummer gegeben?«

»Sie sagte, sie reise herum. Aber sie will Ende der Woche noch einmal anrufen.«

Dann verschwand er in seinem Zimmer, um das Gespräch weiterzuführen.

Gut gemacht, Harry.

Doch ich zerbrach mir nicht lange den Kopf über meine Schwester, sondern zog das Foto aus der Tasche, das Roy mir geliehen hatte, und legte es auf den Tisch. Dann suchte ich in Kates Fotos nach den Aufnahmen von Bernard »Slick« Silvestres Begräbnis unten im Süden. Vor allem interessierte mich die Szene am Grab, die ich mir mit Kit angesehen hatte.

Dreimal ging ich den Stapel durch, fand aber nicht, was ich suchte. Ich durchsuchte alles, was ich in meiner Aktentasche hatte. Dann den Schreibtisch in meinem Schlafzimmer. Die Papiere auf meinem Computertisch. Jeden Ordner, den Kate mir gegeben hatte.

Die Fotos waren nirgends zu finden.

Verwirrt steckte ich den Kopf in Kits Zimmer und fragte ihn, ob er sie sich ausgeliehen habe.

Hatte er nicht.

Okay, Brennan. Spiel das Erinnerungsspiel. Wann hast du sie zum letzten Mal gesehen?

Am Samstagabend mit Kit?

Nein.

Sonntagmorgen.

In den Händen von Lyle Crease.

Die Wut traf mich wie ein Faustschlag, Hitze stieg mir ins Gesicht, und meine Finger ballten sich zu Fäusten.

»Verdammter Hurensohn!«

Ich war wütend auf Crease, aber noch wütender auf mich selbst. Da ich allein lebte, hatte ich mir angewöhnt, Ermittlungsmaterial mit nach Hause zu nehmen, was im Institut allerdings nicht gerne gesehen wurde. Und jetzt fehlte mir ein potenzielles Beweismittel.

Langsam beruhigte ich mich wieder. Und ich erinnerte mich an etwas, das ein Detective in Charlotte, mit dem ich einen Mordfall bearbeitete, mir einmal gesagt hatte. Vor dem verkohlten vorstädtischen Kolonialhaus, aus dem wir die Überreste einer vierköpfigen Familie bergen mussten, drängten sich damals die Transporter der Medien.

»Unsere freie Presse ist wie die Kanalisation«, sagte er. »Sie saugt jeden ein und zermahlt ihn zu Brei. Vor allem diejenigen, die nicht aufpassen.«

Ich hatte nicht aufgepasst, und jetzt musste ich mir diese Fotos wiederbeschaffen.

31

UM MEINE WUT ÜBER CREASE, meine Empörung über mich selbst und meine Angst um LaManche loszuwerden, marschierte ich drei Meilen auf der Tretmühle im Fitness-Studio. Dann stemmte ich dreißig Minuten lang Gewichte und setzte mich für weitere zehn ins Dampfbad.

Als ich auf der Ste. Catherine nach Hause ging, war ich körperlich geschafft, gedanklich aber noch immer unruhig. Ich zwang mich, an banale Dinge zu denken.

Das Wetter war schwer und feucht geworden. Seemöwen schrien die dunklen Wolken an, die tief über der Stadt hingen, den Geruch des St. Lawrence in die Straßen drückten und für eine verfrühte Dämmerung sorgten.

Ich dachte an Stadtmöwen. Warum kämpfen Tauben eigentlich um städtische Speisereste, wenn in nur einer Meile Entfernung ein erstklassiger Strom fließt? Sind Möwen und Tauben nur Varianten ein und desselben Vogels?

Ich dachte ans Abendessen. Ich dachte an die Schmerzen in meinem linken Knie. Ich dachte an einen Zahn, in dem ich ein Loch vermutete. Ich überlegte, wie ich meine Haare am besten versteckte.

Vorwiegend dachte ich jedoch an Lyle Crease. Und ich verstand die Wut islamischer Fundamentalisten und der Postangestellten. Ich würde ihn anrufen und die Fotos zurückverlangen. Und wenn mir das kleine Reptil dann noch einmal über den Weg lief, würde ich am nächsten Tag wahrscheinlich meinen Namen in den Zeitungen lesen können.

Als ich in meine Straße einbog, sah ich eine Gestalt auf mich zukommen, einen stiernackigen weißen Proleten in Lederweste, der aussah wie eine Hyäne.

War er aus meinem Haus gekommen?

Kit?

Ich spürte, wie mir die Brust eng wurde.

Ich ging schneller und hielt mich in der Mitte des Bürgersteigs. Der Mann wich nicht aus, sondern rempelte mich an. Er war so massig, dass der Zusammenprall mich aus dem Gleichgewicht brachte. Taumelnd sah ich hoch in dunkle Augen, die der Schirm einer Baseball-Kappe noch dunkler machte. Ich starrte in diese Augen.

Schau mich an, Arschloch. Präge dir mein Gesicht ein. Ich präge mir deins ein.

Er erwiderte meinen Blick und spitzte dann die Lippen zu einem übertriebenen Kuss.

Ich zeigte ihm den Stinkefinger.

Mit pochendem Herzen rannte ich zu meinem Haus und, zwei Stufen auf einmal nehmend, in die Vorhalle. Mit zitternden Händen schloss ich die Haustür auf, lief den Gang hinunter und steckte den Schlüssel in meine Wohnungstür.

Kit stand in der Küche und schüttete Nudeln in kochendes Wasser. Am Spülbecken stand eine leere Bierflasche, eine halb volle neben seinem Ellbogen.

»Kit.«

Seine Hand zuckte, als er meine Stimme hörte.

»Hey. Wie geht's, wie steht's?«

Er rührte die Nudeln mit einem Holzlöffel um und trank einen Schluck Bier. Obwohl die Begrüßung recht lässig geklungen hatte, verrieten seine ruckartigen Bewegungen seine Anspannung.

Ich schwieg und wartete, dass er weiterredete.

»Ich habe 'ne Fertigsoße gefunden. Gebratener Knoblauch und schwarze Oliven. Ist zwar nicht gerade ein Gourmet-Menü, aber ich dachte mir, du magst es, wenn ich dir was koche.«

Er schenkte mir ein strahlendes Kit-Lächeln und trank noch einen Schluck Molson.

»Was ist los?««

»Heute Abend gibt's ein NBA-Playoff-Spiel.«

»Du weißt, was ich meine.«

»Tue ich das?«

»Kit.« Ich versteckte meine Verärgerung nicht.

»Was? Fragen Sie einfach, Ma'am.«

»War jemand hier, während ich weg war?«

Er rührte in den Linguine, klopfte den Löffel am Topfrand ab und sah mir direkt in die Augen. Einige Sekunden lang stieg der Dampf zwischen uns in die Höhe. Dann kniff er die Augen zusammen und klopfte den Löffel noch einmal ab.

»Nein.«

Er senkte den Blick, rührte und sah mich wieder an.

»Worum geht's denn?«

»Ich habe auf dem Bürgersteig jemanden gesehen und dachte, dass er vielleicht von hier kam.«

»Da kann ich dir nicht weiterhelfen.«

Noch so ein blasiertes Grinsen.

»Mögen Sie Ihre Linguine *al dente*, Ma'am?«

»Kit –«

»Du machst dir zu viele Sorgen, Tante Tempe.«

Langsam kannte ich diesen Spruch auswendig.

»Bist du noch immer mit diesen Männern aus dem Motorradladen zusammen?«

Er streckte mir die Hände hin und kreuzte sie an den Gelenken.

»Okay. Ich gebe auf. Verhaften Sie mich wegen des Verdachts der Verwicklung in organisierte Pasta.«

»Bist du es?«

Seine Stimme wurde ernst. »Wer hat Sie angeheuert, um mir diese Fragen zu stellen, Ma'am?«

Es war klar, dass er mir nichts sagen würde. Ich verdrängte die Angst, obwohl ich wusste, dass sie sich bald wieder melden würde, und ging in mein Schlafzimmer, um mich umzuziehen. Aber ich hatte eine Entscheidung getroffen.

Kit würde nach Houston zurückkehren.

Nach dem Abendessen setzte Kit sich vor den Fernseher und ich mich an meinen Computer. Ich hatte mir eben die Dateien geladen, die Kates Fotos und das von Jacques Roy ausgeliehene enthielten, als das Telefon klingelte.

Kit nahm ab und ich hörte Gelächter und Flachserei durch die Wand, doch plötzlich änderte sich der Ton. Obwohl ich nichts verstehen konnte, war doch klar, dass Kit sich aufregte. Seine Stimme wurde laut und zornig, und irgendwann hörte ich, wie der Hörer auf die Gabel geknallt wurde.

Kurz darauf erschien Kit in meiner Tür, und seine Aufregung war offensichtlich.

»Ich gehe noch ein bisschen raus, Tante T.«

»Raus?«

»Ja.«

»Mit wem?«

»Mit ein paar Jungs.« Nur sein Mund lächelte.

»Das reicht mir nicht, Kit.«

»Ach verdammt, fang nicht schon wieder an.«

Und damit stürmte er den Gang entlang.

»Scheiße!«

Ich sprang auf, aber Kit war schon zur Tür hinaus, als ich ins Wohnzimmer kam.

»Scheiße!«, wiederholte ich mit Nachdruck.

Ich wollte eben hinter ihm her, als das Telefon klingelte. Da ich glaubte, dass es noch einmal Kits Anrufer sei, griff ich zum Hörer.

»Ja!«, zischte ich.

»Mein Gott, Tempe. Vielleicht solltest du mal ein Benimmtraining oder so was machen. Du bist ja fast nur noch barsch.«

»Wo zum Teufel bist du, Harry?«

»In dem großartigen Staat Jalisco. *Buenas noch* –«

»Warum hast du mir nichts von Kits Schwierigkeiten in Houston gesagt?«

»Schwierigkeiten?«

»Diese winzige Sache mit der Verhaftung wegen Drogen!« Ich schrie beinahe.

»Ach, das.«

»Ja, das.«

»Ich glaube eigentlich nicht, dass Kit daran schuld war. Wenn diese käsigen kleinen Wichser nicht gewesen wären, mit denen er herumhing, hätte er sich mit diesem Zeug nie abgegeben.«

»Aber er hat es getan. Und jetzt ist er vorbestraft.«

»Aber er musste nicht ins Gefängnis. Howards Anwalt hat ihn auf Bewährung und gemeinnützige Arbeit herausbekommen. Tempe, der Junge hat fünf Nächte lang in einem Obdachlosenasyl gearbeitet, hat dort gegessen und geschlafen und alles. Ich glaube, da hat er ziemlich deutlich gesehen, wie die weniger Glücklich –«

»Hast du ihn zur psychologischen Beratung geschickt?«

»Den hat doch nur mal der Hafer gestochen. Kit ist okay.«

»Er könnte ein ernstes Problem haben.«

»Er hat sich einfach mit den falschen Leuten eingelassen.«

Am liebsten wäre ich explodiert vor Entrüstung. Dann kam mir ein anderer Gedanke.

»Kit ist noch auf Bewährung?«

»Ja, das ist alles. Deshalb schien es mir auch keiner Erwähnung wert.«

»Wie sind die Bedingungen seiner Bewährung?«

»Was?«

»Gibt es Beschränkungen, was Kit tun darf und was nicht?«

»Nach Mitternacht darf er nicht mehr Auto fahren. Das hat ihm wirklich gestunken. Und ja. Er darf sich nicht mit Kriminellen abgeben.« Das Letztere sagte sie mit übertriebener Betonung und schnaubte dann. »Als würde er mit Bonnie und Clyde durch die Straßen ziehen.«

Harrys Unfähigkeit, das Offensichtliche zu begreifen, erstaunte mich immer wieder. Sie redete mit Zimmerpflanzen, hatte aber keine Ahnung, wie sie mit ihrem Sohn kommunizieren sollte.

»Überwachst du, was er tut und mit wem er Kontakt hat?«

»Tempe, es ist doch nicht so, dass der Junge eine Bank ausrauben will.«

»Darum geht es nicht.«

»Ich will da jetzt wirklich nicht mehr drüber reden.«

Harry war eine Meisterin im »Ich will wirklich nicht drüber reden«.

»Ich muss los, Harry.« Die Unterhaltung degenerierte zu einem Streit, und darauf hatte ich keine Lust.

»Okay. Wollte nur mal hören, ob's euch allen gut geht. Ich melde mich wieder.«

»Tu das.«

Ich legte auf und stand dann fünf Minuten einfach nur da und überlegte, was ich tun sollte. Keine der Möglichkeiten gefiel mir besonders, aber schließlich traf ich eine Entscheidung.

Ich suchte mir aus dem Telefonbuch eine Adresse heraus, schnappte mir meine Schlüssel und verließ die Wohnung.

Es herrschte nur wenig Verkehr, und nach zwanzig Minuten hielt ich am Bordstein der Rue Ontario. Ich stellte den Motor ab und sah mich um, während in meinem Bauch ein ganzer Schmetterlingsschwarm flatterte. Am liebsten wäre ich umgekehrt und hätte mir das, was ich vorhatte, noch einmal ganz genau überlegt.

Die *Taverne des Rapides* lag direkt gegenüber, zwischen einem Tätowierstudio und einem Motorradladen. Der Laden sah so heruntergekommen aus, wie ich ihn von dem Foto von Kit, das Claudel mir gegeben hatte, noch in Erinnerung hatte. Neonschilder warben für Budweiser und Molson in Fenstern, die im Zeitalter des Wassermanns zum letzten Mal geputzt worden waren.

Ich steckte mir eine Sprühdose mit Reizgas in die Jackentasche, stieg aus, schloss das Auto ab und überquerte die Straße. Schon auf dem Bürgersteig spürte ich das Wummern der Musik, die die Taverne erzittern ließ.

Drinnen musterte mich ein Türsteher von oben bis unten. Er trug ein schwarzes T-Shirt mit der Aufschrift *Born to Die* über einem kreischenden Schädel.

»Du meine Süße«, säuselte er mit öliger Stimme und starrte meinen Busen an. »Ich glaube, ich bin verliebt.«

Dem Mann fehlten mehrere Zähne, und er sah aus wie ein Mitglied der Anonymen Schläger. Ich erwiderte seine Begrüßung nicht.

»Komm doch zu Rémi zurück, wenn du Lust auf was Besonderes hast, Liebling.«

Er strich mir mit behaarter Hand über den Arm und winkte mich dann durch.

Als ich mich an ihm vorbeidrückte, hätte ich ihm am liebsten noch ein paar Zähne ausgeschlagen.

Der Laden wirkte mit dem Pooltisch, der Musikbox und den auf Eckborde geschraubten Fernsehern wie eine Schwarzbrennerkneipe in den Appalachian Mountains. Auf der einen Längsseite befand sich die Bar, auf der anderen Sitznischen, zwischendrin standen freie Tische. Es war dunkel bis auf die Weihnachtsbeleuchtung, die Bar und Fenster umrahmte.

Als meine Augen sich an die Dunkelheit gewöhnt hatten, schaute ich mich um. Die Kundschaft bestand vorwiegend aus Alpha-Männchen, die mit ihren schmuddeligen Klamotten und den langen Haaren aussahen wie Statisten für einen Westgoten-Film. Die Frauen hatten sich die Haare mit Gel gestylt und den Busen in Oberteile mit Mega-Dekolleté gezwängt.

Kit sah ich nirgends.

Ich arbeitete mich eben in den hinteren Teil des Raums durch, als ich plötzlich Schreie und Füßescharren hörte. Ich senkte den Kopf, pflügte durch ein Meer von Bierbäuchen und drückte mich an eine Wand.

In der Nähe der Bar brüllte plötzlich ein Kerl mit Rasputin-Brauen und hohlen Wangen und sprang auf. Blut lief ihm übers Gesicht, färbte sein Sweatshirt und verdunkelte die Ketten um seinen Hals. Ein Mann mit aufgedunsenem Gesicht starrte ihn von der anderen Seite eines kleinen Tisches böse an. Er hatte eine Flasche Molson am Hals gepackt und hielt sie vor sich ausgestreckt, um sich seinen Gegner vom Hals zu halten. Mit einem Aufschrei packte Rasputin einen Stuhl und schlug damit zu. Ich hörte Glas splittern, als Mann und Flasche auf den Beton knallten.

Tische und Barhocker leerten sich, die Gäste stürmten herbei, um bei dem mitzumischen, was sich hier entwickelte. Rémi, der Türsteher, tauchte mit einem Baseballschläger auf und schwang sich auf die Bar.

Das reichte mir. Ich beschloss, draußen auf Kit zu warten.

Ich war auf halbem Weg zur Tür, als plötzlich Hände meine Oberarme packten. Ich versuchte mich loszureißen, aber der Griff wurde fester und presste mir das Fleisch an die Knochen.

Wütend drehte ich mich um und starrte in ein Gesicht, das einem Sumpfkrokodil verblüffend ähnlich sah. Es saß auf einem dicken Hals und hatte vorquellende, stiere Augen und ein langes, schmales, vorspringendes Kinn.

Mein Häscher spitzte die Lippen, und ein schriller Pfiff zerriss die Luft. Rasputin erstarrte, und einen Augenblick lang herrschte erstauntes Schweigen, während er und seine Zuschauer nach dem Urheber des Pfiffs suchten. George Strait schmachtete in die plötzliche Stille.

»Hey, lasst die Scheiße, ich hab euch was zu sagen.« Die Stimme des Mannes war überraschend hoch. »Rémi, nimm Tank die verdammte Flasche ab.«

Rémi sprang von der Bar und trat, den Baseballschläger auf der Schulter, zwischen die Streithähne. Er stellte einen Fuß auf Tanks Handgelenk, verlagerte Gewicht darauf, und die Überreste der Flasche kullerten ihm aus der Hand. Rémi kickte sie weg und zog Tank dann auf die Beine. Tank öffnete den Mund, aber der Mann, der mich festhielt, schnitt ihm das Wort ab.

»Halt die Schnauze und hör zu.«

»Redest du mit mir, JJ?« Tank schwankte und stellte Halt suchend die Füße auseinander.

»Darauf kannst du Gift nehmen.«

Wieder öffnete Tank den Mund. Wieder ignorierte ihn JJ.

»Schaut mal, was ich hier habe, Leute.«

Ein paar hörten zu, die Gesichter leer vor Alkohol oder Langeweile, die meisten wandten sich wieder ab. George beendete seinen Song, und die Rolling Stones übernahmen. Der Barkeeper schenkte weiter Getränke aus. Das Stimmengewirr schwoll wieder an.

»Was soll denn die Scheiße?«, schrie ein Mann an der Bar. »Hast eben mal 'ne Schlampe gefunden, die nicht gleich kotzt, wenn sie dich anschaut.«

Gelächter.

»Schau mal genau hin, du Arschgesicht«, erwiderte JJ in näselndem Jaulen. »Schon mal was von der Knochenlady gehört?«

»Was geht die mich an?«

»Die den Vipers ihren Garten umgegraben hat?« Er schrie jetzt, und die Sehnen an seinem Hals waren straff wie Spanndrähte.

Eine Hand voll Gäste wandte sich wieder uns zu, und Verwirrung machte sich auf ihren Gesichtern breit.

»Liest denn von euch Arschlöchern keiner die Zeitung?« JJs Stimme überschlug sich fast.

Während andere sich wieder ihren Drinks und Gesprächen zuwandten, kam Tank auf uns zu. Er bewegte sich mit der übertriebenen Vorsicht der sehr Betrunkenen. Schwer atmend baute er sich vor mir auf und strich mir mit der Hand über die Wange.

Ich wandte mich ab, aber er packte mich am Kinn und drehte mein Gesicht wieder nach vorne. Bei seinem Bieratem drehte sich mir der Magen um.

»Sieht mir aber gar nicht nach 'ner Schwanzabschneiderin aus.«

Ich schwieg.

»Willst dich mal 'n bisschen im Dreck suhlen, was, *plotte*?«

Ich ignorierte die Hurenanspielung und sah ihm direkt in die Augen.

Mit der freien Hand zog Tank den Reißverschluss seiner Jacke auf, und als er sie öffnete, sah ich den Griff eines 38ers in seinem Hosenbund. Angst jagte durch meine Nervenbahnen.

Aus den Augenwinkeln heraus sah ich einen Mann von einem Barhocker gleiten und auf uns zukommen. Als er uns erreicht hatte, begrüßte er Tank mit einem Klaps auf die Schulter.

»*Tabernouche*, bei der könnte ich wirklich einen Steifen bekommen.«

Der Mann trug eine weite schwarze Hose, goldene Halsketten und eine offene Weste, die fischbauchweiße Haut zeigte. Gefängniskunst zierte Brust und Arme, und eine dunkle Sonnenbrille verdeckte seine Augen. Seine Muskeln waren steroidgebläht, und er sprach Französisch mit starkem Akzent.

Tank ließ mein Kinn los und wich leicht schwankend zurück.

»Sie ist die Schlampe, die Gately und Martineau ausgebuddelt hat.«

Ruhig bleiben, sagte ich mir.

»Wenn du bei Pascal nachgräbst, Süße, dann findest du was wirklich Großes.«

Als Pascal die Brille abnahm, wurde meine Angst noch größer. Seine Augen hatten den glasig funkelnden Blick der Allmacht, den einem nur Methedrin oder Crack verleihen können.

Pascal streckte die Hand nach mir aus, aber ich riss meinen Arm los und wehrte ihn ab.

»Was soll die Scheiße?« Er starrte mich mit Riesenpupillen an.

»Jemand sollte diesen Kerl da an die Leine legen«, sagte ich wagemutiger, als ich mich fühlte.

Pascals Gesicht rötete sich, die Muskeln an Hals und Armen traten hervor.

»Wer ist diese verdammte Schlampe?«

Wieder griff er nach mir. Wieder schlug ich seine Hand weg. Ich war fast starr vor Angst, aber ich durfte es mir nicht anmerken lassen.

»Du kommst wahrscheinlich aus einer zerrütteten Familie, wo keiner das Wort Höflichkeit schreiben kann, also kannst du vielleicht gar nichts für deine Manieren. Aber rühr mich nie mehr an«, fauchte ich.

»*Sacré bl*–« Pascal ballte die Fäuste.

»Soll ich sie abknallen?«, fragte Tank und griff nach seinem 38er.

»Mach halblang, Schlampe, sonst verschmieren diese Typen dir dein Hirn an 'ner Wand.« JJ kicherte, schubste mich vorwärts und verschwand in der Menge.

Ich fing an zu laufen, aber Pascal packte mich und wirbelte mich herum und drehte mir dabei den Arm auf den Rücken. Schmerz schoss mir in die Schulter, und Tränen nahmen mir die Sicht.

»Nicht hier drin, Pascal«, sagte Rémi mit leiser, blutleerer Stimme. Er hatte sich, den Schläger noch immer auf der Schulter, hinter meinen Angreifer gestellt. »Geh woanders damit hin.«

»Kein Problem.« Pascal legte mir den Arm um den Hals und drückte seinen Körper gegen meinen. Ich spürte etwas Hartes und Kaltes in meinem Nacken.

Ich schlug um mich und wehrte mich, so gut ich konnte, aber gegen die Drogen, die durch seine Adern strömten, kam ich nicht an.

»*Allons-y*«, knurrte Pascal und halb zog, halb schob er mich zum Hinterausgang der Bar. »Diese Schlampe geht jetzt in die Oper.«

32

»NEIN!«, PROTESTIERTE ICH, und jetzt war meine Angst größer als meine Entschlossenheit, ruhig zu bleiben.

Mit einem Arm drückte er mir die Luftröhre ab, mit dem anderen überdehnte er mir den Ellbogen, so schob Pascal mich durch die Menge. Seine Klinge zuckte bei jedem Schritt, und ich spürte, wie mir Blut seitlich am Hals hinunterlief.

Wut und Angst trieben meinen Adrenalinspiegel in die Höhe, und mein Hirn schrie einander widersprechende Befehle.

Tu, was er dir sagt!
Geh nicht mit ihm mit!
Verzweifelt schaute ich mich nach Hilfe um. Der Barkeeper sah uns, kräuselnden Rauch vor dem Gesicht, einfach nur zu. Aus der Musikbox dröhnte Rockabilly. Ich hörte Buhrufe und Pfiffe, aber die Gesichter, an denen wir vorbeikamen, waren passiv, Masken der Apathie. Niemand interessierte sich für mein Schicksal.
Lass dich nicht von ihm nach draußen bringen!
Ich wehrte mich und strampelte, aber das alles war sinnlos gegen Pascals Kraft. Er verstärkte den Druck auf meine Kehle und schob mich zu einer Hintertür hinaus und eine Metalltreppe hinunter. Schwere Schritte sagten mir, dass Tank dicht hinter uns folgte.

Als ich Kies unter den Sohlen spürte, atmete ich tief durch, duckte und drehte mich, aber Pascal drückte mir die Kehle nur fester zu. In meiner Verzweiflung senkte ich das Kinn und biss ihm, so fest meine Kiefer es erlaubten, in die Hand.

Pascal schrie auf und warf mich zu Boden. Ich kroch durch feuchte Verpackungen, Kondome, Kronkorken und Zigarettenkippen, und mein Magen hob sich bei dem Gestank von nassem Dreck und Urin. Hektisch versuchte ich, den Reißverschluss der Tasche mit der Spraydose aufzuziehen.

»Das würde dir so gefallen«, knurrte Pascal und trat mir mit dem Absatz in den Rücken.

Meine Brust knallte auf den Kies. Ich bekam keine Luft mehr, in meinem Hirn explodierte weißes Licht.
Schrei!
Meine Luftröhre loderte. Ich brachte keinen Ton heraus.

Der Stiefel hob sich wieder, ich hörte Schritte und das Öffnen einer Autotür. Keuchend versuchte ich, auf Ellbogen und Knien, die in dem stinkenden Schlamm ausrutschten, davonzukriechen.

»Ist es heute so weit, Fotze?«

Ich erstarrte, als ich einen Revolverlauf an meiner Schläfe spürte. Tanks Gesicht war so nahe, dass ich seinen Atem wieder riechen konnte.

Ich hörte Stiefel auf Kies.

»Deine Limousine ist da, Schlampe. Tank, pack ihre verdammten Füße.«

Grobe Hände hoben mich hoch wie einen zusammengerollten Teppich. Ich wand und bäumte mich auf, so gut ich konnte, aber es half nichts. Voller Panik drehte ich den Kopf nach allen Seiten. Doch in der Gasse war niemand zu sehen.

Sterne und Hausdächer verschwanden plötzlich, als ich umgedreht und in ein Auto geworfen wurde. Tank stieg im Fond ein, stellte mir einen Fuß auf die Schulter und drückte mein Gesicht in den Teppich. Mir wurde schlecht bei dem Gestank von Staub, vertrocknetem Wein, schalem Rauch und Erbrochenem.

Türen wurden zugeknallt, Reifen quietschten, und das Auto raste die Gasse entlang.

Ich saß in der Falle! Ich erstickte!

Ich brachte meine Hände auf Schulterhöhe und hob den Kopf. Der Stiefel wurde angehoben, dann spürte ich den Absatz in meinem Rücken.

»Einen Mucks, und ich jage dir eine Kugel in den Arsch.« Tanks Stimme war hart geworden, weniger verwaschen als in der Bar.

Bei all dem Alkohol und den Tabletten als Katalysatoren für ihre sowieso schon böswillige Veranlagung hatte ich keinen Zweifel, dass sie mich ohne jeden Skrupel töten würden. Provoziere sie nicht, solange du keine Fluchtmöglichkeit hast, sagte ich mir. Such einen Ausweg. Ich senkte den Kopf und wartete.

Pascal fuhr sprunghaft, mit schnellen, ruckartigen Bewegungen bremste und beschleunigte er. Das Ruckeln des Autos verstärkte meine Übelkeit noch. Da ich nicht nach draußen sehen konnte, zählte ich Stopps und Abbiegungen und versuchte mir so die Route einzuprägen.

Als wir anhielten, zog Tank seinen Stiefel zurück, und Türen wurden geöffnet und zugeschlagen. Ich hörte Stimmen, dann öffnete sich die hintere Tür. Pascal packte mich an den Armen und zerrte mich aus dem Auto.

Als ich versuchte, auf die Beine zu kommen, fiel mein Blick auf Tank, und nacktes Entsetzen jagte mir das Rückgrat entlang. Er hielt den 38er direkt auf meinen Kopf gerichtet. Seine Augen funkelten schwarz im fahlen Rosa der Straßenbeleuchtung, wie die eines Raubtiers kurz vor dem Zuschlagen. Ich bekämpfte den Drang zu fliehen, denn ich wusste, dass ich dadurch seine Blutgier nur noch anstacheln würde.

Pascal schob mich einen kurzen Fußweg hoch zu einem Haus mit grünem Dach und einer Ziegelmauer um das Grundstück. Als er einen Schlüssel aus der Tasche zog, das Tor aufschloss und mich hindurchschubste, brach meine so mühsam errichtete Ruhe zusammen.

Lauf. Nicht hineingehen!

»Nein!«

»Beweg deinen Arsch, Schlampe.«

»Bitte nicht!« Mein Herz klopfte in rasendem Tempo.

Ich versuchte, mich mit den Füßen abzustemmen, aber Pascal schob mich mit roher Gewalt über den Hof auf das Haus zu. Tank folgte dicht dahinter. Ich spürte seine Waffe an meinem Hinterkopf und wusste, dass Flucht unmöglich war.

»Was wollen Sie von mir?«, fragte ich beinahe schluchzend.

»Alles, was du zu geben hast, und dann noch ein bisschen mehr«, knurrte Pascal. »Scheiße, von der du noch nicht mal geträumt hast.«

Er sagte ein paar Worte in eine Gegensprechanlage. Ich hörte eine metallische Stimme, gefolgt von einem Klicken, dann stemmte er die stahlverstärkte Tür mit der Schulter auf und stieß mich hinein.

Es gibt Augenblicke im Leben, in denen man den Tod vor Augen hat. Das Herz hämmert, und der Blutdruck steigt, aber man weiß, dass das Blut bald vergossen sein und nie mehr fließen wird. Das Bewusstsein springt verzweifelt hin und her zwischen dem Drang, einen letzten, verzweifelten Fluchtversuch zu wagen, und einem Gefühl der Resignation, dem Wunsch, einfach aufzugeben.

Ich hatte dieses Gefühl schon ein- oder zweimal gehabt, aber noch nie so deutlich wie in diesem Augenblick. Als Pascal mich in die Diele schubste, wusste ich mit absoluter Sicherheit, dass ich dieses Haus nicht lebend verlassen würde. Mein Hirn entschied sich für wütende Aktivität.

Ich wirbelte herum und jagte meine Faust, so fest ich konnte, in Pascals Gesicht. Ich spürte etwas splittern, ließ sofort den Ellbogen zurückschnellen und riss ihn unter seinem Kinn hoch. Pascals Kopf kippte nach hinten, ich tauchte unter seinem Arm hindurch und rannte durch eine Tür links von mir.

Ich fand mich in einem Spielzimmer wieder, das dem im Clubhaus der Vipers in St.-Basile-le-Grand ähnelte. Die gleiche Bar. Die gleiche Neonkunst. Die gleichen Videomonitoren. Der einzige Unterschied war der, dass diese hier liefen und kaltes, blaues Licht auf die Bar und die Gäste warfen.

Ich lief zum entfernten Ende des Pooltisches, schnappte mir ein Queue und tastete mit der anderen Hand nach meiner Sprühdose, während meine Augen nach Türen oder Fenstern suchten.

An der Bar saßen zwei Männer, ein dritter stand dahinter. Alle drei hatten sich bei Pascals Aufschrei umgedreht. Sie sahen mich durch den Raum stürzen, und als Pascal durch die Tür kam, wandten sie sich wieder ihm zu.

»Ich bring das kleine Mistluder um! Wo ist sie?«

Licht von einem Neonschild fiel schräg über sein Gesicht, vertiefte die Falten und warf Schatten über Augen und Wangen.

»Jetzt mal ganz langsam.«

Die Stimme war leise und hart wie Quarz und ließ Pascal erstarren. Das Zufallen der Haustür deutete darauf hin, dass Tank sich gegen eine weitere Beteiligung entschlossen hatte. Ich warf dem Mann, der gesprochen hatte, einen verstohlenen Blick zu.

Er trug einen braunen Zweireiher mit einem hell pfirsichfarbenen Hemd und einer passenden Krawatte. Seine Haut war solariumbraun, und vermutlich zahlte er seinem Friseur achtzig Dollar pro Besuch. Große Ringe prangten auf beiden Händen.

Doch es war der Mann neben ihm, bei dem mein Herz stehen blieb.

Andrew Ryan trug schwarze Jeans, Stiefel und ein graues Sweatshirt mit abgetrennten Ärmeln. Die Muskeln in seinem Gesicht sahen hart und angespannt aus, Stoppeln bedeckten Kinn und Wangen.

Ryans Blick traf auf meinen, und die Haut unter seinen Augen spannte sich leicht an, dann wandte er sich ab.

Ich spürte, wie mir die Hitze den Hals hoch und in die Wangen stieg. Meine Beine zitterten, und ich musste mich am Pooltisch abstützen.

Nach ein paar Sekunden drehte Ryan sich auf seinem Hocker um und streckte die Beine in meine Richtung. Ein Grinsen breitete sich auf seinem Gesicht aus.

»Mann, du bist vielleicht ein Volltrottel.«

»Kennst du diese blöde Fotze?« Pascals Stimme zitterte vor Wut. Blut tropfte ihm aus der Nase, und er wischte es mit dem Ärmel ab.

»Das ist Doktor Zu-viele-Scheißtitel«, sagte Ryan, zog ein Päckchen Marlboro aus der Tasche und klopfte sich eine Zigarette heraus.

Die andern sahen zu, wie Ryan sich die Zigarette zwischen die Lippen steckte, ein Streichholz aus dem Cellophan zog, sie anzündete und ausatmete.

Das tat ich ebenfalls. Ryans Hände um Streichholz und Zigarette sahen so vertraut aus, dass ich Tränen hinter meinen Lidern spürte. Ich seufzte unhörbar.

Warum ist er hier?

Ryan nahm seine Zigarette zwischen Daumen und Zeigefinger, klemmte sich das Streichholz hochkant zwischen die Zähne, bog sich zurück und spuckte es in meine Richtung. Ich sah, wie es auf den grünen Filzbelag fiel, und in mir explodierte die Wut.

»Du Scheiß-Überläufer. Du gemeiner Hurensohn. Lies meine Lippen, Ryan. Fall tot um!«

»Siehst du, was ich meine.« Pascal wischte sich wieder die Nase. »Wir müssen dieser Fotze Manieren beibringen.«

»Keine gute Idee«, sagte Ryan und nahm einen tiefen Zug.

Der Mann im Gabardineanzug starrte Ryans Profil an. Einige Sekunden vergingen. Mit der Spannung, die im Raum herrschte, hätte man Pfeile abschießen können. Dann fragte er leise: »Warum sagst du das?«

»Sie gehört zu den Bullen.« Noch ein Zug. »Und die Bullen haben Pascal genau wegen so einer Scheiße bereits bei den Eiern.«

»Na und? Hast du keinen Mumm?«, fragte Pascal herausfordernd.

Ryan blies Rauch durch die Nase aus.

»Jetzt hör mir mal zu, Arschloch. Du hast doch bereits Scheiße am Hals, weil du eine von deinen Schlampen aufgemischt hast, und jetzt schleppst du eine von den Bullen hier rein. Misch 'nen Bullen auf, vor allem ein Dämchen, und du hast die ganze Truppe am Hals. Du hast vielleicht nichts dagegen, wegen Goldlöckchen hier Prügel zu bekommen, aber wir anderen sicher. Alles, was wir gerade am Laufen haben, kommt in die Tiefkühltruhe, wenn die Bullen uns auseinander nehmen.«

Pascal sah Ryan an, und seine Augen funkelten vor Wut und Speed.

»Die verdammte Schlampe hat mich geschlagen. Ich reiße ihr ein zweites Loch in den Arsch.« Die Muskeln in seinem Gesicht traten hervor, Augen und Mund zuckten.

Der Mann im Anzug sah Ryan noch immer mit völlig ausdruckslosem Gesicht an. Dann wandte er sich an Pascal.

»Nein«, sagte er ruhig. »Das tust du nicht.«

Pascal wollte etwas sagen, aber Ryan hob die Hand.

»Willst du sie blutig sehen? Dann schau her.«

Ryan ging zum Ende der Bar, nahm eine rote Plastikflasche, kam um den Pooltisch herum und hielt sie über mich. Dann drückte er und ließ dabei die Hand kreisen. Ich rührte mich nicht.

»Lies *das*, Shakespeare.« Dann knallte er die Flasche auf den Tisch.

Ich sah nach unten. Ketchup bedeckte in Kringeln meine Bluse. Als mein Blick langsam zu Ryan zurückwanderte, kamen mir Wörter in den Sinn, von denen ich wusste, dass ich sie nicht benutzen würde.

Das Grinsen war verschwunden, und diese blauen Wikingerau-

gen sahen mich lange an. Dann wandte Ryan den Blick ab und wandte sich Pascal zu.
»Die Party ist vorbei.«
»Die Party ist vorbei, wenn ich es sage.« Pascals Pupillen waren weit wie Suppenteller. Er beschwerte sich bei Ryans Begleiter.
»Dieser Wichser kann mit mir nicht so reden. Er ist ja nicht mal ein –«
»Aber ich kann es. Die Party ist vorbei. Und jetzt verschwinde von hier.« Das war kaum mehr als ein Flüstern.
Pascal runzelte die Stirn, an der Schläfe trat eine Ader hervor. Mit einem letzten »Hurensohn« drehte er sich um und verließ den Raum.
Der Mann in Gabardine sah schweigend zu, wie Ryan sich wieder zu mir umdrehte.
»Dein hässlicher Arsch bleibt heil, Schlampe, aber dass du deswegen nicht auf falsche Gedanken kommst. Das war nicht dir zuliebe.« Er betonte jedes Wort mit einem Fingerstupser auf meine Brust. »Von mir aus hätte Pascal dich nach oben schleifen und es dir von hinten besorgen können. Und merk dir eins.«
Er war mir so nahe, dass ich seinen Schweiß riechen konnte, der mir so vertraut war wie mein eigener Körper.
»Dieses Abenteuer ist in deinem Gedächtnis nichts anderes als ein großes schwarzes Loch. Es ist nicht passiert.« Er packte mich bei den Haaren und zog mich noch dichter an sich. »Ein Wort, und ich führe Pascal persönlich zu dir.«
Er ließ mich los und gab mir einen Stoß vor die Brust, sodass ich nach hinten stolperte.
»Wir machen das Tor auf. Und jetzt verschwinde.«
Ryan ging wieder zu dem Mann an der Bar, zog einmal an seiner Zigarette und schnippte die Kippe dann gegen die Edelstahlverkleidung der Theke.
Während ich den aufstiebenden Funken zusah, spürte ich, wie sich etwas in mir zu einem kalten, harten Ball verknäulte.
Ohne ein Wort legte ich das Queue weg und floh auf zitternden Beinen. Vor dem Tor schaffte ich es endlich, meine chemische

Keule aus der Tasche zu ziehen, und in einer Mischung aus Frustration, Demütigung, Erleichterung und Wut besprühte ich das Haus. Schluchzend und mit klappernden Zähnen drückte ich mir dann die Dose an die Brust und rannte in die Dunkelheit.

Das Clubhaus war weniger als sechs Blocks von der *Taverne des Rapides* entfernt, und nachdem ich diese Entfernung halb gestolpert und halb gelaufen war, brauchte ich nicht lange, um mein Auto zu finden. Sobald ich drin war, verriegelte ich alle Türen und saß dann mit unkontrolliert zitternden Beinen und Händen und betäubtem Hirn einfach nur da. Schließlich atmete ich tief durch und zwang mich zu langsamen, aber zielstrebigen Bewegungen. Gurt. Zündung. Schaltung. Gas.

Obwohl es blitzte und Regen auf die Windschutzscheibe prasselte, durchbrach ich auf der Fahrt nach Hause alle Tempolimits. In meinem Kopf herrschte Chaos.

Ryan hatte seinem Begleiter einen sehr vernünftigen Rat gegeben. Ein illegales Unternehmen brauchte einen guten Grund, um einen Polizisten aufzumischen, auch wenn es nur eine beigeordnete Beamtin war wie ich. Die Vergeltung wäre gewaltig, und die Organisation wäre für längere Zeit aus dem Geschäft. Wenn der Polizist keinen größeren Schaden angerichtet hatte, ergab das keinen Sinn, und der Mann im Anzug hatte das verstanden. Aber was war mit Ryan? War ein vernünftiger Rat sein einziges Motiv gewesen?

Was war da eben passiert? War ich in Ryans neues Leben gestolpert? War er dort als Mitglied der Bande, oder aus einem anderen Grund? Was hatten seine Aktionen zu bedeuten? Hatte er mich gedemütigt, um mir zu zeigen, dass sein früheres Leben vorüber war und er jetzt zur anderen Seite gehörte, oder war es Teil seiner Strategie gewesen, um mich heil von dort wegzubringen? Hatte er sich selber in Gefahr gebracht?

Ich wusste, dass ich den Vorfall melden sollte. Aber was wäre damit gewonnen? Die Carcajou kannte das Clubhaus und hatte mit Sicherheit Akten über Pascal und Tank.

Carcajou. Claudel und Quickwater. Mein Magen zog sich zusammen. Was würden sie sagen, wenn sie erführen, wie ich mich buchstäblich selber in Todesgefahr gebracht hatte? Würde der Vorfall Claudel nur in seinem Bestreben bestätigen, mich aus der Einheit entfernen zu lassen?

Was, wenn Ryan undercover arbeitete? Würde eine Meldung bei der Polizei ihn in Gefahr bringen?

Ich hatte keine Antworten, aber ich traf eine Entscheidung. Was auch Andrew Ryans Motive sein mochten, ich würde nichts tun, was ihm schaden konnte. Wenn auch nur das geringste Risiko bestand, dass eine Meldung des Vorfalls ihn in Gefahr brachte, würde ich ihn nicht melden. Das entscheide ich morgen, dachte ich.

Als ich nach Hause kam, war Kits Tür geschlossen, aber durch die Wand hörte ich Musik.

Gut gemacht, Tante. Das ist der Grund, warum du keine Polizistin bist.

Ich warf meine Kleider auf einen Stuhl und ließ mich ins Bett fallen. Plötzlich überfiel mich ein Gedanke. Was, wenn Pascal mich irgendwo anders hingebracht hätte? Der Schlaf kam erst sehr viel später.

33

AM NÄCHSTEN MORGEN schlief ich lange und wachte erst gegen zehn völlig verspannt und mit Schmerzen am ganzen Körper auf. Den Rest des Vormittags pflegte ich mich selbst mit Aspirin, Tee und heißen Bädern und versuchte, nicht an die vergangene Nacht zu denken. Obwohl ich blaue Flecken an Beinen und Rücken und einen kleinen Schnitt am Hals hatte, war mein Gesicht so gut wie unversehrt. Nach einem späten Mittagessen legte ich mehr Makeup auf als sonst, zog einen Rollkragenpullover an und fuhr ins Institut, um einige Routinearbeiten zu erledigen. Ich machte keine Meldung.

Als ich nach Hause kam, aßen Kit und ich ziemlich schweigsam zu Abend. Er hatte keine Fragen zu meiner nächtlichen Exkursion, und ich vermutete, er hatte überhaupt nicht bemerkt, dass ich nicht hier gewesen war. Ich brachte sein wütendes Hinausstürmen aus der Wohnung nicht zur Sprache, und er bot von sich aus keine Erklärung an.

Nach dem Essen beschloss ich, die Wäsche zu waschen. Ich zog den Korb aus dem Schlafzimmerschrank und warf die Stücke dazu, die ich in der vergangenen Nacht getragen hatte. Dann sortierte ich die Wäsche und belud die Maschine, wobei ich alle Stücke zurückhielt, die einer speziellen Behandlung bedurften. Mein Magen verkrampfte sich, als ich die Bluse mit den Ketchupflecken zur Hand nahm, denn ich hatte die Szene noch immer deutlich vor Augen.

Ich breitete die Bluse aus und besprühte die Flecken, und dabei säuselte mir die Kennmelodie des Fleckentferners durch den Kopf.

Ich mach bei *dir* jetzt pfft und weg, du Hurensohn. Ich drücke auf den Knopf. Pfft!

Ich stellte mir das Grinsen auf Ryans Gesicht vor, erinnerte mich, wie sein Finger mir in die Brust stach.

Ich drückte noch einmal. Pfft!

Lies *das*, Shakespeare! Pfft.

Meine Hand erstarrte, und ich starrte das Muster an. Es waren keine beliebigen Kringel, sondern zwei perfekte Sechsen.

Lies *das*, Shakespeare. Seine Sonette waren Ryans Leidenschaft.

Ich erinnerte mich an etwas, das schon sehr lange zurücklag. High School. Mr. Tomlinson. Englisch in der Oberstufe.

War es möglich?

Ich rannte zum Bücherregal im Schlafzimmer und zog einen Band heraus. *The Complete Works of William Shakespeare.* Ich wagte kaum zu atmen, als ich das Buch bei den Sonetten aufschlug und zu Nummer sechsundsechzig blätterte.

Komm, Willie, lass es dort stehen.

Tränen traten mir in die Augen, als ich die Zeile las.

Und große Leistung schnöd herabgedrückt.

Schnöd herabgedrückt.

Es war eine Botschaft. Ryan wollte damit sagen, dass nichts so war, wie es aussah.

Große Leistung.

Ryan war kein Mann für die dunkle Seite! Er war nicht übergelaufen!

Was dann?

Undercover?

Warum hatte er sich nicht bei mir gemeldet?

Das konnte er nicht, Brennan. Und das weißt du.

Es war unwichtig. Plötzlich war ich mir sicher, dass, egal was Ryan trieb, der Mann, den ich kannte, dahinter noch existierte. Irgendwann würde ich die ganze Geschichte erfahren.

Und ich war mir ebenso sicher, dass ich die Vorkommnisse der letzten Nacht nie melden würde. Ich würde nichts tun, was Ryans Tarnung gefährden konnte.

Ich klappte das Buch zu und machte mich wieder an die Wäsche. Auch wenn mir klar war, dass verdeckte Operationen Monate oder sogar Jahre dauern konnten, so wusste ich doch jetzt wenigstens Bescheid.

Ein Lächeln breitete sich auf meinem Gesicht aus, als ich die Bluse zusammenknüllte und in die Maschine steckte. Ich kann warten, Andrew Ryan, ich kann warten.

So glücklich wie seit Wochen nicht mehr, schüttelte ich jeden Gedanken an Pascal und Tank ab und kehrte zu den Fotos zurück, die ich am Abend zuvor hatte bearbeiten wollen. Ich lud eben die Disk, als Kit in der Tür erschien.

»Ich habe vergessen, dir zu sagen, dass Isabelle angerufen hat. Sie verreist und wollte dich zurückrufen, bevor sie fährt.«

»Wohin geht sie?«

»Vergessen. Irgendwas mit 'ner Preisverleihung.«

»Wann fährt sie los?«

»Vergessen.«

»Danke.«

Sein Blick wanderte zum Bildschirm.

»Was machst du da?«

»Ich versuche, ein paar alte Fotos zu optimieren, damit ich die Gesichter besser erkennen kann.«

»Wessen?«

»Savannah Osprey ist auf einem Bild. Und der Mann, der letzte Woche umgebracht wurde.«

»Der Kerl, der im Gefängnis erstochen wurde?«

»Nein. Der Mann, von dem die Polizei denkt, dass er sein Opfer war.«

»Puuh.«

Er kam ins Zimmer. »Kann ich mal sehen?«

»Na ja, ich schätze, das sind alles keine vertraulichen Informationen. Wenn du mir versprichst, mit keinem außer mir darüber zu reden, kannst du dir einen Stuhl herholen.«

Ich klickte das Myrtle-Beach-Foto an und deutete auf Savannah und Cherokee Desjardins.

»Mann. Der Typ sieht aus wie einer, der vom WWF ausgemustert wurde.«

»World Wrestling Federation?«

»World Wildlife Fund.« Er deutete auf Savannah. »Sie sieht aber nicht aus wie eine Biker-Braut.«

»Nein. Es ist aber nicht ungewöhnlich, dass Biker junge Mädchen mit Drogen vollpumpen und sie gegen ihren Willen festhalten.«

»Und sie ist auch kein Strandhäschen. Mann, ihre Haut ist so weiß wie ein Laken.«

Ich hatte einen Einfall.

»Ich möchte, dass du dir was ansiehst.«

Ich schloss die Myrtle-Beach-Datei und klickte das Polizeifoto an.

Kit beugte sich vor und betrachtete die Szene.

»Ist das derselbe Kerl?« Er deutete auf Cherokee.

»Ja.«

»Noch immer in Dixieland?«

»South Carolina.«

»Sieht aus wie eine Straßenkontrolle.«

Sein Blick wanderte über das Bild und blieb dann bei der Maschine am Rand hängen.

»Ach du Scheiße. 'tschuldigung. Wann wurde das aufgenommen?«

»Das ist nicht ganz klar. Warum?«

»Das ist derselbe Wahnsinns-Chopper, den wir auf dem Beerdigungsfoto gesehen haben.«

Mein Puls beschleunigte sich.

»Bist du sicher?«

»Tante T. Das ist das heißestes Milwaukee-Eisen, das ich je gesehen habe. Auf dem Ding könnte man es wirklich krachen lassen.«

»Deshalb habe ich dich ja wegen dem anderen Bild gefragt.«

»Hast du es gefunden?«

»Nein.«

»Macht nichts. Es ist dieselbe Maschine.«

»Wie kannst du so sicher sein?«

»Kannst du es vergrößern?«

Ich zoomte diesen Teil des Fotos.

»O Gott. Das sind fünfhundert Pfund Donner.«

»Erklär mir, warum du so sicher bist, dass es dieselbe Maschine ist.«

»Wie ich schon gesagt habe, das ist eine alte FLH, eine Polizeimaschine, die demontiert und mit Sonderanfertigungen neu aufgebaut wurde. Ist eigentlich keine große Sache. Aber die Art, wie der Typ das gemacht hat, ist so irre.«

Wieder zeigte er mir die Wunder des Motorrads. »Der Kerl wollte eine wirklich pure Maschine, deshalb hat er das Gewicht-Leistungsverhältnis verändert.«

Sein Finger berührte den vorderen Teil des Motorrads.

»Er hat den Radstand verlängert und das vordere Ende erhöht, indem er eine längere Gabel einbaute. Mann, diese Dinger dürften fünfzig Zentimeter länger sein als die normalen. Wahrscheinlich hat er sogar ein Stück aus dem Steuerkopf des Rahmens herausgeschnitten. Man muss wirklich Bescheid wissen, um so was zu machen.«

»Warum?«

»Wenn du da Scheiße baust, bricht die Maschine auseinander, und du bremst bei hoher Geschwindigkeit mit der Nase auf dem Teer.«

Er deutete auf die Lenkstange.

»Er hat Stahlstreben, sogenannte Dog Bones benutzt, um den Lenker zu erhöhen.«

»Mm.«

»Dieser Typ war eindeutig nicht an Komfort interessiert. Er fährt vorne ohne hydraulische Stoßdämpfer, nur mit externer Federung und außerdem mit einem ›Hard Tail‹-Rahmen.«

»Hard Tail?«

»Das ist ein starrer Rahmen ohne hintere Stoßdämpfer. Man nennt es ›Hard Tail‹, weil dein Arsch da wirklich einiges abbekommt.«

Er deutete auf zwei Zapfen vorne am Motorrad.

»Schau dir diese Highway Pegs an.«

Anscheinend machte ich ein verständnisloses Gesicht.

»Er hat zusätzliche Fußrasten vorne und eine nach vorne verlegte Schalt- und Bremskombination, damit er die Füße ausstrecken kann. Der Typ weiß, was er will.«

»Und du bist sicher, dass es die Maschine ist, die wir an Silvestres Grab gesehen haben?«

»Das ist der Hobel. Aber das ist nicht mein einziger Hinweis.«

Das alles überstieg meinen Horizont, und ich sagte deshalb nichts.

»Schau dir das an.« Er deutete auf den Tank. »Er hat den Tank mit einer Art Modelliermasse gestaltet. Nach was sieht das für dich aus?«

Ich beugte mich näher an den Monitor. Das vordere Ende sah komisch aus, aber die Form erinnerte mich an nichts. Ich schaute angestrengt hin und zwang meine Hirnzellen, der konischen Form eine Bedeutung zuzuweisen.

Dann sah ich es.

»Ist das ungewöhnlich?«, fragte ich.

»Das ist der Einzige, den ich je gesehen habe. Der Typ ist ein richtiger Kunstharz-Rodin.«

Er starrte gebannt den Monitor an. Dann: »Jaa! Den Wind um die Nase und 'nen Schlangenkopf unterm Arsch. He ha –«

Er hielt inne, und ein merkwürdiger Ausdruck huschte über sein Gesicht. Dann beugte er sich vor, zurück und wieder vor, wie ein Vogel, der ein Insekt erspäht.

»Kannst du das Gesicht des Kerls heranholen?«

»Von dem auf der Maschine?«

»Ja.«

»Aber es wird unscharf, wenn ich es vergrößere.«

»Versuch's.«

Ich gab dieselben Befehle ein, wie ich es mit Claudel getan hatte. Und während Konturen und Schatten sich veränderten, Pixel zu erkennbaren Gesichtszügen verschmolzen und dann wieder zu bedeutungslosen Mustern aus Farbe und Form verschwammen, erkannte ich langsam, was mein Neffe entdeckt hatte.

In zwanzig Minuten hatte ich getan, was ich tun konnte. In der Zeit hatte keiner von uns etwas gesagt. Jetzt brach ich das Schweigen.

»Woran hast du ihn erkannt?«

»Ich bin mir nicht sicher. Vielleicht das Kinn. Vielleicht die Nase. Es fiel mir erst auf, als ich dir den Schlangenkopf zeigte. Davor hatte ich den Fahrer überhaupt nicht beachtet.«

Wir starrten den Mann auf dem Wunderhobel an. Er starrte ins Leere, beschäftigt mit etwas, das schon lange vergangen war.

»Hat er je was von einer Verbindung zu den Angels erwähnt?«

»Er trägt die Farben nicht.«

»Hat er, Kit?«

Mein Neffe seufzte.

»Nein.«

»Ist er jetzt noch mit ihnen zusammen?«

»Also bitte. Du hast den Kerl doch gesehen.«

Ja. Ich hatte den Kerl gesehen. Auf einer Landstraße in St.-Basile-le-Grand. An einem Esstisch bei einer Einladung. In den Spätnachrichten. In meiner Wohnung.

Der Mann auf dem Motorrad war Lyle Crease.

34

WORTE UND BILDER BLITZTEN durch mein Hirn. Pascals Gesicht in Neonlicht und Schatten. George Dorsey, der einem Sanitäter meinen Namen zumurmelte. Ein trüber Augapfel.

»– hast du vor?«, fragte Kit.

»Isabelle anrufen, dann ins Bett gehen.« Ich schloss das Programm und steckte die CD in ihren Schuber.

»Das ist alles?«

»Das ist alles.«

Manchmal, wenn mir Gedanken durch den Kopf jagen, ist es am besten, wenn ich mich einfach hinlege und sie ihre eigenen Strukturen finden lasse.

»Bist du neugierig?«

»Sehr. Und ich werde herausfinden, ob Crease Verbindungen zu den Hells Angels hat. Aber nicht heute Abend.«

»Ich könnte mich umhören.«

»Genau das wirst du nicht tun«, blaffte ich. »Er könnte ein gefährlicher Mann mit gefährlichen Freunden sein.«

Kits Gesicht wurde starr. Dann senkte er den Blick und wandte sich ab. »Wie du meinst«, sagte er mit einem Achselzucken.

Ich wartete, bis seine Tür zugeschnappt war, und wählte dann Isabelles Nummer. Sie antwortete nach dem vierten Klingeln und klang leicht außer Atem.

»*Mon Dieu*, ich war ganz hinten in meinem Wandschrank. Ich habe meine Louis-Vuitton-Reisetasche verlegt und kann mir nicht vorstellen, wo sie ist.«

»Isabelle, ich brauche ein paar Informationen.«

An meinem Ton war zu hören, dass ich nicht in der Stimmung war für eine Unterhaltung über Reisegepäck.

»*Oui?*«

»Ich möchte mehr über Lyle Crease wissen.«

»Ah, Tempe, du kleine Elfe. Ich wusste doch, dass du deine Meinung noch ändern würdest.«

Denkste. »Erzähl mir von ihm.«

»Er ist süß, nicht?«

Wie ein Mehlwurm, dachte ich, sagte aber nichts.

»Und du weißt, dass er Sensationsreporter bei CTV ist. Sehr glamourös.«

»Wie lange macht er das schon?«

»Wie lange?«

»Ja. Wie lange?«

»*Mon Dieu*. Seit ewigen Zeiten.«

»Seit wie vielen Jahren?«

»Das weiß ich nicht so genau. Aber so weit ich zurückdenken kann, ist er auf Sendung.«

»Was hat er davor getan?«

»Davor?«

»Ja. Vor CTV.« Das war noch schwieriger als Dorseys Befragung.

»Lass mich mal nachdenken.« Ich hörte ein leises Klicken und stellte mir vor, dass sie mit ihren lackierten Nägeln auf den Hörer klopfte. »Ich weiß die Antwort auf deine Frage, Tempe, weil Véronique es mir gesagt hat. Véronique moderiert inzwischen eine Prominenten-Talkshow bei Radio Canada, aber angefangen hat sie als Wettermädchen bei CTV. Kennst du sie?«

»Nein.« Mein linkes Ohr fing an zu pochen.

»Sie war kurz mit Lyle zusa–«

»Ich habe sie bestimmt schon mal gesehen.«

»Ich glaube, sie hat mir gesagt, dass CTV Lyle von einer amerikanischen Zeitung abgeworben hatte. Nein. Warte, gleich hab ich's.«

Tick. Tick. Tick. »Es war eine Zeitung irgendwo im Westen. Alberta, glaube ich. Aber ursprünglich kommt er aus den Staaten. Oder vielleicht ist er dort in die Schule gegangen.«

»Weißt du in welchem Staat?«

»Irgendwo im Süden, glaube ich. Das dürfte dir gefallen.«

»Wann kam er nach Kanada?«

»Ach du meine Güte, ich habe keine Ahnung.«

»Wo wohnt er?«

»Nicht auf der Insel, glaube ich. Vielleicht in der Innenstadt.«
»Hat er hier Familie?«
»Tut mir leid.«
»Wie gut kennst du Lyle Crease?«
»Ich bin nicht seine Vertraute, Tempe.« Ihr Ton wurde allmählich abwehrend.
»Aber du hast versucht, mich mit ihm zu verkuppeln!« Ich versuchte, meine Stimme neutral zu halten, aber die Irritation brach doch durch.
»Du musst es ja nicht gleich so formulieren. Der Herr hat mich gebeten, ihn dir vorzustellen, und ich sah keinen Grund, ihm das abzuschlagen. Es ist ja nicht gerade so, als hättest du im letzten Jahr ein erfülltes Liebesleben gehabt.«
»Augenblick. Noch mal. Es war Creases Idee, dass wir uns kennen lernen?«
»Ja.« Vorsichtig.
»Wann war das?«
»Ich weiß nicht, Tempe. Ich bin ihm zufällig im *L'Express* begegnet, du weißt schon, dieses Bistro an der Rue Denis, da –«
»Ja.«
»Lyle sah dein Bild in der Zeitung und war absolut hingerissen. Sagte er zumindest, wenn auch nicht genau mit diesen Worten. Auf jeden Fall haben wir uns unterhalten, und eins führte zum anderen, und bevor ich mich's versah, hatte ich ihn zum Abendessen eingeladen.«
Tick. Tick.
»Und mal ehrlich, er war doch gar nicht so schlimm. Eigentlich war er recht charmant.«
»Mhm.« Das war Ted Bundy ebenfalls.
»Bist du wütend auf mich, Tempe?«
»Nein, ich bin nicht wütend.«
»Soll ich mich mal umhören? Ich kann Véronique anrufen und –«
»Nein. Mach dir keine Mühe. Es ist nicht wichtig.«
Lyle Crease alarmieren wollte ich nun wirklich nicht.
»Ich war einfach nur neugierig. Schöne Reise, Isabelle.«

»*Merci.* Was meinst du, wo meine Reisetasche hingekommen sein könnte?«

»Versuch's mal in der Abstellkammer.«

»*Bonne idée. Bonsoir, Tempe.*«

Erst als ich aufgelegt hatte, fiel mir ein, dass ich sie gar nicht gefragt hatte, wohin sie fuhr.

Eine Stunde später begann das Gewusel im Hirn. Während ich im Bett lag und Kits Musik auszublenden versuchte, trieben Bilder, Fakten und Fragen an die Oberfläche und sanken dann wieder in die Tiefe wie tropische Fische in einem Aquarium des Unbewussten.

Bild. Lyle Crease, der Wein eingoss.

Fakt. Crease hatte unsere Begegnung eingefädelt. Er war in St.-Basile-le-Grand gewesen und wusste von den Skeletten, und er hatte, vor Isabelles Party, den Artikel in der *Gazette* gelesen.

Fragen. Warum wollte er mich kennen lernen? Hatte diese Bitte mit der Entdeckung der Gräber zu tun? War er einfach nur auf der Suche nach einer sensationellen Insider-Story, oder hatte er andere Gründe, warum er an Informationen kommen wollte?

Bild. Ein junger Lyle Crease auf einem Chopper.

Fakt. Crease hatte Verbindungen in die Südstaaten.

Fragen. Was hatte Crease mit den Bikern dort unten zu tun? Hatte er mir das Foto von Silvestres Beerdigung gestohlen? Wenn ja, warum? Konnte seine Vergangenheit ihm jetzt irgendwie gefährlich werden? Vor wem hatte er Angst?

Bild. Die stiernackige Hyäne vor meinem Haus.

Fakt. Neben der anfänglichen Angst hatte der Mann in meiner Psyche noch etwas anderes ausgelöst.

Fragen. Hatte Kit gelogen, als ich ihn nach Besuchern fragte? Warum? Wer war der Trottel mit der Baseball-Kappe? Warum löste der Mann bei mir eine so starke Reaktion aus?

Bild. LaManche an Schläuchen und lebenserhaltenden Maschinen.

Fakt. Der Pathologe war über sechzig und hatte sich nie Zeit für Sport oder gesunde Ernährung genommen.

Fragen. Würde er überleben? Würde er je wieder arbeiten können?

Bild. Ryan, der auf einem Barhocker lümmelte.

Fakt. Er war undercover und nicht übergelaufen.

Fragen. Hatte er durch sein Verhalten mir gegenüber seine Tarnung riskiert? War er in Gefahr? Und hatte ich dazu beigetragen?

Diese Gedanken vermischten sich mit banaleren Überlegungen. Wie brachte ich Kit dazu, nach Houston zurückzukehren? Birdies überfällige Impfungen. Das Zahnloch. Haarwachstum.

Doch hinter alldem lauerte das nagende Signal aus dem Unbewussten, unaufhörlich und doch ungreifbar. Der feiste Prolet mit der Baseball-Kappe. Frustriert, weil meine Psyche mir eine Botschaft sandte, die ich nicht entziffern konnte, warf ich mich im Bett herum.

Ich schlief unruhig, als das Telefon klingelte.

»Hallo?« Ich war völlig groggy.

»Ach, warst du schon im Bett?«

Mein Wecker zeigte ein Uhr fünfzehn.

»Hm.«

»Es war die University of South Carolina«, säuselte Isabelle.

»Was?«

»Lyle stammt aus London, Ontario, aber er studierte in South Carolina.« Ihre Stimme verströmte Selbstzufriedenheit. »Und zerbrich dir nicht den Kopf wegen meiner Quelle. Ich war *très* diskret.«

O Mann.

»Danke, Isabelle«, murmelte ich.

»Und jetzt schlaf wieder. Und übrigens, die Reisetasche habe ich im Badezimmerschrank gefunden. Ich bin ja so blöd. *Bonsoir.*«

Tote Leitung.

Ich legte auf und ließ mich in die Kissen zurücksinken. Dabei fiel mir auf, dass die Wände nicht mehr vibrierten. War Kit ausgegangen?

Während ich langsam wieder eindöste, machte mein Unterbewusstes einen letzten Versuch, mir Bilder zu schicken. Die Hyäne nahm Gestalt an, mit Lederweste und fettigen langen Haaren. Stiefeln, Kappe.

Kappe.

Meine Augen flogen auf, und ich setzte mich auf und suchte in meinen Erinnerungen nach einem anderen Bild.

Konnte es sein?

Am nächsten Morgen war ich wach, bevor der Wecker klingelte. Ein kurzer Blick zeigte mir, dass Kit in seinem Bett schlief. Ich duschte, zog mich an und werkelte herum, bis es Zeit war, ins Institut zu fahren.

Ich ging direkt in Ronald Gilberts Büro und sagte ihm, was ich wollte. Ohne ein Wort ging er zu einem Regal, zog eine Videokassette heraus und gab sie mir. Ich dankte ihm und eilte in den Konferenzraum.

Nervös schob ich die Kassette in einen Recorder und schaltete den Monitor an. Da ich nicht wusste, wo ich die Szene finden würde, spielte ich das Band von Anfang an im schnellen Vorlauf ab.

Bilder von Cherokee Desjardins Wohnung zuckten über die Mattscheibe. Das Wohnzimmer, die Küche, die kopflose Leiche. Dann kamen die blutbespritzten Wände ins Bild.

Die Kamera schwenkte über eine Ecke, zoomte Details heran und ging dann wieder auf Distanz. Ich schaltete auf Normalgeschwindigkeit.

Zwei Minuten später entdeckte ich das Objekt eingeklemmt zwischen der Wand und einem verrosteten Vogelkäfig, an dem eine Gitarre lehnte. Ich drückte auf Stopp und las vier Buchstaben, die aus einem weinfarbenen Fleck herauslugten.

»– c-o-c-k –«

Ich betrachtete die Kappe eingehender. Sie war rot und weiß, und ich konnte Teile eines vertrauten Logos erkennen, das mir am Tatort nicht aufgefallen war. Im Geiste ergänzte ich die Buchstaben, die von Cherokees Blut verdeckt wurden.

G – a – m – e – – – – s.

Ja.

Gamecocks.

Die Kappe hatte nicht irgendeine Obszönität verkündet. Sie warb für den Namen einer Sportmannschaft. Die Gamecocks.

Die Gamecocks der University of South Carolina.

Die Kappe der Hyäne hatte mein Unterbewusstsein gereizt. Und Isabelles Anruf hatte schließlich meinem Hirn den Anstoß zum Durchbruch gegeben.

In diesem Augenblick ging die Tür auf, und Michel Charbonneau steckte seinen Bürstenkopf ins Zimmer. Er hatte einen braunen Umschlag in der Hand.

»Claudel hat mich gebeten, Ihnen das zu geben. Es ist der offizielle Spielplan für morgen, und Roy wollte, dass Sie ihn bekommen.«

»Ich vermute, Monsieur Claudel ist zu beschäftigt.«

Charbonneau zuckte die Achseln. »Er bearbeitet diese Mordfälle für beide Einheiten.«

Sein Blick wanderte zum Monitor.

»Desjardins?«

»Ja. Schauen Sie sich das an.«

Er kam um den Tisch herum und stellte sich hinter mich. Ich deutete auf die Kappe.

»Die ist von der University of South Carolina.«

»*You can't lick our cocks.* Der berühmte Schwanzlutscher-Spruch.«

»Sie kennen das Team?«

»Wer nicht, bei dem Motto?«

»Das ist nicht der offizielle Slogan.«

»Cherokees Zimmerschmuck deutete darauf hin, dass er ein Sportfan war.«

Ich ignorierte die Bemerkung.

»Auf all den Fotos, die Sie von Cherokee gesehen haben, hat er da je eine Kopfbedeckung getragen?«

Charbonneau überlegte einen Augenblick.

»Nein. Und?«

»Vielleicht ist diese Kappe gar nicht seine. Vielleicht gehört sie dem Mörder.«

»Dorsey?«

Ich erzählte ihm von den Fotos von Lyle Crease.

»Dann war der Kerl eben einige Zeit in South Carolina. Na und? Die Hälfte der Quebecer macht dort unten Urlaub.«

»Warum interessierte sich Crease so plötzlich für mich, nachdem ich die Leichen ausgegraben hatte?«

»Abgesehen von der Tatsache, dass Sie so niedlich sind wie ein Robbenbaby?«

»Abgesehen davon.«

»Okay, wenn's wieder ein bisschen ruhiger geworden ist, könnten wir uns Crease vornehmen und ihn wegen Gately und Martineau befragen. Aber es gibt nichts, was ihn mit dem Mord an Cherokee in Verbindung bringt.«

Ich erzählte ihm von dem Myrtle-Beach-Foto.

»Crease und Cherokee kannten sich, und dieses Foto war nicht von einem Pfadfinderlager.«

»Eine Fahrt durch Dixieland in der Eiszeit. Crease ist Journalist. Vielleicht hat er einfach eine Story recherchiert.«

Charbonneau warf den Umschlag auf den Tisch.

»Schauen Sie, Cherokee hatte eine Chemotherapie. Wahrscheinlich hat er sich die Kappe besorgt, als Drüberkämmen nichts mehr half. Aber wenn es Sie beruhigt, dann überprüfe ich Crease mal.«

Als er gegangen war, wandte ich mich wieder dem Video zu, und mein Verstand raste durch ein Labyrinth von Erklärungen. Die Kappe konnte Dorsey gehört haben. Er hatte behauptet, etwas über Savannah Osprey zu wissen. Vielleicht war er in South Carolina gewesen.

Als die Kamera weiter an der Wand entlangschwenkte, spulte ich zurück und sah mir die Aufnahmen von der Ecke noch einmal an. Blutflecken. Gitarre. Vogelkäfig. Kappe.

Dann kam eine extreme Nahaufnahme, und ich spürte, wie sich mir die Nackenhaare aufstellten. Ich beugte mich vor, starrte den Monitor an und versuchte zu identifizieren, was ich eben entdeckt hatte. Es war unscharf, aber eindeutig vorhanden.

Ich spulte das Band zurück, schaltete den Recorder aus und eilte aus dem Zimmer. Wenn das, was ich gesehen hatte, real war, dann würden Claudel und Charbonneau sich eine neue Theorie überlegen müssen.

Ich stieg die Treppe in den dreizehnten Stock hoch und ging zu einem Schalter, hinter dem sich ein Raum voller Regale und Schränke befand. Auf einem kleinen blauen Schild neben dem Schalter stand *Salle des Exhibits*. Der Asservatenraum.

Ein Uniformierter der SQ schob eben eine Jagdflinte über die Theke. Ich wartete, bis die Frau hinter der Theke die Formulare ausgefüllt, dem Beamten eine Quittung ausgehändigt, dann die Waffe mit einem Etikett versehen und verstaut hatte. Als sie zurückkam, zeigte ich ihr die Nummer des Cherokee-Falls.

»Könnten Sie nachprüfen, ob zu den sichergestellten Indizien auch eine Baseball-Kappe gehört?«

»Bei diesem Fall gab's eine lange Liste«, sagte sie, als sie die Nummer in den Computer eingab. »Das könnte eine Weile dauern.«

Sie überflog den Bildschirm.

»Ja, da ist es. Eine Kappe war mit dabei.« Sie las den Text. »Sie war in der Biologie für einen Blutflecktest, aber jetzt ist sie wieder hier.«

Sie verschwand zwischen den Regalen und kam nach einigen Minuten mit einer Ziploc-Plastiktüte wieder zurück. In der Tüte konnte ich die rote Kappe erkennen.

»Wollen Sie sie mitnehmen?«

»Wenn es Ihnen recht ist, schaue ich sie mir gleich hier an.«

»Natürlich.«

Ich riss die Tüte auf und ließ die Kappe auf die Theke gleiten. Dann hob ich sie vorsichtig am Schirm an und untersuchte die Innenseite.

Da waren sie. Schuppen.

Ich steckte die Kappe zurück, verschloss die Tüte und dankte der Frau. Dann rannte ich in mein Büro und griff zum Telefon.

35

CLAUDEL UND QUICKWATER waren nicht in der Carcajou-Zentrale. Weder Claudel noch Charbonneau waren in der CUM-Zentrale. Ich hinterließ Nachrichten und kehrte in Ronald Gilberts Büro zurück.

»Vielen Dank für das Band.«
»Hat es Ihnen geholfen?«
»Darf ich Sie was fragen?«
»Bitte?«
»Erinnern Sie sich noch an die Ecke des Zimmers mit der Gitarre und dem Vogelkäfig an der einen Wand?«
»Ja.«
»Da war auch eine Kappe.«
»Ich erinnere mich.«
»Haben Sie die Blutflecken auf der Kappe untersucht?«
»Natürlich.«
»Was mich interessiert, ist die Position der Kappe zum Zeitpunkt des Mordes. Haben Sie darüber vielleicht Notizen?«
»Ich brauche keine Notizen. Ich habe alles im Kopf. Der Fleck und die Spritzer auf der Kappe stammten von dem Schlag mit einem stumpfen Gegenstand knapp vor dieser Ecke.«
»Nicht vom Schuss?«
»Nein. Das würde ganz anders aussehen. Und die Richtung des Spritzmusters war vereinbar mit der Art von Angriff, über die wir gesprochen haben.«
»Der Angriff auf den auf dem Boden liegenden Cherokee.«
»Ja.«
»Trug er die Kappe?«
»O nein. Das ist unmöglich. Die Kappe steckte hinter dem Vogelkäfig, als der Großteil der Spritzer sie traf.«
»Wie kam sie dorthin?«
»Wahrscheinlich wurde sie während des Kampfes dorthin geschleudert.«

»Woher wissen Sie das?«

»Blut war sowohl unter wie auf der Kappe. Wahrscheinlich hat der Angreifer sie während des Kampfes verloren.«

»Cherokee trug sie also nicht?«

»Da würde ich mein Leben drauf verwetten.«

»Danke.«

Zurück in meinem Büro schaute ich auf die Uhr. Zehn Uhr dreißig. Auf meinem Tisch lagen keine Nachrichtenzettel. Ich hatte auch keine Anfragen zu Fällen.

Ich trommelte mit den Fingern auf den Tisch und starrte das Telefon an, als könnte ich es so zum Läuten bringen. Das tat es aber nicht. Ohne große Hoffnung rief ich Harrys Nummer in Houston an und hörte eine Aufnahme in sehr schlechtem Spanisch. Ich probierte es bei Kit, bekam aber nur meine eigene Stimme.

Verdammt? Wo waren die Leute denn alle?

Ich rief Claudel noch einmal an und hinterließ diesmal die Nummer meines Handys. Dasselbe bei Charbonneau. Dann packte ich meine Tasche und stürzte hinaus, weil ich das Warten nicht länger ertragen konnte.

Als ich ins Freie trat, war ich einen Augenblick lang geblendet. Die Sonne gleißte, und Spatzen zwitscherten in den Ästen über meinem Kopf. Angestellte des Instituts und der SQ unterhielten sich auf der Auffahrt oder entspannten sich bei einer vormittäglichen Zigarette oder einem Kaffee an den Picknicktischen auf dem Rasen.

Ich atmete tief ein und ging die Parthenais hoch. Wie hatte ich nur den Frühling verpassen können, fragte ich mich. Kurz hatte ich eine merkwürdige Vision. Dorseys Begräbnis würde in weniger als vierundzwanzig Stunden stattfinden. Wenn ich die Zeit anhalten könnte, dann könnte ich das drohende Chaos unter Kontrolle halten und dafür sorgen, dass die Vögel weitersingen, die Sonne weiterscheint und die Damen weiter mit abgestreiften Schuhen auf dem Rasen sitzen.

Aber das konnte ich nicht, und die Anspannung zerrte an meinen Nerven.

Mein Gott, Brennan, oben wolltest du noch, dass alles schneller geht, und jetzt willst du die Zeit anhalten. Mach mal klar Schiff in deinem Hirn.

Die Situation verlangte nach einem Hot Dog und Pommes.

Ich bog links auf die Ontario ein, ging einen Block nach Osten und stieß die Tür zu Lafleur auf. Um elf Uhr gab es noch keine Schlange, und ich ging direkt zur Theke.

Lafleur ist Quebecs Version einer Fast-Food-Kette, wo man Hot Dogs, Burger und *poutine* bekommt. Die Inneneinrichtung ist aus Chrom und Plastik, die Kundschaft kommt vorwiegend aus der Arbeiterschicht.

»*Chien chaud, frites et Coke Diète, s'il vous plaît*«, sagte ich zu dem Mann an der Kasse. Warum klang eigentlich die wörtliche Übersetzung von Hot Dog im Französischen in meinen Ohren immer noch komisch?

»*Steamé ou grillé?*«

Ich bestellte meine Wurst *steamé*, also dampfgegart, und Sekunden später stand eine Pappschachtel vor mir. Das Fett der Pommes durchtränkte bereits die linke Seite.

Ich zahlte und trug mein Tablett zu einem Tisch mit einer hervorragenden Aussicht auf den Parkplatz.

Beim Essen betrachtete ich die anderen Gäste. Links von mir saßen vier junge Frauen in Krankenschwesternweiß, Schülerinnen der Schwesternschule auf der anderen Straßenseite. Namensschildchen identifizierten sie als Manon, Lise, Brigitte und Marie-José.

Hinter den Schülerinnen aßen schweigend zwei Maler. Sie trugen Overalls, und ihre Arme, Haare und Gesichter waren gesprenkelt wie die Wände in Gilberts Spritzerlabor. Die Männer arbeiteten sich durch riesige Teller mit Fritten, Frischkäse und brauner Soße. Ich verstehe einfach nicht, warum in einer Stadt, die berühmt ist für ihre exzellente Küche, diese *poutine* so beliebt ist.

Den Malern gegenüber saß ein junger Mann, der sich größte Mühe gab, sich einen Ziegenbart wachsen zu lassen. Seine Brillengläser waren rund, und er war übergewichtig.

Ich aß meine Fritten und kontrollierte mein Handy. Es war eingeschaltet und der Empfang gut, aber es gab keine Nachrichten. Verdammt. Warum rief mich denn keiner zurück?

Ich brauchte Entspannung. Körperliche Entspannung.

Und so lief ich zwei Stunden lang, stemmte Gewichte, rollte auf einem großen Gummiball herum und quälte mich anschließend durch einige schnelle Aerobic-Übungen. Danach konnte ich mich kaum noch in die Dusche schleppen. Aber die Anstrengung war ein wirksames Gegenmittel. Mein Zorn hatte sich zusammen mit den Giften des Hot Dogs und der Fritten verflüchtigt.

Als ich ins Institut zurückkehrte, lagen zwei Nachrichten auf meinem Tisch. Charbonneau hatte angerufen. Morin wollte über LaManche reden. Das klang nicht gut. Warum hatte der alte Mann nicht selbst angerufen?

Ich eilte den Gang hinunter, aber Morins Tür war verschlossen, was bedeutete, dass er bereits Feierabend gemacht hatte. Ich kehrte in mein Büro zurück und wählte Charbonneaus Nummer.

»Hinter diesem Crease steckt vielleicht mehr, als ich dachte.«

»Zum Beispiel?«

»Wie's aussieht, hat er weit zurückreichende Verbindungen zu den Angels. Crease ist Kanadier, hat aber eine Zeit lang in South Carolina studiert. Womit wir wieder bei den Cocks wären.«

»Die haben es Ihnen aber wirklich angetan, was?«

»Na ja, die schlagen die Redmen um Längen.«

»Ich werde Ihre Meinung an die McGill weitergeben.«

»Politisch korrekter sind sie natürlich.«

Ich wartete.

»Unser Nachrichtenfritze hat '83 einen B. A. in Journalismus gemacht und dann beschlossen, auch noch den Masters-Abschluss dranzuhängen, wobei er sich die Outlaw-Biker als Thema seiner Dissertation aussuchte. Damals nannte er sich übrigens Robert.«

»Wie kommt jemand drauf, sich Lyle anstatt Robert zu nennen?«

»Es ist sein zweiter Vorname.«

»Auf jeden Fall besorgte Robby sich eine Maschine und das Okay von den Brüdern und düste mit der Meute davon.«

»Hat er den Abschluss gemacht?«

»Er verschwand völlig von der Bildfläche. Ein oder zwei Monate ging er noch zu den Vorlesungen, doch dann hörten seine Professoren nie wieder was von ihm.«

»Gibt es keine Aufzeichnungen über seinen Aufenthaltsort? Führerschein? Steuerbescheid? Antrag auf eine Kreditkarte? Irgendwelche Mitgliedschaften?«

»*Nada*. Aber '89 tauchte Crease plötzlich in Saskatchewan auf, wo er als Polizeireporter für ein Lokalblatt arbeitete und ein paar Live-Reportagen für die Abendnachrichten machte. Schließlich bekam er den Job bei CTV angeboten und zog nach Quebec um.«

»Also interessierte sich Crease als Student für Biker. Das war in der Eiszeit, wie Sie so schön gesagt haben.«

»Anscheinend hat Crease Saskatchewan ein bisschen überstürzt verlassen.«

»Ach so?«

»Schon mal was von der Operation CACUS gehört?«

»War das nicht die Geschichte mit den Informanten, die das FBI bei den Hells Angels einschleuste?«

»Ein Informant. Tony Tait wurde Anfang der Achtziger bei der Ortsgruppe Alaska Mitglied und stieg dann in der Hierarchie zu einer nationalen Berühmtheit auf. Dabei trug er die ganze Zeit ein Mikro des FBI.«

»Einmal Angels, immer Angels.«

»Ich schätze, Tony zog Bargeld vor.«

»Wo ist er jetzt?«

»Im Zeugenschutzprogramm, wenn er Grips hat.«

»Was hat das mit Crease zu tun?«

»Wie's aussieht, hatten die Mounties in den Achtzigern ihre eigenen Ermittlungen laufen.«

»Wollen Sie mir damit sagen, dass Lyle Crease ein Informant der RCMP war?«

»Niemand will darüber reden, und ich habe nichts Schriftliches gefunden, aber ich habe immer wieder mal gehört, dass wir eine Zeit lang jemanden bei denen drin hatten. Ich habe mir ein paar

Langzeitknackies vorgeknöpft, und die wollten mir zwar nichts bestätigen, stritten es aber auch nicht ab.«

Er hielt inne.

»Und?«, fragte ich.

»Das bleibt unter uns, Brennan.«

»Aber ich erzähle alles meiner Putzfrau.«

Er ignorierte diese Bemerkung.

»Ich habe auf der Straße meine eigenen Quellen. Scheiße, ich kann nicht glauben, dass ich Ihnen das erzähle.«

Ich hörte Klappern, als er den Hörer in die andere Hand nahm.

»Es geht das Gerücht, dass damals wirklich jemand die Angels ausspioniert hat und dass dieser Kerl Amerikaner war. Aber das funktionierte in beide Richtungen.«

»Der Spitzel hat für beide Seiten gearbeitet?«

»Das erzählen mir zumindest meine Quellen.«

»Riskant.«

»Wie eine Gehirnblutung.«

»Glauben Sie, dass Lyle Crease der Informant war?«

»Wie hätte er sonst sechs Jahre völlig von der Bildfläche verschwinden können?«

Ich dachte darüber nach.

»Aber warum arbeitet er nach dem Wiederauftauchen in einem so öffentlichen Bereich?«

»Vielleicht glaubt er, dass Medienpräsenz ihm Schutz bietet.«

Einen Augenblick lang schwiegen wir beide.

»Weiß Claudel das?«

»Ich wollte ihn gerade anrufen.«

»Und jetzt?«

»Jetzt grabe ich tiefer.«

»Werden Sie Crease verhören?«

»Noch nicht. Wir wollen ihn nicht argwöhnisch machen. Und bis nach dem Begräbnis steht Claudel unter Roys Fuchtel. Aber danach bringe ich ihn dazu, dass er mir hilft, diesen Kerl zu durchleuchten.«

»Glauben Sie, dass Crease etwas mit dem Mord an Cherokee zu tun hatte?«

»Es gibt keine Indizien dafür, aber vielleicht weiß er etwas.«
»Die Kappe gehörte weder Cherokee noch Dorsey.«
»Woher wissen Sie das?«
»Die Innenseite ist voller Schuppen.«
»Und?«
»Dorsey hatte einen rasierten Schädel, und Cherokee war kahl von der Chemotherapie.«
»Nicht schlecht, Brennan.«
»Gately und Martineau wurden zu der Zeit getötet, als Crease im Untergrund war.«
»Stimmt.«
»Und Savannah Osprey.«
Schweigen summte durch die Leitung.
»Wie wär's, wenn Sie Rinaldi fragen?«
»Frosch?«
»Ja, Frosch. Über die Gräber von Gately und Martineau hat er ja auch geplaudert wie ein Wasserfall. Warum ihn nicht nach Cherokee fragen? Vielleicht weiß er ja was.«
»Claudel sagt, sie haben Frosch ausgequetscht, bis sie blau im Gesicht waren. Über die Leichen in St.-Basile-le-Grand war er bereit zu reden, weil das eine alte Geschichte ist. Er glaubt nicht, dass die Brüder ihm deswegen an den Kragen wollen. Hören Sie, ich bringe Claudel dazu, dass er mir mit Crease hilft, sobald der Zirkus morgen vorbei ist. Und übrigens, Brennan, halten Sie sich bedeckt. In der Stadt wurden schon Bandidos-Aufnäher gesehen, und es gibt Gerüchte, dass die Angels etwas vorhaben. Tun Sie nichts –«
Er zögerte.
»Ja.«
»Na ja, es könnte sein, dass Ihr Neffe sich die Veranstaltung anschauen will.«
Meine Wangen brannten. Claudel hatte also mit seinen Kollegen bei der CUM über Kit gesprochen.
»Der kommt nicht mal in die Nähe dieser Beerdigung.«
»Gut. Die Anwesenheit der Bandidos könnte die Angels zu einer Demonstration ihrer Stärke provozieren. Könnte haarig werden.«

Ich hatte kaum aufgelegt, als ich anfing, mir Sorgen zu machen. Wie sollte ich Kit von der Beerdigung fernhalten, wenn er wirklich hingehen wollte?

War Ryan in unmittelbarer Gefahr? Hatte sein Eintreten für mich seiner Tarnung geschadet? Hatte ich ihn ins Verderben gestürzt, so wie ich es mit George Dorsey getan hatte?

Ich legte den Kopf auf den grünen Filz meiner Schreibunterlage und schloss langsam die Augen.

36

ICH WAR UNTER WASSER, und Lyle Crease redete mit mir. Algen wogten von unten herauf, wie die Haare einer Leiche am Grund. Hier und dort durchstach ein Lichtstrahl den trüben Dämmer und beleuchtete Partikel, die uns umschwebten.

Mein Nacken tat mir weh. Ich öffnete die Augen und drehte vorsichtig den Kopf, um die Verspannung in meiner Nackenmuskulatur zu lösen. Mein Büro war dunkel bis auf einen bleichen Schein, der durch das Glas neben der Tür hereinsickerte.

Wie lange hatte ich geschlafen? Ich stierte auf meine Uhr, bis ich die Zeiger erkennen konnte.

Als ich die Gestalt vor meiner Tür bemerkte, schrillte in meinem Kopf eine Alarmglocke. Ich hielt mich ganz still und beobachtete und lauschte.

Kein Geräusch war zu hören, bis auf mein Herz, das gegen die Rippen hämmerte.

Die Gestalt stand bewegungslos da, eine Silhouette im schwachen Licht, das aus meinem Labor drang.

Mein Blick wanderte zum Telefon. Sollte ich den Sicherheitsdienst anrufen?

Meine Hand lag bereits auf dem Hörer, als die Tür aufging. Jocelyns Gesicht sah gespenstisch aus. Sie war ganz in Schwarz gekleidet, und der blasse ovale Kopf schien zu schweben, eine körperlose Halloween-Laterne mit dunklen Löchern als Mund und Augen.

»*Oui?*«

Ich stand auf, weil ich nicht wollte, dass sie auf mich herabsah. Sie antwortete nicht.

»*Puis-je vous aider?*«, fragte ich. Kann ich Ihnen helfen?

Sie sagte immer noch nichts.

»Bitte schalten Sie das Licht an, Jocelyn.«

Der Befehl schaffte, was meine Fragen nicht erreicht hatten; sie reagierte. Ihr Arm hob sich, und das Büro war plötzlich in Helligkeit getaucht.

»Was ist los, Jocelyn?«

»Sie lassen sie einfach davonkommen.« Ihre Stimme war hart vor Wut.

»Wen?«, fragte ich verwirrt.

»Ich dachte, dass Sie vielleicht anders sind.«

»Anders als wer?«

»Denen ist das doch alles scheißegal. Ich höre, wie Bullen Witze darüber reißen. Ich höre sie lachen. Noch ein toter Biker. Gut, dass er weg ist, sagen sie. Das ist billige Müllentsorgung.«

»Von was reden Sie denn?« Mein Mund war trocken.

»Dabei sind doch diese Bullen ein Witz. Carcajou. Pfft.« Sie blies durch die Lippen. »Blödmänner würde eher passen.«

Ich war verblüfft von dem Hass in ihren Augen.

»Sagen Sie mir, warum Sie so empört sind.«

Ein langes Schweigen entstand, während sie mein Gesicht musterte. Ihr Blick schien zu fokussieren und dann wieder zu verschwimmen, als wollte sie mein Bild in sich aufnehmen, um es in einer mentalen Gleichung zu testen.

»Er hat nicht verdient, was er bekommen hat. Verdammte Scheiße, das hat er echt nicht.« Die Obszönitäten klangen auf Französisch merkwürdig.

Leise sagte ich: »Wenn Sie mir nicht erklären, was Sie meinen, kann ich Ihnen nicht helfen.«

Sie zögerte, als würde sie mich einer letzten Prüfung unterziehen, und dann stachen ihre wütenden Augen in die meinen.

»George Dorsey hat diesen alten Mann nicht umgebracht.«

»Cherokee Desjardins?«

Sie antwortete mit einem Achselzucken.

»Woher wissen Sie das?«

Sie runzelte die Stirn, als müsste sie erst entscheiden, ob diese Frage eine Falle war.

»Jeder mit dem IQ eines Selleries würde das wissen.«

»Das ist nicht sehr überzeugend.«

»Ein echter Mechaniker hätte das richtig gemacht.«

»Was soll das hei–«

Sie schnitt mir das Wort ab. »Wollen Sie hören, was ich zu sagen habe, oder nicht?«

Ich wartete.

»Ich war in dieser Nacht dort.«

Sie schluckte.

»Ich war kaum durch die Tür, als dieser Kerl auftauchte, und ich bin deshalb ins Schlafzimmer gegangen. Er und Cherokee fingen an zu reden, zuerst freundlich, aber ziemlich bald hörte ich Schreien und dann Klatschen und Schlagen. Ich wusste, dass es Zoff gab, und habe mich deshalb im Schrank versteckt.«

»Warum waren Sie dort, Jocelyn?«

»Cherokee wollte mich bei den Rotariern unterbringen«, höhnte sie.

»Erzählen Sie weiter.«

»Ich hockte da im Schrank, bis es draußen ruhiger wurde, und als ich dachte, der Kerl ist verschwunden, kroch ich wieder heraus. In diesem Augenblick hörte ich den Schuss. Mein Gott.«

Ihr Blick wanderte von meinem Gesicht zu einem Punkt irgendwo hinter meiner Schulter. Ich versuchte mir vorzustellen, was diese Erinnerung in ihr auslöste.

»Dann hörte ich, wie der Kerl Schubladen aufriss und Sachen durch die Gegend warf. Ich dachte, er ist ein Junkie auf der Suche nach Cherokees Stoff, und ich hätte mir beinah in die Hose gemacht, weil ich wusste, dass der Stoff bei mir im Schlafzimmer war.

Als ich dann Rauch roch, war es Zeit abzuhauen, ob da draußen ein Junkie war oder nicht. Ich schlug das Fenster ein, sprang auf die Gasse und rannte bis zur Ecke. Und jetzt kommt das Allerkomischste. Als ich um den Block herumkam und die Straße hinunterschaute, war der kleine Scheißer noch vor Cherokees Bude und wühlte im Schlamm. Dann kam ein Auto und er verschwand.«

»Wonach suchte er?«

»Woher zum Teufel soll ich denn das wissen?«

»Und dann?«

»Als ich sicher war, dass er nicht mehr zurückkam, ging ich hin und suchte ebenfalls herum.«

Wieder entstand ein langes Schweigen. Dann nahm sie ihre Handtasche von der Schulter, wühlte darin herum und zog einen kleinen, flachen Gegenstand heraus.

»Das da habe ich dort gefunden, wo der Kerl kauerte.« Sie hielt mir den Gegenstand hin.

Ich faltete eine Apothekentüte auf und zog ein Foto in einem billigen Plastikrahmen heraus. Zwei Männer lächelten durch einen Nebel aus Blutspritzern, die inneren Arme untergehakt, die äußeren erhoben und die Mittelfinger hochgereckt. Der auf der rechten Seite war Cherokee Desjardins, damals noch robust und voller Leben.

Als ich den Mann auf der linken Seite erkannte, schnürte der Schock mir die Kehle zu, und mein Atem kam in kurzen, schnellen Stößen. Jocelyn redete weiter, aber ich hörte kaum hin.

»– zerrissenen Tüte daneben. Als die Scheinwerfer ihn trafen, raste er davon wie ein Hase.«

Meine Gedanken überstürzten sich. Bilder blitzten auf.

»– warum er das unbedingt wollte. Aber wer weiß, was in einem Junkie vorgeht.«

Ich sah ein Gesicht.

»– wenn ich ihn nur besser gesehen hätte.«

Ich sah eine Baseball-Kappe.

»— dieser Hurensohn damit durchkommt.«

Ich sah Goldsprenkel auf einem wässrigen Wirbel.

»— hat die Scheiße nicht verdient.«

Ich zwang mich in die Gegenwart zurück und bemühte mich um ein neutrales Gesicht.

»Jocelyn, kennen Sie einen Nachrichtensprecher namens Lyle Crease?«

»Englisch?«

»Ja«

»Ich schaue kein englisches Fernsehen. Warum fragen Sie mich das? Hören Sie, ich versuche Ihnen zu sagen, dass Dorsey Cherokee nicht umgebracht hat.«

»Nein«, stimmte ich ihr zu. »Das hat er wirklich nicht.«

Aber ich hatte eine ziemlich gute Vorstellung, wer es getan hatte.

Als Jocelyn gegangen war, rief ich Claudel an. Er war nicht im Büro, aber diesmal legte ich auf und wählte dann die Nummer seines Piepsers.

Ist ja wirklich dringend, dachte ich, als ich meine Nummer eingab.

Als Claudel mich anrief, erzählte ich ihm Jocelyns Geschichte.

»Kann sie den Mann identifizieren?«

»Sie hat sein Gesicht nicht gesehen.«

»*Fantastique.*«

»Es ist Crease.«

»Wie können Sie sich da so sicher sein?«

»Die Kappe, die in Desjardins Wohnung gefunden wurde, hatte ein USC-Logo. Crease war auf dieser Universität.«

»Wir haben bereits —«

»Hat Charbonneau Ihnen von den Schuppen erzählt?«

»Ja.«

»Ich hatte erst vor kurzem das Vergnügen, mit Crease an einem Tisch zu sitzen. Er hat genug Schuppen, um eine Skipiste damit zu präparieren.«

Ich berichtete, was ich sonst noch auf dem Foto gesehen hatte.

»Heilige Mutter Gottes.«

Dass Claudel fluchte, kam höchst selten vor.
»In welcher Beziehung stand diese Frau zu Dorsey?«
»Auf persönliche Fragen hat sie nicht reagiert.«
»Kann man ihr trauen?« Sein Atem klang feucht am Hörer.
»Sie ist offensichtlich drogensüchtig, aber ich glaube ihr.«
»Wenn sie solche Angst hatte, warum blieb sie dann dort?«
»Sie dachte wahrscheinlich, der Eindringling hätte Drogen verloren, und sie würde einen kostenlosen Schuss bekommen.«
»Michel Charbonneau hat mir von Ihrem Gespräch erzählt.« Wieder der feuchte Atem. »Ich glaube, es ist Zeit, dass wir uns diesen Mr. Crease vorknöpfen.«

Danach rief ich am Flughafen an, um einen Platz in einer Maschine nach Texas zu buchen. Ob Kit nun wollte oder nicht, er würde nach Houston zurückkehren. Und bis dahin würde ich ihn nicht mehr aus den Augen lassen.

Als ich nach Hause kam, war Kit unter der Dusche.
»Hast du schon gegessen?«, rief ich durch die Tür, als das Wasserrauschen aufhörte.
»Nicht viel.«
Okay, Kleiner, auch ich kann Nudeln kochen.
Ich lief zu Le Faubourg, um Muscheln und Gemüse zu kaufen. Zu Hause dünstete ich die Meeresfrüchte mit Zwiebeln und Pilzen und fügte dann eine Joghurt-Senf-Zitronen-Dill-Soße hinzu. Ich schaufelte die Muschel-Mischung über Linguine und servierte das Gericht mit Baguette und einem gemischten Salat.
Sogar Kit war beeindruckt.
Wir redeten beim Essen, sagten aber wenig.
»Wie war dein Tag?«, fragte ich.
»Ziemlich gut.«
»Was hast du gemacht?«
»Nicht viel.«
»Warst du zu Hause?«
»Ich bin mit der U-Bahn auf irgend so eine Insel gefahren und habe in den Parks geskatet.«

»Île-Ste.-Hélène.«

»Ja. Da gibt's einen Strand und viele Wege. Ist nicht schlecht dort.«

Das erklärte das Skateboard in der Diele.

»Und wie war dein Tag?«, fragte er und pickte einen Croûton aus den Salatresten.

»Ziemlich gut.«

»Ein drogensüchtiges Sicherheitsrisiko in unserem Institut hat mich der Gleichgültigkeit gegenüber Bikern beschuldigt, und ich habe herausgefunden, dass einer von deinen Easy-Rider-Spielkameraden möglicherweise ein Mörder ist.«

»Cool«, sagte er.

Ich atmete tief durch.

»Ich habe heute einen Flug gebucht.«

»Verreist du schon wieder?«

»Der Flug ist für dich.«

»Oh, oh. Jetzt kommt der Rauswurf.« Er nahm den Blick nicht von der Salatschüssel.

»Kit, du weißt, dass ich dich liebe und dass ich dich sehr gerne hier habe, aber ich glaube, es ist Zeit, dass du nach Hause gehst.«

»Was sagt man über Hausgäste und alten Fisch? Oder sind es Verwandte?«

»Darum geht's nicht, und du weißt das. Aber du bist jetzt schon fast zwei Wochen hier. Ist dir nicht langweilig? Willst du nicht deine Freunde wieder sehen und nach deinem Boot schauen?«

Er zuckte die Achseln. »Die laufen mir nicht weg.«

»Ich bin mir sicher, dass Harry und dein Vater dich vermissen.«

»Aber sicher. Sie haben beide die Drähte heiß telefoniert.«

»Deine Mutter ist in Mexiko. Es ist nicht einfa–«

»Sie ist am Montag in Houston angekommen.«

»Was?«

»Ich wollte es dir nicht sagen.«

»Ach so?«

»Ich wusste doch, dass du mich wegschicken würdest, wenn sie zurück ist.«

»Wie kommst du darauf?«

Er ließ die Hand sinken, seine Finger krümmten sich um den Rand der Schüssel. Draußen heulte eine Sirene, leise, laut, leise. Als er antwortete, sah er mich nicht an.

»Als ich ein kleiner Junge war, hast du dich bei mir immer sehr zurückgehalten, weil du Angst hattest, dass Harry eifersüchtig werden könnte. Oder wütend. Oder dass sie es dir übel nimmt. Oder sich unzulänglich vorkommt. Oder, oder –«

Er nahm einen Croûton, warf ihn wieder in die Schüssel. Öl tropfte auf den Tisch.

»Kit!«

»Und weißt du was? Sie *sollte* sich auch unzulänglich vorkommen. Das Einzige, wofür ich Harry dankbar sein sollte, ist, dass sie mich nicht gleich nach der Geburt in einem Schuhkarton vergraben hat.« Er stand auf. »Ich packe mein Zeug.«

Ich stand ebenfalls auf und packte ihn am Arm. Als ich ihn ansah, war sein Gesicht verkniffen vor Wut.

»Harry hat damit überhaupt nichts zu tun. Ich schicke dich heim, weil ich Angst um dich habe. Ich habe Angst wegen der Leute, mit denen du dich triffst, und wegen dem, was sie vielleicht tun, und ich habe Angst, dass du dich in Dinge hast hineinziehen lassen, die dich in Gefahr bringen können.«

»Das ist doch alles Blödsinn. Ich bin kein Baby mehr. Ich treffe meine eigenen Entscheidungen.«

Frosch Rinaldi blitzte vor mir auf, sein Schatten, der über ein Grab fiel. Gately und Martineau hatten eine Entscheidung getroffen. Eine tödliche Entscheidung. Savannah Osprey ebenfalls. Und George Dorsey. Ich würde nicht zulassen, dass Kit dasselbe tat.

»Wenn dir etwas passiert, verzeihe ich mir das nie.«

»Mir wird schon nichts passieren.«

»Ich kann dieses Risiko nicht eingehen. Ich glaube, du bist in gefährliche Gesellschaft geraten.«

»Ich bin keine sechs mehr, Tante Tempe. Du kannst mich rauswerfen, aber du kannst mir nicht mehr sagen, was ich tun soll.« Seine Kiefermuskeln traten hervor, dann hüpfte sein Adamsapfel.

Wir verstummten beide, denn wir merkten, wie nahe wir Worten waren, die, würden sie ausgesprochen, verletzend wären. Ich ließ ihn los, und Kit verschwand in seinem Zimmer. Ich hörte nur noch das leise Tapsen seiner nackten Füße auf dem Teppichboden in der Diele.

Ich schlief unruhig, wachte dann auf, lag in der Dunkelheit und dachte über meinen Neffen nach. Die Jalousie vor dem Fenster erhellte sich von Schwarz zu Anthrazit. Ich stand auf, kochte mir Tee und ging mit der Tasse auf die Veranda.

Eingewickelt in Großmutters Quilt, sah ich zu, wie am Himmel die Sterne verblassten, und dachte an Abende in Charlotte. Als Katy und Kit noch klein waren, suchten wir oft bekannte Konstellationen am Himmel und tauften unsere eigenen. Katy sah eine Maus, ein Hündchen, ein Paar Rollschuhe. Und Kit sah eine Mutter mit Kind.

Ich zog die Beine an und trank die heiße Flüssigkeit.

Wie konnte ich Kit begreiflich machen, warum ich ihn nach Hause schickte? Er war jung und verletzlich und sehnte sich verzweifelt nach Anerkennung und Zustimmung.

Aber Anerkennung und Zustimmung von wem? Warum will er bei mir bleiben? Biete ich ihm eine Basis, von der aus er Dinge tun kann, die er mir nicht verrät?

Vom Tag seiner Ankunft an hatte seine Apathie mich verwirrt. Katy hätte sofort den Kontakt mit Gleichaltrigen gesucht, Kit dagegen schien zufrieden zu sein mit ein paar Ausflügen, Videospielen und der Gesellschaft seiner alternden Tante und ihrer alternden Katze. Der augenblickliche Kit passte so überhaupt nicht zu dem Jungen, an den ich mich erinnerte. Aufgeschürfte Knie. Genähte Platzwunden. Knochenbrüche. Kits Bewegungsdrang hatte dafür gesorgt, dass Harry die Sanitäter ihrer Gegend während seiner Kindheit mit den Vornamen anredete.

Hatte Kit nur immer zu Hause gesessen, oder war er mit Lyle Crease unterwegs gewesen? Oder dem Preacher? Oder der Hyäne? War er, wenn ich zu Hause war, nur so lethargisch, weil er müde war?

Noch einen Schluck Tee. Inzwischen lauwarm.

Ich stellte mir die zwei Männer hinter blutbespritztem Plastik vor, und nicht einmal der Tee konnte mein Frösteln vertreiben.

Machte ich einen Fehler? Wenn Kit eine schwere Zeit durchmachte, konnte ich da einen positiven Einfluss auf ihn ausüben? Wenn er in irgendetwas Gefährliches verwickelt war, wäre es sicherer, wenn ich ihn bei mir behielt?

Nein. Die Gesamtsituation machte das einfach zu riskant. Ich würde mich an meinen Plan halten. Mein Neffe würde in Texas sein, bevor George Dorseys Leiche unter der Erde war.

Als der Morgen über den Horizont kroch, legte sich eine sanfte Helle über meinen Garten, färbte Bäume, Hecken und die Ziegelhäuser auf der anderen Straßenseite. Ecken und Kanten wurden weicher, bis die Stadt einer Landschaft von Winslow Homer glich. Ein sanftes Aquarell, der perfekte Hintergrund für ein Bandenbegräbnis.

Ich schüttete den Rest meines Tees auf den Rasen und ging hinein, um meinen Neffen zu wecken.

Sein Zimmer war leer.

37

EINE NOTIZ KLEBTE AM KÜHLSCHRANK. Ich las sie, wo sie war, da ich meinen zitternden Händen nicht traute.

> *Vielen Dank für alles. Mach dir keine Sorgen.*
> *Ich bin bei Freunden.*

Freunden?

Mein Herz war wie tot in meiner Brust.

Ich sah auf die Uhr. In weniger als einer Stunde würde das Dorsey-Begräbnis beginnen.

Ich rief Claudels Piepser an, kochte dann Kaffee, zog mich an und machte das Bett.

Sieben Uhr fünfzehn.

Ich trank Kaffee und zupfte an einem Niednagel.

Die Erde drehte sich. Tektonische Platten verschoben sich. Zwölf Morgen Regenwald verschwanden für immer von diesem Planeten.

Ich ging ins Bad, kämmte mich, legte Make-up und ein bisschen Rouge auf und ging wieder in die Küche, um eine zweite Tasse zu trinken.

Sieben Uhr dreißig. Warum meldete Claudel sich nicht?

Noch einmal ins Bad, wo ich meine Haare befeuchtete und neu kämmte. Ich griff eben nach der Zahnseide, als das Telefon klingelte.

»Ich hätte nicht gedacht, dass Sie so eine Frühaufsteherin sind.« Claudel.

»Kit ist verschwunden.«

»*Cibole!*«

Im Hintergrund konnte ich Verkehrslärm hören.

»Wo sind Sie?«

»Vor der Kirche.«

»Wie sieht's aus?«

»Wie eine Vollversammlung der Todsünden. Faulheit und Habgier sind gut vertreten.«

»Ich nehme an, Sie haben ihn nicht gesehen.«

»Nein, aber in diesem Getümmel könnte ich sogar Fidel Castro übersehen. Sieht aus, als wäre jeder Biker des Kontinents hier.«

»Crease?«

»Keine Spur.«

Ich hörte, wie er kurz den Atem anhielt.

»Was ist?«

»Charbonneau und ich haben den Kerl noch ein bisschen eingehender überprüft. Von '83 bis '89 spielte Lyle Crease Auslandskorrespondent, nicht Geheimagent. Aber die einzigen Meldungen, die er ablieferte, waren die bei dem Wärter seines Zellenblocks.«

»Er hat gesessen?«
»Sechs Jahre, südlich der Grenze.«
»Mexiko?«
»Juárez.«
Mein Herz kehrte wieder ins Leben zurück und pochte in meiner Brust.
»Crease ist ein Mörder, und Kit ist vielleicht bei ihm. Ich muss etwas tun.«
Claudels Stimme wurde so kalt, wie es nur die Stimme eines Polizisten werden kann.
»Denken Sie nicht einmal daran, auf eigene Faust was zu unternehmen, Ms. Brennan. Diese Biker sehen aus wie Haie, die im Wasser nach Blut schnuppern, und es könnte hier ziemlich rau werden.«
»Und Kit könnte in diesen Blutrausch hineingezogen werden!« Ich hörte, wie meine Stimme brach, und hielt inne, um mich zu beruhigen.
»Ich schicke einen Streifenwagen zu Creases Wohnung.«
»Glauben Sie, dass er auch zu der Beerdigung kommt?«
»Wenn er auftaucht, nehmen wir ihn fest.«
»Und wenn ein neunzehnjähriger Junge dabei mit verhaftet wird?« Ich schrie beinahe.
»Ich sage nur, dass Sie nicht herkommen sollen.«
»Dann finden Sie diesen Mistkerl.«
Ich hatte kaum aufgelegt, als ich mein Handy hörte.
Kit!
Ich rannte ins Schlafzimmer und zog es aus meiner Handtasche.
Die Stimme war zitterig, wie die eines Kindes nach ausführlichem Weinen.
»Sie müssen wissen, was die vorhaben.«
Zuerst war ich verwirrt, dann erkannte ich die Stimme, und mich beschlich ein ungutes Gefühl.
»Wer, Jocelyn?«
»Jemand muss wissen, was diese Heathens-Schweine vorhaben.« Sie atmete scharf durch die Nase ein.

»Erzählen Sie es mir.«

»Diese Stadt wird zu einem Schlachthaus, und Ihr Junge marschiert mitten hinein.«

Mein Magen verkrampfte sich vor Angst.

»Wie meinen Sie das?«

»Ich weiß, was bevorsteht.«

»Was hat das mit meinem Neffen zu tun?«

»Ich brauche Geld, und ich brauche Schutz.« Ihre Stimme klang jetzt kräftiger.

»Sagen Sie mir, was Sie wissen.«

»Erst wenn ich bekomme, was ich will.«

»Ich habe nicht die Befugnis, das zu entscheiden.«

»Sie kennen Leute, die sie haben.«

»Ich werde versuchen, Ihnen zu helfen«, sagte ich. »Aber ich muss wissen, ob mein Neffe in Gefahr ist.«

Schweigen.

Dann: »Scheiße, ich bin sowieso schon tot. Treffen Sie mich in zwanzig Minuten in der U-Bahn-Station Guy. Auf dem Bahnsteig Richtung Westen.«

Ihre Stimme war bleiern vor Resignation.

»Ich warte zehn Minuten. Wenn Sie zu spät kommen oder jemanden mitbringen, bin ich weg, und der Junge ist dann nur noch eine Fußnote, wenn diese Geschichte aufgeschrieben wird.«

Tote Leitung.

Ich rief Claudels Piepser an und hinterließ meine Nummer. Dann starrte ich das Telefon an und überlegte, welche Möglichkeiten ich hatte.

Claudel war unerreichbar. Seinen Rückruf konnte ich nicht abwarten.

Quickwater.

Dasselbe.

Claudel hatte mir nicht befohlen, die U-Bahn zu meiden. Ich würde mich mit Jocelyn treffen und ihn anrufen, sobald ich die Informationen hatte.

Ich tippte die Nummer der Carcajou-Zentrale in mein Handy,

drückte aber nicht auf Senden. Dann steckte ich das Gerät in meine Handtasche und stürzte zur Tür.

Jocelyn saß am Ende des Tunnels, eine Leinentasche auf ihrem Schoß, eine zweite zu ihren Füßen. Sie hatte sich für eine Bank an der Wand entschieden, als würde der Beton im Rücken ihr ein bisschen Schutz vor dem bieten, was sie fürchtete. Ihre Zähne bearbeiteten den Daumennagel, während sie die Wartenden zu beiden Seiten des Gleises musterte.

Sie entdeckte mich und folgte mir mit ihrem Blick. Ich hielt mich in der Mitte des Bahnsteigs, und mein Puls dröhnte lauter in meinen Ohren als jeder Umgebungslärm. Die Luft war warm und schal, als würde sie von Legionen unterirdisch Reisender immer und immer wieder ein- und ausgeatmet. Ich spürte einen beißenden Geschmack auf meiner Zunge und schluckte schwer.

Jocelyn sah stumm zu, wie ich mich auf die Bank setzte. Ihr kalkiges Gesicht wirkte in dem künstlichen Licht violett, das Weiße ihrer Augen gelb.

Ich wollte etwas sagen, aber sie unterbrach mich mit einer Handbewegung.

»Ich sage das nur einmal, und dann bin ich verschwunden. Ich rede. Sie hören zu.«

Ich schwieg.

»Ich bin ein Junkie, das wissen wir beide. Ich bin außerdem eine Hure und eine Lügnerin.« Mit ruckartigen, nervösen Kopfbewegungen suchte sie die Gesichter auf dem Bahnsteig ab.

»Hier kommt der Knaller. Ich stamme aus einer stinknormalen, bürgerlich behüteten Familie, so wie Sie. Nur irgendwann habe ich mich auf eine Scheiße eingelassen, aus der ich nicht mehr herauskomme.«

Violette Schatten ließen ihre Augen tot wirken.

»In letzter Zeit bin ich schwer am Hassen. Ich hasse alles und jeden auf diesem Planeten. Vor allem aber hasse ich mich selbst.«

Sie wischte sich mit dem Handrücken ein wenig Feuchtigkeit von der Nase.

»Man merkt, dass die Zeit abgelaufen ist, wenn man nicht mehr in einen Teich schauen oder an einem Spiegel oder einem Schaufenster vorbeigehen kann, weil man das verachtet, was einem da entgegenblickt.«

Sie wandte sich mir zu, und ihre Leichenaugen brannten vor Wut und Schuldbewusstsein.

»Dass ich mit Ihnen rede, kostet mich vielleicht das Leben, aber ich will raus. Und ich will, dass diese Kerle bezahlen.«

»Was bieten Sie an?«

»Spinne Marcotte und das kleine Mädchen.«

»Ich höre zu.«

»Es war George Dorsey. Jetzt ist er tot, also ist es egal.« Sie wandte sich ab und stierte mir dann wieder ins Gesicht.

»Marcotte war die Vergeltung der Heathens, weil die Vipers die Vaillancourts in die Luft gejagt haben. George und ein Vollmitglied namens Sylvain Lecomte haben ihn umgebracht. Das Mädchen war ein Versehen.«

Sie stemmte einen Stiefel gegen ihre Tasche.

»George dachte, der Mord würde ihn in der Bande zum Star machen. Aber die Heathens haben George umgelegt, weil sie glaubten, er würde Lecomte verraten.« Sie schnaubte und reckte das Kinn in die Höhe. »Als Cherokee umgebracht wurde, wartete George ganz in der Nähe auf mich. Als die Carcajou ihn verhaftete und er sich mit Ihnen traf, beschlossen die Heathens-Brüder, ihn zu beseitigen, bevor er Lecomte hinhängen konnte. Großer Mann, Lecomte. Hat ein kleines Mädchen umgebracht. Großer Scheißkerl«, blaffte sie.

»Sonst noch was?«

Sie zuckte die Achseln.

»Die Gräber in St. Basile. Ich bin seit neun Jahren in der Szene. Ich habe jede Menge zu verkaufen.«

»Reden Sie von Zeugenschutz?«

»Geld und raus.«

»Resozialisierung?«

Sie zuckte die Achseln.

»Was ist mit Cherokee?«

»Er brachte die Knochen des Mädchens in den Norden, aber ich habe seine Geschichte aufgeschrieben. Die rücke ich erst heraus, wenn ich sicher und weit weg von hier bin.«

So wie sie das sagte, klang es, als hätte sie diese Hoffnung bereits aufgegeben.

»Warum gerade jetzt?«

»Sie haben Dorsey umgelegt. Er hat ihre Drecksarbeit erledigt, und sie haben ihn umgelegt.«

Sie schüttelte den Kopf und beobachtete dann wieder den Bahnsteig.

»Außerdem bin ich so geworden wie sie.« Ihre Stimme troff vor Selbstekel. »Ich habe diesen Reporter hingehängt.«

»Was für einen Reporter?«

»Lyle Crease. Ich habe mir gedacht, dass da was im Busch ist, als Sie nach ihm fragten, und deshalb habe ich mir an diesem Abend die Nachrichten angesehen. Und natürlich war es der, den ich bei Cherokee gesehen hatte. Ich habe den Vipers für eine Tüte Stoff seinen Namen verkauft.«

»Mein Gott.«

»Ich bin ein verdammter Junkie, okay?« Es war fast ein Kreischen. »Wenn man am Ende ist und die Welt über einem zusammenstürzt, verhökert man seine Mutter für eine Dröhnung. Außerdem hatte ich noch andere Gründe.«

Ihre Hände begannen zu zittern, und sie presste sich die Fingerspitzen an die Schläfen.

»Später habe ich dann Crease angerufen, um ein Treffen am Friedhof auszumachen.« Wieder hörte ich diesen Selbstekel in ihrem Auflachen. »Da war ich dann schon wieder high.«

»Haben die Vipers von Ihnen verlangt, dass Sie diese Treffen arrangieren?«

»Ja. Sie haben vor, Crease umzubringen und ein paar Heathens dazu.«

»Was hat das alles mit meinem Neffen zu tun?« Mein Mund war so trocken, dass ich kaum sprechen konnte.

»Crease hat gesagt, keine krummen Touren, weil er den Jungen bei sich haben werde.«

Tief im Tunnel hörte ich das Rattern eines Zugs.

Wieder schüttelte sie den Kopf. Ihr Gesicht sah im Profil hart aus.

»Dieses Begräbnis wird ein einziges riesiges Snuff Movie, und Ihr Neffe spielt vielleicht eine Hauptrolle.«

Ich spürte eine Luftdruckveränderung, während das Geräusch des Zugs immer lauter wurde. Die Wartenden gingen zum Rand des Bahnsteigs.

Jocelyns Blick blieb an etwas auf der anderen Seite der Gleise hängen. Einen Augenblick lang schaute sie verwirrt, dann riss sie wieder erkennend die Augen auf. Ihr Mund klappte auf.

»Lecom-!«, kreischte sie, und ihre Hand schoss zum Reißverschluss ihrer Tasche.

Der Zug donnerte herein.

Jocelyns Kopf flog nach hinten, und eine rote Wolke breitete sich um ihn herum an der Wand aus. Ich warf mich auf den Beton und bedeckte meinen Kopf mit beiden Händen.

Bremsen kreischten, zischten.

Ich versuchte, hinter die Bank zu kriechen, darunter, irgendwohin. Sie war an die Wand geschraubt! Ich konnte nirgendwohin!

Türen öffneten sich. Fahrgäste stiegen aus und ein.

Auf unserer Seite Schreie. Gesichter, die sich umdrehten. Verwirrung. Entsetzen.

Der Zug sauste davon.

Dann veränderten sich die Geräusche. Panische Flucht. Rennende Menschen.

Nach einer ganzen Minute ohne weiteren Schuss stand ich langsam auf. Knochensplitter und Hirnmasse bedeckten meine Jacke. Mein Magen hob sich, und ich schmeckte Galle.

Stimmen. In Englisch. Und Französisch.

»*Attention!*«

»*Sacrifice!*«

»Rufen Sie die Polizei.«
»*Elle est morte?*«
»Sie sind schon unterwegs.«
»*Mon Dieu!*«

Verwirrung. Ein Sturm auf die Rolltreppen.

Jocelyns Körper zuckte, ein Speichelfaden lief ihr aus dem Mundwinkel. Ich roch Urin und Kot und sah Blut, das sich auf der Bank und dem Boden ausbreitete.

Ich sah Cherokee vor mir. Dann andere, schnell, wie Blitzlichtgewitter. Gately. Martineau. Savannah Osprey. Emily Anne Toussaint.

Diese Tode hatte ich nicht verhindern können, und ich hatte auch nichts getan, um sie herbeizuführen. Und jetzt konnte ich nichts mehr für Jocelyn tun. Aber ich würde nicht zulassen, dass mein Neffe das nächste Opfer wurde. Auf keinen Fall. Tod durch Biker würde es nicht geben. Nicht für Kit. Nicht für Katy. Und nicht für mich.

Auf wackeligen Beinen taumelte ich zu den Rolltreppen, fuhr an die Oberfläche und wurde von dem Strom der Fußgänger, die sich von dieser Tragödie entfernten, mitgezogen. Zwei Streifenwagen mit offenen Türen und blinkenden Lichtern blockierten bereits den Eingang. Sirenen kündigten weitere an.

Ich hätte bleiben, meine Geschichte erzählen und den Rest der Polizei überlassen sollen. Mir war übel, das Gemetzel, das wir offensichtlich nicht verhindern konnten, ekelte mich an. Angst um Kit zwickte in meinen Eingeweiden wie körperlicher Schmerz und überlagerte Vernunft und Pflichtgefühl.

Ich löste mich aus der Menge und rannte davon.

38

MEINE HÄNDE ZITTERTEN IMMER NOCH, als ich meine Wohnungstür aufsperrte. Ich rief, erwartete aber keine Antwort.

Aus meiner Aktentasche zog ich den Umschlag, den Charbonneau mir von Roy übergeben hatte. Ich überflog das Protokoll, sah auf die Uhr und eilte hinunter in die Garage.

Obwohl der Stoßverkehr langsam schwächer wurde, war Centreville noch immer verstopft. Mit rasendem Herzen, die Hände schweißfeucht am Lenkrad, kroch ich, oft im Leerlauf, vorwärts, bis ich schließlich freie Fahrt hatte, den Berg hochschoss und auf einen Parkplatz gegenüber dem Lac aux Castors einbog.

Die Friedhöfe breiteten sich vom Chemin Remembrance hügelwärts aus, Städte der Toten, die bis zum Horizont reichten. Nach Roys Karte lag Dorseys Platz dicht an der Umgrenzungsmauer, nur zwanzig Meter vom Südtor entfernt. Der Leichenzug würde aus Osten kommen und den Friedhof auf der mir gegenüberliegenden Seite betreten.

Ich wischte mir die Hände an den Jeans ab und sah auf die Uhr. Bald.

Normalerweise fanden sich am frühen Morgen nur wenige Menschen auf dem Berg ein, aber an diesem Tag säumten Trauergäste die Straße und standen an der Zufahrt, die durch das Tor führte. Andere wanderten zwischen den Bäumen und Grabsteinen auf dem Friedhofsgelände umher. Die rituelle Heuchelei kam mir unwirklich vor. Heathens und Rock Machine, die mit großem Zeremoniell den Kameraden zu Grabe trugen, den sie selbst umgebracht hatten.

Bemannte Streifenwagen parkten mit blinkenden Lichtern und knisternden Funkgeräten zu beiden Seiten der Remembrance. Ich schloss mein Auto ab und lief über die Straße, wobei ich auf dem neuen Gras ausrutschte, das auf dem Mittelstreifen spross. Während ich am Straßenrand entlangeilte, musterte ich die Trauergäste. Die meisten waren jung, männlich und weiß. Ich entdeckte Charbonneau, der an einem Streifenwagen lehnte, aber von Crease oder Kit war nichts zu sehen.

Am Tor hielt mich ein Uniformierter auf.

»Moment mal. Immer langsam, Madam. Es tut mir leid, aber hier findet in Kürze eine Beerdigung statt, und dieser Eingang ist geschlossen. Sie müssen weitergehen.«

Er streckte beide Arme aus, als wollte er mich, wenn nötig, mit Gewalt am Eintreten hindern.

»Dr. Temperance Brennan«, sagte ich. »Carcajou.«

Er verzog skeptisch das Gesicht und wollte eben etwas erwidern, als ein scharfer Pfiff die Luft zerriss. Wir drehten uns beide um.

Claudel stand auf einer Anhöhe ein Stückchen hinter Dorseys Grab. Als er unsere Aufmerksamkeit hatte, winkte er knapp. Der Wachposten deutete auf mich, und Claudel nickte. Mit missbilligendem Blick ließ er mich durch das Tor.

Die Friedhöfe am Mont-Royal sind merkwürdige, aber wunderschöne Orte, weite Flächen eleganter Landschaftsgestaltung und reich geschmückter Grabarchitektur, die sich über die Kuppen und Senken des Bergs erstrecken. Mont-Royal. Der Jüdische. *Notre-Dame-des-Neiges.*

Letzterer ist für die katholischen Toten. Einige ruhen in pompösen Grüften und Grabmalen, andere unter schlichten Gedenkplatten und einem auf zehn Jahre befristeten Pachtvertrag. Seit Mitte des neunzehnten Jahrhunderts wurden hier über eine Million Seelen zur letzten Ruhe gebettet. Die Anlage enthält Mausoleen, Krematorien, Urnenhallen und traditionellere Grabstellen.

Es gibt Abteilungen für die Polen, die Vietnamesen, die Griechen und die Franzosen.

Und die Engländer. Besucher können sich Karten kaufen, auf denen die Gräber der Montrealer Berühmtheiten markiert sind. Das Familiengrab der Dorseys lag in der Troie-Abteilung, nicht weit entfernt vom Grab von Marie Travers, der Sängerin aus den Dreißigern, die als La Bolduc bekannt wurde.

Wichtiger an diesem Tag war aber, dass das Begräbnis keine zehn Meter vom Chemin Remembrance entfernt stattfinden würde. Roys Berater gingen davon aus, dass für einen Anschlag, falls einer geplant war, der Friedhof der wahrscheinlichste Ort war. Und der am schwierigsten zu sichernde.

Ich lief den Kiesweg entlang und stieg die Anhöhe zu Claudel hoch. Seine Begrüßung war nicht sehr herzlich.

»Was zum Teufel haben Sie hier verloren?«

»Kit ist bei Crease, und sie kommen hierher«, keuchte ich.

»Sie hören einfach nicht zu, was, Ms. Brennan?« Er ließ den Blick über die Menge schweifen, als er das sagte. »Es hat heute bereits einen Mord gegeben.«

Bilder aus der U-Bahn blitzten vor mir auf. Jocelyn, die den Bahnsteig absuchte. Jocelyn in ihren Todeszuckungen.

»Ich war bei ihr.«

»Was?« Claudel riss den Kopf herum und starrte erst mich und dann das Blut und die Gehirnmasse auf meiner Jacke an.

Ich erzählte ihm, was vorgefallen war.

»Und Sie haben den Tatort verlassen?«

»Ich konnte nichts mehr tun.«

»Ich brauche Sie wohl nicht auf das Offensichtliche hinzuweisen.«

»Sie war tot!«, blaffte ich. Angst, Wut und schlechtes Gewissen schwirrten mir im Kopf herum, und Claudels gefühllose Art beruhigte mich auch nicht gerade. Ein Schluchzen stieg in meiner Brust auf.

Nein. Keine Tränen!

In diesem Augenblick erschien sein Carcajou-Partner auf der Anhöhe. Quickwater ging zu Claudel, sprach leise mit ihm und ging wieder, ohne mich eines Blickes zu würdigen. Sekunden später tauchte er unten wieder auf, ging zwischen einer Gruppe reich verzierter Grabsteine hindurch und stellte sich hinter einen Obelisken aus rosafarbenem Granit.

»Wenn ich sage, runter, dann gehen Sie in Deckung. Keine Fragen. Kein Heldentum. Haben Sie mich verstanden?«

»Sehr gut.«

Damit war die Unterhaltung beendet.

Mir war das ganz recht. Es widerstrebte mir, meine Angst um Kit in Worte zu fassen, weil ich fürchtete, dass dadurch die Bedrohung erst wirklich wurde. Von Lecomte würde ich ihm später erzählen.

Fünf Minuten vergingen. Ich musterte die Trauergäste. Geschäftsanzüge neben Ketten, Hakenkreuzen, Ohrsteckern und Stirnbändern.

Ich hörte den Lärm, bevor ich die Prozession sah. Es fing an als leises Grollen und wurde zu einem Donnern, als zwei Streifenwagen um die Kurve kamen, dann ein Leichenwagen, eine Limousine und ein halbes Dutzend Autos. Eine Phalanx aus Motorrädern folgte, vier nebeneinander hinter den Autos, weiter hinten zu zweit und zu dritt. Bald war die Straße verstopft mit Motorrädern, und ich konnte das Ende der Schlange nicht sehen.

Sonnenlicht funkelte auf Chrom, als der Zug langsamer wurde und in den Friedhof einbog. Die Luft war erfüllt von Motorenlärm und dem Knacken von Gangwechseln, während die Formation sich auflöste und die Biker sich vor dem Eingang zusammendrängten. Männer in schmierigen Levi's, mit Bärten und Sonnenbrillen stiegen von ihren Maschinen und gingen auf das Tor zu.

Mit zusammengekniffenen Augen sah Claudel zu, wie der Friedhof sich in einen Menschenzoo verwandelte.

»*Sacré bleu*. Wir sollten die draußen halten.«

»Roy sagt, das ist nicht möglich.«

»Scheiß Bürgerrechte. Sperrt das Geschmeiß aus, und dann sollen ihre Anwälte uns verklagen.«

Der Leichenzug bog nach links ab und fuhr die baumgesäumte Straße entlang, die um die Troie-Abteilung herumführte. Als er anhielt, trat ein Mann im Anzug zu der Limousine und öffnete die hintere Tür. Den Leuten, die ausstiegen, sah man an, dass sie einen solchen Service nicht gewohnt waren.

Ich sah zu, wie der Leichenbestatter die Familie zu Klappstühlen unter einem hellgrünen Baldachin führte. Ein alter Mann in einem alten Anzug. Zwei Matronen in schwarzen Kleidern, mit falschen Perlen um den Hals. Eine junge Frau in einem geblümten

Kleid. Ein Junge in einem Sakko, dessen Ärmel nicht bis zu den Handgelenken reichten. Ein älterer Priester.

Während Freunde und Verwandte aus den Autos stiegen, versammelte sich auch Dorseys andere Familie. Lachend und schreiend bildeten sie um den Baldachin herum ein unregelmäßiges Hufeisen. Darunter lag das frisch ausgehobene, drapierte Grab.

Eine Abordnung von acht Männern, alle in Jeans und Sonnenbrille, versammelte sich hinter dem Leichenwagen. Auf ein Zeichen des Leichenbestatters hin bot ein Gehilfe ihnen Handschuhe an, die ein Riese mit Stirnband mit der Hand barsch wegschlug. Mit bloßen Händen zogen sie den Sarg heraus und trugen ihn, mit dem Gewicht des Verstorbenen und seines Behältnisses kämpfend, zum Baldachin.

Die Zweige über mir bewegten sich, der Geruch von Blumen und frisch aufgeworfener Erde stieg mir in die Nase. Ein Schluchzen drang unter dem Baldachin hervor und wurde vom Wind über die Gräber der anderen Verstorbenen getragen.

»*Sacré bleu.*«

Als ich mich umdrehte, starrte Claudel zum Tor hinüber. Ich folgte seinem Blick, und Angst durchzuckte mich.

Crease und Kit bahnten sich einen Weg durch die Menge, die noch am Tor herumstand, gingen an dem Halbkreis der Trauernden vorbei und stellten sich in den Schatten eines lebensgroßen Bronzeengels, der die Arme ausgestreckt hatte, als würde er durch tiefes Wasser waten.

Ich wollte etwas sagen, aber Claudel hob die Hand. Dann sprach er in sein Funkgerät und schaute zu seinem Partner hinunter. Mit schnellen, unauffälligen Gesten deutete Quickwater nach rechts und dann geradeaus.

Ich schaute in die Richtungen, die Quickwater angezeigt hatte. Hinter den Trauernden und zum Teil hinter Grabsteinen und Bäumen versteckt standen Männer, deren Aufmerksamkeit nicht der Zeremonie galt. Wie Claudel und Quickwater bewegten sie ständig die Augen, und sie hatten Funkgeräte. Im Gegensatz zu den Carcajou-Ermittlern trugen sie Tätowierungen und Stiefel.

Ich schaute Claudel fragend an.
»Wachmänner der Rock Machine.«
Unter dem Baldachin erhob sich nun der Priester und öffnete sein Messbuch. Hände schlugen das Kreuzzeichen. Buchseiten flatterten, als der alte Priester die Totenfeier anstimmte, und er streckte eine knotige Hand aus, um sie glatt zu streichen. Der Wind spielte mit seinen Worten, trug einige davon und verstärkte andere.
»*– der Du bist im Himmel, geheiligt –*«
Claudel neben mir straffte sich.
Zwischen einer Gruppe von Betongrüften etwa zwanzig Meter im Westen war ein Mann aufgetaucht. Mit gesenktem Kopf ging er auf den Baldachin zu.
»*Dein Königreich – Dein Wille –*«
Ich sah zu Quickwater hinunter. Sein Blick war starr auf die Wachmänner der Rock Machine gerichtet. Einer sagte etwas in sein Walkie-Talkie. Am anderen Ende des Geländes hielt ein anderer sein Gerät ans Ohr. Quickwater starrte sie an und hob dann sein Funkgerät an den Mund.
Claudel redete mit seinem Partner, ohne den Blick von dem Mann zu nehmen, der sich der Grabstelle näherte.
»Probleme?«, fragte ich Claudel, nachdem das Gespräch beendet war.
»Er gehört nicht zur Rock Machine. Er könnte von den Bandidos sein, aber die Späher sind sich nicht sicher.«
»Wie –«
»Er liest von den Lippen ab.«
»Haben Sie den Kerl erkannt?«
»Polizist ist er nicht.«
Meine Nervenenden kribbelten. Wie bei vielen in der Menge bedeckte ein Tuch Mund und Nase des Näherkommenden, und eine Kappe beschirmte seine Augen. Aber etwas an diesem Mann stimmte nicht. Seine Jacke war zu dick für diesen warmen Tag, und er hielt die Arme zu eng an die Seiten gepresst.
Plötzlich kam ein Jeep die Remembrance hochgerast und schlit-

terte auf den Eingang zu. Im gleichen Augenblick sprang ein Motor an, und eine Harley schoss durch das Tor.

Die folgenden Ereignisse schienen ewig zu dauern, alles geschah wie in Zeitlupe. Später erfuhr ich, dass die ganze Sache nur zwei Minuten gedauert hatte.

In dem Hufeisen aus Bikern wurde ein Mann zur Seite geschleudert und knallte gegen einen Baldachinpfosten. Schreie. Schüsse. Das Zeltdach stürzte ein. Die Menge erstarrte kurzfristig und zerteilte sich dann.

»Runter!«

Claudel rammte mir die Hand in den Rücken, sodass ich zu Boden stürzte.

Ein bärtiger Mann kroch aus dem Segeltuchhaufen hervor und lief auf einen steinernen Jesus mit ausgestreckten Armen zu. Auf halbem Weg drückte er plötzlich den Rücken durch und kippte nach vorne. Er schleppte sich weiter, doch dann bäumte sein Körper sich noch einmal auf und sank schlaff zu Boden.

Ich spuckte Erde aus und versuchte, etwas zu sehen. Eine Kugel schlug in die Kastanie hinter mir ein.

Als ich wieder hinsah, stand der Mann mit der dicken Jacke und dem verhüllten Gesicht hinter einer Gruft und bückte sich eben zum Sockel. Er richtete sich wieder auf, und Sonnenlicht funkelte auf Stahl, als er den Spannhebel einer Halbautomatik nach hinten zog. Dann drückte er die Hand mit der Waffe an den Oberschenkel und ging zu dem Bronzeengel.

Angst durchzuckte mich.

Ohne nachzudenken, kroch ich auf den Pfad zu.

»Kommen Sie zurück, Brennan«, rief Claudel.

Ich ignorierte ihn, rappelte mich hoch und rannte auf der dem Schusswechsel abgewandten Seite den Hügel hinunter. Tief geduckt und von Grabstein zu Grabstein hastend, arbeitete ich mich auf die Statue zu, in deren Schatten mein Neffe stand.

Um mich herum bellten Pistolen und halbautomatische Waffen. Die Angels hatten ihren Rachefeldzug eröffnet, und die Rock Machine erwiderte das Feuer. Kugeln prallten von Grüften und Grabsteinen ab. Ein Granitsplitter traf mich an der Wange, und etwas Warmes lief an meinem Gesicht herunter.

Als ich auf der einen Seite um die Statue herumging, tauchte der Mann in der Jacke auf der anderen auf. Crease und Kit standen genau zwischen uns. Der Mann hob die Waffe und zielte.

Crease drehte Kit herum und drückte ihn an sich, um sich zu schützen.

»Runter!«, schrie ich. Schweiß lief mir aus den Haaren, und der Wind auf meinem Gesicht fühlte sich kalt an.

Kit brauchte einen Augenblick, bis er seine Lage begriff. Dann wirbelter er herum und rammte dem Reporter sein Knie mit aller Kraft zwischen die Beine. Crease riss die Arme hoch, und sein Mund öffnete sich zu einem perfekten O, aber mit einer Hand griff er sofort wieder nach Kits Hemd.

Kit drehte sich nach rechts, aber Crease riss ihn zurück, und in diesem Augenblick drückte der Mann auf den Abzug. Ein ohrenbetäubender Knall hallte von dem Bronzetorso und den Flügeln über uns wider. Mein Neffe stürzte zu Boden und lag bewegungslos da.

»Nein!« Mein Schrei ging im Motorenlärm und den Schüssen unter.

Noch ein donnerndes Krachen. Ich sah, dass sich in Creases Brust ein Loch öffnete, und ein rotes Rinnsal lief an seinem Hemd hinunter. Einen Augenblick lang stand er starr da, dann sank er neben Kit.

Ich spürte, dass eine Gestalt um die Statue herumkam, und warf mich nach vorne, um Kit zu schützen. Seine Hand bewegte sich schwach, und ein dunkelroter Fleck breitete sich auf seinem Rücken aus.

Die Figur ragte jetzt hoch über uns auf und füllte die Lücke zwischen dem Engel und dem Nachbargrab. Breitbeinig stand er da, hob mit beiden Händen seine Pistole und richtete sie auf den Schützen über uns. Die Mündung blitzte. Noch ein ohrenbetäubender Knall. Das Auge des Attentäters zerbarst, Blut quoll ihm aus dem Mund, und er sank neben mir zu Boden.

Ich schaute in Augen, die blauer waren als eine Butangasflamme. Dann drehte Ryan sich um und war verschwunden.

In diesem Augenblick warf Quickwater sich unter den Engel und schob und zerrte Kit und mich zum Sockel. Dann kauerte er sich vor die hingestreckten Körper von Crease und seinem Attentäter hin und schwang, die Statue als Deckung benutzend, seine Waffe in weiten Bögen.

Ich versuchte zu schlucken, aber mein Mund war eine Wüste. Kugeln schlugen neben mir in den Boden, und wieder stieg mir der Geruch von Blumen und Erde in die Nase. Vor unserer winzigen Zuflucht sah ich Männer, die in alle Richtungen liefen.

Den Körper angespannt und bereit zum Sprung, suchte Quickwater mit den Augen die Umgebung ab. In der Entfernung hörte ich Sirenen und Motoren, und dann den Knall einer Explosion.

Während das Adrenalin durch meine Adern raste, drückte ich eine Hand auf das Loch im Rücken meines Neffen und versuchte, ein Taschentuch in das in seiner Brust zu stopfen. Zeit hatte jede Bedeutung verloren.

Dann war plötzlich alles still. Nichts schien sich zu rühren.

Hinter Quickwater sah ich, dass Leute zerzaust und schluchzend unter dem Baldachin hervorkrochen. Biker kamen aus ihren Verstecken und stellten sich zu Gruppen zusammen. Wut verzerrte ihre Gesichter, und sie schwangen die Fäuste wie wütende Hip-Hopper. Andere lagen bewegungslos am Boden. Ryan war nirgends zu sehen.

Weit unten am Fuß des Bergs heulten Sirenen. Ich sah zu Quickwater hinüber, und unsere Blicke kreuzten sich. Meine Lippen zitterten, aber kein Wort kam hervor.

Quickwater streckte die Hand aus, wischte mir das Blut von der Wange und strich mir dann behutsam die Haare aus dem Gesicht. Seine Augen bohrten sich tief in meine, ein wortloser Austausch über das, was wir eben gesehen hatten, das Geheimnis, das wir teilten. Meine Brust bebte, Tränen brannten mir in den Augen. Ich wandte mich ab, weil ich für meine Schwäche keinen Zeugen wollte.

Mein Blick fiel auf ein winziges Porträt, ein Foto in einer Plastikhülle, das am Sockel des Engels befestigt war. Ein ernstes Gesicht starrte mich an, abgesondert durch den Tod und ausgebleicht von Jahren des Regens und der Sonne.
»Nein, Gott. Bitte nicht. Nicht Kit.«
Ich schaute zu dem Blut hinunter, das zwischen meinen Fingern hindurchquoll. Jetzt ungezügelt weinend, drückte ich noch fester zu, schloss dann die Augen und betete.

39

»WAS ZUM TEUFEL HATTEN SIE DENN GEPLANT?«, fragte Charbonneau.
»Ich hatte nichts geplant. Ich habe rein instinktiv gehandelt.«
»Sie waren unbewaffnet.«
»Ich war bewaffnet mit gerechtem Zorn.«
»Der hat gegen eine Halbautomatik selten eine Chance.«
Eine Woche war seit der Schießerei auf dem Friedhof vergangen, und wir hatten sie schon ein Dutzend Mal durchdiskutiert. Charbonneau war in meinem Labor und sah zu, wie ich Savannah Ospreys Knochen transportfertig machte.
Die DNS-Sequenzierung hatte ein positives Ergebnis ergeben und damit die Knochen aus St.-Basile-le-Grand den Überresten aus Myrtle Beach zugeordnet. Kate Brophy hatte herausgefunden, dass Savannahs Mutter tot war, hatte aber auch eine Tante mütterlicherseits aufgespürt. Das Begräbnis würde in North Carolina stattfinden.
Immer wenn ich mir das einsame kleine Wesen vorstellte, wurde ich melancholisch. Meine Befriedigung über die Entdeckung und Identifizierung Savannahs wurde gedämpft durch die Traurigkeit, die ich angesichts ihres Lebens empfand. Sie war jung und zerbrechlich, behindert durch ein körperliches Gebrechen, einsam,

von ihrem Vater verabscheut und im Tod von ihrer Mutter im Stich gelassen. Ich fragte mich, ob es jemanden gab, der sich um ihr Grab kümmern würde.

»Glauben Sie, dass es Savannahs eigene Entscheidung gewesen war, an diesem Tag nach Myrtle Beach zu gehen«, fragte ich, um das Thema zu wechseln.

»Nach Creases Angaben ging die Kleine freiwillig.«

»Schlechte Entscheidung.« Ich stellte mir das blasse, kleine Mädchen vor und fragte mich, was sie dazu gebracht hatte.

»Ja. Eine tödliche Entscheidung.«

Überrascht, wie sehr Charbonneaus Gedanken den meinen ähnelten, sah ich den Beamten an. Es hatte so viele fatale Entscheidungen gegeben. Gately und Martineau. Jocelyn Dion. George Dorsey. Der Überfall der Hells Angels auf den Friedhof. Eine beinahe tödliche Entscheidung. Kit und Crease, die beide überlebt hatten.

Die Hells Angels hatten eine Todesschwadron aus den Staaten nach Montreal geschickt, um Crease zu töten, weil Jocelyn ihn als Cherokee Desjardins' Mörder verpfiffen hatte. Die Angels hatten deutlich machen wollen, dass die Tötung eins der ihren sichere Vergeltung nach sich zog, und hatten ein sehr öffentliches Forum gewählt, um diese Botschaft zu übermitteln. Der Crease zugewiesene Attentäter hätte mit einem Motorrad entkommen sollen. Das Motorrad kam davon, aber der Schütze nicht. Ryan und Quickwater hatten dafür gesorgt, auch wenn die offizielle Version etwas anders lauten würde.

Die Schützen im Jeep, die mit dem Gelände nicht vertraut waren, flogen bei der Flucht vor der Polizei von der Bergstraße. Die zwei, die vorne saßen, wurden bei dem Unfall getötet, der Dritte kam mit vielfachen Verletzungen ins Krankenhaus. Eine Routineüberprüfung ergab, dass er in New York wegen Mordes gesucht wurde. Der Mann erwies sich als bedingt kooperativ, da er die ablehnende Haltung unserer nördlichen Nachbarn gegenüber der Todesstrafe der Gesetzeslage seines Heimatstaates vorzog. Ein Lebenslang in Kanada schien ihm lieber zu sein als eine Todesspritze in New York, auch wenn der Staat seit 1963 keine Hinrichtung mehr vollzogen hatte.

Eine sechsstündige Operation hatte Crease das Leben gerettet, aber der Reporter lag noch immer auf der Intensivstation. Da er immer nur zeitweise bei Bewusstsein und ansprechbar war, kam seine Beteiligung nur stückweise ans Licht.

Crease und Cherokee waren Anfang der Achtziger mit den Angels gefahren, wobei Letzterer die Vollmitgliedschaft anstrebte, Ersterer aber nur ein Möchtegernakademiker war, den der Lebensstil der Biker faszinierte. Die beiden freundeten sich wegen ihrer gemeinsamen kanadischen Wurzeln enger an.

Nach Creases Angaben hatten er und Cherokee Savannah während der Myrtle-Beach-Rallye kennen gelernt und sie zum Mitfahren eingeladen. Später wurde die Party dann unschön, und Savannah wollte gehen. Die Geschichte geriet außer Kontrolle, das Mädchen wurde erdrosselt, und Cherokee versteckte die Leiche im Wald.

»Hat Crease zugegeben, an dem Mord beteiligt gewesen zu sein?«

»Das streitet er ab, aber er gibt zu, das Leichenversteck zusammen mit Cherokee noch einmal besucht zu haben, weil der einige Knochen holen wollte, um damit das Clubhaus zu dekorieren.«

»Die Schweinehunde.«

Ich sah mir Savannahs Überreste an und spürte dieselbe Wut und denselben Abscheu wie ein paar Tage zuvor, als ich das Foto gesehen hatte, das Jocelyn aus Cherokees Wohnung mitgenommen hatte. Ich hatte den Schädel an dem winzigen Bohrloch an der Seite sofort erkannt. Der Schädel war an eine Wand geschraubt, die Oberschenkelknochen hingen gekreuzt darunter, wie das Symbol einer Piratenflagge. Crease und Cherokee posierten unter dem makabren Jolly Roger, die Hände zu einem Ein-Finger-Gruß erhoben.

»Wo wurde dieser Schnappschuss eigentlich aufgenommen?« Das hatte ich bis dahin noch gar nicht gefragt.

»Im Clubhaus der Vipers in St. Basile. Crease und Cherokee fuhren in dem Winter nach dem Mord an Savannah nach Myrtle Beach zurück. Sie suchten die Leiche, fanden den Schädel und die Oberschenkelknochen noch unter dem Wellblech und den Rest von Tieren abgenagt und verstreut. Da sie glaubten, mit einem menschlichen Schädel bei den Brüdern groß rauskommen zu können, beschlossen sie, die unbeschädigten Teile nach Quebec zu schaffen.«

Ich war zu angewidert, um etwas zu sagen.

»Savannahs Knochen schmückten die Bar einige Jahre lang, bis die Vipers sie aus Angst vor der Polizei im Wald vergruben.«

»Warum so nahe bei Gately und Martineau?«

»Das war Zufall. Die Morde an Gately und Martineau waren rein geschäftlich. '87 waren die Angels scharf auf eine Bar, die Gately gehörte. Und das war ihre Art, sie sich unter den Nagel zu reißen. Martineau war ein Freund von Gately und hatte einen Angel angeschossen, der Gately wegen der Bar unter Druck setzte.«

»Unüberlegt.«

»Kann man wohl sagen.«

»Wenn Crease mit dem Mord an Osprey nichts zu tun hatte, warum war er dann so versessen auf dieses Bild?«

»Er dachte sich, da diese Knochen jetzt Schlagzeilen machen, kommt vielleicht seine Vergangenheit ans Licht, und dann ist es aus mit seiner Karriere.«

»Deswegen tötete er Cherokee, um an das Bild zu kommen.«

»Das haben wir ihm noch nicht nachgewiesen, aber wir werden es. Und das Blut auf dem Ding wird ihn für den Rest seines nutzlosen Lebens hinter Gitter schicken.«

»Er wird jeden Bezug zu dem Foto abstreiten, und Ihre einzige Augenzeugin kann nicht mehr aussagen.«

Jocelyn war tot im Krankenhaus eingeliefert worden.

»Dann nageln wir ihn mit den Schuppen fest.«

»Und wenn die DNS-Analyse kein schlüssiges Ergebnis liefert?«

»Macht auch nichts. Er hat Dreck am Stecken, und irgendwann wird er schon auspacken.«

Davon waren wir überzeugt, zumindest die nächsten neun Stunden lang.

Im Krankenhaus waren die Jalousien heruntergelassen, streifiges Sonnenlicht erfüllte das Zimmer. Kit starrte bei abgestelltem Ton eine Talkshow im Fernsehen an, während Harry in einem Modemagazin blätterte. Obwohl er schon vor vier Tagen aus der Intensivstation entlassen worden war, war sein Gesicht noch immer sehr weiß, und seine Augen sahen aus wie mit violetter Farbe unterlegt. Seine Brust war bandagiert, eine Infusionsnadel steckte in einer Vene in seinem linken Arm.

Er strahlte, als er mich sah.

»Wie geht's?«, fragte ich.

»Erste Sahne.«

»Ich habe dir noch mehr Blumen gebracht«, zwitscherte ich und hielt ihm den Strauß hin, den ich ihm gekauft hatte. »Das Frühlingsbukett. Hebt garantiert auch die düsterste Stimmung.«

»Bald brauchen wir so was wie 'ne Erlaubnis für das Zeug, bei der ganzen Photosynthese, die hier drinnen abläuft.«

Er rappelte sich ein Stückchen weiter hoch, griff nach dem Glas Orangensaft auf seinem Tablett, zuckte dann aber zusammen und zog die Hand zurück.

»Lass dir helfen.«

Ich gab ihm das Glas, und er sank ins Kissen zurück und schloss die Lippen um den Strohhalm.

»Wie geht's der Atmung?«

»Okay.« Er stellte sich das Glas auf die Brust.

Die für Crease gedachte Kugel hatte Kit in einem steilen Winkel getroffen. Sie hatte zwei Rippen zertrümmert, einen Lungenflügel gestreift und war durch einen Muskel wieder ausgetreten. Eine völlige Wiederherstellung wurde erwartet.

»Hat man diese Hurensöhne inzwischen eingebuchtet?«

Ich drehte mich zu meiner Schwester um. Sie saß in einem Sessel in der Ecke, die langen Beine verschlungen wie ein chinesischer Schlangenmensch.

»Das Fluchtmotorrad kam davon. Der Kerl, der den Autounfall überlebte, wurde des versuchten Mordes angeklagt, unter anderem. Er arbeitet mit der Polizei zusammen.«

»Tempe, wenn ich den in die Fing –«

»Harry, meinst du, du könntest die Schwester noch um eine Vase bitten?«

»Ich geh schon, Zeit für einen Plausch zwischen Tante und Neffe. Ich brauche sowieso eine Dosis Nikotin.« Sie nahm ihre Handtasche, küsste ihren Sohn auf den Kopf und trat, einen Hauch von *Cristalle* hinterlassend, in den Korridor.

Ich setzte mich auf die Bettkante und nahm Kits Hand. Sie fühlte sich kühl und weich an.

»Erste Sahne?«

»Es ist furchtbar, Tante Tempe. Alle fünf Minuten sticht mich irgendeine Schwester mit einer Nadel oder schiebt mir ein Thermometer in den Hintern. Und ich rede hier nicht von süßen kleinen Schwesterchen mit Schmollmund. Diese Frauen ernähren sich von kleinen pelzigen Tierchen.«

»Aha.«

»Und sie sagen, dass ich zwei oder drei Tage bleiben muss.«

»Die Ärzte wollen einfach sichergehen, dass dieser Lungenflügel nicht wieder kollabiert.«

Er zögerte kurz und fragte dann: »Wie viele Opfer?«

»Außer dir und Crease wurden zwei Familienangehörige verwundet, und drei Biker der Heathens und der Rock Machine wurden getötet. Von den Angreifern kam einer davon, einer wurde erschossen, zwei starben bei einem Autounfall, und einer wurde verhaftet. Es war ein Blutbad, wie es Kanada noch kaum gesehen hat.«

Er senkte den Blick und zupfte an seiner Decke.

»Wie geht's ihm?«

»Er kommt durch. Aber man wird ihn wegen des Mordes an Cherokee Desjardins anklagen.«

»Ich weiß, dass Lyle diesen Kerl nicht umgebracht hat. Er konnte es gar nicht.«

»Er wollte dich opfern, um sich zu retten.«

Kit schwieg.

»Und er hat dich benutzt, um an Informationen zu kommen.«

»Das mag er ja getan haben, aber er würde nie jemanden umbringen.«

Ich stellte mir den Schädel und die gekreuzten Knochen vor, widersprach ihm aber nicht.

»Warum hat er dich zu diesem Begräbnis mitgenommen?«

»Er wollte nicht, aber ich wollte unbedingt die Maschinen sehen. Ich sagte ihm, dass ich alleine hingehe, wenn er mich nicht mitnimmt. Verdammt, bis auf seine Abstecher in diesen Motorradladen hatte Lyle ja überhaupt keinen Kontakt mit diesen Typen. Als wir dort waren, versuchte er, auf cool zu machen, aber ich merkte, dass ihn eigentlich keiner kannte.«

Ich erinnerte mich an mein Gespräch mit Charbonneau und unseren ursprünglichen Verdacht, dass Crease ein Doppelagent gewesen war. Nachträglich erschien mit dieser Gedanke lächerlich. Es war allerdings ironisch, dass meine Sorge um Kit auf der Angst basierte, er habe sich mit den Bikern eingelassen. Ich hätte mir Sorgen wegen Lyle Crease machen sollen.

Kit zupfte mit dem Finger an einem losen Faden.

»Hör mal, Tante Tempe, es tut mir leid wegen dem ganzen Kummer, den ich dir bereitet habe.«

Er schluckte und wickelte sich den Faden um den Finger.

»Der Preacher und diese anderen Typen sind Verlierer, die es nicht mal zu einer eigenen Maschine bringen.« Das wusste ich bereits von Claudel, aber ich ließ ihn weiterreden.

»Ich habe dich in dem Glauben gelassen, das wären irgendwelche tollen, wichtigen Biker, damit ich selber cool dastehe. Aber das hätte dich fast das Leben gekostet.«

»Kit, wer war der Mann vor meiner Wohnung?«

»Das weiß ich wirklich nicht, ganz ehrlich. Wahrscheinlich nur irgendein Trottel, der da zufällig vorbeiging.« Ein Grinsen kräuselte seine Mundwinkel. »Vielleicht hat er sich ja um einen Job in dem Laden beworben, wo du dir die Haare hast schneiden lassen.«

Ich boxte ihn sanft auf die Schulter. Diesmal glaubte ich ihm.

»Hey, Vorsicht mit den Grobheiten. Ich bin Invalide.«

Er trank einen Schluck Saft und gab mir das Glas.

»Was ist mit dem Augapfel?«

»Die Polizei glaubt, die Vipers haben ihn mir hinter den Wischer geklemmt, um mich von weiteren Nachforschungen abzubringen.«

Eine Pause entstand. Auf dem Bildschirm verlas ein Mann unhörbar die Nachrichten, während am unteren Rand die Aktienkurse entlangliefen.

»Ich glaube, ich schau mir mal das College an, wenn ich wieder zu Hause bin. Ein paar Kurse ausprobieren. Mal sehen, wie es läuft.«

»Das halte ich für eine großartige Idee, Kit.«

»Du hältst mich wahrscheinlich für so blöd wie einen Karpfen.«

»Na ja, vielleicht wie eine Forelle.«

»Ich hoffe, du verlierst nicht die Hoffnung mit mir.«

»Nie.«

Verlegen wechselte er das Thema.

»Wie geht's deinem Chef?«

»Viel besser. Er geht den Schwestern schon auf die Nerven.«

»Kann ich gut verstehen.«

Eine Pause, und dann: »Und Ryan?«

»Sei nicht so neugierig, Fischhirn.«

»Was meinst du, wie lange er noch hier drinnen faulenzt und Blumen und Bonbons erwartet?« Harry stand in der Tür, ein Lächeln auf den Lippen und eine Vase in der Hand. Lippen wie Vase hatten dasselbe Geranienrot.

Nachdem ich das Krankenhaus verlassen hatte, fuhr ich nach Hause, aß mit Birdie zu Abend und machte mich dann an den Haushalt. Rückkehr in die Normalität durch Konzentration auf Banalitäten. Das war mein Plan, und er funktionierte auch.

Bis es an der Tür klingelte.

Ich warf einen Arm voll schmutziger Pullover auf den Boden und sah auf die Uhr. Viertel nach acht. Zu früh für Harry.

Neugierig ging ich zur Tür und schaute auf den Überwachungsmonitor.

Was zum Teufel?
Sergeant-Detective Luc Claudel stand, die Hände hinter dem Rücken, in meiner Eingangshalle und trat von einem Fuß auf den anderen.
So viel zur Normalität, murmelte ich, als ich ihn einließ.
»*Bonsoir*, Monsieur Claudel.«
»*Bonsoir*. Bitte entschuldigen Sie, dass ich Sie zu Hause störe, aber es hat eine Entwicklung gegeben.« Seine Kiefermuskeln verkrampften sich, als würde das, was er zu sagen hatte, ihm das Äußerste an Höflichkeit abverlangen. »Ich dachte, Sie sollten es erfahren.«
Eine Entschuldigung von Claudel? Auf Englisch? Was war jetzt los?
Birdie strich in Achten um meine Knöchel, hatte aber auch keine Antwort.
Ich trat zurück und winkte den Detective in die Wohnung. Er trat ein, wartete steif, bis ich die Tür geschlossen hatte, und folgte mir dann zum Sofa im Wohnzimmer. Als ich mich in den Sessel gegenüber setzte, fiel mir die Unterhaltung mit Ryans Partner Jean Bertrand wieder ein, und bei dem Gedanken an Ryan zog sich mein Magen zusammen.
Gott, bitte lass ihn in Sicherheit sein.
Ich verdrängte den Gedanken und wartete, dass Claudel etwas sagte.
Er räusperte sich und wandte den Blick ab.
»Sie hatten Recht wegen George Dorsey. Er hat Cherokee Desjardins nicht ermordet.«
Was für eine Enthüllung.
»Aber Lyle Crease ebenfalls nicht.«
Ich starrte ihn nur an, zu überrascht, um etwas zu erwidern.
»Kurz vor ihrem Tod schickte Jocelyn Dion einen Brief an ihre Mutter mit Informationen über eine Reihe illegaler Biker-Aktivitäten. Zu den behandelten Themen gehörten die Erschießungen von Emily Anne Toussaint und Richard ›Spinne‹ Marcotte und der Mord an Cherokee Desjardins.«
»Warum hat sie das getan?«

»Ihre Motive waren komplex. Zu allererst hatte sie Angst um ihr eigenes Leben und glaubte, sich mit diesem Brief eine gewisse Sicherheit verschaffen zu können. Außerdem war sie wütend wegen des Mordes an Dorsey, der übrigens von seiner eigenen Bande in Auftrag gegeben wurde. Zum Zeitpunkt von George Dorseys Tod lebte Jocelyn Dion mit ihm zusammen.«

Ich spürte, wie mir die Hitze am Hals hochstieg, verriet ihm aber nicht, was Jocelyn über Dorseys Tod gesagt hatte.

»Wurde Dorsey getötet, weil er mit mir gesprochen hatte?«

Claudel ignorierte die Frage.

»Dion hatte auch Gewissensbisse wegen bestimmter eigener Aktionen, darunter der Mord an Cherokee Desjardins.«

»Was?«, stieß ich erstaunt hervor.

»Das ist richtig. Jocelyn Dion hat Desjardins ermordet.«

»Aber Jocelyn erzählte mir, sie habe gehört, wie Crease ihn verprügelte und erschoss.«

»Anscheinend ging Ihre Hilfskraft sehr ökonomisch mit der Wahrheit um.«

Er legte die Fingerspitzen zusammen und stützte das Kinn darauf.

»Nach dem Brief der jungen Dame war sie wegen Drogen bei Desjardins, als Crease auftauchte und das berüchtigte Foto verlangte. Die Männer stritten, Crease schlug Desjardins mit einem Rohr bewusstlos und durchwühlte dann die Wohnung. Als er aus dem Schlafzimmer Geräusche hörte, geriet er in Panik und floh.

Anscheinend hatte Ihre Jocelyn einen großen Bedarf und einen kleinen Geldbeutel. Als sie zu Cherokee ging, war sie bereits high und sah jetzt die Gelegenheit, ihr Medizinschränkchen aufzufüllen. Als Crease weg war, prügelte sie auf Desjardins bewusstlosen Körper ein, zerrte ihn dann zu dem Sessel und schoss ihm mit einer Schrotflinte den Kopf weg.«

»Warum machte sie sich die Mühe, ihn auch noch zu erschießen?«

»Sie wollte nicht, dass Desjardins ihr auf die Schliche kam. Außerdem war sie zwar high, aber noch klar genug, um zu erkennen, dass sie ihre Spuren verwischen musste. Also ließ sie es aussehen wie einen Biker-Anschlag.« Claudel ließ die Hände sinken. »In dieser Hinsicht hatten Sie Recht.«

Wieder räusperte er sich und fuhr fort.

»Crease hatte bei seiner Flucht ein Päckchen verloren, und Dion hob es auf, weil sie glaubte, dass es noch mehr Drogen enthalte. Aber darin befand sich ein altes Foto von Crease und Desjardins. Später dachte sie sich dann einen Erpressungsplan aus, weil sie glaubte, dass Crease, wenn er das Bild so unbedingt haben wollte, dass er darum kämpfte, auch bereit wäre, dafür zu zahlen.«

»Unterdessen erfuhren die Heathens von meinem Treffen mit Dorsey und befahlen seinen Tod.« Wieder die Spannung in meinem Nacken.

»Ja. Weil Dion jetzt Angst um ihre eigene Sicherheit hatte, verbreitete sie das Gerücht, Crease habe Desjardins ermordet. Die Vipers bekamen Wind davon und beschlossen, Vergeltung zu üben. Desjardins war ein Angel, sein Mörder ein Angel-Aussteiger, der von den Brüdern verachtet wurde, und sein Mörder musste sterben. Außerdem sahen sie die Sache mit Spinne Marcotte noch nicht als erledigt an. Sie riefen in New York an und baten um Unterstützung von außen, brachten Dion dazu, Crease zu Dorseys Begräbnis zu locken, und beschlossen, mehrere offene Rechnungen mit den Heathens auf einmal zu begleichen.«

Eine Pause.

»Dann muss es Jocelyn gewesen sein, die mir das Bild auf den Schreibtisch gelegt hat.«

»Um den Verdacht auf Crease zu lenken.«

Ich dachte an etwas anderes.

»Das war auch der Grund, warum Cherokees Blut auf dieser Jacke war.«

»Dieses eine Mal hatte die kleine Ratte die Wahrheit gesagt. Die Jacke gehörte Jocelyn, aber das konnte Dorsey natürlich nicht zugeben, wenn er sie schützen wollte.«

»Und das Treffen mit mir kostete ihn das Leben.« Ich biss mir auf die Lippe.

»Dorsey wurde getötet, weil die Brüder fürchteten, er würde sie verraten. Wenn Sie nicht gewesen wären, hätte er sich an jemand anderen gewandt.«

Ich spürte, wie ich schluckte.

»Glauben Sie, was in Dions Brief steht?«

»Größtenteils, ja. Bei den Morden an Marcotte und Toussaint hatten wir bereits einen begründeten Verdacht gegen Lecomte. Er wird von uns Tag und Nacht überwacht. Der Staatsanwalt ist der Ansicht, dass das, was Sie Dion haben schreien hören, als sie erschossen wurde, nicht reicht, um ihn jetzt festzunehmen, aber irgendwann haben wir sicher genug gegen ihn in der Hand.«

»Offensichtlich war Jocelyn die undichte Stelle in unserem Institut.«

»Sie hatte sich den Job besorgt, um für die Heathens zu spionieren, hatte aber auch nichts gegen einen gelegentlichen Plausch mit der Presse.«

»Mit Zustimmung der Bandenoberen.«

»Ja.«

Claudel zog Luft durch die Nase ein und atmete wieder aus.

»Diese Biker-Banden sind die Mafia des neuen Jahrtausends, und sie haben eine enorme Macht über die, die sich zu ihnen hingezogen fühlen. Jocelyn gehörte zu jenen am untersten Ende der Nahrungskette, den Huren, den Zuhältern, den Stripperinnen und den kleinen Straßendealern. Sie brauchte wahrscheinlich eine Erlaubnis, wenn sie am Sonntag mit ihrer Mutter zur Messe gehen wollte.

Eine Stufe darüber stehen die etwas erfolgreicheren Kleinunternehmer, die Betreiber illegaler Werkstätten, die Hehler und diejenigen, die mit der Bande herumhängen dürfen, weil sie schmutziges Geld waschen oder dem Club andere Dienste erweisen. Noch ein Stückchen höher stehen die Vollmitglieder, die ihre eigenen Drogenunternehmen haben. Und ganz oben sind Männer mit Verbindungen zu den Kartellen in Mexiko und Kolumbien und zu ihresgleichen in den Banden auf der ganzen Welt.«

Ich hatte Claudel noch nie so lebhaft gesehen.

»Und wer sind diese degenerierten Unmenschen, die sich auf Kosten der Schwachen bereichern? Die meisten haben weder die moralischen noch die intellektuellen Fähigkeiten, um eine traditionelle Ausbildung zu absolvieren oder sich auf dem freien Markt zu behaupten. Sie nutzen die Frauen aus, weil sie tief im Innern Angst vor ihnen haben. Sie sind ungebildet, aber eingebildet und in vielen Fällen körperlich unzulänglich, und deshalb lassen sie sich tätowieren, legen sich Spitznamen zu und rotten sich zu Banden zusammen, um sich gegenseitig in ihrer Weltverachtung zu bekräftigen.«

Er atmete tief durch und schüttelte den Kopf.

»Sonny Barger hat sich aufs Altenteil zurückgezogen und schreibt wahrscheinlich seine Autobiografie. Millionen werden das Buch kaufen, und Hollywood wird einen Film daraus machen. Die Wilden à la Brando werden aufs Neue romantisiert, und der Mythos wird eine neue Generation in die Irre führen.«

Claudel rieb sich das Gesicht.

»Und die Drogen werden weiter auf unsere Schulhöfe und in die Gettos der Verzweifelten strömen.«

Er zupfte sich seine Manschetten mit den goldenen Knöpfen zurecht und stand auf. Als er dann wieder sprach, war seine Stimme hart wie Stahl.

»Es ist reine Ironie. Während die Angels ihr Schlachtfest auf dem Friedhof feierten, schickten ihre Gegner eigene Mörder aus. Ich weiß nicht, wer von diesen Untermenschen George Dorsey umgebracht hat, und ich habe noch nicht genug in der Hand, um zu beweisen, dass Lecomte Jocelyn Dion, Spinne Marcotte und Emily Anne Toussaint erschossen hat, aber ich werde es. Eines Tages werde ich es.«

Er sah mir tief in die Augen.

»Und ich werde nicht ruhen, bis ich dieses Übel aus der Stadt gejagt habe.«

»Glauben Sie, dass das möglich ist?«

Er nickte, zögerte kurz und fragte dann: »Sind wir dabei ein Team?«

Ich nickte, ohne zu zögern.

»*Oui.*«

40

AM NÄCHSTEN MORGEN SCHLIEF ICH LANGE, ging ins Fitness-Studio und kaufte dann Kaffee und Donuts, die ich mit meiner Schwester teilte. Als Harry ins Krankenhaus fuhr, rief ich im Institut an. Es gab keine Anthropologiefälle, ich konnte also mit dem weitermachen, wobei Claudel mich unterbrochen hatte.

Ich weichte die Pullover ein und machte mich dann an den Kühlschrank. Alles, was älter war als einen Monat, warf ich weg, ebenso Sachen, die nicht zu identifizieren waren.

Meine Stimmung war so gut wie seit Wochen nicht mehr. Claudel hatte sich dazu überwunden, mich als vollwertige Kollegin anzuerkennen. Ich war sicher, dass er, Charbonneau und Quickwater die Ermittlungen weiterführen würden, bis die Mörder von Dorsey und Dion hinter Gittern saßen.

Ich hatte mich bei Martin Quickwater entschuldigt, und der Mann schien mir nicht böse zu sein. Er hatte sogar in meine Richtung gelächelt.

LaManche war auf dem Weg der Besserung.

Der Mord an Savannah Osprey war gelöst, und ihre Knochen waren unterwegs zu ihrer Familie.

Katy würde in zwei Wochen nach Hause zurückkehren. Mein Neffe würde wieder ganz in Ordnung kommen, in jeder Hinsicht.

Und meine Haare wuchsen bereits nach.

Der einzige Schatten in meinem Leben war die Sorge um Ryans Sicherheit. Er hatte seine Tarnung gefährdet, um mir das Leben zu retten, und ich betete, dass diese Aktion ihn nicht das seine kosten würde. Ich hoffte inbrünstig, dass das nicht noch eine tödliche Entscheidung gewesen war.

»Und große Leistung schnöd herabgedrückt.«

Die Zeile trieb mir Tränen in die Augen.

Ich wusste, dass Ryan sich nicht bei mir melden konnte, und ich hatte keine Ahnung, wann ich ihn wieder sehen würde.

Es war unwichtig. Ich konnte warten.

Ich warf ein Stück alten Cheddar in die Abfalltüte.
Aber es konnte noch sehr lange dauern.
Zwei Gläser vertrocknete Konfitüre. Weg damit.
Ich brauchte unbedingt einen Song, der zu mir passte.

I've got sunshine on a cloudy day ...

Danksagung

Viele Leute haben mir beim Schreiben von *Lasst Knochen sprechen* geholfen. Besonders geduldig waren meine Kollegen in der Forensik und bei den Strafverfolgungsbehörden. Mein aufrichtiger Dank gebührt Sergeant Guy Ouelette von der Abteilung für Organisiertes Verbrechen der *Sûreté du Québec* und Captain Steven Chabot, Sergeant Yves Trudel, Caporal Jacques Morin und Constable Jean Ratté von der *Opération Carcajou* in Montreal.

Von der *Communauté Urbaine de Montréal Police* haben Lieutenant-Detective Jean-François Martin von der Abteilung für Schwerverbrechen, Sergeant-Detective Johanne Bérubé von der Abteilung für Sexualdelikte und Commandant André Bouchard von der Abteilung Sitte, Alkohol und Betäubungsmittel des *Centre Opérational Sud* geduldig auf meine Fragen geantwortet und mir das Funktionieren der polizeilichen Strukturen erklärt. Ein besonderer Dank geht an Sergeant-Detective Stephen Rudman, *superviseur* von Analyse und Koordination des *Centre Opérational Sud*, der mir viele Fragen beantwortete, Karten zur Verfügung stellte und mich durch das Gefängnis führte.

Von meinen Kollegen am *Laboratoire de Sciences Judiciaires et de Médecine Légale* bin ich Dr. Claude Pothel für seine Erläuterungen zur Pathologie und François Julien von der *Section de Biologie* für seine Demonstration von Blutspritzermustern zu Dank verpflichtet. Pat Laturnus, Spezialist für Blutspritzermuster am Canadian Police College in Ottawa, half mir mit seinem Fachwissen ebenfalls weiter und stellte mir Fotos für die Umschlaggestaltung zur Verfügung.

In North Carolina möchte ich Captain Terry Sult von der Ermittlungsabteilung des Charlotte-Mecklenburg Police Department danken, außerdem Roger Thompson, Direktor des Forensiklabors des Charlotte-Mecklenburg Police Department, Pam Stephenson, Chefanalytiker der Abteilung Ermittlung und technische Dienste des North Carolina State Bureau of Investigation, Gretchen C. F. Shappert vom United States Attorney General's Office und Dr. Norman J. Kramer von der Mecklenburg Medical Group.

Darüber hinaus halfen mir mit Zeit und Fachwissen Dr. G. Clark Davenport, Geophysiker am NecroSearch International, Dr. Wayne Lord vom Nationalen Zentrum für die Analyse von Gewaltverbrechen der FBI-Academy in Quantico, Virginia, und Victor Svoboda, Chefsprecher des Montreal Neurological Institute und des Montreal Neurological Hospital. Dr. David Taub war mein Harley-Davidson-Guru.

Zu Dank verpflichtet bin ich Yves St. Marie, dem Direktor des *Laboratoire de Sciences Judiciaires et de Médecine Légale*, Dr. André Lauzon, Verantwortlicher des *Laboratoire de Médecine Légale*, und Dr. James Woodward, Rektor der University of North Carolina in Charlotte, für ihre unermüdliche Unterstützung.

Ein besonderer Dank geht an Paul Reichs für seine hilfreichen Bemerkungen zum Manuskript.

Wie immer möchte ich auch meinen außergewöhnlichen Lektorinnen Susanne Kirk von Scribner und Lynne Drew von Random House sowie meiner tollen Agentin Jennifer Rudolph Walsh danken.

Obwohl ich vom Fachwissen all dieser Experten sehr profitiert habe, sind alle Fehler in *Lasst Knochen sprechen* ausschließlich die meinen.

„Unglaublich, wie geschickt Kathy Reichs den forensischen Jargon mit ihren knackigen, witzigen Dialogen und Wissenschaft mit Spannung verbindet. Bewunderns- und beneidenswert!" SANDRA BROWN

Gebunden mit Schutzumschlag
ISBN 978-3-89667-324-4
Auch als Hörbuch bei Random House Audio

Gebunden mit Schutzumschlag
ISBN 978-3-89667-323-7
Auch als Hörbuch bei Random House Audio

Leseproben unter: www.blessing-verlag.de |**BLESSING VERLAG**|

»Reichs' Tempe Brennan ist für alle Fans der Gerichtsmedizin-Thriller allererste Wahl.« *Die Welt*

»Toll, Kathy Reichs! Wir sind immer wieder begeistert von deinen Spannungsbögen.« *Freundin*

Taschenbuch
ISBN 978-3-453-43559-9

Taschenbuch
ISBN 978-3-453-43462-2
Gebundene Ausgabe Blessing
ISBN 978-3-89667-322-0

Auch als Hörbuch bei Random House Audio

Leseproben unter: www.heyne.de

Thrill hoch 10!
Worte können lügen.
Knochen nicht.

ISBN 978-3-442-35393-4

ISBN 978-3-442-35590-7

ISBN 978-3-442-35915-8

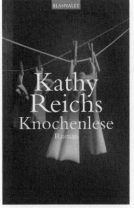

ISBN 978-3-442-36161-8

Lesen Sie mehr unter: **www.blanvalet.de**

»Kathy Reichs kann spannender über Leichen schreiben als die meisten ihrer Kollegen über lebendige Menschen.«

Denis Scheck im *Tagesspiegel*

ISBN 978-3-442-36361-2

ISBN 978-3-442-36600-2

ISBN 978-3-442-36730-6

ISBN 978-3-442-36976-8

ISBN 978-3-442-37283-6

Lesen Sie mehr unter: **www.blanvalet.de**

EBENFALLS TEUFLISCH GUT UND GENAUSO GÜNSTIG!

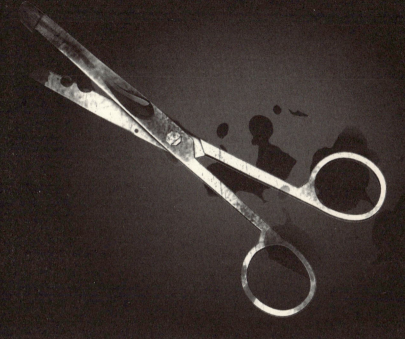

TESS GERRITSEN
ROTER ENGEL

JETZT ÜBERALL WO ES BÜCHER GIBT.

EBENFALLS TEUFLISCH GUT UND GENAUSO GÜNSTIG!

JOY FIELDING
FLIEH, WENN DU KANNST

JETZT ÜBERALL WO ES BÜCHER GIBT.

EBENFALLS TEUFLISCH GUT UND GENAUSO GÜNSTIG!

FRED VARGAS
DIE DRITTE JUNGFRAU

Bild am Sonntag
MEGA-THRILLER

JETZT ÜBERALL WO ES BÜCHER GIBT.